Title Page
MostUsedWords.com

Finnish English Frequency Dictionary Essential Vocabulary

2.500 Most Used Words & 597 Most Common Verbs

Covers 95% of all spoken Finnish & 85% of all written Finnish texts

First Printing, 2016

Jolie Laide LTD
12/F, 67 Percival Street, Hong Kong

www.MostUsedWords.com

Contents

1 Why This Dictionary Was Created

This dictionary was created because I needed a word list of the most frequent used words & verbs in Spanish, to help me understand the language in the shortest amount of time possible.

I started passing it around to friends and got great feedback on it, so I decided to turn it into a book.

Because it was such handy tool, I repeated the process for several other languages. Currently available frequency dictionaries are Dutch, French, German, Italian, Russian, Swedish, Portuguese and Spanish. Check www.mostusedwords.com as new languages are added frequently.

Why study by frequency?

If you´re not familiar with the importance of frequency word lists when it comes to language learning, here is a short summary:

Language learning is fun, but can be overwhelming. Almost every language as hundreds of thousands different words, but most of them you will rarely use. That's why it makes sense to study only the words you actually need to know to have conversations and read in your desired language.

Frequency dictionaries are usually either text based, or based on speech. The unique advantage of using subtitles as a method of frequency sorting is that it covers both speaking and reading (73% and 83% respectively).

By only studying the words you will actually use, it is possible to gain a good grasp of a language in a short amount of time. By knowing 2500 words, you can express yourself in everyday situations and be fluent enough have conversations with locals.

On average, you only use 1000 words in any language on a daily spoken basis. This translates to roughly 95% of all words you use daily speech. When it comes to reading, 2500 words will get you to understand around 85% of all words used in written text. This is usually enough to learn new words you don't know from context.

2 Study Tips

While you are free to do whatever you want with this dictionary, I would like to give you some pointers. **By learning just 28 new words a day, you can build up your vocabulary to fluency in three months**. If you dedicate yourself and learn 43 new words daily, two months is possible. Here are a couple of tips to build up your vocabulary fast, and to keep remembering what you previously learned.

Spaced repetition
Hack your brains ability to store and recall information. The most efficient way of studying is by incorporating the system of spaced repetition. This way you can store information faster, and for a longer amount of time. Paul Pimsleur published a paper in 1968 on spaced repetition.

He came up with the following intervals: 5 seconds, 25 seconds, 2 minutes, 10 minutes, 1 hour, 5 hours, 1 day, 5 days, 25 days, 4 months, and 2 years.

You do not need to time yourself with a stopwatch, as there are upper and lower bounds to the intervals. Just revisited the words you have previously learned from time to timey.

(Interactive language learning software and audio courses are based on this principle, and they **can** work really well. To see which ones are great investments, and which ones are terrible, read our reviews of different 3rd party language learning methods, audio courses, software and apps on www.mostusedwords.com/reviews)

Mnemonics
By giving creating a little story with a word, it's easier to remember. The more visual it is, the easier it is to remember.

E.G:

Musta (black) –A man with a enormous **black mousta**che
Takki (jacket) – My Finnish sister-in-law always wears a **tacky** jacket.

Read
Reading and speaking the words out loud greatly helps with building your vocabulary and developing a sense of grammar, pronouncuation and listening skills. Reading helps solidify your vocabulary, because you are –without actively studying– using the method of spaced repetition while reading. When you read and stumble upon a word you don't know, you can usually discover it's meaning by context. Words discovered through context are more easily remembered than when you study them from a list.

Anyway, you can get bilingual books from either a (specialized) bookstore or from www.mostusedwords.com/parallel-texts. Our selection is ever expanding, so check for updates regularly.

Listen
Turn on the Finnish (internet) radio, download songs in Finnish, and watch Finnish series. Conversing along with your favorite soap opera is a great way of getting around a new language.

Immerse
Change your phone and/or computer into Finnish. Nothing helps you acquire a new language as much as necessity.

Of course, total immersion is the best way of learning a new language fast. But you don't have to move to a different country to learn a new language.

3 The Finnish Alphabet & Pronunciation

Finnish is a phonetic language. Every pronunciation has its own letter. Most words are "pronounced exactly as they are written" so SAMPA and IPA (International Phonetic Alphabet) notations of Finnish words are almost identical to the written language.

This is however, a rule of thumb. Every language, including Finnish, has many details in speech that cannot be easily expressed in written language.

The letters 'ä' and 'ö' have been borrowed from Swedish. They are independent letters and phonemes (sounds), not modified nor accented letters.

Changing 'Ä' into 'A' or 'Ö' into 'O' is similar to changing 'O' into 'Q'.

Ä is similar to the following bolded sounds in English:
*"A f**a**t p**a**ncake m**a**n s**a**t on a c**a**t."*

Ö is similar to the following sounds in British English:

*"**Gir**ls all over the **wor**ld tried to fig**ure** out what all the **wor**ds mean."*

Letter	Pronunciation	English approximation
Aa	aah	**au**nt
Bb	beh	**be**st
Cc	seh	**ce**ment
Dd	deh	**de**monstrate
Ee	eeh	**e**lectricity
Ff	aeff	**aff**ection
Gg	geh	**ga**ve
Hh	hoh	**ho**ld
Ii	eeh	**ea**t
Jj	yee	**yie**ld
Kk	kooh	**co**vert
Ll	ael	**al**titude
Mm	aem	**am**brosia
Nn	aen	**an**t
Oo	ooh	**o**val
Pp	peeh	**pe**llet
Qq	kuuh	**coo**k

Rr	aer	**arr**ogant
Ss	aes	**as**k
Šš	hattu-aes	**sh**oot; used mainly in transliteration and optionally in some borrowed words, e.g. seriffi.
Tt	teeh	**te**pid
Uu	oo	f**oo**t
Vv	veeh	**ve**ry
Ww	kahksoisveeh	**ve**ry. This is not an independent letter in Finnish, but an variant of V often used archaicly. In a Finnish dictionary, you will find words beginning with v and w mixed.
Xx	aex	**axe**
Yy	eew	c**u**te
Zz	tset	like *ts*
Žž	hattu-tset	mira**ge**, trea**s**ure; used mainly in transliteration.
Åå	ruotsalainen ooh	**o**val; used only in Swedish names.
Ää	aeae	**A**dam asks for **a**pple **a**dvice
Öö	oeoe	C**ur**led g**ir**l spoke an abs**ur**d w**or**d

4 Finnish English Frequency Dictionary

1 **ei** — **not, no, nay; negative**
adv; nn
Ei kukaan, mutta ei hinnalla millä hyvänsä, ei antautumalla ehdoitta.
No one, of course, but not at just any price, not by surrendering unconditionally.

2 **ja** — **and; plus, together with**
conj; prep
EY:n ja Bosnia ja Hertsegovinan välinen vakautus- ja assosiaatiosopimus:
Stabilisation and Association Agreement between the EC and Bosnia and Herzegovina:

3 **se** — **it, that, this, he, she; the; such a thing**
pron; art; nn
Se vaikuttaa ympäristöön, se vaikuttaa terveyteen, ja se vaikuttaa pohjaveteen.
It will affect the environment, it will affect health and it will affect groundwater.

4 **hän** — **he, she**
pron
Hän tekee saksanläksyjään.
He's doing his German homework.

5 **mikä** — **which, what, that; what**
pron; adj
Mikä on nyt tarkalleen ottaen Solanan rooli? Mikä on Euroopan komission rooli?
What exactly is Mr Solana' s role and what is the European Commission' s role?

6 **että** — **that, lest**
conj
Suomeen matkustaminen olisi mahtavaa. Olen kuullut, että se on kaunis paikka täynnä ihania ihmisiä, loputtomia metsiä ja koskemattomia järviä.
Travelling to Finland would be so amazing. I've heard it's a beautiful place, full of marvellous people, endless forests and pristine lakes.

7 **olla** — **be, constitute|have|exist|hold, carry|lie, rest**
v
Tällaisella toiminnalla täytyy olla seuraamuksia ja niiden pitää olla tuntuvia.
There must be consequences, and they must be consequences that make themselves felt.

8 **niin** — **so|such; so, then|as|such|that|that's how; such; and**
adj; adv; pron; conj
Miksi asiasta tiedotettiin Euroopan unionille niin myöhään ja niin huonosti?
Why has it been communicated to the European Union so late and so badly?

9 **mutta** *conj; nn; adv*
but, only; but; yet
Tom yritti käynnistää auton uudelleen, mutta se ei käynnistynyt.
Tom tried to restart the car, but it wouldn't start.

10 **vain** *adv*
only, alone|just, merely, but|nothing but|all|no more than
Kuitenkin Egyptissä kuolee vain kristittyjä ja vain kirkkoja poltetaan.
However, only Christians are dying and only churches are burning in Egypt.

11 **nyt** *adv*
now, again, here and now
Isälläni oli tapana juoda olutta, mutta nyt hän juo sakea.My father used to drink beer, but now he drinks sake.

12 **tämä** *pron; adj*
this, this one, this fact; present, near
Tämä on osa "parempaa sääntelyä", ja tämä vaatimus osoitetaan komissiolle.
This is part of ‘better lawmaking’, and this demand is addressed to the Commission.

13 **jos** *conj; adv*
if, when, suppose, supposing, and; when
Jos lipeämme ensimmäisessä vaiheessa, jos epäonnistumme kompromississa, emme pääse eteenpäin.
If we miss out the first, if we fail to make the compromise, we cannot go any further.

14 **voida** *v; av*
be|fare, do|keep; can|may
Tällaista tilannetta ei voida perustella mitenkään eikä sitä voida hyväksyä.
This is a situation which is, as it should be, unjustifiable and intolerable.

15 **kun** *conj*
when, as, since
Tom kertoi minulle, että hän suunnitteli käyvänsä Marin luona kylässä ensi kerran kun hän menisi Bostoniin.
Tom told me he planned to visit Mary the next time he went to Boston.

16 **kuin** *conj; prep; adv*
than, like, but; than, like; as
Minulle laatu on tärkeämpää kuin määrä.
I prefer quality to quantity.

17 **he** *pron*
they
He ovat hyvin kireitä.
They're very tense.

18 **täällä** *adv*
here, right here, over here
Sitä me tänään täällä pyydämme, sitä me tänään täällä vaadimme.
This is what we are here today to ask for; this is what we are here to demand.

19 **kaikki** *pron; adv; phr*
all, any, everything, every, anything; up; all and sundry, one's all
Kaikki nämä ulkoministerit, kaikki nämä varastelevat, korruptoituneet ministerit?"
All these Foreign Ministers, all these thieving, corrupt ministers?'

20 **minä** *pron; nn; phr*
I|me; self, ego|number one; it's me
Mitä häneen tulee, kukaan ei tunne häntä paremmin kuin minä.
I know him better than anybody.

21 **hyvä** *adj; nn; adv*
good, well|fine, okay|nice|kind|OK
Tuo olisi hyvä nimi kissalle.
That would be a good name for a cat.

22 **kyllä** *part; adv*
yes, yea, yep; indeed, really, surely
Kyllä solidaarisuudelle, mutta kyllä myös sosiaalisten rakenteiden ylläpitämiselle.
Yes to solidarity, but yes also to the maintenance of social structures.

23 **sinä** *pron*
you, thou
Oletko sinä piirtänyt tämän itse?Did you draw this yourself?

24 **hei** *nn*
hallo
Hei, me eletään vain kerran.
Hey, you only live once.

25 **sitten** *adv*
then, ago, since, back, next, after that, past
Sitten neuvoston pitäisi päättää, ja neuvoston pitäisi sitten vastata politiikastaan.
Then the Council can decide, and the Council can take responsibility for its policies.

26 **mikään** *pron*
any
Mikään kansallinen perustuslakituomioistuin ei voi määrätä yhteisön oikeudesta.
No national constitutional court can set itself up as ruling over Community law.

27 **kiitos** *nn*
thanks|praise|acknowledgment, acknowledgement
Minun täytyy kuitenkin lisätä tähän, että kiitos oli ansaitsematonta.
Mr President, Mr Blak, I am grateful to you for your kind words of acknowledgement, though I must add that we do not deserve them.

28 **ne** *pron; art*
they, them, those; the
Linnunrata-galaksissa on yli sata miljardia tähtä. Jos yrittäisit laskea ne yksitellen, siihen menisi aikaa yli kolmetuhatta vuotta.
There are over 100 billion stars in the Milky Way galaxy. If you tried to count them one by one, it would take you over 3000 years!

29 **miten**
how

adv Miten käsittelemme luokituslaitoksia, ja miten käsittelemme riskirahastoja?
How do we deal with rating agencies, and how do we deal with hedge funds?

30 **joka** **which, that, any, who, every**
pron Näetkö kaukaisen pilven, joka näyttää melkeinpä kamelilta?
Do you see yonder cloud that's almost in shape of a camel?

31 **kanssa** **with, cum**
prep Yhtä tärkeää on yhteistyö Yhdysvaltojen instituutioiden kanssa sekä teollisuuden kanssa.
Equally important is the cooperation with the institutions in the US as well as with industry.

32 **me** **we, us**
pron Me tapaamme uudestaan kolmen tunnin kuluttua.
We meet again in three hours.

33 **tai** **or; otherwise**
conj; adv Minulla ei ole yhtään veljeä tai siskoa.
I don't have any brothers or sisters.

34 **tuoda** **bring, get|import|carry|bring back|inject**
v Näinkö parlamentti haluaa tuoda talousarviota kansalaisia lähemmäksi?Is this the way this Parliament wants to bring the budget closer to the citizens?

35 **jotain** **something**
pron jotain mätää Tanskanmaalla
something is rotten in the state of Denmark

36 **pitää** **keep|hold, retain|need|maintain|like**
v Koko ei osaa itse puhekieltä, mutta hän pitää paljon muiden ihmisten keskustelujen kuuntelemisesta.
Koko herself cannot use spoken language, but she loves to listen to people's conversations.

37 **tietää** **know|tell|spell|bode, portend|forebode**
v Mitä haluamme tietää, mitä voimme tietää ja kuka saa tietää ja mitä?
What do we want to know, what can we know and who is allowed to know what we know?

38 **kuka** **who, which**
pron Kuka?
Who?

39 **häntä** **him, her; tail**

	pron; nn	Hän neuvoi häntä lopettamaan tupakoinnin, mutta hän ei kuunnellut. She advised him to give up smoking, but he wouldn't listen to her.
40	**tulla** *v*	**become|come, arrive|get, draw|reach, hit|enter into** Tom haluaa tulla meidän kanssamme Bostoniin. Tom wants to come to Boston with us.
41	**hyvin** *adv*	**very|well|highly|very well, fine|much** Viimeinkin suuri muna särkyi ja paljastui ankanpoikanen, joka rääkyi: "Piip, piip." Se oli erittäin suuri ja ruma. Ankka tuijotti sitä ja julisti: "Se on hyvin suuri, eikä yhtään toistenlainen." At last the large egg broke, and a young one crept forth crying, "Peep, peep." It was very large and ugly. The duck stared at it and exclaimed, "It is very large and not at all like the others."
42	**vielä** *adv; conj; pron; adj*	**yet, as yet|still, even|more|too|at that; still; another; more** Mikä vielä mielenkiintoisempaa: ovatko lapsen aivot vielä kasvussa? And more interesting, however, is the brain in this child was still growing?
43	**tänne** *adv*	**here, hither|over here** On valitettavaa, ettei neuvoston puheenjohtaja vaivautunut saapumaan tänne tänään. It is unfortunate that the President did not take the trouble to be here today.
44	**jo** *adv*	**already, as early as, yet, by now** Monissa jäsenvaltioissa on jo ohjelmia, aiheesta on jo tehty aloitteita. There are already programmes, there are already initiatives, in many Member States.
45	**antaa** *v*	**give, grant|let|issue|deliver|submit, render** Voit antaa kirjan kenelle halukkaalle tahansa.You may give the book to whoever wants it.
46	**tehdä** *v*	**make, do|perform|conclude|carry out|enter into** Haluan tehdä seuraavat huomautukset käytöstäpoiston suositellusta aikataulusta. Let me just make the following points about the preferred timescale for scrapping.
47	**haluta** *v; av*	**want, desire|wish, care, like|please|choose|will|covet|fancy; will** Parlamentti halusi korostaa erityisesti kuluttajien valintaoikeutta. Parliament wanted to highlight in particular the right of the consumer to choose.
48	**täytyä** *v*	**need, have got to** Taidan haluta pizzan. In order to stay awake I may have to drink more coffee.

49 **koska** *conj; adv* — **because, as, since, when; when, as long as**
Koska ihminen on sosiaalinen eläin, ystävyys on olennainen osaa elämää.
As human beings are social animals, friendship is an essential part of life.

50 **pois** *adv; prep* — **off|out, away|down; out of**
Äkkiä he sanovatkin: pois kaikenlaiset tuet, pois kaikenlainen byrokratia.
Suddenly they are saying: away with all subsidies, away with all bureaucracy.

51 **herra** *abbr; nn* — **Mr.|Esq.; sir|lord, master|gentleman**
Tuo herra ei ole opettaja, hän on tohtori.
That sir isn't a teacher, he's a doctor.

52 **ehkä** *adv* — **perhaps, maybe, possibly, perchance|by any chance|not impossibly**
Islamabad on ehkä tosiasiassa suurempi uhka kuin Teheran, mutta ehkä näin ei voida sanoa.
Perhaps - but perhaps this cannot be said - Islamabad is in fact a greater threat than Teheran.

53 **siellä** *adv* — **there**
Olen syntynyt siellä, opiskelin siellä, lapseni ovat siellä, melkein asun siellä.
I was born there, I studied there, my kids are there, I almost live there.

54 **takaisin** *adv; pfx* — **back, again, aback, round; re-**
Kysymys ei ole siitä, että haluaisimme rahamme takaisin – me haluamme maamme takaisin!
It is not just a question of ‘we want our money back’ – we want our country back!

55 **paljon** *adv; nn* — **much, a lot|many|far|plenty|way; sight|mile|a world of**
Se on aivan liian paljon apeutta, ihan liian paljon surua aivan liian pienestä syystä.
It's much, much too much sadness, much too much grief at far too slight a cause.

56 **kuinka** *adv* — **how**
Sanat eivät voi kuvailla kuinka ihmeellinen sinä olet.
No words can express how amazing you are.

57 **selvä** *adj* — **clear, clean|distinct, decided|obvious|definite|evident**
Se on selvä kuin päivä.
It's as clear as day.

58 **te** — **you, you-all; you guys, guys**

	pron; nn	Tiedättehän -- se pitää meidät -- (Naurua) -- ettekö te ole nähneet sitä? You know -- so it keeps us -- (Laughter) -- have you guys not seen that?
59	**saada** *v; av*	**get, draw|obtain, find|receive, pick up; can|may** Hän tietää muita helpompia keinoja saada mitä hän haluaa. He knows other and easier ways of getting what he desires.
60	**juuri** *adv; nn; phr*	**just, exactly|right; root, base|foot; of all** Ongelmien alku ja juuri vaikutti olevan siinä, että Napoleon ja Hra Pilkington olivat kumpikin pelanneet pataässän samaan aikaan. The source of the trouble appeared to be that Napoleon and Mr. Pilkington had each played an ace of spades simultaneously.
61	**No!** *i*	**Well!, Oh!, Why!** play_circle_outline nro
62	**koskaan** *adv*	**ever** Komission jäsen Barrot ei ole koskaan syyllistynyt rikokseen, toistan, ei koskaan! At no time has Mr Barrot ever committed a criminal offence – at no time whatsoever!
63	**yksi** *nn; pron; art*	**one|one; one, this; a, an** Täältä on vain yksi tie ulos. There's only one way out of here.
64	**aina** *adv*	**always, at all times, evermore** Annan aina kerjäläisille jotakin. I always give something to the beggars.
65	**mennä** *v*	**go, proceed|enter|pass, run|enter into|head** Silloin olisi mahdotonta mennä sinne nykyisten kunnianhimoisten tavoitteiden takia. It would make it impossible to go there with the current ambitious objectives.
66	**ennen** *adv; prep; adj; pfx*	**before|once; before|prior to; earlier|anterior to; ante-** Kuulemmekin ihmisten usein sanovan: ”Eurooppa ei ole sama kuin ennen”. Indeed we often hear people saying that 'Europe is not what it once was'.
67	**enää** *adv; adj*	**any more, more, any longer; more** Tomi päätti, ettei hän puhu Marille enää koskaan. Tom decided never to talk to Mary anymore.
68	**vai**	**or**

conj Objektiivisia pelkoja vai ennakkoluuloja, tilanteeseen liittyvää varovaisuutta vai pettymystä?Objective fears or prejudice, situational prudence or disappointment?

69 **koko** **size|format|bulk; whole|entire, full, total; all**
nn; adj; pron
Tomi puhuu Marista koko ajan.
Tom talks about Mary all the time.

70 **kaksi** **two; twain**
nn; num
Yritys päätti palkata kaksi uutta sihteeriä.
The company has decided to employ two new secretaries.

71 **näin** **thus, so|this|this way|like this|as follows|that's how; so**
adv; adj
Jos asia on todella näin, kysymys on otettava esiin tulevassa huippukokouksessa.
If that is indeed the case, the matter must be raised at the forthcoming Summit.

72 **aivan** **right|quite|very|all|exactly**
adv
On aivan selvää, että Euroopan ympäristölainsäädäntö ei toimi tällä alalla.
Quite plainly, European environment legislation in this field is not working.

73 **oikein** **properly, right|very|rightly|just|all right, alright**
adv
Yhteisöjen tuomioistuin varmistaa, että perusoikeuskirjaa sovelletaan oikein.
The Court of Justice will ensure that the Charter is applied correctly.

74 **joten** **so, consequently, ergo**
adv
Älä sano, ettet osaa tehdä sitä ennen kuin yrität. Sinä et edes tee sitä, joten miten sinä voit sanoa, että et osaa tehdä sitä?
Don't say that you can't do it before trying. You're not even doing it so how can you say that you can't do it?

75 **mies** **man, gentleman|male|husband|fellow, chap, gent|old man**
nn
Hän oli vakaumuksen mies, mutta myös ystävällinen ja hyvä mies, joka osoitti suurta solidaarisuutta.
He was a man of conviction, but a kind man, a very good man, a man of great solidarity.

76 **halu** **desire, wish, urge, craving, lust, hunger, inclination**
nn
Uskon kuitenkin, että meillä on yksimielinen halu edetä tähän suuntaan.
I believe, however, that there is a unanimous desire to move in this direction.

77 **joku** **someone|anyone|somebody; a|an; some; thingy**

pron; art; adj; nn Voisiko joku poistaa tämän lauseen? Kiitos.
Can someone please delete this sentence? Thanks.

78 **todella** **really, truly|actually|real|indeed|certainly, sure; do**
adv; av Näiden suurten demokraattien riippumattomuus on todella hämmästyttävää.
The independence of these great democrats is truly astonishing.

79 **vähän** **little|a little|some|a little bit|a bit of**
adv parempi vähän kuin ei mitäänhalf a loaf is better than none

80 **aika** **time|period|date, appointment|term; pretty|quite; quite a|some**
nn; adv; adj odottavan aika on pitkä
a watched pot never boils

81 **katsoa** **look|watch, look on|consider|look up|call**
v Voimme katsoa jälleen eteenpäin ja tarkastella, mitä on saavutettava Durbanissa.
We can look forward again and we can look at what we need to achieve in Durban.

82 **isä** **father, founding father|dad, daddy, papa, pa, pop**
nn Tom on täydellinen isä.
Tom is the perfect father.

83 **tosi** **true, pretty, some, right; real, properly, sure, not half**
adj; adv Minusta se on tosi hieno.
I think that's great.

84 **kunto** **condition|fitness|form, shape|state|training**
nn Bisse on tosi kylmää.
Tom's fitness has improved markedly under his new coach.

85 **ulos** **out|outside, outdoors|way out|outwar; out of|outside of**
adv; prep Se on myös edelleen paikka, josta voit katkaista tietokoneen virran tai kirjautua ulos.
It's also still the place to turn your computer off or log off.

86 **kuten** **as; as; like, after the fashion of; -wise**
adv; conj; prep; sfx Kuten tunnettua, Tokio on yksi maailman finanssikeskuksista.
Tokyo, as you know, is one of the financial centers of the world.

87 **kai** **probably, like as not, like enough, as like as not**
adv Et ole mikään hyvä ihminen. Tiedät kai sen?
You are not a good person. You know that, right?

88 **edes** **at least, at all**

	adv	Ongelmaa ei ratkaista parhaiten edes kansallisesti vaan kenties paikallisesti. This is a matter that is probably best tackled not even nationally, but locally.
89	**voi** *nn*	**butter** Avoimuus on ilmiselvästi puutteellista, ja kuitenkin voi erotetaan margariinista. There is a clear lack of transparency, and yet we distinguish butter from margarine.
90	**äiti** *nn*	**mother|mom** Europa oli Zeuksen puoliso ja Minosin, Sarpedonin ja Rhadamanthysin äiti. Europe was the mother of Minos, Sarpedon and Rhadamanthus.
91	**kukaan** *pron*	**anyone, anybody, any** Kukaan ei halua tehdä aborttia, kukaan ei toivo sitä kenellekään. No one would wish an abortion on anyone.
92	**ihan** *adv*	**quite, right, only** Olen jo ihan poikki.I'm quite exhausted.
93	**kiinni** *adj; adv*	**closed, shut|secure|locked; to|off** Joissakin maissa kaupat ovat kiinni lauantai-iltapäivisin ja sunnuntaisin. In a number of countries shops are closed on Saturday afternoons and Sundays.
94	**vaan** *conj*	**but** Tom unelmoi aina vaan. Tom is always daydreaming.
95	**noin** *prep; adv; adj*	**about, around, circa; some, so, like that; so** Eipäs ajatella noin. Let's not think like that.
96	**paha** *adj; nn*	**evil|bad|wicked, foul|ill|heavy; evil|ill|harm|mischief** Ne saattavat olla välttämätön paha, mutta paha yhtä kaikki. They may be a necessary evil, but they are an evil.
97	**myös** *adv*	**also, too, as well|then** Vaikka englanninkielisiä Tatoeba-lauseita on yllin kyllin, on ilo nähdä, että myös esperanton-, italian-, saksan-. turkin-. venäjän-, ranskan- ja espanjakielisiä tuotoksia on kunnioitettava määrä. While there is a plurality of Tatoeba sentences in English, it is encouraging that Esperanto, Italian, German, Turkish, Russian, French and Spanish already have respectable numbers of sentences as well.

98 **siis** *adv; conj; phr*
therefore, consequently|then|accordingly; so; that is to say
Siis äiti, mikä on ongelmana?
Now mother, what's the matter?

99 **päästä** *v; prep*
get|reach, gain|can|come to; off
"Mä haluun pissalle." "Jonny, ei noin saa sanoa. Sano: 'Anteeksi, minun pitäisi päästä WC:seen.'"
I have to pee. "Jonny, that's not the right thing to say. Say, 'Excuse me. I need to go to the toilet.'"

100 **itse** *nn; pron; adv; prep; phr*
self; itself, themselves, himself, myself, ourselves, herself, oneself; personally; by; for oneself, on one's own,
Mutta tiedätkös, olisi aika surkeaa kerätä kaikki nämä lauseet ja pitää ne itse. On niin paljon mitä niillä voi tehdä.
But you know, it would be sad to collect all these sentences, and keep them for ourselves. Because there's so much you can do with them.

101 **tänään** *adv*
today
Meillä ei ole tänään mahdollisuutta kuulla tänään presidentti Mahmud Abbasia.
We will not have the opportunity to listen to President Mahmoud Abbas today.

102 **odottaa** *v; phr*
expect|wait, await|anticipate, look to; cool one's heels|kick one's heels
Sinun ei pitäisi odottaa enää kauempaa.
You shouldn't wait any longer.

103 **sanoa** *v*
say, tell, state|speak, utter|give|put, assign|remark
Olisi typerää sanoa kyllä.It would be stupid to say yes.

104 **eikä** *conj; adv*
and not, or, neither; neither
Neuvosto ei ole Jumala kuten ei komissiokaan, eikä parlamentti ole piru.
Neither the Council nor the Commission are God, and neither are we the Devil.

105 **ottaa** *v*
take, admit|assume|receive|pick|extract
Siksi on kohtuutonta rutiininomaisesti ottaa sormenjäljet pakolaisilta.
It is therefore unreasonable to routinely take the fingerprints of refugees.

106 **kertoa** *v*
tell, narrate, recount|multiply|speak|reveal, disclose, let out
Haluaisin kertoa, miten tyypillistä ja luonteenomaista se on tälle hallitukselle.
I would like to say how typical and characteristic that is for this government.

107 **liian** *adv; pfx*

too, overly; over-
Euroopan unioni on monille liian raskas, liian monimutkainen, liian käsittämätön, liian kylmä.
For many, Europe is too top heavy, too complicated, too unfathomable, too cold.

108 **taas** *adv; prep*

again, once again|whereas|in turn|round; round
Parlamentti velvoitettiin taas hoitamaan asiaa. Me kannoimme taas vastuumme.
Then Parliament was again taken to task and again it fulfilled its obligation.

109 **nämä** *pron*

these, these ones
Miten paljon nämä silmälasit maksoivat?
How much did these glasses cost?

110 **näyttää** *v*

show, present|look, seem, appear|display|indicate, point|screen
Siihen näyttää liittyvän tiettyjä väärinkäsityksiä tai kenties väärintulkintoja.
There appear to be a number of misunderstandings or perhaps misinterpretations here.

111 **mukaan** *prep; adv*

by, according to, under, with, as per, in proportion to; along, aboard
Onneksi komissio ei lähtenyt mukaan tähän aivan epärealistiseen esitykseen.
Luckily, the Commission did not go along with this totally unrealistic proposal.

112 **koti** *nn*

home, house|fireside|place of birth
Sinä et tiedä missä Tomin koti on, vai kuinka?
You don't know where Tom's home is, do you?

113 **täältä** *adv*

from here, hence
Asema on täältä kymmenen minuutin päässä autolla.
The station is a ten minute drive from here.

114 **jälkeen** *adv; prep*

after, in succession to; after, following, since, beyond, behind, next to
Älä mene ulos pimeän jälkeen.Don't go out after dark.

115 **puhua** *v*

talk|speak, address|speak out|intercede|gab
Miksi Tom osaa puhua ranskaa niin hyvin?
Why can Tom speak French so well?

116 **vuosi** *nn*

year
Tämä vuosi, vuosi 2009, on kohtalon vuosi eurooppalaiselle yhteistyölle.
This year, 2009, is a fateful year for European cooperation.

117 **sinne**

there, thither|thereto

	adv	Sinne tarvitaan lisää taistelujoukkoja. Sinne tarvitaan suurempaa joustavuutta. We need more combat forces there; we need greater flexibility; we need greater support for the ISAF mission in Afghanistan.
118	**nähdä** *v*	**see, witness|behold|spot, distinguish|sight|tell** Tämä on filmi, joka kaikkien vanhempien tulisi nähdä. This is a film all parents should watch.
119	**kolme**	**|three** Tiedätkö, missä Tomi on ollut viimeiset kolme viikkoa? Do you know where Tom has been the past three weeks?
120	**vaikka** *conj; adv*	**although, though, while, if; even if, even though, when** En aio muuttaa päätöstäni, vaikka sanoisit mitä. No matter what you may say, I will not change my mind.
121	**auttaa** *v; phr*	**help, assist, aid|help out|further; lend a hand|give a hand** Vähimmäishinta toki auttaa, mutta se auttaa myös norjalaisia. A minimum price will certainly help, but it will also help the Norwegians.
122	**tuolla** *adv; adj*	**there|over there|yonder, yon; yonder, yon** Silmäsi menevät piloille, jos vain pelaat tuolla lailla. Your eyesight's gonna be ruined if all you do is play games.
123	**luoja** *nn*	**creator, author, originator, architect** Jumala on luoja. Taivas, maa, ihmiset ja kaikki paitsi Jumala ovat luotuja. God is the creator. Heaven and Earth and people and everything apart from God are created.
124	**poika** *nn*	**son, boy|lad, fellow, chap|laddie** Hän on japanilainen poika. He is a Japanese boy.
125	**muuttaa** *v*	**change, alter, vary|amend|modify|transform, transmute|move** Näin ollen tarkistuksella ei muuteta tekstiä, jota sillä on tarkoitus muuttaa. This amendment does not therefore amend the text it is intended to amend.
126	**heti** *adv*	**immediately, instantly, right away, at onceoff|right|directly** Jos joku mies on minulle kiltti, tykästyn hänen heti tahtomattani. If a man is nice to me I end up falling for him right away.
127	**tapahtua** *v*	**happen, befall|occur, take place, pass, come about** Tom sanoi, että hän ei antaisi sen tapahtua uudelleen.Tom said he wouldn't let it happen again.
128	**sisään**	**in|inside, within; inside|within**

	adv; prep	Tule kiireesti sisään. Hurry up and get in.
129	**ilman**	**free; except, barring**
	adj; prep	Kansalliset päästörajat tietyille ilman epäpuhtauksille Atmospheric pollutants
130	**sana**	**word, term, Scriptures, Scripture**
	nn	Sana "" on amerikanenglantia, englanninkielinen sana on "". The word 'transportation' is an American word; the English word is 'transport'.
131	**tarvita**	**need, require, take | want**
	v	Rakennerahastoissa ei tarvita kuitenkaan pelkästään taloudellista valvontaa. But perhaps it is not just financial control which the Structural Funds need.
132	**rakastaa**	**love, adore**
	v	Heidän rikoksensa oli, että he nuorina homoseksuaaleina uskalsivat rakastaa toisiaan. Their crime was that they were young homosexuals who dared to love one another.
133	**varmasti**	**certainly, sure, surely, for sure, for certain | definitely | bound to**
	adv	Muistatte varmasti myös, miten toista, Sarajevossa sijainnutta toria pommitettiin. No doubt you also recall another market, in Sarajevo, and how that was bombed.
134	**usko**	**faith, religion | belief | confidence, trust | credence | creed**
	nn	En usko että teimme mitään väärin. I don't think we did anything wrong.
135	**ikinä**	**ever**
	adv	Halusin kysyä Tomilta, onko hän ikinä harkinnut työpaikan vaihtamista. I wanted to ask Tom if he'd ever consider changing jobs.
136	**kulta**	**gold | honey, love | baby | darling | sweetheart**
	nn	Anna minulle anteeksi, kulta. Forgive me, my love.
137	**pian**	**soon, shortly, presently | nearly | anon | sharpish | by and by**
	adv	Palaan luoksesi niin pian kuin voin. I'll get back to you as soon as I can.
138	**hieno**	**fine | fancy | excellent | pretty | delicate**
	adj	Tämä on hieno asunto. This is a nice apartment.

139 **vastaan** *prep*
against, on, versus, upon, con
Sellainen yhteistyö on tehokas vastaveto järjestäytynyttä rikollisuutta vastaan.Such cooperation will be an effective counter-measure to organized criminality.

140 **enemmän** *adj; adv*
more; more
He haluavat enemmän sosiaalista suojelua, enemmän ympäristönsuojelua ja enemmän vakautta.
They want more social protection, more environmental protection and more stability.

141 **kuolla** *v; phr*
die, croak, expire|be killed|depart this life|vanish|kick off; kick the bucket|bite the dust|go to glory|be gathered to one's fathers
Saisimme hävetä, että annamme 5 000 irakilaislapsen kuolla joka kuukausi.
Shame on us for allowing the children of Iraq to die at the rate of 5 000 a month.

142 **varma** *adj; phr*
sure, certain|secure, safe|assured|definite; sure card|in the bag
Olen varma, että tämä direktiivi koituu eurooppalaisten kuluttajien hyödyksi.
I am confident that the directive will benefit European consumers.

143 **minne** *adv; conj*
where, whither; where
Minne olette matkalla?
Where are you going?

144 **okei** *adv*
okay, O.K., OK, okey, okeydokey
Onko kaikki okei?
Is everything all right?

145 **sir** *nn*
sir
Okei. Turvallista matkaa.
A gentleman called in your absence, sir.

146 **tuottaa** *v*
produce|generate, yield, return|bring, bring in, fetch|give, pay|bear
Hyvät kollegat, aloitin puhumalla velvollisuudesta tuottaa tuloksia.
Ladies and gentlemen, I began by talking about the obligation to produce results.

147 **asia** *nn*
thing, affair|matter, issue|case, cause|point|question
Asia, jota et missään nimessä halua tehdä, on lainata rahaa Tomilta.
One thing you definitely don't want to do is borrow money from Tom.

148 **mihin** *adv; conj*
where; where
Argentiina osoittaa pelottavalla tavalla, mihin uusliberalismi johtaa.
Argentina is a shocking illustration of where neoliberalism will take us.

149 **kerta** **time, go**
nn
Se ei ollut ensimmäinen kerta, ja pelkään, ettei se ollut myöskään viimeinen kerta.
It was not the first time, and I fear that it will not be the last.

150 **tyttö** **girl, miss|she|babe, sister|gal|lass, lassie**
nn
Tyttö seisoi siellä itkien.
A girl stood there crying.

151 **lopettaa** **stop, end, cease|quit, discontinue|terminate, can|finish**
v
Hän yritti turhaan lopettaa tupakanpolttoa.He tried in vain to quit smoking.

152 **alas** **down|below, under**
adv
Istu alas.
Sit down.

153 **ylös** **up; up**
adv; prep
Siirrä kappaletta luettelossa ylös- tai alaspäin nuolipainikkeiden avulla.
To move a song up or down in the list, click the up arrow or down arrow buttons.

154 **käydä** **visit, call|go|run, operate|happen, pass|attend**
v
Päinvastoin, aiomme käydä todellisia neuvotteluja ehdokasvaltioiden kanssa.
On the contrary, we are preparing for real negotiations with the applicant countries.

155 **luulla** **think, suppose, imagine, guess, reckon|believe|expect**
v
Ehkä minulta oli typerää luulla, että Tom auttaisi meitä oikeasti.
Maybe it was stupid of me to think that Tom would really help us.

156 **rouva** **Mrs.; lady, madam, dame, ma'am|queen|married woman**
abbr; nn
Rouva komissaari, rouva puhemies, älkäämme pelatko tätä vaarallista peliä.
Madam Commissioner, Madam President, we should not play such a dangerous game.

157 **hauska** **fun|funny, amusing|enjoyable|nice|witty**
adj
Vaiko yksinkertaisesti "Hauska"?
Or just plain "Funny"?

158 **raha** **money|cash|currency|dough, lucre, shekels|brass**
nn
Raha ei merkitse kaikkea, mutta rahaa käytetään monien asioiden saavuttamiseen.
Money is not everything, but money is used to achieve a great deal.

159 **-n** **of**

prep — Missään olosuhteissa EU:n jäsenvaltioiden ei voida sallia myyvän aseita Kiinaan.
Under no circumstances should EU Member States be allowed to sell arms to China.

160 **ihminen** — **man, human, human being|person, soul|character|spirit**
nn — Toinen kysymys on seuraava: "Ihminen on asetettava etusijalle, mutta mikä on ihminen?"
The second question is as follows: 'The human being takes precedence, but what is a human being?'

161 **tappaa** — **kill|slay, murder, hit, bump off, dispatch|eliminate|put to death|finish**
v — Hän yritti tappaa itsensä.
He tried to kill himself.

162 **takia** — **because of, for, owing to, through; as a result**
prep; adv — Hän ei pystynyt tulemaan perille aikataulun mukaisesti myrskyn takia.
The storm prevented her from arriving on time.

163 **ajaa** — **drive, ride|run, course|push|operate|steer**
v — He saavat oikeuden ajaa raskaimpia moottoripyöriä vasta 24-vuotiaina suoraan, ilman välivaiheita.
Not until the age of 24 can they be given the right to ride the heaviest motorcycles without any intermediary steps.

164 **kauan** — **long, ages ago**
adv — Jotkut kestävät kauan, liian kauan, mutta eivät ikuisesti.
Some last a long time, too long, but they do not last forever.

165 **yhtä** — **equally, as**
adv — Tiedonsiirto on yhä yhtä hidasta ja valvonnan puuttuminen yhtä ilmeistä.
Information exchange still remains as slow, and the absence of controls still as obvious.

166 **lähteä** — **go|start, depart|get going|begin|come**
v — Voinko lähteä tänään koulusta aikaisin?
May I leave school early today?

167 **toinen** — **second, other, different|second; another, other, one, else**
adj; pron — Toinen valtioista suosii itsehallintoa ja toinen itsenäisyyttä.
One of them is in favour of autonomy, the other is in favour of independence.

168 **yhdessä** — **together, jointly, in conjunction, in tandem, in common; rolled into one**

	adv; adj	Haluaako komissio edistää tätä ehdotusta yhdessä puheenjohtajavaltion kanssa? Would the Commission, in tandem with the presidency, like to promote this?
169	**oikea** *adj; nn*	**right, proper|correct|real, literal; right-hander** No niin, jos arvio oli oikea vuosi sitten, se on oikea vielä tänäänkin. Well, if this assessment was right a year ago, it is right today.
170	**huomenna** *adv*	**tomorrow** Minä en mene kouluun huomenna. I won't go to school tomorrow.
171	**nainen** *nn*	**woman|female|lady, dame|she|broad** Jos mies ja nainen ovat yhtä päteviä, tehtävään voidaan valita nainen. But if a man and a woman are equally qualified, the woman could be chosen.
172	**päivä** *nn*	**day, date** Mielestäni tämä päivä on tärkeä päivä demokratialle ja tärkeä päivä Euroopalle. I see today as an important day for democracy, and an important day for Europe.
173	**juttu** *nn*	**thing, affair|story|case, suit|stuff|thingy** "Tämä ei ole mikään hassu juttu. Jos joku tekisi sinulle niin, niin mitäs siitä tykkäisit? Mitä tekisit?" hän sanoi. She said, "It's not funny! How would you like it if someone did that to you - what would you do?"
174	**myöhemmin** *adv*	**later, subsequently, later on|afterward|latterly|thereinafter** Jos haluat lähettää viestin myöhemmin, valitse Tiedosto-valikosta Lähetä myöhemmin.To send the message at a later time, click the File menu, and then click Send Later.
175	**valmis** *adj; phr*	**ready, quick|prepared|finished|complete|done; over and done with** PPE-ryhmä on valmis sitoutumaan rakentavaan yhteistyöhön muiden ryhmien kanssa. The PPE is prepared to engage in constructive cooperation with the other groups.
176	**joskus** *adv*	**sometimes, sometime, some day, sometime or other** Joskus on kysymys inhimillisestä erehdyksestä ja joskus luonto aiheuttaa yllätyksiä. Sometimes, there is human error and sometimes nature springs a surprise.
177	**kuunnella**	**listen, hear|replay, play back|sound|audition|hearken, harken**

	v	Tärkeätä on kuunnella huolellisesti. The important thing is to listen carefully.
178	**hieman** *adv*	**slightly, with a touch** Kun jäsen Tannock sanoi, että toistaiseksi ainoastaan humanitaarinen apu on saapunut perille, hän liioitteli hieman. When Mr Tannock said that only humanitarian aid had arrived so far, that was a tad exaggerated.
179	**silloin** *adv*	**then, at the time, by then** Silloin keskuudessamme vallitsee yhteisymmärrys ja silloin olemme valmiita siihen. Then we would all agree with it and, what is more, agree quite willingly.
180	**apu** *nn*	**assistance, aid | help, avail | relief, backup | remedy | succor, succour** Silloin on taottava kun rauta on kuuma. My father always said that heaven helps those who help themselves.
181	**lisätä** *v*	**add | increase | insert | enhance, heighten | raise, upgrade** Voisitko lisätä pisteen lauseesi loppuun. Please add a full stop at the end of your sentence.
182	**tohtori** *nn; abbr*	**doctor; Dr.** Tohtori Luuranko on tunnettu kummitustutkimuksestaan. Dr. Skeleton is known for his study on ghosts.
183	**tavata** *v*	**meet, see, encounter | meet up | spell | rendezvous | catch at** Meillä oli kunnia tavata heitä ihmisoikeusalivaliokunnassa hiljattain. We on the Subcommittee on Human Rights had the honour to meet them recently.
184	**yksin** *adj; adv; phr*	**alone, unattended; solo, solely, by oneself, all by oneself; on one's own** Neuvosto haluaa päättää yksin sopimuksen demokratialausekkeen soveltamisesta. The Council wants to decide on the use of the democracy clause alone.
185	**ensin** *adv*	**initially, at first** Meidän on ensin tarkistettava, kannattaako enemmistö ensimmäistä päätöslauselmaa.We must first ascertain whether or not there is a majority on the first resolution.
186	**parempi** *adj*	**better, preferable** Vaikuttaa siltä, että meidän olisi parempi puhua ulkona. I think we'd better talk outside.
187	**pieni**	**small, little | low | minor | slight | fine | baby | dinky | tinpot; short drink**

adj; nn Liettua on pieni valtio, jolla on pieni kahdenvälisen kehitysavun budjetti.
Lithuania is a small country with a limited bilateral development budget.

188 **viedä** **export|take, lead|carry, transport|deprive|get, drive**
v Voitko viedä minut lentokentälle huomenna aamulla?
Can you drive me to the airport tomorrow morning?

189 **paras** **best|optimal|ultimate|choice, prime; good|number one**
adj; nn Mielestäni neuvotteluvaltuuksien hyväksyminen on paras mahdollinen kompromissi.
In my view, adopting the negotiating mandate is the best possible compromise.

190 **tuntua** **seem, appear|feel|sound|smell|tell**
v Ja joka voi itse asiassa toisinaan tuntua suoranaisen paranormaalilta.
And, in fact, can sometimes feel downright paranormal.

191 **neiti** **miss, young lady; Ms.**
nn; abbr Hän kosi neiti Leetä ja tämä suostui.
He proposed to Miss Lee and she accepted.

192 **kaveri** **guy|buddy, pal, chum, sidekick|fellow|mate, partner|man**
nn Tuo kaveri on vikkelä liikkeissään naisten kanssa, joten sinun on parempi pitää varasi.
This guy has fast hands so you better beware.

193 **uusi** **new, newfangled|novel, fresh|renewed|additional|recent another**
adj; pron Ainakin meillä olisi elävä ihminen, ja uusi oikeudenkäynti voitaisiin järjestää.
At least we would have a living being and a retrial would be able to take place.

194 **paikka** **place, space|location|spot, point|position|seat**
nn Pyrkimyksiä saada EU:lle paikka laajennetussa turvallisuusneuvostossa on jatkettava.
The ambition to gain an EU seat within an enlarged Security Council has to be pursued.

195 **hetki** **moment, minute, second, instant|while, spell|hour|bit, mo|tick**
nn Tämä on historiallinen hetki, ja edeltävät puhujat ovat korostaneet sitä.
This is an historic moment, and this point has been clearly made by previous speakers.

196 **ohi** **past, by|at the end; past|by**
adv; prep Hänen uransa yhtiössä oli ohi ennen kuin se oli alkanutkaan.His career in the company was over before it had begun.

197 **pyytää** **request|ask, demand|seek|invite, bid|solicit, beg**
v
Ryhmä voi siis pyytää tämän tulkinnan hylkäämistä esittämällä siitä vastalauseen.
By contesting the interpretation, therefore, a group can ask for it to be rejected.

198 **pari** **couple, match|pair, brace, duo, twosome|partnership|twin|par**
nn
Olisi kiinnostavaa kuulla pari sanaa tästä ristiriidasta.
It might be stimulating to hear a couple of remarks concerning this discrepancy.

199 **vanha** **old, aged, antique, stale, hoary, olden, auld, of long standing**
adj
Tomilla on vanha auto.
Tom has an old car.

200 **milloin** **when; when**
adv; conj
Milloin kansalaisliikkeiden edustajia vastaan käytävät oikeudenkäynnit lopetetaan?
When will lawsuits cease against representatives of the citizens' movement?

201 **kuulua** **belong, go|read|pertain, appertain|be pertinent to|enter into**
v
Milloin me saavumme perille?
Fathers should be neither seen nor heard. That is the only proper basis for family life.

202 **yhä** **still, ever**
adv
Lääkärit sanoivat, että jos yhä kuolemaa uhmaava mies olisi ollut tavallinen ihminen, olisi lusikka lentänyt nurkkaan jo tunteja aiemmin.
The doctors say the dying man should have kicked the bucket hours ago, were he an ordinary man, but he is still defying death.

203 **irti** **loose, afloat**
adv
Tassut irti minusta!
Get your paws off me.

204 **nopeasti** **quickly, quick|fast|readily|apace|in short order**
adv
Siksi olen sitä mieltä, että on edettävä nopeasti, mahdollisimman nopeasti.
This is why my view is that things must get done quickly, as quickly as possible.

205 **ajatella** **propose|consider, conceive|think about|weigh|cogitate**
v
On riittävästi syitä ajatella, ettei tämä tapahtunut sattumalta vaan suunnitellusti.
There is reason enough to think that this was not by accident, but by design.

206 **hiljaa**
adv; adj; phr
quietly, softly|silently|in silence|gently|low; under one's breath
Hyvät kollegat, minun on todellakin vaadittava, että istuudutte hiljaa paikoillenne.
Colleagues, I really must insist that you take your places quietly.

207 **jumala**
nn
god, deity, divinity
Voiko kaikkivoipa Jumala luoda sellaisen kiven, joka on niin painava, ettei Hänkään voi sitä nostaa?Can an omnipotent God create a stone so heavy that even He may not lift it?

208 **viime**
adj
last, past
Tämä koskee myös viime viikolla jätettyjä viime hetken tarkistuksia.
This also includes the last-minute amendments tabled last week.

209 **tarpeeksi**
adj; adv; nn
enough; enough; plenty
Niitä vastustettiin ja katsottiin, että ne halventavat naisia ja että naisia ei ole tarpeeksi näihin paikkoihin.
They were opposed and seen as something that would cheapen women and it was thought that there were not enough women to fill these positions.

210 **jotta**
conj; adv
so, that, to the end that; so that, so as to, in order that
Mutta poliittinen tahto on mobilisoitava, jotta voimme mobilisoida resursseja.
But the political will has to be mobilized, in order to mobilize the resources.

211 **ymmärtää**
v
understand, read|realize, see|grasp, apprehend
Mutta se oli tapani yrittää ymmärtää maailmaa, ymmärtää mahdollisuuksien rajat.
But it was all about trying to understand the world, understand the limits of possibility.

212 **muistaa**
v
remember, recall, think, recollect|bear in mind|keep in mind
Kaikessa tässä muotoa koskevassa keskustelussa on tärkeää muistaa sisältö.
In all this discussion about the format, it is important to remember the content.

213 **alkaa**
v
start, begin, commence, start out|start off|go, break|open
Kaikkien sellaisten keskustelujen pitää tietenkin alkaa perustamissopimuksesta.
Any such discussion should of course begin with the Treaty.

214 **yli**
adj; adv; prep
over; over, across, beyond, upward of; over, across, beyond, past
Hän auttoi vanhan miehen kadun yli.
She helped the old man across the street.

215 **viisi** **five|five**
nn: num
Kvestoreita on viisi, joten jokaisella jäsenellä on enintään viisi ääntä.
There are five Quaestors so each Member has a maximum of five votes.

216 **tarkoittaa** **mean, signify|denote|designate, destine|design|aim at**
v
Se tarkoittaa, että sillä on valmiudet ydinaseiden teolliseen valmistamiseen.
That will mean an ability to manufacture nuclear weapons on an industrial scale.

217 **pysyä** **stay, continue|keep|stick, stick by|stand, abide, endure|stay tuned**
v
Näkemyksenne ovat tärkeitä, mutta meidän täytyy pysyä käsittelemässämme aiheessa.I understand the importance of your assessments, but we must abide by the Rules of Procedure.

218 **osa** **part, portion, component|section, segment|proportion**
nn
Tom käy osa-aikatöissä.
Tom has a part-time job.

219 **kiltti** **kind, nice, good, inoffensive; kilt**
adj; nn
Kiltti, älä ulvo.
Please, don't yell!

220 **iso** **big, large, great|bulky|capital|hulking|fat**
adj
Taloni takana oli ennen iso kirsikkapuu.
There used to be a big cherry tree at the back of my house.

221 **tulo** **income|entry, entree|arrival|product|advent**
nn
Euroopan on lisättävä suhteellista houkuttavuuttaan, jotta investointien tulo jatkuu.
To keep investment coming in, Europe must increase its relative attractiveness.

222 **dollari** **dollar, buck|greenback**
nn
Todellisena syynä epäreiluun kilpailuun tässä tapauksessa on heikko dollari.
What is really behind the unfair competition in this case is the weak dollar.

223 **kaunis** **beautiful, lovely, pretty, nice, handsome, fine, fair**
adj
Olet kaunis ja älykäs. Miten on mahdollista, että kukaan mies ei jahtaa sinua?
You're beautiful and intelligent, how is it possible that no man is chasing after you?

224 **tee** **tea, char**

	nn	Mieliasiani, kuten suklaa ja tee, mustikat, alkoholi kohtuudella, stressin hallinta ja kannabinoidi marijuanassa. Some of my favorite things, like chocolate and tea, blueberries, alcohol in moderation, stress management and cannabinoids found in marijuana.
225	**kohta** *nn; adv*	**paragraph|point, spot|item|entry; soon, shortly, presently|nearly** Ihan kohta saamme tietää tulokset. It won't be long before we know the results.
226	**hitto** *nn*	**deuce** Ja minä olin: "Ei hitto." I'm like, "Oh, come on, man."
227	**meno** *nn*	**going, go, race, goings-on** On aina monia, jotka putoavat kelkasta, kun meno yltyy kovaksi. There are always plenty who fall by the wayside when the going gets tough.
228	**riittää** *v*	**suffice, do|be sufficient|stretch|last out|go** Älkää ajatelko, että kansallisten talousstrategioiden löyhä koordinointi riittää.Do not think that weak coordination of national economic strategies is sufficient.
229	**yrittää** *v; phr*	**try, attempt, seek, essay|endeavor, endeavour|make; have a bash at** En voi tajuta mitä tuo kirjailija yrittää sanoa. I can't figure out what the writer is trying to say.
230	**kunnes** *conj; prep*	**until, till; till** Tänään tunnustin rakkauteni hänelle. Sanoin: "Olen rakastunut sinuun". Sen jälkeen hän ei ensin tiennyt mitä sanoa. Muutama minuutti kului kunnes hän viimein sanoi: "Asiat etenevät hieman liian nopeasti. Haluaisin tutustua sinuun paremmin ensin." Today, I confessed my love to her. I said, "I've fallen in love with you." After that, she didn't know what to say at first. A few minutes passed until she finally said, "Things are going a little too quickly. I'd like to get to know you better first."
231	**nimi** *nn*	**name|title|designation, denomination, appellation|masthead** Työryhmän nimi näkyy kohdassa Tietokoneen nimi, toimialue ja työryhmäasetukset. The workgroup name is displayed under Computer Name, Domain, and Workgroup Settings.
232	**asti** *prep*	**until, till** Meidän vaikutuspiirimme on laajennut kovin paljon siitä asti. Our sphere of influence has expanded so much since then.

233 **läpi** — *adv; prep*
through, thru; through, thru
Portinvartija päästi minut portin läpi.
The gatekeeper permitted me through the gate.

234 **nuo** — *pron; adj; adv*
those|them|those ones; yonder; yonder
Nuo ovat puita jotka kantavat hedelmää, nuo jotka kärsivät kivien iskemistä.
They are trees that bear fruit, those who suffer from being hit with stones.

235 **neljä** — *nn*
four|four
Näin Tomin konsertissa neljä kertaa.
I saw Tom in concert four times.

236 **pikku** — *adj*
little, minor, tiny, lesser, odd
Jättäkäämme ne inhoa herättävät pikku ryhmittymät rikosoikeuden huoleksi.
We can leave it to the criminal law to deal with these nasty little parties.

237 **soittaa** — *v*
call, phone, telephone, ring|play|call in|perform|sound
Hän tapasi soittaa viulua nuoruudessaan.
He used to play the violin in his youth.

238 **kapteeni** — *nn*
captain, skipper|flight lieutenant
Arvoisa puhemies, istuntomme puheenjohtajana te olette tämän laivan kapteeni.Mr President, as President of this sitting, you are the captain of the ship.

239 **täysin** — *adv; nn; adj; phr*
completely, totally|fully, full; one hundred percent; roaring; all ends up
Esittelijä hyväksyy täysin EU: n politiikan ja ajattelutavan.
The rapporteur fully accepts the EU's entire policy and rationale.

240 **silti** — *adv; conj*
still, yet, nevertheless, nonetheless, even so|though; still
Silti liberaalit vainoavat ja arvostelevat uusia johtajiamme tiedotusvälineissä.
Even so, our new leaders are being hounded and criticised by liberals in the media.

241 **melkein** — *adv; adj; prep; phr*
almost, nearly, most, near; near; next to; as near as damn it
Markkinoidemme kilpailujärjestelmän potentiaaliset edut ovat melkein rajoittamattomat.
The potential benefits for the competitive system of our market are almost unlimited.

242 **hullu**
crazy, mad|insane|crazed; fool|madman, maniac; off one's nut

	adj; nn; phr	Hän on tosiasiassa hullu johtaja, jolla on hallussaan erittäin vaarallisia aseita. In fact he is an irrational leader in control of very dangerous weapons.
243	**helvetti**	**hell, inferno, pit|purgatory|nether world**
	nn	Helvetti, käynnisty! Start, dammit!
244	**muuten**	**otherwise|else|incidentally, by the way, by the bye|for the rest**
	adv	Joulukuussa julkaisemme muuten Afrikkaa koskevan kokonaisvaltaisen strategian. In December, by the way, we will be publishing a comprehensive strategy for Africa.
245	**vauhti**	**rate|pace, stride|speed, velocity|momentum|going**
	nn	Ihmisen aiheuttaman biologisen monimuotoisuuden köyhtymisen hillitön vauhti on huolestuttavaa. The rampant rate of man-made biodiversity loss is worrying.
246	**poliisi**	**police, police force, law|police officer; PC**
	nn; abbr	Pienen takaa-ajon jälkeen poliisi sai hänet kiinni. After a short pursuit, the police caught him.
247	**ensimmäinen**	**first, maiden|initial|foremost; first|king|first**
	adj; nn	Ensimmäinen liittyy turvapaikkamenettelyn vähimmäisehtojen venyttämiseen. The first relates to the extension of the minimum rules for asylum procedures.
248	**sama**	**same, like|identical; same; same|one|idem; a|an; like|ditto**
	adj; adv; pron; art; nn	Sama on totta Tomin kanssa. The same holds true for Tom.
249	**poissa**	**away, out|off|down; absent|gone|unavailable**
	adv; adj	Valitse välimuistiasetus, jonka haluat kullekin testille: Oletus, Käytössä tai Poissa.Choose the cache setting you want for each test: Default, On, or Off.
250	**mukana**	**with, about; in, along, aboard**
	prep; adv	Kansainvälisen yhteisön pitäisi hirttää päänsä ja Euroopan unioni sen mukana. The international community should hang its head and the European Union along with it.
251	**kello**	**clock|watch|bell|timepiece, timekeeper; o'clock**
	nn; adv	Aamiainen tarjoillaan kello seitsemän. Breakfast is served at seven a.m.
252	**oikeasti**	**for real**

adv Lupasin Tomille, ja en oikeasti halua tuottaa hänelle pettymystä.
I promised Tom and I really don't want to disappoint him.

253 **mukava** **comfortable, easy|nice, gracious|comfy|convenient|pleasant**
adj Mukava tavata sinut taas.
I'm glad to see you again.

254 **kuulla** **hear|receive|get, catch|read**
v Haluan vain kuulla sinun laulavan vielä yhden kerran.
I just want to hear you sing one more time.

255 **toivottavasti** **hopefully; I hope so**
adv; phr En pääse tulemaan huomenna. Toivottavasti pärjäätte ilman minua.
I won't be able to come tomorrow. I hope you will be able to make it without me.

256 **yö** **night, nighttime**
nn Bangladeshissa yö- ja ylityötä koskevat rajoitukset on poistettu.
In Bangladesh restrictions on night work and overtime are being lifted.

257 **tuli** **fire, flame|light|blaze**
nn Toisin sanoen metsäpaloja on torjuttava talvella eikä kesällä, jolloin tuli on jo päässyt valloilleen.
Fight the fire in the winter and not in the summer, when it is already raging.

258 **jokin** **one, any, some, something, some or other; some, such and such**
pron; adj Tässä täytyy olla jokin väärinkäsitys.
There must be some misunderstanding.

259 **sieltä** **from there, thence**
adv Alueellani on 90 saarta, ja jokainen osaa jossain määrin kuvitella, minkälaista stressiä eläimille aiheuttaa niiden saaminen saarilta mantereelle ja sieltä vielä pitemmällekin.
My area has 90 islands, and one can imagine some of the stress involved in getting the animals from the islands to the mainland, and thence on further long journeys.

260 **tuntea** **feel, sense|know, recognize|experience|identify|bear**
v Ensimmäisenä tämän saavat tuntea nahoissaan lailliset maahanmuuttajat.
The first ones to feel the effects of this are legal immigrants.

261 **työ** **work, employment|job, task|working|labor, labour|piece**
nn Vaikka puheenjohtajavaltio Irlannin työ on tehty, unionin työ epäilemättä jatkuu.
While the work of the Irish presidency is done, the work of the Union obviously continues.

262 **löytää** **find, detect|discover, strike|uncover; run to earth**
v; phr
Toivomme, että Luxemburg puheenjohtajavaltiona löytää järkevämmän ratkaisun.
Let us hope the Luxembourg Presidency will find a more reasonable solution.

263 **pysty** **upright, erect|standing**
adj
Sinä et tätä pysty voittamaan.
You can't win this.

264 **uskoa** **believe, trust|believe in|entrust|think, suppose|have faith in**
v
Sinua katsoessa täytyy uskoa, että luonnolla on huumorintajua.
Looking at you I understand that nature has sense of humor.

265 **minuutti** **minute**
nn
Kyselytunnilla on vain minuutti aikaa kysymiseen ja minuutti vastaamiseen.
During Question Time there is just one minute to ask the question and one minute to give the answer.

266 **vasta** **only|not until|newly, freshly, fresh|but now**
adv
(also: anti-, epä-)
play_circle_outline

267 **suoraan** **directly, direct, straight|right; in so many words**
adv; phr
Tomin tarvitsee kuulla huonot uutiset suoraan Marylta.
Tom needs to hear the bad news directly from Mary.

268 **kuula** **ball|shot, pellet|bullet|bowl**
nn
0

269 **käyttää** **use, utilize, employ, apply|exercise|wear|operate|run, ply**
v
Saanko käyttää puhelinta?
May I use the telephone?

270 **varten** **for, toward, towards**
prep
Tom käski lapsiaan laittautumaan valmiiksi koulua varten.
Tom told his children to get ready for school.

271 **tunne** **feeling|sense, sensation|emotion|passion|hunch**
nn
Arvoisa puhemies, edellinen puhuja ei uskoakseni tunne Maginot-linjan historiaa.
I believe that the previous speaker does not know the story of the Maginot Line.

272 **kuitenkin** **however, still, nonetheless|though|anyway, anyhow; still**
adv; conj
Näiden liuottimien on kuitenkin osoitettu olevan syöpää aiheuttavia.
However, these solvents were identified as carcinogenic.

273 **jättää** **leave, leave behind|submit, give in|lodge, deposit|file|place**

v | Kannatan esittelijän kehotusta jättää vastaavuustaulukot mietintöön.I support the rapporteur's call to leave the correlation tables in the report.

274 **maailma** **world, earth|realm|universe**
nn
Maailma ei pyöri sinun napasi ympärillä.
The world does not revolve around you.

275 **sellainen** **such, like, that kind of, suchlike; like; such a thing**
adj; prep; nn
Kymmenen vuotta sitten sellainen liiketoiminta olisi ollut menestys.
Ten years ago, such business would have been a success.

276 **jopa** **even, actually, nay**
adv
Lisäksi varoitan luomasta jopa lisää tietovuoria ja mahdollisesti jopa byrokratiaa.
I also warn against creating even more mountains of data and perhaps even more red tape.

277 **viitsiä** **bother, trouble**
v
0

278 **tapa** **way, mode, manner, style, fashion|habit, wont|practice|custom|rule**
nn
Liikunta on paras tapa päästä eroon stressistä.
Exercise is the best way to get rid of stress.

279 **yhtään** **any, anything; any**
adv; pron
Se ei tuo mereen yhtään enempää kalaa eikä ratkaise yhtään enempää ongelmia.
That will not put any more fish in the sea or solve any more problems.

280 **liikaa** **over-; much, overmuch, de trop, over the top; steep**
pfx; adv; adj
Luet liikaa.
You read too much.

281 **huomen** **morning**
nn
Onks sul huomen mitää?
Are you free tomorrow?

282 **mieli** **mind|heart, spirit|mood|soul, psyche**
nn
7:44 Eläimen mieli, ja oma mieleni, laittavat aistimuksista saadun tiedon kategorioihin.
7:44 Now, the animal mind, and also my mind, puts sensory-based information into categories.

283 **kuulostaa** **sound, read**
v
Se, mikä kuulostaa nyt vallankumoukselliselta, osoittautuu pian hyvin realistiseksi.
What has a revolutionary ring to it now will soon seem very realistic.

284 **unohtaa** **forget, leave|sight|put aside|unlearn|forge**

	v	Älä anna heidän unohtaa minua. Don't let them forget me.
285	**koto** *nn*	**home** 0
286	**terve** *adj*	**healthy, sound|well|wholesome|sane|fit** Terve!Hello!
287	**muu** *adj; pron*	**other, sundry, to the contrary; other, else** Tom pitää sinusta enemmän kuin kukaan muu. Tom likes you more than anybody else.
288	**auto** *nn*	**car, auto, automobile, motorcar|motor|wheels** Auto on saatavilla missä tahansa mallissa, kunhan se on ympäristöystävällinen. A car is available in any model as long as it is environmentally friendly.
289	**maksaa** *v; phr*	**pay, give|cost, be|pay out, disburse; put one's hand in one's pocket** Afganistanin köyhyyden poistaminen maksaa saman verran kuin viiden päivän sota. The cost of eradicating poverty in Afghanistan is equal to the cost of five days' war.
290	**ystävä** *nn*	**friend, pal** Hädässä ystävä tunnetaan, kuten useissa kielissä tunnettu vanha sananlasku sanoo. A friend in need is a friend indeed, says an old proverb to be found in many languages.
291	**Tervetuloa!** *i*	**Welcome!** Tervetuloa kerhoon, pääministeri Blair, tervetuloa kerhoon. Welcome to the club, Mr Blair, welcome to the club.
292	**kuu** *nn*	**moon, satellite** Kuu näkyy jo. The moon is already out.
293	**rauhoittua** *v*	**calm down, calm, cool off, settle down, simmer down|cool** Toiseksi luulen, että voisimme hieman rauhoittua ja mennä eteenpäin. Secondly, I think we can calm down and make progress.
294	**pakko**	**force|compulsion, coercion|necessity|imperative|constraint**

	nn	Heidän on pakko tehdä yhteistyötä tai muuten YK:n suojajoukosta ei ole mitään apua. They must co-operate, otherwise a UN peacekeeping force will be defenceless.
295	**suuri** *adj*	**large, great, big|wide|grand|massive|ample** Se on siis suuri päivä Euroopalle ja suuri päivä eurooppalaisille kuluttajille. So it is a great day for Europe and a great day for European consumers.
296	**onni** *nn*	**luck, fortune|happiness|blessing|bliss|mercy** Voi onni! Kuin kuu muutut: ensin vakaasti kasvat ja sitten kuihdut pois. Oh luck! Like the moon you change; steadily you wax and then wane again.
297	**välittää** *v*	**convey, communicate|care|relay|mediate|disseminate** Tom välittää. Tom cares.
298	**paitsi** *prep; conj*	**except, but, save, excluding, apart from, besides** Pystyn syömään mitätahansa paitsi sipulia. I can eat anything but onions.
299	**tietysti** *adv*	**naturally, needless to say** Toimenpiteitä on tietysti sovitettava yhteen ja yhteistyötä tietysti tarvitaan. Of course there should be a coordination of activities; of course there should be cooperation.
300	**erittäin** *adv*	**very|highly, extremely|most|extraordinarily|exceedingly** Nämä ovat erittäin monimutkaisia, erittäin kiinnostavia, erittäin tärkeitä kysymyksiä. These are very complicated, very interesting and very important questions.
301	**kova** *adj*	**hard|tough, rugged|loud|harsh, rough|intense** Parlamenttivaaleissa kärsitty tappio oli kova isku äärikonservatiiveille. This hit the ultra-conservatives during the parliamentary elections particularly hard.
302	**aikoa** *v*	**purpose, aim|design, plan|intend, mean|be going to do|be about to** Aiomme äänestää tätä työnantajille suunnattua tekstiä vastaan. We shall vote against this text which is designed for employers.
303	**vuoksi** *prep; nn*	**because of, for, owing to, on account of; flood, flow** Liikenne on pysähdyksissä onnettomuuden vuoksi. The accident held up traffic.

304 **lapsi** **child, kid, youngster|kiddie|babe|spring chicken**
nn
Kolmannen maan kansalaisuutta edustava lapsi on määriteltävä samoin kuin eurooppalainen lapsi.
The definition of a third-country national child should be the same as that of another European child.

305 **elää** **live, exist|lead|be alive|experience, see|endure, last**
v
Yhteensä puolet ihmisväestöstä elää nykyään maanjäristysherkillä alueilla.
Fully half of the human population today live in areas with seismic activity.

306 **paskiainen** **son of a bitch, whoreson|turd|tit|fart; s.o.b.**
nn; abbr
Hän ei ole mitään muuta kuin pelkkä paskiainen ja luuseri.
He's nothing but a scumbag and a loser.

307 **kiva** **nice|fun|ducky|neat, groovy, swell|sexy**
adj
Hän on todella kiva, mistä syystä tykkään tehdä töitä hänen kanssaan.
He's very nice, which is why I like working with him.

308 **monta** **various**
adj
Kuinka monta ihmistä on juhlissasi?
How many people are in your party?

309 **eilen** **yesterday**
adv
Eilen keskustelimme täällä istuntosalissa kristittyihin kohdistuvasta vainosta.Yesterday, in this Chamber, we debated the subject of the persecution of Christians.

310 **viimeinen** **last, final, terminal|ultimate|bottom|rearmost|last-ditch; last**
adj; nn
Maapallon viimeinen ihminen istui huoneessa. Ovelta kuului koputus.
The last man on Earth sat alone in a room. There was a knock at the door...

311 **jolla** **whereby; dinghy, skiff**
adv; nn
Meidän täytyy keksiä keino, jolla estämme Tomia näkemästä Maria.
We have to figure out a way to keep Tom from seeing Mary.

312 **uudestaan** **re-**
pfx
Miksi meidän sitten pitää keskustella tästä asiasta uudestaan ja uudestaan?
Why, then, do we constantly have to go over this discussion again and again?

313 **ilta** **evening, even|night**
nn
Meillä on puuhakas ilta edessämme.
We have a busy evening ahead of us.

314 **ovi** **door, entry**

	nn	Sulje ovi mennessäsi. Close the door when you leave.
315	**tietenkin** *adv; phr*	**surely, doubtless; to be sure** Valtioiden välisistä suhteista neuvottelevat tietenkin muodollisesti hallitukset. Relations between states are of course negotiated formally by their governments.
316	**vaivata** *v*	**bother, vex, annoy|trouble, inconvenience|knead|afflict|worry** Saanko vaivata teitä yhdellä pyynnöllä? May I bother you with a request?
317	**Ai!** *i*	**Oh!, Ouch!, Ow!** Keskustelemme tänään useista ihmisistä: Ai Weiwei ja Liu Xiaobo on mainittu jo aiemmin. We are talking today about many people: Ai Weiwei and Liu Xiaobo have already been mentioned.
318	**ok** *adv*	**alright, all right** Nyt kun Tom ja Mari ovat eronneet, on todennäköisesti OK pyytää Maria treffeille. Now that Tom and Mary have broken up, it's probably OK to ask her out on a date.
319	**hetkinen** *nn; adv*	**minute, second, mo|just a moment|jiffy|jiff; a little|a little bit** Hetkinen. Just a minute.
320	**avata** *v*	**open, unfold, spread, spread out|unlock|open up|open out|unwrap, undo** Voisitko avata pullon? Please open the bottle.
321	**tunti** *nn*	**hour, lesson, period** Tunti ei ala kuin vasta puoli yhdeksältä. Class doesn't begin until eight-thirty.
322	**toki** *av; adv*	**do; surely** Toki. Sure!
323	**eli** *conj; adv*	**or; alias** Hän eli silloin kun lentomatkustusta pidettiin vaarallisena. He lived in the days when air travel was considered dangerous.
324	**laita** *nn*	**wing, side, board, fringe, margin** Älä laita niin paljon pippuria soppaan. Don't put so much pepper in the soup.
325	**ongelma**	**problem, hitch, knot, twister**

	nn	Länsi-Saharan ongelma on poliittinen ongelma, siirtomaavallan purkamista koskeva ongelma. The problem of Western Sahara is a political problem, a problem of decolonisation.
326	**pää** *nn*	**head, point|end|tip|brains|pate** Tässä on niin kiire että joutuu juoksemaan pää kolmantena jalkana. We are very busy and short-handed.
327	**lähellä** *adv; prep; adj*	**near, close, nigh|nearby|close by|at hand; handy** Tom asui lähellä Marya. Tom used to live near Mary.
328	**hätä** *nn*	**distress, urgency, need, anguish, necessity** Hätä keinot keksii. Necessity is the mother of invention.
329	**jää** *nn*	**ice** Väestö ikääntyy, ja kallis lasku tästä jää jälleen kerran naisten maksettavaksi. The population is getting older and women are called upon to pay the heavy price.
330	**ase** *nn*	**gun, shooter|weapon** Tämä ase on oletetusti hyvin voimakas. This gun is reportedly very powerful.
331	**ulkona** *adv; prep*	**outdoors, outside|out|in the open air; out of|outside of** Oletko käynyt yhtään ulkona? Have you been out at all?
332	**lähde** *nn*	**source, reservoir|spring|resource|fountain, fount|fountainhead** Ala on monille kehitysmaille pääasiallinen viennin ja teollisuustyöpaikkojen lähde. For many of them it is the main source of exports and of industrial employment.
333	**ala** *nn*	**area, field, domain, sphere, orbit|industry|scope, range** Ala laatii itse luettelot ja osallistujat päättävät niistä yhteisymmärryksessä. Lists are put together by the industry and decided on by consensus by the participants.
334	**tuossa** *adv*	**there** Tuossa politiikassa pitää sitoutua vahvemmin kalastuspolitiikan hajauttamiseen. There must be a stronger commitment within that policy of devolving fisheries policy.
335	**takana**	**behind|back, rearward|beyond; behind|beyond|at the rear of**

adv; prep — Älä koskaan puhu toisista pahaa heidän selkänsä takana.
Never speak ill of others behind their backs.

336 **löysä** — **loose, slack|lax|runny|sloppy|soft-boiled**
adj
Tiedän että piileskelet verhon takana.
That knot's loose.

337 **toivo** — **hope, trust**
nn
Vanha mies kertoi lapsenlapselleen: "Poikaseni, sisällämme raivoaa kahden suden taistelu. Toinen on paha: viha, kateus, ahneus, kauna, alempiarvoisuuden tunne, valheet ja ylimielisyys. Toinen puolestaan on hyvä: ilo, rauha, rakkaus, toivo, nöyryys, ystävällisyys, myötämielisyys ja totuus." Poika tuumi hetken ja kysyi: "Vaari, kumpi susi voittaa?" Ukko vastasi hiljaa: "Se jota ruokitaan."
An old man told his grandson, "My son, there is a battle between two wolves inside us all. One is evil. It is anger, jealousy, greed, resentment, inferiority, lies and ego. The other is good. It is joy, peace, love, hope, humility, kindness, empathy and truth." The boy thought about it and asked, "Grandfather, which wolf wins?" The old man quietly replied, "The one you feed."

338 **uudelleen** — **again|newly|anew, afresh**
adv
Se alkoi uudelleen!
It started again!

339 **oma** — **own, private, personal, separate, several, proper; own**
adj; nn
Jokaisella kansakunnalla on oma kielensä.
Every nation has its own language.

340 **naida** — **to marry, wed|screw, bone, lay (coll)**
v
Nainen ei mene naimisiin raiskaajansa kanssa muuttaakseen tätä.
A woman does not get married to her rapist in order to reform him.

341 **paremmin** — **better**
adv
Mitä Euroopan tasolla voidaan tehdä paremmin kuin yksittäisissä jäsenvaltioissa?
What can be done better at European level than in the individual Member States?

342 **väli** — **interval|spacing|gap, spread|space|interstice**
nn
Syy on selvä: kulutuksen ja tarjonnan väli on niin kapea, että melkein mikä tahansa saa hinnat nousemaan kattoon.
The reason is obvious: the gap between consumption and supply is so narrow that almost anything can make prices soar.

343 **aamu** — **morning, morn**

nn Arvoisa puhemies, arvoisa neuvoston puheenjohtaja, tämä on ollut värikäs aamu.Mr President, Mr President-in-Office, it has been a lively morning.

344 **jäädä** **stay, remain, rest|abide|drag**
v
Assosiaatiosopimusten ihmisoikeuslausekkeet eivät saa jäädä kuolleeksi kirjaimeksi.
The human rights clauses in the Association Agreements should not remain hollow phrases.

345 **eri** **different|various, diverse|separate|several|individual**
adj
Eri maiden edellytykset voivat eri yhteyksissä olla hyvinkin erilaisia.
In different contexts, different countries can have very different conditions.

346 **sopia** **fit, suit, accommodate|settle|contract|apply|arrange for**
v
Toivon, että voimme sopia tämän niin kuin aikuiset.
I wish we could settle this like adults.

347 **sisältää** **contain, comprise, incorporate|include|involve|encompass, embrace**
v
Irtokuormat, jotka saattavat sisältää geenimuunneltuja organismeja, on merkittävä.
Bulk consignments which may contain genetically modified organisms are to be labelled.

348 **kysyä** **ask|seek, try|query|want**
v
Haluan kuitenkin kysyä, keskustellaanko konferenssissa elintarviketurvasta.
However, I wanted to ask whether food security will be part of the discussions.

349 **tyyppi** **type, character|style|variety|dude|species**
nn
Hän on todella kiva tyyppi.
She is a really nice person.

350 **varoa** **look out, watch out, watch|beware of|be careful|mind|watch one's step**
v
Joskus pitää varoa innostumasta liikaa, kun osallistuu johonkin.
Sometimes you should take care not to get carried away when you are taking part in something.

351 **muka** **supposedly, ostensibly; pretext**
adv; nn
Onko tässä maailmassa muka ilmaisia asioita?
Nothing is free.

352 **väärin** **wrong, incorrectly, wrongly|mistakenly|amiss; up the pole; out**
adv; phr; prep
Hänellä oli sukat väärin päin.
He had his socks on inside out.

353 **hoitaa** **manage, handle|treat|run, operate, work|deal with|conduct**

v | Se voidaan hoitaa paremmin asiasta vastaavien toimivaltaisten viranomaisten välisin sopimuksin.
This is better taken care of through agreements between responsible authorities with the competence required.

354 **istua** **sit, sit down | be seated | fit | serve | roost, perch**
v Pitäisikö minun siis istua toimettomana ja vain odottaa, että jotain tapahtuu?So should I sit around doing nothing, just waiting for something to turn up?

355 **kultanen** **my darling**
nn Minusta Louis Michelin puhe täällä tänään oli aivan selvä: puhu kultaseni, puhu minulle, minä kuuntelen, mutten välitä tippaakaan.
I think Louis Michel's speech to us today was quite explicit: talk to me honey, talk to me, I'm listening, but I couldn't care less.

356 **vastata** **answer, respond, reply | correspond | bear | defray | return, rejoin**
v Jos haluat vastata saapuviin fakseihin manuaalisesti, valitse Manuaalinen vastaus.
If you want to manually answer incoming faxes, click Manual answer.

357 **luoda** **create, make, produce | generate, engender | build | build up | cast**
v Hallinnolla on painetta luoda uusia menettelytapoja.
The heat is on the administration to come up with a new policy.

358 **ruoka** **food | cooking | meat | eating | table, board**
nn Ruoka ja ruokamyrkytykset eivät tule pelkästään kotimaasta vaan myös ulkomailta.
Food and food poisoning come from factors not only at home but also abroad.

359 **nuori** **young, youthful | adolescent; youth | adolescent | youngster | juvenile**
adj; nn Tom ei enää ole nuori mies.
Tom isn't a young guy anymore.

360 **hakea** **seek | retrieve | claim | get, fetch | pick**
v Jäsenvaltioiden diplomaatit voivat hakea haettavaksi julistettuja avoimia toimia.
National diplomats will be able to apply for published vacant posts.

361 **huono** **bad | poor | ill | weak | inferior**
adj Se on huono asia kansalaisten ja huono asia kuluttajien kannalta.
That is bad for Europe's citizens and bad for the consumers.

362 **homma** **business, show, rigmarole, bit, lark, proposition**

nn Onko homma oikeasti tällä selvä? Menee hyvin?
Will it really be OK with this? Will it go well?

363 **maa** **country, land|earth|ground, soil|suit|property**
nn Olemme vuorten ja laaksojen maa, kuten kansallislaulussammekin mainitaan.
To quote our national anthem, we are 'a land of mountains, a land of valleys'.

364 **seurata** **follow, stick to|monitor|track, trail, tail, dog|follow up|watch**
v Tämän ansiosta parlamentti voi seurata rikkomusmenettelyjen kehitystä.
It will also enable this Parliament to follow developments in infringement proceedings.

365 **kysymys** **question, query|issue, matter**
nn Se oli vain ajan kysymys.It was just a matter of time.

366 **elämä** **life, living|existence, being|career|goings-on**
nn Elämä on rankkaa.
Life is hard.

367 **kymmenen** **ten; ten**
nn; num On kuitenkin myös totta, että parlamentin suuri enemmistö äänesti sen puolesta, että emme keskustelisi äänestysselityksistä tai kuulisi niitä nyt vaan kello kymmenen tänä iltana.
It is equally true, however, that a clear majority of this House voted that we should not debate or hear the explanations of vote now but at ten o'clock this evening.

368 **vaimo** **wife|missus, missis|helpmate, helpmeet|the little woman|old lady**
nn Ennen syötiin vasikkaa silloin, kun maanviljelijän vaimo oli saanut lapsen.
In the past, there was veal when the farmer's wife was in her confinement.

369 **jokainen** **every, everyone, any, everybody; everyone, everyone of them; a, an**
pron; adj; art Jokainen heistä joutui globalisaation uhriksi.
Each one of these workers was a victim of globalisation.

370 **syy** **reason, cause|source|fault|ground|blame**
nn Ei ole parlamentin jäsenten syy, jos komission jäsenet ylittävät puheaikansa.
Members are not to blame if Commissioners exceed their speaking time.

371 **täynnä** **full, filled, chockfull, fully booked up, booked-up**

adj Tosiasiassa lasimme on täynnä sanoja ja kätemme täynnä tyhjää.
What we are actually left with is a glass full of words and a hand full of nothing.

372 **taitaa** **know**
v Anteeksi, mutta sinä taitaa olla minun paikkani.
Excuse me, but I believe that is my seat.

373 **kestää** **take|last|withstand|endure, run, persist|stand, bear, tolerate, abide**
v Miksi tietojenkeruuvaltuuskunnan lähettäminen kestää 4,5 kuukautta?
Why does it take four and a half months to send a fact-finding mission?

374 **aikana** **during, over, within, in the course of, by, in the days of**
prep Päätöslauselmaesityksiä koskeva äänestys toimitetaan seuraavan istunnon aikana.
The vote on any motions for resolutions will take place during the next session.

375 **tärkeä** **important|major|big|momentous|urgent**
adj Se on tärkeä strategisessa mielessä ja tärkeä myös alueellisena toimijana.
It is important in strategic terms, and is also important as a regional actor.

376 **sekä** **together with**
conj Hän osaa puhua sekä englantia että saksaa.
She can speak both English and German.

377 **vesi** **water, waters, lotion, wash; Adam's ale**
nn; phr Nyt Kanadan vesi on monikansallisten vesiyhtiöiden erityisenä tavoitteena.
Now, Canadian water is a particular target of the water multinationals.

378 **saattaa** **may|will; put, lay|escort, see|accompany|throw**
av; v Luulen, että Tom saattaa olla vihainen minulle.
I think Tom might be mad at me.

379 **elo** **life, corn**
nn Monet meistä ovat nähneet dokumentteja sekä elo- ja valokuvia koirien ja kissojen nylkemisestä jopa elävältä.
Many of us have seen documentaries, films and pictures showing dogs and cats having their fur removed even when they were still alive.

380 **puoli** **half; half|side|aspect, facet|part|point|angle**
adj; nn play_circle_outline
step-

381 **toimia** **act, move|work, play|operate, function|do, perform|run, go**

	v	Tämän pitäisi toimia. This should work.
382	**voittaa**	**win, gain|beat, vanquish|overcome|defeat, get the better of|prevail**
	v	Sekä ulkopoliittisesti että sisämarkkinoiden kannalta voimme vain voittaa. It will be a win-win situation for both foreign policy and the internal market.
383	**tuonne**	**there, thither|over there**
	adv	Voit ottaa tietosarjan ja laittaa sen tuonne. You can take a data set and put it there.
384	**pitkä**	**long|tall|extended|great|long-winded**
	adj	Se oli kahdeksan metriä pitkä. It was eight meters long.
385	**lupa**	**authorization, sanction|license, permit, permission|leave|clearance|warrant**
	nn	Oma tupa, oma lupa. Our house, our rules.
386	**numero**	**number, issue|numeral|digit, figure|mark, grade; No.**
	nn; abbr	Joillakin jäsenillä on tapana jättää mainitsematta nimenhuutoäänestyksen numero. Some Members have the habit of not reading out the number for roll-call votes.
387	**ympäri**	**around, round, about; round, over, about; over**
	prep; adv; adj	Vapaaehtoistyömahdollisuuksia on monenlaisia ympäri maailmaa. There are many possibilities for volunteering all over the world.
388	**samoin**	**likewise, alike|similarly|ditto**
	adv	Hyvää uutta vuotta! "Kiitos samoin!" A Happy New Year! "I wish you the same!"
389	**vaikea**	**difficult|severe, hard|tough, bad|arduous|troublesome**
	adj	Talousarvio, joka on vaikea, ja se onkin hienoa: vaikean talousarvion laatiminen. It is a difficult budget, and that is the nice thing: to produce a difficult budget.
390	**auki**	**open, loose|unlocked|unfastened, untied|unsettled|live**
	adj	Museo on auki aamu yhdeksästä alkaen. The museum is open from 9 a.m.
391	**etsin**	**viewfinder, finder**
	nn	Etsin jotain, mitä ei ollut olemassa. I was searching for something that didn't exist.
392	**tapaus**	**case, instance|incident|event|occurrence|occasion**

	nn	Olet toivoton tapaus. You're a goner.
393	**pomo**	**boss, gaffer|chief, top dog|kingpin, top banana|nibs|big shot**
	nn	Oletko sinä tämän paikan pomo? Are you in charge here?
394	**puolesta**	**on behalf of, for, in behalf of, in advocacy of**
	prep	Me olimme kaikki pahoillamme Tomin puolesta. We all felt sorry for Tom.
395	**paljo**	**a great amount of**
	adj	Miksä inhoot Tomii nii paljo? Why do you hate Tom so much?
396	**uskomaton**	**beyond belief; incredible|unbelievable, improbable|fancy**
	adv; adj	Zimbabwen vaalit olivat afrikkalaisittainkin uskomaton farssi. The elections in Zimbabwe were an incredible farce, even by African standards.
397	**mahdollinen**	**possible, potential|prospective|conceivable, imaginable|practicable|plausible**
	adj	On hyödyksi oppia kaikki mahdollinen etukäteen. It's to your advantage to learn everything you can.
398	**loppu**	**end, ending, conclusion, close|finish; final, net|latter|terminal**
	nn; adj	Se on nyt loppu. That's over now.
399	**huoli**	**worry|concern, care, fear|anxiety|uneasiness, unease|preoccupation**
	nn	Toinen, kenties vakavampi huoli, jonka haluan tuoda esiin, on puolustuslähteiden huoli. My second point, perhaps a more serious concern, is the concern that comes from defence sources.
400	**jatkaa**	**continue|resume|extend, stretch|pursue, prosecute|proceed, carry on**
	v	Stipendi antoi minulle mahdollisuuden jatkaa opintojani. The scholarship gave me a chance to continue my studies.
401	**alla**	**below, under|beneath|underneath; below|under|beneath|underneath**
	adv; prep	Monet ovat joutuneet kokea sortoa ja kurjuutta pitkän aikaa kolonialismin alla.Many have suffered oppression and misery for a long period of time under the rule of colonialism.
402	**liike**	**business|movement, motion, move|shop|gesture|action**

	nn	Hän ei ole tarpeeksi aggressiivinen onnistuakseen liike-elämässä. He is not aggressive enough to succeed in business.
403	**matka**	**journey|trip|distance, length|tour|ride**
	nn	Meidän olisi palautettava sanojen "matkailu" ja "matka" alkuperäiset merkitykset. The words 'travel' and 'voyage' should regain their original meanings.
404	**kaukana**	**far, far away, afar, in the distance, far afield**
	adv	Kuinka kaukana se on? How far is it?
405	**veri**	**blood, gore, lifeblood**
	nn	Virtaako Charlemagne-rakennuksen kultaisissa saleissa vääjäämättä veri? Is it inevitable that blood will run in Charlemagne's golden halls?
406	**eteenpäin**	**ahead, forward, forwards, onward|on, along|further|forth**
	adv	Siirtykää eteenpäin, olkaa hyvät. Move along, please.
407	**tehtävä**	**task, job|mission, commission, charge|function, affair|duty**
	nn	Tuomioistuin, jolla on tehtävä, on uhka; korkein oikeusaste, jolla on tehtävä, on sortoa. A court with a mission is a menace; a supreme court with a mission is a tyranny.
408	**hai**	**shark**
	nn	Hai söi prinsessan. The princess was eaten by the shark.
409	**kenraali**	**general**
	nn	Kenraali Abachan päävastustaja Kenraali Yar'Adua kuoli vankilassa hämärissä olosuhteissa. General Yar'Adua, a principal opponent of General Abacha, died in prison in mysterious circumstances.
410	**myöhä**	**late**
	adj	Arvoisa puhemies, arvoisa komission jäsen, on myöhä, joten puhun lyhyesti. Madam President, Commissioner, it is late, and I shall be brief.
411	**velka**	**debt**
	nn	Putosiko velka, eikä pelkästään Kreikan velka, koskaan johdonmukaisesti 60 prosenttiin? Did the debt, not just the Greek debt, ever drop consistently to 60%?
412	**rakas**	**love, beloved, dearest|darling|precious|my dearest; dear, beloved**

	nn; adj	Voiko kukaan meistä kuvitella, miltä tuntuu menettää itselle rakas ihminen niin sanotun poliittisen asian vuoksi? Can any of us imagine what it would be like to lose a loved one because of a so-called political cause?
413	**outo** *adj*	**strange|weird, uncanny, unearthly|odd, peculiar, curious, funny** Hän on ajoittain outo. Sometimes he can be a strange guy.
414	**jossain** *adv*	**somewhere, someplace** Olet varmaankin nähnyt tämän valokuvan jossain. You will have seen this photograph somewhere.
415	**edessä** *adv; prep*	**in front|ahead, out front|up front; in front of|before|in the face of** Edessä oleva matka on kuitenkin vielä pitkä ja monia haasteita on yhä edessä. However, there is still a long way to go and many challenges lie ahead.
416	**seuraava** *adj*	**next, following|subsequent|consequent, attendant|ensuing|after** Onko suunnitelmissa, että Ozawasta tulee seuraava johtaja? Is Mr Ozawa going to be the next manager?
417	**tuska** *nn*	**pain|agony, torment, torture|distress|anguish|misery** Tuska on todellista ja toivotonta, minkä vuoksi kansalaiset ovat ottaneet meihin yhteyttä. The pain is real, the pain is desperate, and that is why people have looked to us.
418	**kausi** *nn*	**season|term|period|phase|spell** Kuiva kausi on selityksenä huonolle sadolle. A dry spell accounts for the poor crop.
419	**sisälle** *adv; prep*	**inside, within|indoors|in; within** Jos olen päässyt ylhäältä sisälle, voin kai myös jatkaa eteenpäin. If I have already got in at the top, I should be able to carry on inside.
420	**syödä** *v*	**eat, consume, eat up|have|feed|bite|rise** Hyväksyn sen, että joillekin uskonnoille eläimen teurastustapa on erittäin tärkeä, jotta sen liha voidaan syödä. I accept that some religions attach fundamental importance to the way in which an animal is slaughtered in order for its meat to be consumed.
421	**idea** *nn*	**idea, point, notion, brainchild** varastaa jonkun idea to steal somebody's thunder
422	**nousta**	**rise, get up, arise|increase|ascend|emerge|climb, mount**

	v	Se saattaa nousta joka tapauksessa keskustelun aikana. It might go up anyway during this item of discussion.
423	**sentään** *adv*	**yet** Filippiineillä sentään tiedetään demokratian arvo erittäin hyvin. At least the people of the Philippines are well aware of the value of democracy.
424	**aiemmin** *adv*	**previously, before** Aiemmin parlamenttia oli ainoastaan kuultava kyseisten sopimusten yhteydessä. Previously, it was only necessary to consult Parliament about these agreements.
425	**tekstitys** *nn*	**subtitles, title** Tekstitys sisältyy joskus lähetettävään videoon.Subtitles are sometimes included as part of the video being broadcast.
426	**idiootti** *nn*	**idiot, imbecile|jerk|dope** Tom on idiootti. Tom is an idiot.
427	**yleensä** *adv*	**usually, normally, ordinarily|generally, in general|as a rule** Se yhdistetään yleensä työttömyyteen ja erityisesti pitkäaikaistyöttömyyteen. It is generally linked to unemployment, and in particular to long-term unemployment.
428	**Seis!** *i*	**Stop!, Freeze!, Hold it!** Sen on sanottava seis hyökkäyksille maailman rauhanomaisimpana pidettyä kulttuuria vastaan. It must say 'stop' to attacks on a culture that is deemed to be the most peaceful culture on earth.
429	**käsi** *nn*	**hand, mitt|arm** Käsi käden pesee. You scratch my back and I'll scratch yours.
430	**ikävä** *adj; nn*	**tedious, dull|nasty, foul|unpleasant|drab, dreary|sad** Ikävä kyllä tämä ei ole onnistunut terveydenhuoltopolitiikassa. It is a pity that we were not able to achieve the same thing with the health-care policy.
431	**luultavasti** *adv; av*	**probably, presumably, like as not, like enough, as like as not; will** Tämä tavoite saavutetaan luultavasti parhaiten uudella lainsäädäntövälineellä. This is probably best achieved through a new legislative instrument.
432	**jäljellä**	**left; over**

adj; adv Demokratiasta ei ole jäljellä enää rahtuakaan, ja tulevaisuudennäkymät ovat synkät.
There is nothing left of democracy, and the prospects are gloomy.

433 **luo** **round, by**
prep Minä vien heidät Tomin luo.
I'll take them to Tom.

434 **helppo** **easy|simple, elementary|fast|cushy, soft|facile**
adj Se on helppo sanoa.
That's easy to say.

435 **palata** **return, hark back|turn back|revive**
v Haluan vain palata erityisesti kysymykseen sähkömagneettisista kentistä.
I would just like to return specifically to the question of electromagnetic fields.

436 **seitsemän** **seven**
num Vertailkaamme lukuja: seitsemän vuotta menneisyydessä, seitsemän vuotta nyt.
Let us compare the numbers: seven years in the past, seven years now.

437 **talo** **house, place**
nn Minulla on melkoisen iso talo.
I have a big house.

438 **kerroin** **factor, coefficient; SPF**
nn; abbr Kerroin parhaalle ystävälleni.
I told my best friend.

439 **veli** **brother, sibling**
nn Et koskaan kertonut minulle, että sinulla on veli.
You never told me you had a brother.

440 **alle** **under, below|beneath|underneath; under|below; short of**
adv; prep; adj EU:n kauppa Intian kanssa on alle 20 prosenttia Kiinan kanssa käydystä kaupasta.
The Union's trade with India amounts to less than 20% of its trade with China.

441 **vaikuttaa** **influence, work|affect|act|sway|actuate**
v Tom vain nukkuu tunneilla, joten vaikuttaa siltä ihan kuin hän menisi kouluun nukkuakseen.
Tom is always sleeping in class. It almost seems like he goes to school just to catch up on his sleep.

442 **laittaa** **put, set, lay|cook|stick|fix|stick down**

v — Urheiluvertausta käyttäen sanoisin, että meidän pitäisi laittaa turkkilaiset hyppäämään korkeutta.
I would say, using an allusion to sport, that we should set a hurdle for the Turks to jump over.

443 **rauha** — **peace, repose|tranquility, quiet, tranquillity|rest, ease|privacy|peace and quiet**
nn — Vaihtoehto on olemassa, mutta se ei ole rauha: tämänhetkinen tilanne on rauha.
There is an alternative, and it is not peace: peace is what we have at the moment.

444 **presidentti** — **president, chief executive**
nn — Siksi presidentti Sarkozy lensi tapaamaan presidentti Medvedeviä eikä presidentti Kokoitya.
That is why President Sarkozy flew to meet President Medvedev and not President Kokoity.

445 **miljoona** — **million|million**
nn — Miljoona ihmistä menetti henkensä sodassa.
One million people lost their lives in the war.

446 **muutama** — **one or two|scatter, scattering**
nn — Heräsin juuri muutama minuuttia sitten.
I just woke up a few minutes ago.

447 **viikko** — **week**
nn — Teillä on vielä viikko, ensi viikko, aikaa äänestää.
It is your turn; you still have a week, next week, in which to vote.

448 **turpa** — **chub, muzzle, nose**
nn — Turpa kiinni!
Shut up!

449 **välillä** — **between, betwixt|betweentimes; between|betwixt; inter-**
adv; prep; pfx — Mitä tapahtui sinun ja Tomin välillä?
What happened between you and Tom?

450 **väärä** — **wrong, incorrect|fasle, assumed|improper**
adj — ”Oletan, että sinulla on yliopistotutkinto.” ”Oletuksesi on väärä.”
I assume you have a college degree. "You assume wrong."

451 **kohti** — **towards, per, toward, at, on, in the direction of, upon**
prep — Suuntaako se kohti monikulttuurista Eurooppaa vai kohti yleisislamilaista valtiota?
Is it heading towards a multicultural Europe or towards a pan-Islamic state?

452 **usein** — **often, frequently, oft**

	adv	Tämä tapahtuu usein uskonnon nimissä ja usein lain suojeluksessa. This often takes place in the name of religion and often under the protection of the law.
453	**kuukausi** *nn*	**month** Aikakauslehteä julkaistaan joka toinen kuukausi. The magazine is published bimonthly.
454	**tyhmä** *adj*	**stupid, unintelligent|dumb, obtuse, dull|fool|simple|thick** Tom oli tarpeeksi tyhmä uskoakseen Maryä. Tom was stupid enough to believe Mary.
455	**koira** *nn*	**dog|canine|doggie, doggy** Hänellä on koira ja kuusi kissaa. He has a dog and six cats.
456	**ostaa** *v*	**buy, purchase** Siksi, että he voivat ostaa markkinoilta itselleen parhaiten sopivan palvelun. It is because they can buy on the market the service that is best for them.
457	**eräs** *pron; art; adj*	**one, this; a, an; certain** Kaikki mitä minulla on, on eräs kirja. All I have is a book.
458	**näkemä** *nn*	**sight distance** 0
459	**tuo** *pron; adj; adv*	**that|that one; yonder; yonder** Kenen puhelin tuo on? Whose phone is that?
460	**vihata** *v*	**hate** Emme voi vihata serbikansaa sen vuoksi, että se haluaa oikeuden päättää omista johtajistaan. We should not hate the Serb population just because he wants the right to determine who should lead the country.
461	**pitkään** *adv; phr*	**long; at length** Juuri tätä kirjaa olen odottanut niin pitkään lukeakseni. This is the very book that I have long wanted to read.
462	**haitata** *v*	**hinder, impede|hamper, handicap|inhibit|disadvantage|encumber** He olivat yrittäneet haitata Clydessa sijaitsevaa Trident-ohjusjärjestelmää.They had acted to impede the Trident missile system based on the Clyde.
463	**kulua**	**elapse, lapse|pass, go|wear out, wear down|roll on|drain**

	v	On ehkä annettava ajan kulua, koska kuten tiedätte, Aasiassa kärsivällisyys on suurta taidetta. We should perhaps let a little time go by, as you know, in Asia, patience is a great art.
464	**kuningas** *nn*	**king, rex** Vuoden 2004 marraskuussa kuningas vieraili puheenjohtajakokouksessa Brysselissä. In November 2004 the King visited the Conference of Presidents in Brussels.
465	**sairas** *adj; nn; phr*	**sick, ill|diseased, morbid|unwell, peaked, poorly; invalid; on one's back** Omassa maassani vaikuttaa siltä, että jokainen lapsi on sairas. In my country, it seems that every other child is ill.
466	**sattua** *v; phr*	**occur, come about, pass|happen, befall; get home|go home** Arvoisa puhemies, hyvät kollegat, eläinkuljetusten aikana voi sattua kammottavia asioita. Mr President, ladies and gentlemen, terrible things occur during the transport of animals.
467	**onnellinen** *adj*	**happy, fortunate, blissful, joyful, blessed** Olen niin onnellinen. I'm so happy.
468	**mestari** *nn*	**master|champion, adept, ace|champ|past master|mistress** Hyvä kaikessa, muttei mestari missään. Jack of all trades, and master of none.
469	**kahdeksan** *nn*	**eight|eight** Hän menee yleensä töihin kello kahdeksan. He usually goes to work at 8 a.m.
470	**etsiä** *v*	**search, look for, seek|find|scout|scout out|trace** Voit etsiä tietyn sanan sisältäviä lauseita ja saada käännökset näihin lauseisiin. You can search sentences containing a certain word and get translations for these sentences.
471	**pelastaa** *v*	**save, salvage|rescue|redeem|reclaim** Neljä kuukautta myöhemmin: meidän pitäisi pelastaa se. Four months later: a bail-out.
472	**naimisissa** *adj*	**married** Hän on naimisissa Vladimir Kozlovin kanssa, joka on Marin tasavallan neuvoston puheenjohtaja. She is married to Vladimir Kozlov, President of the Mari-El Republic's Council.

473 **rauhallisesti** *adv*
quietly, evenly
On hyvin tärkeää, että direktiivistä keskustellaan uudelleen rauhallisesti neuvoston kanssa.It is essential for the directive to be discussed again calmly with the Council.

474 **kahvi** *nn*
coffee
Unohdin kuitenkin laittaa kahviini sokeria, ja kahvi oli todella kitkerää.
That coffee was so bitter!

475 **jutella** *v; phr*
chat, visit, natter, confabulate|talk; shoot the breeze|shoot the bs
Minua ei huvita jutella.
I don't feel like talking.

476 **vihainen** *adj; phr*
mad, huffy|annoyed|choked|wrathful|vicious, savage; up in the air
Olen hyvin vihainen, että maani on joutunut tähän pisteeseen - erittäin vihainen.
I am very angry that my country has reached this point - very angry indeed.

477 **totuus** *nn; phr*
truth, verity|low-down; dinkum oil
Totuus on itse asiassa yksinkertainen: ei ole epäsymmetriaa vaan symmetriaa.
In fact, the truth is simple: there is no asymmetry, there is symmetry.

478 **täydellinen** *adj; nn*
perfect, complete, utter, consummate, thoroughgoing, arrant; plenary
Olet niin täydellinen.
You're so perfect.

479 **selvätä** *v*
unscramble, decode
On itsestään selvätä, että sanomme tuomitsevamme jyrkästi väkivallan ja verenvuodatuksen, mutta tarvitaan jotakin enemmän eli konkreettisia poliittisia toimia.
It goes without saying that we unequivocally condemn violence and bloody repression.

480 **painua** *v*
sink, settle|droop, sag|subside
0

481 **äkkiä** *adv*
short, precipitately
Nyt äkkiä, huomenna, muutama kuukausi myöhemmin, neuvostolle halutaan yllättäen antaa vastuuvapaus.
Now, suddenly, tomorrow - a few months later - there is a will to grant the Council discharge, all of a sudden.

482 **varovainen** **careful|gentle|cautious, conservative|prudent|wary, leery**
adj Olette ollut varovainen matadori; minä olen varovainen härkä ja pysyn aitauksessani.
You have been a cautious matador; I will be a cautious bull and I will remain in my enclosure.

483 **nukkua** **sleep, slumber, kip|be asleep|shake down|have a doss|catch some Z's**
v Olin niin onnellinen, että en pystynyt nukkua.I was too happy to sleep.

484 **ajatus** **idea, thought|notion|prospect|conception**
nn Amsterdamin sopimuksessa otettiin käyttöön ajatus Euroopan oikeusalueesta.
The Treaty of Amsterdam introduces the concept of a European judicial area.

485 **kuulemma** **reportedly, reputedly**
adv Perjantaista lähtien tulee kuulemma mielettömän kuuma.
Apparently it's going to be scorching from Friday on.

486 **eversti** **colonel, group captain**
nn Olemme esimerkiksi saaneet vieraaksemme eversti Gaddafin opposition edustajia.
For instance, we have received here representatives of the opposition to Colonel Gaddafi.

487 **tekeminen** **making, conclusion, commission, movements**
nn Jos näiden vaiheiden toimien tekeminen ei ratkaissut ongelmaa, ota yhteyttä tukeen.
If the steps did not resolve the issue, contact support.

488 **viimeksi** **last**
adv Joilta viimeksi kysytään, niille myös viimeksi kerrotaan.
They are the last people to be consulted and also the last people to be informed.

489 **melko** **quite, rather|pretty, fairly, reasonably|much|enough; enough|comparative**
adv; adj Pidän tätä mietintöä kolmikantakokouksen neuvotteluvaltuuksista melko tyydyttävänä.
I consider this report on the mandate for the trialogue to be fairly satisfactory.

490 **yhteys** **contact, touch|connection, connexion|liaison|communication|service**

nn Jos et ole tukiaseman tai verkon ylläpitäjä, ota yhteys verkonvalvojaan. If you don't manage the access point or network, contact the network administrator.

491 **kovasti** **hard, much, sorely, not half, like; like anything**
adv; phr
Neuvosto työskenteli myös kovasti vastatakseen komission kertomukseen.
The Council also worked hard to prepare the response to the Commission's report.

492 **kohdata** **face, confront|encounter, meet|meet with**
v
Mainonnalla voidaan tehokkaasti haastaa ja kohdata stereotypiat.
Advertising can effectively challenge and confront stereotypes.

493 **aloittaa** **start, begin, commence, start out|initiate|open|launch|start off**
v
Meidän täytyy aloittaa nollasta.
We need to start from scratch.

494 **tahto** **will, volition|pleasure**
nn
Jäsenvaltioilta puuttuu ilmeisesti poliittinen tahto täyttää velvollisuutensa.The Member States apparently lack the political will to fulfill their obligations.

495 **selittää** **explain, explicate|account for|declare|expound|pin down**
v
Voisitko selittää mikä tämä on?
Would you explain what this is?

496 **tie** **road, route|way, path|track, trail|pathway|roadway**
nn
Tie oli roomalaisten rakentama.
The bridge was built by the Romans.

497 **enempää** **any more**
adv
Niiden ei tulisi vuosittain saada enempää kuin prosentti bruttokansantuotteesta.
Annually, they should not receive more than 1% net of the Gross Domestic Product.

498 **tällainen** **like; of this sort**
prep; adj
Tällainen politiikka ja tällainen elintapa ei ole erityisen kestävä.
This is a policy and a pattern of life that cannot continue for very much longer.

499 **tarina** **story, tale|fable|yarn**
nn
Se on hieno tarina, ja ymmärrettävästi sen muuttaminen on hankalaa monille.
It's a great story, and it's understandable why they would be reluctant to revise it.

500 **taju** **savvy, sense, consciousness, appreciation, flair, nous**
nn
Tom tahtoi tietää miten tarina päättyi.
He's out cold.

501 **loistaa** **shine, blaze, kindle, glare, burn**
v
Kuu loistaa taivaalla.
The moon shines in the sky.

502 **vannoa** **swear, vow, swear blind**
v
Jonkin loistaa kovasti.
You must bind yourself to keep the promise.

503 **kaupunki** **city, town, borough, burgh**
nn
Jerusalem on kolmen uskonnon pyhä kaupunki, kirjojen pääkaupunki, avoin pääkaupunki.
Jerusalem: a sacred city for three religions, the capital city of books, an open capital.

504 **koskea** **concern|touch, affect|pertain, appertain|hurt, smart|meddle**
v
Voinko koskea tähän?
May I touch this?

505 **ylpeä** **proud, arrogant, elated**
adj
Oli olemassa ammattikunta, veneenveistäjien ammattikunta, joka oli ylpeä itsestään.
There was a profession, that of boat-builder, which was a proud profession.

506 **juosta** **run, course|curdle|hare|sluice|hare off**
v
Minun täytyy peittää kasvoni paperipyyhkeillä ja juosta takaisin työhuoneeseeni.I have to cover my face with paper towels and run through to my office.

507 **edelleen** **still, further, again, onward**
adv
Yksi kysymys on edelleen ratkaisematta: ratkaisematta on edelleen nimikysymys.
There is an outstanding question: the question of the name is still outstanding.

508 **musta** **black, ebony, inky; black**
adj; nn
Musta kivi on merenpohjan sedimenttiä planktonittomassa ympäristössä.
And the black rock is the sediment on the sea bottom in the absence of plankton.

509 **arvata** **guess, spot, hit, psych out, psyche out**

v . – Kaikki voivat arvata Euroopan kemikaaliviraston perustamisen seuraukset.
. – Anyone may guess the consequences of a European Chemicals Agency.

510 **keittää** **boil, cook, boil up, do**
v Tom joi juuri viimeisen kupin kahvia. Meidän täytyy keittää toinen pannullinen.
Tom just drank the last cup of coffee. We'll have to make another pot.

511 **taakse** **behind, after, round; behind, round, astern of**
adv; prep Näytä minulle mitä olet kätkenyt selkäsi taakse.
Show me what you have hidden behind your back.

512 **tietenkään** **to be sure; surely**
phr; adv Unohtamatta tietenkään mainita puheenjohtajavaltio Ranskan joustavuutta.
Not forgetting to mention, of course, the flexibility of the French Presidency.

513 **lääkäri** **doctor, physician, medico|practitioner|medic|sawbones**
nn Eräs pätevä lääkäri yritti vuosien ajan rekisteröityä lääkäriksi Espanjassa.
A qualified doctor tried for a number of years to register as a doctor in Spain.

514 **pelkkä** **mere, simple|sheer, plain; nothing more than|nothing but|all|but**
adj; adv Pelkkä valistus ja vastuullisuus eivät riitä edes läntisessä maailmassa.
Mere education and responsibility are not enough even in the western world.

515 **leikkiä** **play, trifle with, be at play, disport oneself, play-act**
v Munantuottajien kanssa ei ole syytä leikkiä "kuka pelkää" -leikkiä.
It is not time to play chicken with the egg farmers.

516 **jälleen** **again, once again; re-**
adv; pfx Toimeenpanovaltaa vahvistetaan jälleen lainsäädäntävallan kustannuksella.The executive is again being strengthened at the expense of the legislature.

517 **asua** **live, dwell|stay, abide|reside|visit|hang out**
v Ihmiset eivät halua asua niissä, koska heidän ei kannata asua niissä.
People do not wish to live in them because it does not pay them to do so.

518 **ampua** **shoot, pip|fire|plug|pick off|loose off**

	v	Elleivät he voi ampua hylkeitä riittävästi, heille ei jää kalaa pyydettäväksi. If they are unable to shoot enough seals, then there will be no fish for them to catch.
519	**vieläkin** *adv; conj*	**even, still, yet|even now; still** Toivon, että se paranee vieläkin täysistunnossa toimitetun äänestyksen jälkeen. I hope that it will be improved still further following the vote in Parliament.
520	**tietävä** *adj*	**knowing** Mitä haluamme tietää, mitä voimme tietää ja kuka saa tietää ja mitä? What do we want to know, what can we know and who is allowed to know what we know?
521	**eteen** *prep*	**in front of, before** Windows Media Center ei tue kelausta eteen- tai taaksepäin FM-radiota toistettaessa. Windows Media Center does not support fast forward or rewind when playing FM radio.
522	**johtaja** *nn*	**manager, director|leader|head, chief|executive, administrator** Työryhmän johtaja Djibril Diallo vierailee Brysselissä 10. ja 11. tammikuuta. Djibril Diallo, the head of the taskforce, will be in Brussels on 10 and 11 January.
523	**miettiä** *v*	**think about|think, consider|reflect, ponder|reason** Sen jälkeen meillä on aikaa miettiä, miten päätöstä sovelletaan tulevaisuudessa. We will then have time to consider how it will be applied in the future.
524	**jotenkin** *adv*	**somehow, someway|kind of|in some ways|anyway, anyhow** Meidän on jotenkin saatava kiinalaiset ja tiibetiläiset jatkamaan vuoropuheluaan. We need somehow to bring about the resumption of the Sino-Tibetan dialogue.
525	**perhe** *nn*	**family** Joten milloin perhe ei ole perhe ja adoptoitu lapsi on - niin, mitä hän tarkalleen ottaen on? So when is a family not a family, and an adopted child is - well, what exactly?
526	**sekainen**	**disorderly, messy, disordered, tangled**

	adj	Perhe söi lounasta. My apartment is messy and cluttered.
527	**johtaa** *v*	**lead, conduct, direct|result in|manage, oversee, superintend** Liekkö tämä kokous mihinkään johtaa. Having this meeting isn't going to do the trick, is it?
528	**ero** *nn*	**differential|difference|distinction|separation|spread** Jos haluat pienentää kovien ja pehmeiden äänien välistä eroa, valitse Keskitason ero. For a smaller difference between loud and soft sounds, click Medium difference.
529	**kirjoittaa** *v*	**write, compose, pen|type|spell|print|write out** Oikeuden tehtävänä ei ole kirjoittaa historiaa, se on historiantutkijoiden tehtävä". It is not up to the law to write history; that is a matter for historians'.
530	**ihana** *adj*	**wonderful, marvelous, marvellous|lovely, adorable** Minusta tämä lause on ihana. I love this sentence.
531	**tähti** *nn*	**star, ace|asterisk|luminary|pip** Tuo pieni tähti on kirkkain. That small star is brightest.
532	**peli** *nn*	**game, play, checkers, jig, rubber, set** Miten tämän päivän peli meni? How was today's game?
533	**jätti** *nn*	**giant, jumbo** Emme voi muuttaa Eurooppaa jätti-Hampuriksi. We cannot change Europe into a giant Hamburg.
534	**lähettää** *v; phr*	**send, send off|post|transmit, broadcast|send out; put on the air** Haluan lähettää paketin Japaniin. I want to send a parcel to Japan.
535	**mihinkään** *adv*	**anywhere, anyplace** Vasta sitten pystymme poistamaan sopimuksista mihinkään velvoittamattomat kohdat. Only then will we be able to overcome the lack of commitment in the declarations.
536	**herätä** *v*	**wake up, wake, waken, rouse|awake|sit up|stir|revive, quicken** Brittiläiset konservatiivit tekevät niin yhä, mutta nyt on aika herätä. British Conservatives still are but it is time to wake up.
537	**esiin** *adv*	**out|forward, forwards|put forth|come forth|bring forth** Aurinko tuli esiin. The sun came out.

538 **panna** **put, set, lay|apply|place, post, send|fuck, screw; ban**
v; nn
Sinun täytyy panna nyt maate.
You must go to bed now.

539 **tarkoitus** **purpose, intention, intent, design|object, objective|meaning|function|end**
nn
Ei ollut tarkoitus herättää sinua.I didn't mean to wake you up.

540 **tarjota** **offer, proffer|serve, dish|bid, tender|present|cater**
v
Sen sijaan meidän pitäisi tarjota sympatiaa ja tarjota tukeamme.
Instead, we should offer sympathy and offer our support.

541 **uni** **sleep, slumber|dream|kip|shut-eye**
nn
Kirjoittaminen on syvempi uni kuin kuolema.
Writing is a deeper sleep than death.

542 **ottaa huomioon** **regard, consider|take into consideration|respect|bear in mind**
v
Nyt hänen on aika perääntyä nykyisestä kannastaan, ottaa huomioon meidän keskeiset arvomme ja tehdä niistä yhteisiä arvoja.
It is now time for him to roll back from his current position, to acknowledge our core values, to make them shared values.

543 **tekeillä** **afoot, up, in the making, in the pipeline, in preparation; in hand**
adv; phr
Päättelen esittelijä Rothleyn puheista, että tätä koskeva seurantaraportti on jo tekeillä.
I gather from Mr Rothley that a follow-up report on this is already in the making.

544 **upea** **magnificent, glorious|gorgeous|beautiful|luxurious, sumptuous**
adj
Meistä tulee upea tiimi.
We're going to make a wonderful team.

545 **varovasti** **carefully, cautiously|with care|gingerly|warily|tentatively**
adv
Ole kiltti ja aja varovasti.
Drive safely.

546 **Hyvästi!** **Goodbye!, Farewell!, Adieu!, Good day!**
i
Hyvästi koruna, tervetuloa euro.
Goodbye koruna, welcome euro.

547 **lukea** **read, say**
v
Näitä ei ole helppoa lukea, mutta niitä voi lukea ja sitten asiat saa tietää.
It is not easy to read, but we can read it, and then we know.

548 **vapaa** **free, liberal, loose|spare|neutral|clear|vacant|off|exempt; at liberty**

adj; prep; phr Pohjoisafrikkalaisten vapaa liikkuvuus on jo toteutunut; emme vain myönnä sitä.
We have freedom of movement from North Africa, we simply do not recognise it.

549 **viesti** **message|relay, relay race|note|word, tidings**
nn Tomilla on viesti Marylta Johnille.
Tom has a message for John from Mary.

550 **paikata** **patch, patch up|mend|cobble|stand in for|score a spare**
v En ymmärrä sitä, että erilaisten kiintiöiden avulla yritetään paikata tätä ongelmaa.
I do not understand why we are trying to patch up the problem by means of quotas.

551 **keskellä** **in the middle, centrally; in the middle of, amidst; surrounded**
adv; prep; adj Tomin ja Maryn taloon murtauduttiin keskellä kirkasta päivää kun perhe oli puutarhassa.Tom and Mary's house was broken into in broad daylight, while the family was in the garden.

552 **lisäksi** **in addition|further|additionally|moreover; in addition; into the bargain**
adv; prep; phr Lisäksi näillä toimilla parannetaan liikenneturvallisuutta ja ympäristönsuojelua.
In addition, there will be gains in terms of road safety and environmental protection.

553 **lähetti** **messenger, bishop, envoy, runner, orderly, bearer**
nn Mary otti puhelimellaan kuvan itsestään ja lähetti sen Tomille.
Mary took a picture of herself on her phone and sent it to Tom.

554 **suunnitelma** **plan, design|blueprint|scheme, strategy|layout|project, projection**
nn Minusta meidän pitäisi heittää tämä suunnitelma menemään.
I think we should scrap this plan.

555 **liikkua** **move, travel, go|shift, stir|push|work**
v Emme voi liikkua.
We can't move.

556 **ainoastaan** **only, solely, alone|merely, just|strictly|uniquely|none but; all**
adv; pron Puolustuksekseni voin todeta ainoastaan, että neuvottelukierroksia oli ainoastaan yksi.
In my defence, the only thing I can say is that there was only one round of negotiations.

557 **laskea** **calculate, count, reckon|fall, descend|lower, depress|decrease**

v En voi laskea niiden kertojen määrää, jolloin olen kuullut Tomin sanovan noin.
I can't count the number of times I've heard Tom say that.

558 **ikuisesti** **forever, everlastingly, evermore | for ever; till kingdom come**
adv; phr Molempia ryhmiä parjataan ikuisesti niiden harjoittaman väkivallan vuoksi.
As a result of their violence, both groups will be forever reviled.

559 **tieto** **information, data | knowledge, cognition | info | awareness, cognizance | datum**
nn Matkustajan on saatava tieto tästä seikasta, ja hänen on kyettävä reagoimaan siihen.
The passenger must be informed of this fact, and he must have a chance to act in response.

560 **mahdollisuus** **possibility, opening | chance | option | facility | room**
nn Kokeen täytyy onnistua. Seuraava mahdollisuus tulee kohdalle vasta viidenkymmen vuoden päästä.
The experiment must succeed. The next chance will only arise in fifty years.

561 **tytär** **daughter, girl**
nn Olen itse vastarintaliikkeen jäsenten tytär.
I myself am the daughter of Resistance fighters.

562 **nykyään** **today, nowadays | currently | these days | in this day and age**
adv Nykyään kukaan ei usko kummituksiin.Nowadays nobody believes in ghosts.

563 **kuolema** **death, decease | demise | passing**
nn Kuolema ja nälkä eivät todellakaan ole suotuisa ympäristö rauhan syntymiselle!
Death and famine are emphatically not fertile ground for peace.

564 **Hra** **Mr.**
abbr Tuliko hra Davis Japaniin opettamaan englantia?
Did Mr. Davis come to Japan to teach English?

565 **alku** **beginning, origin | start, outset, kickoff, commencement | opening**
nn Mietintö on kuitenkin vasta kaikkea muuta kuin yksinkertaisen prosessin alku.
However, the report marks only the beginning of a process that is not simple.

566 **mahdoton** **impossible, unthinkable, out, unanswerable, incorrigible**
adj Olet mahdoton.
You're impossible.

567 **löytyä** **be found**

v Tulostimen valmistajan WWW-sivusto saattaa löytyä Tulostimet-kansiosta.
You can find the manufacturer's website for your printer in the Printers folder.

568 **tila** **status, condition|mode|space|state|room**
nn Unionin tila - Valtionpäämiesten ja pääministereiden tapaaminen 24. - 25. lokakuuta
State of the Union - Meeting of heads of state and government of 24/25 October

569 **juoda** **drink, imbibe|have|indulge|hoist|sink**
v Se tarjoilee niin huonoja EU: n ulkopuolelta ostettuja viinejä, että kukaan ei halua juoda niitä.
It offers such bad wines bought outside the Union that nobody wants to consume them.

570 **onnistua** **succeed, manage, achieve, work out, make it, score**
v Voimme onnistua siinä vain, jos väkivallan avulla toteutettava sensuuri poistetaan.
We can only achieve this in practice if censorship through violence is abolished.

571 **ilmeisesti** **apparently, seemingly|obviously, evidently; it seems that|it seems as if**

adv; phr Ilmeisesti olen adoptoitu.
Apparently I'm adopted.

572 **oikeus** **right|law|justice|entitlement|court**
nn Jos haluan harrastaa seksiä seitsemänkymppisenä, minulla on oikeus siihen, että on olemassa paikka, joka tarjoaa minulle sen mielihyvän.
If I want to have sex in my seventies, I have the right that a place exists to provide me that pleasure.

573 **kiittää** **thank, praise, commend, bless, exalt**
v Haluan vielä kerran kiittää parlamenttia tuesta ja kiittää teitä mielenkiinnostanne.Once again, I wish to thank Parliament for its support and I thank you very much for your attention.

574 **sekunti** **second**
nn Toinen huolenaihe - tähän menee vain muutama sekunti - on yhteisön talousarvio.
The second concern - which will take just a few moments - is the Community budget.

575 **vetää** **pull|drag, haul|draw|withdraw|run**

	v	Toimielimemme eivät voi nyt vetää eri suuntiin. This is no time for our institutions to pull in different directions.
576	**kuva** *nn; abbr*	**picture, photo, pic, exposure | image; fig.** Esimerkiksi Kuva-kohdan napsauttaminen Paint-valikkorivillä avaa Kuva-valikon: For example, clicking "Image" in the Paint menu bar displays the Image menu:
577	**kiire** *nn*	**hurry, rush, haste | urgency | pressure, press | hustle, bustle | panic** Erään vanhan italialaisen sananlaskun mukaan kiire hidastaa vauhtia. There is an old Italian proverb that says 'more haste, less speed'.
578	**myöhäinen** *adj*	**late, belated, tardy | advanced | backward** On myöhäinen ilta ja meitä on vähän, mutta se on pieni protokollaseikka. It is late at night and there are few of us but it is a small point of protocol.
579	**tavallaan** *adv*	**kind of, in a sense, as it were, in a manner, after a fashion** Mielestäni tässä on tavallaan kyse myös hyviin suhteisiin tehtävästä investoinnista. For me, all this is also about a kind of investment in good relations.
580	**vika** *nn*	**fault, demerit | failure | defect, flaw | bug | trouble** Se ei tietenkään ollut heidän vikansa vaan selvästi muiden vika. OK, it was not their fault, but apparently the fault of others.
581	**pyy** *nn*	**hazel hen** Kenen vika se oli? A person who chases two rabbits won't catch either.
582	**seksi** *nn*	**sex** Software on kuin seksi: parempaa kun se on ilmaista. Software is like sex: it's better when it's free.
583	**pysähtyä** *v*	**stop, check | stop in | pause | halt | come to a halt** Liittymisprosessin ei saa antaa pysähtyä. The accession process must not be allowed to stall.
584	**silmä** *nn*	**eye, pip** Silmä silmästä ja hammas hampaasta -politiikka ei tuota tulosta. A policy of 'an eye for an eye and a tooth for a tooth' will bring no resolution.
585	**setä** *nn*	**uncle** Tom on Marin setä.Tom is Mary's uncle.
586	**päästää**	**let, allow | emit, give off | release, discharge | let in | pass**

v Heidän olisi nyt päästävä jääräpäisyydestään ja tunnustettava tappionsa.
They should overcome their stubbornness and admit defeat.

587 **huolehtia** **worry, mind, trouble**
v Tällaisista asioista pitäisi huolehtia huomattavasti alemmalla päätöksentekotasolla.
Such things should be taken care of at a much lower level of decision-making.

588 **sota** **war, warfare**
nn Espanjan sota ei ollut pelkkä sota eikä se ollut pelkästään espanjalainen sota.
The war in Spain was not just a war and it was not just Spanish.

589 **agentti** **agent, operative, press agent**
nn Sota oli yhdistänyt amerikkalaiset.
The agent was able to squeeze a confession out of the terrorist.

590 **estää** **prevent, forestall|stop, arrest, check|inhibit|impede**
v En voi estää ihmisiä ostamasta, ellette te tiedä, miten estää ihmisiä myymästä.
I cannot prevent people buying if you do not know how to prevent people selling.

591 **nälkä** **hunger**
nn Elintarvikepula aiheuttaa nälkää, mutta toisen ihmisen nälkä on toisen voitto.
A shortage of food creates hunger, but one man's hunger is another man's profit.

592 **suunta** **direction, way|orientation|trend, tendency|course, line|turn**
nn Huhtikuun lopussa pidettävän OECD: n ministerikokouksen on määrättävä suunta.
The OECD ministerial meeting to be held at the end of April has to set out the course.

593 **vankila** **prison|jail, slammer, gaol, clink|penitentiary|quod|nick**
nn Mietinnössä hahmotellaan selkeästi uusi suunta - maatalouden viherryttäminen.
The report clearly outlines a new direction - agricultural greening.

594 **ihme** **wonder, marvel|miracle|prodigy**
nn Sen lisäksi, että tämä ihme on väliaikainen, sitä ei voida myöskään hyväksyä.
And not only is this miracle not eternal, but furthermore it is not sustainable.

595 **vitsi** **joke, gag**

	nn	Oliko se vitsi? Was it a joke?
596	**moni** *adj; nn*	**many; many** Luettelo monista eurooppalaisista arvoista ja odotuksista tässä asiassa korostaa epäsuhtaisuutta.The list of the multiple European values and expectations on this matter emphasise this asymmetry.
597	**mieluummin** *adv*	**rather, preferably, sooner|first** Mieluummin tämä kuin Brysselin byrokraattien rahannyhtämistoimet. Rather that than the arid scratchings of the bureaucratic Brussels pen-pusher.
598	**typerä** *adj*	**silly, goofy, sappy|stupid|foolish, dopey, dopy|idiotic** Mielestäni se on todella typerä idea. I think that's a really stupid idea.
599	**luvata** *v*	**promise, pledge, undertake, make a promise, give one's word** En voi luvata sitä. I can't promise that.
600	**lyödä** *v*	**hit|beat|knock|strike, mint, coin|defeat** Minun täytyy todellakin saada lyödä jotakuta. I really need to hit somebody.
601	**kesken** *adv; prep; nn; pfx*	**between, betwixt; between|among|amongst|betwixt; midst; inter-** Tällä alueella hyväksytään avioliitto saman sukupuolen edustajien kesken. Same-sex marriage is legal here.
602	**lähes** *adv; prep*	**nearly, near, well-nigh|close to, approximately; next to** Politisoinnista puheen ollen näiden kysymysten politisointi on lähes väistämätöntä. As for politicisation - politicisation of these issues is almost inevitable.
603	**yllätys** *nn*	**surprise, treat, eye-opener** Budjettivaliokunnan puheenjohtajan yllätys tuli varmaankin yllätyksenä kaikille. I believe that we all share the surprise of the Chairman of the Committee on Budgets.
604	**järki** *nn*	**reason|sense|wits|sanity|mind, intellect** Mulla menee järki. I'm going mad.
605	**lasta** *nn*	**spatula, splint, slice, palette knife** Sharon huomasi odottavansa lasta. Sharon found out that she was going to have a baby.

606 **kutsu** **call, invitation, invite, summons**
nn
Mutta se myöskään saa olla kutsu kansainväliselle muuttoliikkeelle ja rikollisliigoille.
But it must not be an invitation to international migration and criminal movement.

607 **kylmä** **cold|cool|chilly|chill|frigid, arctic|nippy; cold**
adj; nn
Kylmä sota ei hälventänyt näitä kehityssuuntia vaan pikemminkin voimisti niitä.
These trends were not dispelled but rather intensified by the Cold War.

608 **rakkaus** **love, devotion, affection**
nn
Joskus heitä pidättelee rakkaus, useimmiten kuitenkin pelko.
They are sometimes bound by love, but more often than not by fear.

609 **poikki** **across, off, over, in two; across, off, over, athwart; off, over**
adv; prep; adj
Nämä rautatieyhteydet pantiin poikki demilitarisoidun alueen kohdalta 50 vuotta sitten.
This railway has been severed at the Demilitarised Zone for the past 50 years.

610 **lentää** **fly, wing|pilot, navigate|blow|shoot|be airborne**
v
– Arvoisa puhemies, hyvät kollegat, halusin vähän aikaa sitten lentää Kiinaan.
– Mr President, ladies and gentlemen, I recently wanted to fly to China.

611 **huone** **room, house, chamber, apartment**
nn
Epäilemättä huone tyhjenee illaksi kahdessa minuutissa.
No doubt in two minutes' time the room will be nigh on empty.

612 **matkata** **voyage**
v
Muuten emme voi matkata yhdessä ja olla onnellisia.
Otherwise, we will not be able to travel together and be happy.

613 **ollenkaan** **at all**
adv
Tuo kana ei ole muninut ollenkaan viime aikoina.
That hen hasn't laid any eggs at all, lately.

614 **todistaa** **evidence, testify, prove, bear witness, show|certify**
v
En yritä todistaa mitään.
I'm not trying to prove anything.

615 **kutsua** **call, call in|ask|invoke|induct|send for**
v
On osattava kutsua kissaa kissaksi, epäonnistumista epäonnistumiseksi.
We must call a spade a spade, and call a failure a failure.

616 **yhdeksän** **nine|nine**

	adj	En saanut sitä, ja tein ilmoitukseni tänä aamuna kello yhdeksän, joten en toista sitä. As one was not forthcoming I made my statement at nine o'clock this morning, and I am not going to make it again.
617	**käskeä**	**command|tell, order, enjoin|direct|bid**
	v	Sinun olisi pitänyt käskeä häntä. You should have told him.
618	**pelata**	**play, work|shoot**
	v	Meidän kannaltamme on loukkaavaa pelata semanttisia pelejä sanan määritelmästä. It is insulting for us to play semantic games about the definition of this word.
619	**ulkopuoli**	**outside, exterior**
	nn	Jo siinä sanotaan kirjaimellisesti, että pakkauksen ulkopuoli - nimeltään ydinpolttoaineen kuljetussäiliö - johtaa saastumiseen vedessä.Because it states, word for word, that the outside of the packaging - referred to as a "fuel transport container' causes contamination in water.
620	**professori**	**professor**
	nn	Tämän komitean puheenjohtaja on professori Jane Grimson Trinity Collegesta Dublinista, arvovaltainen tutkija omista ansioistaan. This committee is chaired by Professor Jane Grimson of Trinity College, Dublin, an eminent academic in her own right.
621	**huonosti**	**poorly, badly, ill**
	adv	Mielestäni olisi olemassa riittävästi rahaa, mutta se jaetaan huonosti ja sitä käytetään huonosti. I think the money is there, but it is being badly distributed and badly used.
622	**aikaisemmin**	**earlier, before|previously|in the past|sooner|heretofore**
	adv	Tom ei ole koskaan aikaisemmin ollut Bostonissa, joten tarjouduin näyttämään hänelle paikkoja. Tom has never been to Boston before, so I offered to show him around.
623	**vähemmän**	**less, lesser; fewer; fewer**
	adv; adj; nn	Mitä enemmän syöt, sitä vähemmän meidän tarvitsee tuoda takaisin. Joten syö niin paljon kuin haluat! The more food you eat, the less we have to bring back. So eat as much as you want!
624	**selvittää**	**sort out, clear|clarify, clear up|resolve|solve|settle, reconcile**

v Meidän täytyy selvittää, mitä Tomille tapahtui.
We have to figure out what happened to Tom.

625 **valita** **choose, select, pick out|pick, cull|opt|set|elect**
v köyhällä ei ole varaa valita
beggars can't be choosers

626 **valitettavasti** **unfortunately, regrettably, unluckily; to one's cost|I'm afraid**
adv; phr Valitettavasti tämäntyyppiset luonnonkatastrofit yleistyvät jatkuvasti.
Unfortunately, this type of natural disaster is becoming increasingly frequent.

627 **luutnantti** **lieutenant**
nn Etelä-Sahalinilla armeijan luutnantti hyökkäsi Južno-Sahalinskin Tvoja Gazetan toimittajan kimppuun.
In South Sakhalin, an army lieutenant attacked a reporter of the Yuzhno Sakhalinsk Tvoya Gazeta.

628 **kuuma** **hot, thermal**
adj Tästä jähmettyneestä konfliktista on nyt kuitenkin vaarassa tulla kuuma konflikti.
But that frozen conflict is now in danger of becoming a hot conflict.

629 **TV** **TV**
abbr kaapeli, joka liittää TV-sovittimen televisiovirittimen TV-IN-vastakkeeseen.A cable connecting your set-top box to the TV-IN jack on your TV tuner hardware.

630 **hienosti** **finely, great**
adv Maailmanlaajuinen jalkaväkimiinojen vastainen kampanja on edistynyt jo hienosti.
The worldwide campaign against landmines has already made great progress.

631 **pitkälle** **far**
adv Joidenkin alan edustajien mielestä se ei mennyt tarpeeksi pitkälle tai se meni liian pitkälle.
For some parts of the industry it did not go far enough or it went too far.

632 **huora** **whore, prostitute|slut, strumpet|hooker, hustler|tramp**
nn Jos olet kerran huora, olet sitä aina.
Once a prostitute, always a prostitute.

633 **vara** **allowance**
nn Tom pitää vara-avainta kätkettynä puutarhaansa.
Tom keeps a spare key hidden in his garden.

634 **siisti** **neat, orderly|clean|tidy|presentable|trim, clean-cut**

	adj	Siisti Saapuneet-kansio Clutter-free inbox
635	**ylhäällä** *adv; prep*	**up, high; up** Samaan aikaan tuuli ylhäällä on talvimonsuunissa. But the wind above is from the northeast monsoon.
636	**veto** *nn*	**bet, wager|traction|drive|pull|veto** Jos tämä veto voitetaan, pääsemme askeleen lähemmäs yhteiskuntarauhaa. If we can win this bet, we will be one step closer to social peace.
637	**johtua** *v*	**be due to|result, ensue|be caused by|derive|be down to** Tämänpäiväinen sekaannus ei mielestäni kuitenkaan voi johtua ainoastaan kielellisistä tekijöistä. It seems to me, however, that today's confusion cannot be ascribed purely to the linguistic factor.
638	**väsyä** *v*	**tire, weary|get tired** Luulen, että oppositio ja muutkin alkavat vähitellen väsyä tähän keskusteluun. I think that the opposition and others are now beginning to tire of this debate.
639	**luokse** *prep*	**with, up** Ette aio rahoittaa lentoja pääkaupungista eristyksissä olevien ihmisten luokse? You are not going to finance the planes that fly down there to people cut off from the capital.
640	**nopea** *adj*	**fast|rapid|quick, prompt|swift|speedy** Nopea tarkastelu paljastaa, että nämä ovat kaikki yleishyödyllisiä palveluja.A quick read through reveals that these are all public utility services.
641	**sairaala** *nn*	**hospital, infirmary** Myös sairaala-ala ja sosiaalinen asuntotuotanto vapautetaan ilmoitusvelvollisuudesta. The hospital and social housing sectors will also be exempt from notification.
642	**ääni** *nn*	**sound|voice, part|vote|tone, note|noise** Valmistaudu kokemaan erinomainen PC:n ääni Beats Audion ansiosta. Prepare yourself for some great-sounding audio on your PC from Beats Audio.
643	**tuomari**	**judge, justice|ref, referee|umpire|beak**

	nn	Saanko esitellä, tuomari Tammi, uusi oppilas, maisteri Virtanen, suomen opettaja. May I introduce Attorney Tammi, a new student. Mrs. Virtanen, the Finnish teacher.
644	**saatana**	**Satan, Devil, archenemy, archfiend**
	nn	Tuomari armahti hänet. How can I lose? answered Satan. "All the umpires are down here in Hell."
645	**sulje**	**bracket, parenthesis**
	nn	Sulje kaikki ovet ja ikkunat! Close all of the doors and windows!
646	**pelottaa**	**scare, daunt|frighten|deter|terrify|browbeat**
	v	Ehkäpä se osoittaa paremminkin, että sopimus ei pelota ihmisiä. Perhaps rather, it demonstrates that the treaty does not frighten them.
647	**pidin**	**holder**
	nn	Pidin hänelle seuraa sillä aikaa, kun hänen vaimonsa oli leikkauksessa. I kept him company while his wife was in surgery.
648	**juhla**	**celebration|feast, fete|festival|jubilee|function**
	nn	Mutta mitä olisikaan Skotlanti-aiheinen juhla ilman ruokaa ja juomaa? But what would a celebration of Scotland be without good food and drink?
649	**henki**	**spirit, life|person, soul|breath|genie|ethos**
	nn	Schengenin henki on luottamuksen ja yhteisvastuun henki. The spirit of Schengen is a spirit of trust and solidarity.
650	**vahva**	**strong|powerful, brawny|sturdy, stout|tough|beefy, burly**
	adj	Kuinka vahva hän onkaan! How strong he is!
651	**päättää**	**decide, determine, make up one's mind|choose|end, terminate**
	v	Euroopan parlamentin päätöslauselmalla lähetetään tältä osin vahva viesti. The European Parliament's resolution sends a powerful signal in this respect.
652	**soitin**	**player|instrument, musical instrument**
	nn	En osannut lukea nuotteja, mutta soitin syntetisaattoreita ja rumpukoneita. I didn't read music, but I played synthesizers and drum machines.
653	**kuvitella**	**imagine, envisage, conceive of|envision, see, picture, visualize**

	v	Osaatko kuvitella millainen 2000-luku on? Can you imagine what the 21st century will be like?
654	**maksa** *nn*	**liver** Emme maksa maanviljelijöille joutenolosta, emmekä tee niin tulevaisuudessakaan. We do not pay our farmers for doing nothing, and nor will we do so in the future.
655	**ehdottomasti** *adv*	**absolutely|definitely, emphatically, decidedly|without fail** Rahoitusvälineet auttavat meitä ehdottomasti puuttuessamme näihin haasteisiin. Financial instruments definitely help us to address these challenges.
656	**välittömästi** *adv*	**direct, directly|immediately, instantly, straight off** Seuraaviin toimiin on ryhdyttävä välittömästi, ja tarkoitan todellakin "välittömästi": These are the steps which must be taken immediately, and I mean 'immediately':
657	**etsivä** *nn*	**detective** Etsivä löysi kiistattoman todisteen miehen syyllisyydestä. The detective found absolute proof of the man's guilt.
658	**kääntyä** *v*	**turn|pivot|rotate, revolve|swing|veer, sheer, swerve** Haluaisin jäljellä olevana puheaikanani kääntyä Verheugenin ja neuvoston puoleen. In the time that remains to me I should like to turn to Mr Verheugen and to the Council.
659	**takaa** *adv*	**from behind** Paradoksaalista kyllä, totuuden numeroiden takaa paljastavat yleensä riskirahastot. Paradoxically, it is usually the hedge funds who find out the truth behind the numbers.
660	**katsos** *phr*	**you see** Luin tämän mietinnön, jossa halutaan välttää laivojen uppoaminen, mutta katsos, Fatuzzo, parlamentin jäsen, minun mielestäni laivat uppoavat siksi, että ne ovat vanhoja. I have read the report seeking to prevent ships sinking but, in my opinion, Mr Fatuzzo the MEP, ships sink because they are too old.
661	**lähtö** *nn*	**departure, going|start|launch|sailing|egress** Muammar Gaddafin lähtö on nyt kiireellinen asia. Muammar Gaddafi's departure is a matter of urgency today.
662	**ääliö**	**jerk|moron, cretin|dope, pinhead|twerp|dimwit, half-wit**

nn Viimeisin sulhaseni oli varsinainen ääliö.
My last husband was a real idiot.

663 **todellinen** **real, actual, literal|true, genuine|effective|veritable|proper**
adj Todellisuudessa komission ehdotus oli todellinen yhdenmukaistamisdirektiivi.In actual fact, the Commission's proposal was nothing less than a harmonization directive.

664 **vaarallinen** **dangerous, unsafe|hazardous, risky|perilous, precarious**
adj Kuolemanrangaistuksen vastaisessa kamppailussa tämä on hyvin vaarallinen kehitys.
In the struggle against the death penalty, that is a very dangerous development.

665 **kiinnostaa** **interest, be interested in, engage attention**
v Jerusalem kiinnostaa kansainvälisesti, ja erityisesti se kiinnostaa kolmea suurta maailmanuskontoa.
It is an international interest, not least for the three big world religions.

666 **hypätä** **jump, leap, spring, bound|hop|vault**
v Ainut tapa saada turvapaikka on hypätä Euroopan ylle laskuvarjo selässä.
The only way to get asylum here will be to jump out over Europe with a parachute.

667 **jolloin** **when, in which case; when; that**
adv; conj; pron Mari vaihtoi englantiin puhuttuaan Tomille ranskaa joitakin minuutteja, jolloin kävi selväksi, että Tomin ranska ei ollut kovin hyvää.
After talking to Tom for a few minutes, it became obvious that his French wasn't very good, so Mary switched to English.

668 **kunpa** **if only, and only**
conj Kunpa vain kollegatkin olisivat yhtä lyhytsanaisia kysymyksissään.
If only colleagues were as brief in asking their questions.

669 **valkoinen** **white; white**
adj; nn ”Mikä hätänä?” kysyi pieni valkoinen kani.
What's the matter? asked the little white rabbit.

670 **koulu** **school, training school**
nn Yksi keskeisistä vapauksista on vanhempien vapaus valita lastensa koulu.
An important freedom is parents' choice of a school for their children.

671 **loppua** **end, stop, finish|close|come to an end|fail|end up**

v Tämä ei merkitse loppua, tosin kylläkin yhden vaiheen loppua.
It is not the last time they will be thanked but it is the end of an era.

672 **suu** **mouth|orifice|jaws|outlet|muzzle**
nn Tomilla on suuri suu.
Tom has a big mouth.

673 **puhelin** **phone, telephone|wire|blower**
nn Kokeile pistorasiaa liittämällä siihen puhelin ja kuuntelemalla, kuuluuko valintaääntä.
To test this, plug in a phone to see if there is a dial tone.

674 **vaihtaa** **change|exchange, replace, interchange|switch|swap**
v Hän kysyi haluaisinko vaihtaa rahaa, ja minä vastasin "ei käy".He asked if I wanted to exchange money, and I said "no way".

675 **sopimus** **agreement, understanding|contract|treaty, pact, accord|deal**
nn Allekirjoita sopimus.
Please sign your name on the contract.

676 **suhde** **ratio, proportion|relation|rate|affair, liaison, involvement|way**
nn Tämä suhde on maailman merkittävin taloudellinen kahdenvälinen suhde.
The relationship is the most important bilateral economic relationship in the world.

677 **metri** **meter, metre**
nn Mikä on politiikan ja sodan välinen suhde?
He has a queen-sized bed.

678 **yhtäkkiä** **suddenly, all of a sudden|all at once|short|sharp**
adv Yhteisessä kannassa on yhtäkkiä valittukin vähimmäisharmonisointi.
In the common position, minimum harmonisation was all of a sudden opted for.

679 **todiste** **evidence, proof, witness, case, argument**
nn Tom on elävä todiste siitä, ettei menestykseen tarvitse aivoja.
Tom's living proof that you don't have to have brains to be successful.

680 **kunnia** **honor, honour|glory|distinction|kudos|canopy**
nn (EN) On kunnia-asia tulla valituksi tämän tärkeän mietinnön esittelijäksi.
It is an honour to be chosen as the rapporteur for this important report.

681 **laki** **law, act, code, justice, principle, top**
nn Godwinin laki opettaa meille, että ääretön keskustelu satunnaisesta aiheesta lähentyy natsivertausta.
Godwin's law teaches us that any infinite discussion about an arbitrary subject converges to a Nazi comparison.

682 **pysäyttää** **stop, arrest, check|halt|freeze|intercept|stem**
v
Indonesialaisten on yritettävä pysäyttää miliisit ja heidän toimintansa alueella.
The Indonesians must try and halt the militia and their activities in the area.

683 **toisin** **otherwise, differently**
adv
Kalastuskriisillä ei ole muuten loppua, toisin kuin kalastuksella.
Otherwise the crisis in the fisheries sector will not finish, but fishing will.

684 **avain** **key, winder|electronic key|cipher, cypher**
nn
12:50 Avain planeettamme herruuteen on kulttuuri, ja avain kulttuuriin on uskonto.
12:50 The key to our domination of the planet is culture, and the key to culture is religion.

685 **helposti** **easily, easy|readily|with ease|light**
adv
Pohjoisamerikkalaisia kilpailijoitamme ei riistetäkään niin helposti.Our North American competitors do not allow themselves to be so easily deprived.

686 **muuttua** **shift, alter, mutate, be transformed, undergo changes**
v
Huomaa, että painikkeet saattavat muuttua pikatoiminnon nykyisen tilan perusteella.
Note that the buttons might change based on the current status of the Accelerator.

687 **henkilö** **person, individual|persona, character|personality|personage**
nn
Täydentävissä järjestelmissä harkitaan ensiksi, tarvitseeko henkilö suojelua.
The complementary systems consider first of all whether a person needs protection.

688 **kaikkialla** **here there and everywhere; everywhere|anyplace, anywhere|universally**
phr; adv
Väkivaltaisuudet ovat kärjistyneet kaikkiallaääriliikkeiden voimistumisen takia.
Everywhere this violence is exacerbated by the spread of extremist movements.

689 **menettää** **lose, miss|forfeit|bargain away|blow**
v
Rakkaus on se, mitä en todellakaan halua menettää.
What I don't wanna lose is love.

690 **alhaalla** **down, beneath, under; beneath**
adv; prep
Palvelin on taas alhaalla.
The server is down again.

691 **vuode** **bed, bedstead**
nn
En tarvitse vuodetta.
I don't need a bed.

692 **kersantti** **sergeant, petty officer, sarge**
nn
. - (EN) Arvoisa puhemies, kersantti Gilad Shalit on nyt ollut Hamasin Jihad-fanaatikkojen vankina yli kolme vuotta.
. - Mr President, Staff Sergeant Gilad Shalit has now been held hostage by the Jihadi fanatics of Hamas for over three years.

693 **lahja** **gift, talent|present|boon, blessing|donation|bestowal**
nn
Jos Afrikka voi antaa jonkin lahjan, se on kollektiivisemman yhteisön lahja.
If Africa has a gift to share, it's a gift of a more collective society.

694 **nostaa** **raise, rear|increase|bring, work|lift|withdraw, draw**
v
Käske Tomin nostaa puhelin.
Tell Tom to pick up the phone.

695 **tahtoa** **will; will, want, have, care, choose**
av; v
Tahtoa on, ja nyt tarvitaan poliittista aloitteellisuutta.
I now want the political initiative.

696 **mitenkään** **in any way, possibly, by any means**
adv
Tom ei ole mitenkään hauska.
Tom is no fun.

697 **ruumis** **corpse, cadaver, stiff|body|bulk**
nn
Tuolla pojalla on vahva, terve ruumis.
This boy has a strong and healthy body.

698 **hitaasti** **slowly**
adv
Asioissa edetään hitaasti, joissakin asioissa mielestäni liiankin hitaasti.
Matters are proceeding slowly and, in my view, too slowly where a number of the issues are concerned.

699 **esittää** **present, introduce|submit, render|put, pose, lay|propose**
v
Voinko esittää kysymyksen?
Can I ask a question?

700 **kyyti** **ride, lift, pickup**
nn
Kelpaako kyyti?
Do you want a lift?

701 **näkyä** **show, be visible, manifest itself, show itself, be manifested**

	v	Jotkin sivustot saattavat olla tyhjiä tai näkyä väärin Internet Explorerissa. Some websites might appear blank or might not display correctly in Internet Explorer.
702	**perillä** *adv*	**in** Jos menet luotijunalla, olet kuule perillä alta aikayksikön. If you go by Shinkansen, you'll be there in no time.
703	**saakka** *conj; prep*	**until, since, till; until, till, pending** Viivyttelitte vastauksen vaatimista ilmeisesti helmikuun puoliväliin saakka. You apparently delayed until mid-February before requesting a response.
704	**kone** *nn*	**machine, engine, plane, shuttle** Kone ei toiminut silloinkaan, vaikka kyse oli ensimmäisistä äänestyksistä. The machine did not work then either, even though it was the start of the vote.
705	**vaate** *nn*	**garment, piece of clothing, number** Näkeekö Teräsmies vaateiden lävitse? Can Superman also see through clothes?
706	**oppia** *v*	**learn, get to** Irlannin hallituksen pitäisi ottaa oppia kansalaisistaan, sen pitäisi oppia johtamaan. The Irish Government should learn a lesson from its people; it should learn to lead.
707	**kuitenkaan** *adv*	**however, though** Ympäristöministerien neuvosto ei kuitenkaan osoittanut riittävää joustavuutta. The Council of Environmental Ministers, however, proved insufficiently flexible.
708	**osata** *v; av*	**know, master; can** Voitte paeta tulta, hyvä puhemies, ja jos osaatte uida, pääsette pakoon tulvia. You can escape from fire, Mr President, and if you can swim, you can get away from floods.
709	**olo** *nn*	**feeling, being** Onko sinulla hyvä olo? Do you feel OK?
710	**piru**	**devil**

nn On hän piru vieköön hölmö.
He is a bloody fool.

711 **heittää** **throw|cast, hurl|roll|toss, fling|chuck**
v Emme voi heittää Euroopan sosiaalista mallia romukoppaan kilpailukyvyn tähden.
We cannot cast aside the European social model for the sake of competitiveness.

712 **onnekas** **lucky, fortunate, jammy, charmed, fluky, providential**
adj Alueenne on onnekas saadessaan teidät tähän merkittävään tehtävään.
Your region is very fortunate in having secured your services in this key post.

713 **kolmas** **third**
num Kolmas osapuoli ei voi kuitenkaan todistaa tätä tieteellisten kriteereiden mukaisesti.
But a third party cannot verify this in accordance with scientific principles.

714 **musiikki** **music, soundtrack, score, muzak, setting**
nn Avaa Hae-oikopolku, kirjoita musiikki, valitse Sovellukset ja valitse sitten Musiikki.
Open the Search charm, enter music, tap or click Apps, and then tap or click Music.

715 **pitkin** **along, by, up, round, about**
prep Siksi kannustan ystävääni, komission jäsen António Vitorinoa jatkamaan sitä pitkin.
I therefore urge my friend, Commissioner António Vitorino, to continue along this path.

716 **sija** **place, position, spot|stead|lodgement, lodgment|case|room**
nn Pidämme hyvänä sitä, että ihmisoikeuskysymyksillä on mietinnössä keskeinen sija.
We are pleased that human rights issues have a central place in the report.

717 **vastaus** **answer, response, reply|rejoinder|entry|plea**
nn Se on vastaus hänen kirjeeseensä.
It's an answer to her letter.

718 **esitellä** **introduce|show, demonstrate|display|outline|unveil, bring out**
v Arvostaisin sitä suuresti, jos sinulla olisi aikaa tavata herra Fukuoka tai esitellä hänet joillekin yhteistyökumppaneistasi.I would appreciate it if you could find time to see Mr Fukuoka, or to introduce him to one of your associates.

719 **tuollainen** *adj* — **that kind of**
Joka kerta kun tuollainen moka tapahtuu toisella osastolla, minua houkuttaa kutsua heitä idiooteiksi, mutta sitten sinunlaisesi ihmiset astuvat kuvaan ja havainnollistavat miltä todellinen idioottius näyttää.
Every time a failure like that occurs in another department, I'm tempted to call them idiots, but then people like you come along to demonstrate what true idiocy looks like.

720 **tuhota** *v; phr* — **destroy, demolish|annihilate|ruin|exterminate; play hell with**
Aiomme tuhota sen.
We intend to destroy it.

721 **valo** *nn* — **light, lamp**
Nykylääketieteessä valo todella ymmärretään lähes biokemiallisella tavalla.
In today's modern medicine, there is a real understanding of light in an almost biochemical way.

722 **suoda** *v* — **bestow, confer|give, afford|grant|allow, permit|accord**
Potentiaaliset pysyvät jäsenet eivät halua suoda toisilleen etuoikeutettua asemaa.
Potential permanent members do not grant each other favoured positions.

723 **pahasti** *adv* — **badly, ill|sadly**
Ihmiset ovat polttaneet pahasti näppinsä, ja järjestelmä on pettänyt heidät.
People have been badly burnt and the system has failed them.

724 **majuri** *nn* — **major, squadron leader**
Majuri Johnny Paul Koroman johtama sotilaskaappaus on ainoastaan viimeisin.
That of Major Johnny Paul Koroma is only the latest.

725 **prinsessa** *nn* — **princess**
Sinun täytyy pelastaa prinsessa.
You need to save the princess.

726 **hyöty** *nn* — **benefit|advantage|utility, usefulness|gain, profit|use**
Tässä tapauksessa koko yhteiskunnalle koituva hyöty olisi varmasti kiistaton.
In this case, the benefit to the whole of society would certainly not be questioned.

727 **kirja** — **book, volume**

nn Kirja on mielenkiintoinen, mutta se on vain yksi näkökulma aiheeseen.
Whereas the book is interesting, it is just one perspective on the subject.

728 **riippua** **depend, hang, dangle, droop, be suspended, overhang, trail**
v Poikien ja tyttöjen oikeus saada opetusta ei saa riippua markkinoiden lainalaisuuksista.The right of boys and girls to education cannot be subject to market laws.

729 **lähetä** **close in|draw close, approach, near, draw near|verge on**
v Lähetä minulle kopio.
Send me a copy.

730 **vauva** **baby, babe**
nn Kansannousu tapahtui kun olin vain kymmenen kuukauden ikäinen pieni vauva.
This uprising took place when I was a little baby, just 10 months old.

731 **Oh!** **Ooh!**
i Kaikki, jotka näkevät tämän innostuvat ja sanovat: "Oh, sitä voisi käyttää tähän ja tähän ja tähän."
Everyone that sees this gets excited, and says, "Oh, I could use it for this and this and this."

732 **lainkaan** **at all, any**
adv Tom osaa puhua tuskin lainkaan ranskaa.
Tom can hardly speak any French.

733 **opettaa** **teach, instruct|school|tutor**
v Sinun pitää opettaa minulle, miten tuo tehdään.
You must teach me how to do that.

734 **jonnekin** **somewhere**
adv Minusta vaikuttaa siltä, että toimenpide on unohdettu jonnekin laatikon pohjalle.
I get the impression that it has been left behind in a drawer somewhere.

735 **oikealle** **right, to the right, rightward**
adv Kun tulet tuon tien päähän, käänny oikealle.
Turn right at the end of that street.

736 **tullata** **declare, clear**

v EU:n ulkopuolelta tuodut tai tilatut tavarat täytyy tullata.
Goods imported from outside the EU or goods ordered must be custom-cleared in the EU.

737 **myydä** **sell, deal|retail|vend, peddle|stock|flog**
v Eurooppalaiset tuottajat tarvitsevat uusia mahdollisuuksia myydä tuotteitaan.
European producers need new opportunities to sell their products.

738 **erä** **item|batch|lot, set|installment, instalment|round**
nn Tämä on kirjanpitäjien sodan viimeinen erä, mutta se on vielä kesken.
This is the final round of the war of accountants, but it is in fact still on.

739 **tajuta** **realize|latch on, tumble, twig|savvy, apprehend, get the picture**
v Et vain taida tajuta, Tom.I can't fathom what you said.

740 **vaatia** **require, demand, ask, need, take, necessitate|insist, assert|claim**
v Meidän pitää vaatia hallituksia todella täyttämään kansainväliset sitoumuksensa.
We have to demand that governments really do keep the international agreements.

741 **joutua** **get, go|fall|end up|land|slide**
v Pienisilmäisiin verkkoihin saattaa joutua sivusaaliina muun muassa merilintuja.
Marine birds, for example, can get caught up as by-catches in nets with small mesh sizes.

742 **huomata** **note, mark|notice, find, discover, observe, detect|spot, discern|mind**
v Innovaatiolla on jotakin tekemistä kyvyn kanssa huomata erätavallisia ilmiöitä.
Innovation has something to do with the faculty to notice unusual phenomena.

743 **potku** **kick, boot**
nn Kaikki puheet Ukrainan liittymisestä Natoon olisivat terävä potku Venäjän karhulle.
Any talk of Ukraine joining NATO would be a sharp kick to the Russian Bear.

744 **kokonaan** **wholly, entirely, all, totally, altogether|fully, in full; all ends up**

adv; phr — Tällainen politiikka on tietenkin täysin järjetöntä, ja voimme muuttaa sen kokonaan.
That is of course a completely absurd policy, and one we can completely revise.

745 **komentaja** — **commander, supreme commander**
nn — Armeijan komentaja on vaarantanut koko järjestelmän ottamalla lain omiin käsiinsä.
All that has been put at risk by the commander of the army taking the law into his own hands.

746 **perä** — **stern, butt, bottom|poop|breech**
nn — 0

747 **keksi** — **biscuit, boathook, rusk, snap**
nn — Saanko keksin? .
Can I have a cookie?

748 **jaksaa** — **keep, be able to, feel, stay, be**
v — Miten Tomin flunssa jaksaa?
How's Tom's cold?

749 **joulu** — **Christmas, Xmas, Yule, Noel**
nn — Joulu on aika, jolloin nuorilla ja lapsilla pitäisi olla rauha.
Christmas is a time when the young people and children should have peace.

750 **punainen** — **red, ruddy; red**
adj; nn — Myös Kansainvälinen Punainen Risti on joutunut kokemaan tilanteen huonontumisen.The International Red Cross also experienced a worsening of the situation.

751 **tanssi** — **dance, dancing**
nn — Puolialaston pariskunta tanssi kiihkeästi keskellä aukiota.
A half-naked couple was dancing frenetically in the middle of the square.

752 **joki** — **river|stream|bourn, bourne**
nn — Pariisin läpi virtaava joki on nimeltään Seine.
The river which flows through Paris is the Seine.

753 **hankkia** — **acquire, gain|buy, purchase|have|get, find; lay one's hands on**

v; phr Meidän maamme naiset ovat erilaisia kuin muiden maiden naiset. Monet ovat sitä mieltä, että naisten on hyväksyttävää hankkia lapsia ja omistautua heille täysin, ja aviomiehiään kohtaan, yksinkertaisesti hoitaa velvollisuutensa ja suojella siveyttään.
The women in our country are different from the women from other countries. Many think that it's acceptable for women to have children and devote themselves to them entirely; and, towards their husband, to simply uphold their duty and protect their chastity.

754 **toivoa** **hope, desire, trust|wish|request|make a wish|fancy**
v Tämä antaa toivoa, toivoa siitä, että myös Serbiassa voidaan toimia toisenlaisella tavalla.
This is a sign of hope, the hope that it possible to act differently even in Serbia.

755 **sujua** **pan out|go, run|proceed|work out|come up roses**
v Tästä syystä yhtenäisvaluuttaan liittymisen pitäisi sujua juohevasti.
For this reason, joining the single currency should go smoothly.

756 **myöhään** **late**
adv Ikävä kyllä tämä kannustava politiikka tulee myöhään, liian myöhään.
Unfortunately, this inspired policy comes too late, far too late.

757 **viha** **anger, wrath, ire|hate, hatred|venom**
nn Niiden ansiosta voidaan nyt myös voittaa pelot, ennakkoluulot ja viha.
They will also make it possible now to overcome fear, prejudice, and hatred.

758 **raskas** **heavy, leaden|burdensome**
adj Muussa tapauksessa tuleville sukupolville jättämämme perintö on erittäin raskas.
Otherwise, the legacy we leave to future generations will be a very heavy one.

759 **tuleva** **future|forthcoming, coming, upcoming|incoming; embryo**
adj; nn Komission tuleva arviointiraportti tarjoaa meille tähän mahdollisuuden.
The Commission’s forthcoming evaluation report will make this possible.

760 **armeija** **army, the military, armed forces, services**
nn Tämä armeija saattaa olla parempi kuin yhdenkään muun arabimaan vakinainen armeija.This army is probably better than any other Arab regular army.

761 **kilometri** **kilometer, kilometre**

	nn	Trollveggen on Euroopan korkein pystysuora kallioseinämä. Se kohoaa maasta yli puolentoista kilometrin korkeuteen, josta yli kilometri on pystysuoraa seinämää. Troll Wall is the tallest European vertical rock wall. It rises a mile from the ground, of which 3,300 feet is a vertical cliff.
762	**siten**	**so, thus, hence|thereby**
	adv	Olisin tehnyt täsmälleen siten miten sinä teit. It is always the case with them.
763	**polttaa**	**burn, sting, bite|smoke|incinerate|fire|distill, distil**
	v	Ville ei tykkää, että hänen isänsä polttaa paljon tupakkaa. Bill doesn't like the fact that his father smokes a lot.
764	**ilo**	**pleasure, joy|delight, delectation|enjoyment|rejoicing|treat**
	nn	Oli ilo päästä tähän lopputulokseen ja toimia parlamentin esittelijänä. It was a joy to achieve this outcome and to have been allowed to be your rapporteur.
765	**karku**	**runaway**
	nn	Pääsin karkuun täpärästi. I had a narrow escape.
766	**Kas!**	**Look!, Well!, Why!**
	i	Kas kummaa, ranskalaisparat äänestivätkin "ei" ja aiheuttavat meille neljä viidesosaa -säännön soveltamisongelman. Lo and behold, it is the wretched French who vote ‘no’, and present us with the problem of the application of the four fifths.
767	**liittyä**	**be joined, affiliate, unite, enlist**
	v	Sitten he tarvitsevat kotiryhmän salasanan, jotta he voivat liittyä kotiryhmään. Then they need to have the homegroup password so that they can join the homegroup.
768	**huomio**	**attention|observation, notice|remark**
	nn	Huomio! Attention please!
769	**taivas**	**sky, heaven**
	nn	Havaiji on taivas päällä maan. Hawaii is an earthly paradise.
770	**kate**	**cover, roofing, reliability**
	nn	Tilisi kate on nollilla. Your account is empty.
771	**päällikkö**	**master|chief, head|commander|captain, chieftain|leader**
	nn	Hän on ollut klaaninsa päällikkö 35 vuotta. He has been the chief of his tribe for 35 years.

772 **sotilas** **soldier, pawn, serviceman, gi, squaddy**
nn
Isoisäni oli sotilas sodan aikana.
My grandfather was a soldier during the war.

773 **sydän** **heart, ticker|core, nucleus|wick|kernel|bosom**
nn
Ihmisen sydän on liki yhtä suuri kuin hänen nyrkkinsä.
A man's heart is about as large as his fist.

774 **selvästi** **clearly, distinctly|obviously, manifestly, evidently; in so many words**
adv; phr
Pääongelmasta oli selvästi erilaisia mielipiteitä, joten olimme selvästikin umpikujassa.
The differences of opinion on the main problem were clear. The impasse was also clear.

775 **arvoinen** **worth; worth**
adj; prep
Hän on nainen joka on ihailun arvoinen.
She is a woman worthy of admiration.

776 **aika** **time|period|date, appointment|term|hours**
nn
Mikä tahansa aika sopii minulle.
Any time will suit me.

777 **asu** **outfit|dress, attire, garb|wear|layout|guise**
nn
Tom ei asu Bostonissa.
Tom doesn't live in Boston.

778 **kävellä** **walk, foot it, navigate**
v
Euroopan kansalaisten on kuitenkin voitava kävellä turvallisesti kaduilla.
However, it must be safe for European citizens to walk in their neighbourhoods.

779 **vastuu** **responsibility, liability, onus**
nn
Meillä on valtava vastuu, vastuu maailmanrauhan, turvallisuuden ja vakauden luomisesta.
We bear a huge responsibility. A responsibility towards world peace, security and stability.

780 **vasemmalle** **left, to the left, leftward**
adv
Tietysti olen siirtynyt vasemmalle ja herra Falconer on siirtynyt vieläkin kauemmas vasemmalle.
Of course, I have moved to my left and Mr Falconer has moved even further left.

781 **pula** **shortage, scarcity, crisis, squeeze, fix, scrape**
nn
Käänny siitä kadunkulmasta vasemmalle.
There was a shortage of imported oil.

782 **sänky** **bed, pit**

	nn	Tämä sänky on todella mukava. This bed is very comfortable.
783	**fiksu** *adj*	**smart, wise | brainy | nice | together** Tomi on todella fiksu. Tom is really smart.
784	**kato** *nn*	**failure of crops** Oliko rouva Kato opettajasi viime vuonna? Was Ms. Kato your teacher last year?
785	**kannattaa** *v*	**support, hold | bear | favor, favour | endorse, indorse | pay, pay off** Junilistan kannattaa voimakkaasti sisämarkkinoiden toteuttamista.The June List is strongly in favour of the realisation of the internal market.
786	**kuvata** *v*	**describe, delineate | shoot | depict, picture, show | portray | represent** Sinun kannattaa lähteä sieltä maanantaina. I cannot describe my feelings.
787	**aikaisin** *adv*	**early, betimes** Lähden täältä aikaisin, samoin kuin tekin, koska lähdette kampanjakiertueelle. I am leaving early and you are also leaving early because you are going to campaign.
788	**pistää** *v*	**inject | put | shove | stick | sting, prick, bite** Tätä ei voida vain kiistää ja pistää päätä pensaaseen. We cannot just deny that and stick our heads in the sand.
789	**tyytyväinen** *adj*	**pleased, contented, gratified, complacent, sated** . – Minun tuskin kuvitellaan olevan tyytyväinen äänestyksen tulokseen. . – It is scarcely to be expected that I should be happy with the outcome of the vote.
790	**kokeilla** *v; phr*	**try out, sample | test, prove | try on | give a trial run; have a bash** Näin toimiessaan valtioiden on voitava vapaasti kokeilla erilaisia keinoja. In so doing, countries must be free to experiment and try out a variety of routes.
791	**pako** *nn*	**getaway | escape, flight | retreat | run** Pääomien pako on tällä hetkellä noin 25 miljardia dollaria vuodessa, ja ulkomaisia investointejakin on alle 3 miljardin dollarin arvosta, ja ne ovat edelleen laskussa. Capital outflow is now about USD 25 billion a year and yet foreign investment is less than USD 3 billion and falling.
792	**eniten**	**most, best, worst**

adv Eniten uusia työpaikkoja syntyy palveluihin ja eniten koulutusta vaativiin ammatteihin.
The greatest number will be in services and in the most skilled professions.

793 **jatkuvasti** **continually, all the time, at all times, at every turn**
adv Rauha on jatkuvasti vaarassa, jollei positiivista ratkaisua näihin ongelmiin löydetä.
Without a positive response to these problems, peace will always be at risk.

794 **kasvaa** **grow, rise|increase|grow up|grow into|build up**
v Tämä kilpailu lisääntyy edelleen sitten, kun öljynvienti kasvaa täyteen mittaansa.
This competition will increase even further once oil exports increase to their full potential.

795 **kahdesti** **twice**
adv Italialaiset syövät ison aterian kahdesti päivässä.Italians eat a big meal twice a day.

796 **satuttaa** **hurt, sting**
v Meidän on kuultava jälleen se Jumalan ääni, joka sanoi: "Älä satuta kättäsi poikaan", muuten ei pian ole enää mitään sanottavaa, mitään kuultavaa paitsi surevien loputon huuto.
We must once again listen to the voice of God who said 'Do not harm children' .

797 **valittaa** **lament, deplore, bemoan, bewail|moan|wail, whimper|whine**
v Tom valittaa aina Marin rahankäytöstä.
Tom is always complaining about how much Mary spends.

798 **ryhmä** **group, grouping|team, squad|set|category, class|array**
nn Ryhmä ihmisiä lähti matkaan talvisaappaissa.
A group of people started off in snow boots.

799 **aiheuttaa** **cause, induce|pose|give rise to|produce, bring on|present**
v Tällaiset vaihtelut voivat aiheuttaa vakavia häiriöitä karjankasvatusalalla.
Such fluctuations may cause serious disturbances in the livestock sector.

800 **suojella** **protect|preserve, save|guard|shelter|harbor**
v Meidän on suojeltava erityisesti niitä, jotka eivät voi suojella itseään.
In particular, we need to protect those who cannot protect themselves.

801 **merkki** **make, brand|character|sign, signal|mark|marker, marking**

	nn	Skandiumin kemiallinen merkki on Sc. The chemical symbol of scandium is Sc.
802	**pyhä** *adj*	**holy|sacred, sanctified|sainted|solemn|hallowed** Lehdistönvapauden periaate on Euroopan unionissa pyhä. The principle of freedom of the press is a sacred one in the European Union.
803	**palvelus** *nn*	**service|favor, favour|ministrations|good turn, turn|duty** Lehdistönvapaus Venäjällä on myös palvelus Venäjän kansalle! Freedom of the press for Russia is also a service to the Russian people.
804	**taistella** *v*	**fight, struggle, contend|combat, battle|contest** Meidän täytyi taistella pitkään komission ja myös neuvoston kanssa. We had to fight a long, hard battle with the Commission and the Council.
805	**tutustua** *v*	**meet** Hauska tutustua minunkin puolestani. I'm glad to meet you, too.
806	**kadota** *v*	**disappear, vanish|be lost|pass|evaporate|fall away** Kalakantojen kohtalona on kadota niiden mukana, joiden selviytyminen riippuu niistä. Fish stocks are fated to disappear along with those who depend on them for survival.
807	**kenties** *adv*	**perhaps, maybe, perchance** Unkarin hallitus otti kenties esimerkkiä Latvian "itsenäisyydestä".Possibly the Hungarian Government was inspired by Latvian 'independence'.
808	**saapua** *v*	**arrive, come, get|appear|reach|pull in, gain** Yli 16 000 tonnin lisäkuljetuksen EuroAidin kautta on määrä saapua sunnuntaina. A further shipment of over 16 000 tonnes through EuronAid is due to arrive on Sunday.
809	**kaivata** *v*	**need, want, require|yearn, long|miss|hanker after|hanker for** Tästedes koeta saapua täsmällisesti. It was not until I got home that I missed my watch.
810	**kamala** *adj; nn*	**horrible, atrocious|terrible, awful, dreadful|ghastly, grim** Se oli kamala päivä. That was an awful day.
811	**laulaa** *v*	**sing, chant, vocalize, give, keen** Hän osaa laulaa todella hyvin. She can sing very well.

812 **pudota** **drop|fall, come down|dip|spill|be relegated|take a spill; take a tumble**

v; phr Älä pudota saippuaa.
Don't drop the soap.

813 **murhaaja** **murderer, killer, murderess, homicide**

nn Epäilemme, että murhaaja tai murhaajat ovat yrittäneet häiritä rauhanprosessia.
We think the murderer, or murderers, tried to upset this peace process.

814 **äsken** **but now**

adv Kuten äsken todettiin, yhtä ilmeisiä ovat ilmastonmuutoksen vaikutukset.
Just as evident, as has also just been remarked, are the effects of climate change.

815 **huolia** **care about, want**

v Joka tapauksessa sinun ei tarvitse huolia.
In any case, you don't need to worry.

816 **komea** **handsome, magnificent, upstanding, strapping**

adj Sen jälkeen "hän raportoi onnellisena, että tällä oli kaksoisolento, joka oli rikas, viriili, komea ja aristokraattinen."
After she got it, "She was happy to report that she has discovered that he possessed a double who was rich, virile, handsome and aristocratic."

817 **keino** **means, way|resort, recourse|device|medium|lever**

nn Koulutus on tärkeä, ellei kaikkein tärkein, keino torjua köyhyyttä.
Education is an important means, if not the most important means, of combating poverty.

818 **prosentti** **percentage, percent|interest rate**

nn Etelän köyhimmissä osissa alle yksi prosentti lapsista käy peruskoulun loppuun.In the poorest parts of the South, less than one percent of children finish primary school.

819 **korjata** **fix, mend, furbish up|correct, rectify, right|repair, remedy**

v Voitko korjata ongelman?
Can you correct the problem?

820 **typerys** **fool, mug|nerd|simpleton|idiot, imbecile|wally**

nn Tom ei ole mikään typerys.
Tom is no fool.

821 **pystyä** **can**

	v	Olemme sitä mieltä, että kiireellisissä tapauksissa on ehdottoman välttämätöntä pystyä toimimaan ripeästi. We consider that it is absolutely imperative that in urgent cases we can act rapidly.
822	**sankari** *nn*	**hero, white knight, goody** Mies ei aina voi olla sankari, mutta hän voi aina olla mies. A man can't always be a hero, but he can always be a man.
823	**haista** *v*	**smell|stink, reek** Haista sinä vittu! Fuck you!
824	**päiväys** *nn*	**date** Kakku ei onnistunut hyvin, koska jauhojen parasta ennen -päiväys oli jo mennyt. The cake didn't turn out well because the flour was past its use-by date.
825	**huume** *nn*	**drug, narcotic, dope** Mielestämme sen parasta ennen -päiväys on mennyt jo aikoja sitten. We think that it has long since passed its sell-by date.
826	**esimerkki** *nn*	**example, instance, illustration|exemplar|cue|taster** Anna toinen esimerkki. Give me another example.
827	**kelvata** *v*	**do, serve, answer|pass muster|be good for|pass, go** Hyvänen aika, puheenjohtaja Barroso, teille varmaan kelpaavat muutamat onnistumiset, vai mitä? And my goodness me, Mr Barroso, you could do with a few successes, could you not?
828	**lähelle** *adv; prep; phr*	**close, near; near; close to home** Älä mene lähelle koiraa. Don't go near the dog.
829	**kumpi** *pron*	**which, whichever** Kumpi on Yhdysvaltojen pääkaupunki, Washington vai New York? Which is the capital of the United States, Washington or New York?
830	**täysi** *adj; pron; nn*	**full|complete, perfect, utter, thoroughgoing; every|all; plenary** Kumpi on vaikeampaa, ottaa yhteen työväestön vai markkinavoimien kanssa?Which is more difficult - to come into conflict with workers or with stockbrokers?
831	**merkitys**	**importance|meaning, significance, import, signification**

nn — Eurooppalaisen laivanrakennusteollisuuden strateginen merkitys on ilmeinen.
The strategic significance of the European shipbuilding industry is evident.

832 **viini** *nn*
wine, vino|quiver|plonk|plunk
Tšekin tasavallassa viljelty ja tuotettu viini kuitenkin myös kulutetaan siellä.
However, the wine grown and produced in the Czech Republic also gets consumed there.

833 **tyhjä** *adj; adv*
blank|empty, hollow, vacuous|idle, dead; down
Strategiaa varten luotu erityinen budjettikohta on kuitenkin edelleen tyhjä.
However, there is also a special budget line for this strategy which is still empty.

834 **järjestää** *v*
arrange, stage|organize, form, organise|order|run|establish
Maryn tarvitsee järjestää huoneensa.
Mary needs to organize her room.

835 **erilainen** *adj*
different, dissimilar, unlike|unequal|distinct|diverse, various|varied
Kulttuurimme on hieman erilainen ja historiamme hyvin erilainen.
We have a slightly different culture and a very different history.

836 **virhe** *nn*
error, mistake|fault, defect, flaw|foul|lapse|misstep
Tällainen virhe jää helposti huomaamatta.
Mistakes like these are easily overlooked.

837 **usea** *adj; nn; pron*
many; many; several
Lisätietoja kieliasetusten ohjauspaneelin käytöstä on ohjeaiheessa Usean kielen käyttäminen.
For more info on how to use the Language Control Panel, see Using multiple languages.

838 **viettää** *v*
spend|celebrate, keep|lead|pass, fall|slope, pitch, incline
Tänä vuonna aiomme viettää lomamme muualla.
This year we are going to spend our holidays elsewhere.

839 **harmi** *nn; phr*
annoyance, vexation|nuisance|trouble, worry; fly in the ointment
Arvoisa puhemies, on tietysti harmi, jos osa kysymyksestä meni hukkaan.
Mr President, it would undoubtedly be a great pity to lose part of the question.

840 **Moi!** *i*
Hi!
Moi! Miten menee?
Hi! How are you?

841 **tarkalleen**
exactly, directly; to a hair

adv; phr En tiedä tarkalleen.
I don't know exactly.

842 **amerikkalainen** **American, Stateside; American**
adj; nn Amerikkalainen kollegani vapautti meidät onneksi tästä pessimistisestä käsityksestä.
Fortunately, my American counterpart has disabused us of this pessimistic notion.

843 **kohde** **target, object|subject|butt|pinpoint**
nn Niiden soveltamisesta pitäisi tulla sääntö, ei poliittisten kauppojen kohde.
Their application should become a rule, not an object of political bargaining.

844 **muistuttaa** **resemble, remind, recall, warn, suggest, approach to**
v Häämarssi muistuttaa minua siitä musiikista, joka soi, kun sotilaat marssivat taisteluun.
The Wedding March always reminds me of the music played when soldiers go into battle.

845 **kuningatar** **queen, regina, queen consort**
nn Kuningatar Beatrixia lukuun ottamatta ei yhtäkään naista.
Apart from Queen Beatrix, there was not a single woman.

846 **selvitä** **clarify, unravel, negotiate, sort, settle; keep one's head above water**
v; phr Me emme voi selvitä tämänkaltaisesta katastrofista päivittäin tapahtuvien onnettomuuksien lisäksi.
We cannot cope with this sort of catastrophe on top of our everyday disasters.

847 **komisario** **inspector|superintendent, super**
nn Aiommeko kieltää Georges Simenonin kirjojen lukemisen sillä perusteella, että komisario Maigret piippuineen on huono esimerkki nuorille?
Are we going to ban the reading of Simenon on grounds that Inspector Maigret with his pipe is a bad example to young people?

848 **aurinko** **sun**
nn Aurinko on tähti.
The sun is a star.

849 **rehellinen** **honest, honorable|fair|sincere|truthful; above board**
adj; phr Mietintö on rehellinen - joillekin liian rehellinen.
This report is honest - too honest for some.

850 **henkiä** **breath**

v Henkiä löytyy kaikkialta maailmasta. Tämä koulu rakennettiin pyhäkön paikalle ja siksi ne erikoisesti kerääntyvät sinne.
Spirits are to be found all over the world. This school was built upon the site of a shrine and thus there is a particular tendency for them to gather.

851 **arvostaa** **appreciate, value, prize|respect|mark|think highly of|account**
v Velvollisuutemme on tukea, arvostaa ja auttaa heitä.
We have a duty to support, acknowledge and assist them.

852 **englanti** **English**
nn Englanti on vaikeaa, eikö totta?
English is difficult, isn't it?

853 **sisko** **sister, sis**
nn Onko se totta, että sinä olet Tomin sisko?
Is it true that you're Tom's sister?

854 **paeta** **escape, run|flee from|fly, take flight|retreat; make one's getaway**
v; phr Afrikka ei saa olla manner, josta vähäosaiset ymmärrettävästi haluavat paeta.
Africa must not be a continent from which the have-nots understandably want to escape.

855 **elokuva** **movie, film, motion picture, picture, flick, moving picture**
nn Voit liittää elokuvan sähköpostiviestiin valitsemalla Liitä elokuva.
To attach the movie to an e-mail message, click Attach Movie.

856 **nauraa** **laugh**
v Joillekin perusteille voisi suorastaan nauraa, ellei olisi kyse vakavista asioista.
Some arguments would be enough to make you laugh if they did not concern serious matters.

857 **onnettomuus** **accident|disaster|misfortune|mishap, misadventure**
nn Tiedätkö miten onnettomuus tapahtui?
Do you know how the accident happened?

858 **samanlainen** **similar, same, identical, coincident, identic; same; same**
adj; adv; pron Samanlainen paloharjoitus järjestetään kesäkuun Brysselin minitäysistunnossa.
A similar drill will take place during the June mini-session in Brussels.

859 **sata** **hundred|hundred**
nn Tienaan sata euroa päivässä.
I make €100 a day.

860 **pallo** **ball, globe, orb|sphere|pellet|bowl**

nn Luxemburgissa pallo heitettiin jäsenvaltioiden hallituksille.
In Luxembourg the ball was tossed into the court of the Member States.

861 **tappaja** **killer**
nn Malaria on kolmas tappaja, 90 prosenttia malariakuolemista tapahtuu Afrikassa - yksi kuolemantapaus 30 sekuntia kohti.
Malaria is the third killer; 90% of deaths from Malaria occur in Africa - one death every 30 seconds.

862 **puuttua** **intervene, interfere|be missing|be absent|be lacking|want**
v Arvoisa puhemies, on välttämätöntä puuttua, kun markkinat eivät toimi.
Mr President, it is necessary to intervene when the market is not functioning.

863 **prinssi** **prince**
nn Todennäköisesti pidetään herra Hun Senin, prinssi Ranariddhin ja Sam Rainsyn välinen huippukokous.
There is a likelihood of a summit between Mr Hun Sen and Prince Ranariddh and Sam Rainsy.

864 **opettaja** **teacher, instructor|tutor|professor|schoolteacher|master**
nn Hän on kirjailija, toimittaja ja opettaja sekä asiamme vankkumaton tukija.She is a writer, a journalist and a teacher, and particularly supports this cause.

865 **kyllästyä** **get tired, tire of, weary, sicken of, switch off**
v Olen jo hieman kyllästynyt tähän ikävään prosessiin, jonka alkuperä on luonnollisesti tiedossamme.
I am slightly weary of these groundless accusations and we know exactly what lies at the root of them.

866 **ympäriinsä** **about, round; about, round**
adv; prep Tom juoksee paidatonna ympäriinsä.
Tom is shirtless.

867 **vaara** **risk, danger, peril|hazard, jeopardy**
nn Ehkä siinä tarkoitetaan, että vaara on vähäisempi, mutta vaara on kuitenkin olemassa.
It perhaps means that it is in less danger, but the dangers still exist.

868 **kiireinen** **hurried, hasty, bustling, pushed, pressed, busy**
adj Seitsemäs istunto järjestetään ensi kuussa, ja siitä tulee erittäin kiireinen.
The seventh session will take place next month and it will be very busy.

869 **alue** **area, region | range, ambit | zone | territory, district | section**
nn Tōhokun alue on vierailemisen arvoinen.
The Tohoku district is worth traveling to.

870 **tavallinen** **usual, common | ordinary | plain, homely | normal | regular**
adj Tavallisessa elämässä palataan takaisin alkuun ja aloitetaan vielä kerran uudelleen.
You go back to square one. You start again from the beginning.

871 **puhelu** **call, phone call, telephone call | ring**
nn Soita puhelu napsauttamalla Video- tai Soita-painiketta.
Click the Video or Call button to start the call.

872 **järjestyä** **form, get right**
v Tulevina vuosina ilmasto-olojen muutokset Euroopassa saattavat aiheuttaa matkustusmallien uudelleen järjestymistä ja vaikuttaa tiettyihin kohteisiin.
In the coming years, climate change in Europe could determine a restructuring of travel models and affect certain destinations.

873 **naida** **fuck, screw, bang (coll) | shag | wed | take in marriage | lay**
v Hän haluaa naida tyttäreni.
He wants to marry my daughter.

874 **melkoinen** **considerable | quite a | quite some | sizable, sizeable, goodly, healthy**
adj Olen melkoinen yökyöpeli.
I'm a night owl.

875 **merkitä** **subscribe | mean, signify | be | imply | enter**
v Heille vapaa liikkuvuus voi merkitä elämää tai kuolemaa.
For them, freedom of movement may be a matter of life or death.

876 **tutkia** **explore, research, search | examine, see | study**
v Meidän täytyy tutkia sen lääkärin katoamista.
We have to look into the disappearance of the doctor.

877 **sääntö** **rule, regulation | norm | statute | precept**
nn Muista tämä sääntö.
Remember this rule.

878 **sika** **swine | pig, hog**
nn Mä oon iha sika poikki, ku mä kävi pitkäst aikaa urheilemas.
I exercised like I used to, and now I'm all worn out.

879 **kauas** **far, afar, far afield**
adv Nämä kysymykset ulottuvat kauas tiede- ja teknologiapolitiikan ulkopuolelle.
These are issues that go far beyond science and technology policy.

880 **katu** **street, avenue**

	nn	Katu on todella kapea. The street is very narrow.
881	**kamera**	**camera, photo camera**
	nn	Kun Videotila-painike on korostettuna, Kamera-sovellus tallentaa videota. When the Video mode button is highlighted, the Camera app records video.
882	**rikas**	**rich, plenteous, plentiful | wealthy | abundant | well-heeled, well-to-do**
	adj	En ole niin rikas kuin te. I'm not as rich as you are.
883	**aavistus**	**hunch, suspicion | foreboding, premonition, presentiment | inkling**
	nn	Minulla on sellainen aavistus, että pidät meksikolaisesta ruoasta. I have a feeling you'll like Mexican food.
884	**verran**	**about**
	adv	Yksistään energiatehokkuudesta on laadittu yli tusinan verran yhteisön säädöksiä. There are over a dozen items of European legislation on energy efficiency alone.
885	**painaa**	**press, push | weigh | print | depress | weigh down**
	v	Kaikki mitä sinun pitää tehdä on painaa nappia. All you have to do is press the button.
886	**valmentaja**	**coach, trainer, crammer**
	nn	Jalkapallossa hyvä joukkue, jolla on huono valmentaja, ei nousisi milloinkaan sarjan kärkeen. In football, a good team with a bad coach would never reach the top of the league.
887	**häipyä**	**scat, scarper | clear off | fade, pass | scoot; make oneself scarce**
	v; phr	Sinun pitäisi häipyä kaupungista. You should get out of town.
888	**ehtiä**	**reach, make it**
	v	En ehdi puuttua tarkemmin yksittäisiin ehdotuksiin ja kommentteihin. I do not have time to discuss further specific proposals and comments.
889	**surkea**	**puny | pathetic, poor, pitiable, piteous | deplorable, wretched**
	adj	Kokonainen tai osittainen yksityistäminen pahentaisi vain entisestään jo nyt surkeaa tilannetta. Whether total or partial, privatisation will only make an already dismal situation worse.
890	**alus**	**vessel, ship, craft**

	nn	Ilma-alus leimahti liekkeihin. The airship burst into flames.
891	**poistua**	**exit, retire, move off, excuse oneself, make one's exit**
	v	Alus tutkittiin tarkkaan, mutta laittomia huumeita ei löydetty. The party was boring, so I decided to leave.
892	**vakavasti**	**seriously, severely**
	adv	Tomi sairastui vakavasti ja oli vähällä kuolla. Tom got very sick and almost died.
893	**kantaa**	**carry, bear|collect|reach|pack|tote**
	v	Siksi toivon, että sopimuksen uusiminen kantaa hedelmää molemmille osapuolille. I therefore hope that the renewal of the agreement will bear fruit for both parties.
894	**ainut**	**only, single**
	adj	Voisitko kantaa tämän puolestani toiseen kerrokseen? Tom was the only one who saw Mary sneak into the room.
895	**tapaaminen**	**meeting, encounter|appointment, engagement|rendezvous**
	nn	Minulla oli tapaaminen 2.30, mutta juutuin liikenteeseen enkä voinut päästä sinne ajoissa. I had an appointment at 2:30, but I was caught in traffic and couldn't get there in time.
896	**kimppu**	**bundle|bunch, cluster**
	nn	Annan ystävälleni kimpun kukkia. I give my friend a bunch of flowers.
897	**vieri**	**side**
	nn	Tämä on hyvä merkki: maatalous ja energia vieri vieressä, toimivat yhdessä. This is a good sign: agriculture and energy side by side, working together.
898	**osua**	**hit, pip|touch|get|land; get home**
	v; phr	Tapaaminen järjestetään vuosittain. It is not always easy to hit the core.
899	**tilaisuus**	**opportunity|occasion, function|session|reception|opening**
	nn	Sinun pitäisi vaihtaa työpaikkaasi, jos tilaisuus sattuu kohdalle. You should change your job if the occasion arises.
900	**entinen**	**former, erstwhile, sometime, one-time; former|ex|bygone; ex-**

	adj; nn; pfx	Budjettivaliokunnan entinen puheenjohtaja ja entinen yleisesittelijä lähtivät yhdessä hiihtolomalle. A former chairman of the Committee on Budgets and a former general rapporteur went on a skiing holiday.
901	**pommi** *nn*	**bomb, bombshell, blockbuster** Pommi räjäytti Tomin talon tuusan nuuskaksi. Kaikeksi onneksi hän ei ollut kotona siihen aikaan. The bomb blew Tom's house to smithereens. Fortunately, he wasn't at home at the time.
902	**rikki** *nn; adj; adv*	**sulfur, sulphur|brimstone; broken|kaput; asunder|to pieces** Tuotteet saattavat mennä rikki tai vuotaa, joten elohopea päätyy kuitenkin ympäristöön. Products may break or leak, so that mercury ends up in the environment anyway.
903	**hanki** *nn*	**crust** Hanki elämä! No way!
904	**tarkkaan** *adv*	**precisely, just|faithfully** Komissio ottaa luonnollisesti tarkkaan huomioon kaikki mietinnössä esitetyt suositukset. The Commission will of course carefully study the recommendations of the report.
905	**hölmö** *adj; nn*	**silly, goofy, zany|stupid|imbecile; goof|nit|booby, boob|sucker** On parempi olla onnellinen hölmö kuin onneton nero. Better to be a happy fool than an unhappy sage.
906	**voima** *nn*	**force, strength|power|energy, vigor, vigour|intensity|might** On selvää, että vakituiset virkamiehet ovat komission henkilöstön kantava voima. It is clear that permanent officials are the mainstay of the Commission staff.
907	**Aamen!** *i*	**Amen!** (Välihuomautus salista: "Aamen!", naurua) (Interjection from the floor: 'Amen!' Laughter)
908	**kilo** *nn*	**kilo, reflected rays, shimmer** Aikarajaa ei ole annettu eli kyseessä on yksi kilo, jonka on riitettävä ikuisesti. No time limit is given, in other words it is a kilo that has to last forever.
909	**kauhea**	**terrible, awful, dreadful, horrendous, dire, fearful; like nothing on earth**

	adj; phr	Seuraavana päivänä meillä kaikilla oli kauhea krapula. On the following day, we all had terrible hangovers.
910	**kissa** *nn*	**cat** Kissa raapaisi minua kädestä. The cat scratched my hand.
911	**omia** *v*	**appropriate, take** Vakoiluohjelmat voivat hidastaa järjestelmää häiritsemällä selaimen toimintaa ja omimalla Internet-yhteyden omaan käyttöönsä. Spyware can slow your system by interfering with your browser and monopolizing your Internet connection.
912	**pärjätä** *v; phr*	**get along, come along | do, perform; keep one's head above water** "Kello on jo noin paljon! Myöhästyn koulusta! Heippa, nähdään myöhemmin!" "Nähdään myöhemmin. Koeta pärjätä."Look at the time! I'm gonna be late for school! Bye! "See you later. Be careful."
913	**lainata** *v*	**borrow | lend, loan | quote | draw** markkina, jonka puitteissa esim. suomalainen pankki voi reaaliajassa lainata example a Finnish bank can in real time borrow money from a Portuguese bank
914	**sääli** *nn*	**pity, compassion | mercy | commiseration | remorse** Se on sääli myös unionin kannalta ja sääli Euroopan kansalaisten kannalta! It is also a pity for the Union, and a pity for the citizens of Europe.
915	**väittää** *v*	**claim | maintain | assert, affirm | contend | allege** On täysin kestämätöntä, että tämä toimielin väittää olevansa demokraattinen. It is unacceptable for an institution to claim, wrongly, to be democratic.
916	**reilu** *adj*	**fair | generous | proper | straight, square | sporting, sportsmanlike** Reilu on kuitenkin reilua, ja myös meidän parlamentissamme tarvitaan lisää avoimuutta. Fair is fair, however, and greater transparency is also needed in our own Parliament.
917	**muualle** *adv*	**elsewhere** Poliittinen oppositio on joutunut pakenemaan Eurooppaan ja muualle maailmaan. The political opposition has been banished to Europe and elsewhere.
918	**keskustella**	**debate, deliberate | talk | discourse**

	v	On tärkeää keskustella menettelyistä, mutta vielä tärkeämpää on keskustella asiasisällöstä. It is important to discuss procedure, but I believe it is even more important to discuss substance.
919	**vaihtoehto** *nn*	**alternative, option, choice** Yhteisistä sijoitusrahastoista muodostui pankkisäästämisen vaihtoehto. Collective investment undertakings became an alternative to saving with a bank.
920	**liha** *nn*	**meat, flesh** Liha on pahaa. The meat tastes bad.
921	**olut** *nn*	**beer, ale, pint, suds** Olut on muutamissa maissa jopa peruselintarvike. Beer even forms a basic source of nutrition in certain countries.
922	**kiitollinen** *adj*	**grateful, thankful|good** Olen kiitollinen tutkintavaliokunnalle tästä erittäin tärkeästä tutkimuksesta.I am grateful to the Committee of Inquiry for this most important investigation.
923	**kotoisin** *adj*	**indigenous** Uusien jäsenvaltioiden näkökulmasta olette kotoisin kaukaisesta maasta. From the perspective of the new Member States, you hail from a distant country.
924	**jakaa** *v*	**share, apportion, deal, portion out|distribute, hand out, give out** Minä voin jakaa. I can share.
925	**syyttää** *v*	**blame, prosecute, indict, incriminate, arraign, recriminate** Luulen, että Tomi syyttää itseään. I think Tom blames himself.
926	**turhaan** *adv*	**in vain, vainly|unnecessarily|for nothing|pointlessly|without avail** Vaadimme taas kerran kuolemanrangaistuksen poistamista, toivottavasti emme turhaan. Once again, and I hope not in vain, we call for the abolition of the death penalty.
927	**tänne päin** *adv*	**along here** Murehdin aivan turhaan. Tietenkin Tom huolehtisi sinusta. If you will come this way...
928	**omistaa**	**own, possess|hold|devote, dedicate, give**

	v	Meidän pitäisi omistaa tämä päivä myös hänelle ja hänen kaltaisilleen ihmisille. It is also to him and people like him that we should dedicate this day.
929	**kenkä** *nn*	**shoe, boot** Arvoisa pääministeri Yves Leterme, huomenna Belgiassa myönnetään Kultainen kenkä -palkinto. Mr Leterme, tomorrow, the Golden Shoe prize will be awarded in Belgium.
930	**jatkua** *v*	**continue, proceed|last|persist, run|resume|progress** Kuinka pitkään suunnitelmatalouden annetaan jatkua elintarviketeollisuudessa? For how long should the planned economy be allowed to continue within the food industry?
931	**jalka** *nn*	**foot, leg, pedestal, stem, tootsie, tootsy, standard** Joulupäivänä Tomin oikea jalka oli edelleen kipsissä. On Christmas Day, Tom's right leg was still in a cast.
932	**mikäli** *conj; adv*	**provided, insofar as, providing; in case, as far as, assuming** Mikäli pääsy estetään välittömästi, päätöksen kiireellisyys on perusteltava asianmukaisesti. In the case of immediate exclusion, the urgency must be duly justified.
933	**valehdella** *v*	**lie, tell lies, fib, tell tales** Hän osaa myös valehdella.She can even tell lies!
934	**vanhempi** *adj; nn*	**senior, elder, major; senior, parent** On tapauksia, joissa toinen vanhempi varastaa lapsen toiselta vanhemmalta. There are cases where one parent actually steals the child from the other parent.
935	**vasten** *prep*	**against, versus** Työllisyyspolitiikkaa on tarkasteltava aiemman kehityksen taustaa vasten. In the area of employment policy, it must be measured against what happened before.
936	**perille** *adv*	**there, to the destination** Hän saapui perille turvallisesti. He arrived safely.
937	**suostua**	**agree|consent, accept|grant|comply|acquiesce**

	v	Voin kaiketi suostua siihen, että puheenjohtajamaa tuomitsee tällaiset toimet. I presume I can accept that the presidency condemns such actions.
938	**toimi** *nn*	**action|function, office|business|post, position, place|doing** Kyseessä on toimi, jota olen odottanut ja vaatinut jo useiden vuosien ajan. It is a measure that I have been wanting and for which I have been calling for a number of years.
939	**mielenkiintoinen** *adj*	**interesting, engrossing** Mielenkiintoiset ajat ja mielenkiintoinen sivuhuomautus mietintöömme. Interesting times, and an interesting side-effect to our report.
940	**sataa** *v; phr*	**rain, hail; it rains** Yhtäkkiä alkoi sataa. Suddenly, it began to rain.
941	**näkö** *nn*	**vision, sight|aspect, look, face|eyesight|eyes|appearance** Näkö ja kuulo voivat heikentyä huomattavasti, ja verenkiertoelimistön sairaudet ovat yleisiä. Sight and hearing can be significantly impaired, and the prevalence of circulatory disease is high.
942	**edestä** *adv; prep*	**from the front, out of the way; for, from before** Kaikki juoksivat henkensä edestä, ja kaikkein kovimmin hyökyaalto iski lapsiin. Everyone ran for their lives, and it was the children who were hit hardest.
943	**vihdoin** *adv; phr*	**finally, at last|eventually; at length** Talvi on vihdoin tulossa. Winter is finally coming.
944	**sulkea** *v*	**close, shut down, close down, close up, fold|exclude|shut** Se saattaa sulkea rahoitusnäkymät muutamalla tuskallisella sopuratkaisulla.With a few painful compromises, it may perhaps close the financial perspectives.
945	**valtava** *adj*	**huge, vast, immense|enormous, tremendous|massive, monumental** Tuo kone on valtava. That plane is enormous!
946	**hirviö** *nn*	**monster, ogre** Sänkyni alla on hirviö. There's a monster under my bed.
947	**pelkästään**	**only, alone|purely**

	adv	Tämä toimintatapa perustuu pelkästään kaukaisten vientimarkkinoiden säilyttämiseen. An approach based solely on the preservation of distant export markets.
948	**keksiä**	**invent, devise, contrive|figure out, work out|cook up, fabricate**
	v	Kukaan ei syönyt yhtäkään minun tekemääni keksiä. No one ate any of the cookies that I made.
949	**täti**	**aunt, auntie, aunty**
	nn	Mari löysi huvipuistossa yksinään itkevän pojan ja jutteli tälle lempeästi. ”Mikäs pojulla on hätänä? Oletko joutunut eksyksiin? Haluaisitko, että täti vie sinut eksyneiden lasten tapaamispaikalle?” In the amusement park Mary found a boy on his own weeping, and spoke to him gently. "Hey, sonny, what is it? Are you lost? Would you like me to take you to the Lost Children Department?"
950	**hallitus**	**government, administration|board|board of directors|regime|cabinet**
	nn	Yhdysvaltojen hallitus toimii Washington DC:ssä. The United States government operates in Washington D.C.
951	**varastaa**	**steal|rob|purloin, lift, abstract|thieve, knock off|poach**
	v	Onko todella mahdollista varastaa kaasua verkosta aivan kuin lompakon taskusta? Is it really possible to steal gas from a network like a wallet from a pocket?
952	**valehtelija**	**liar, storyteller**
	nn	Tässä on jälleen osoitus siitä, kuinka Milosevi muistuttaa Pinocchiota, hän on valehtelija, arvoisa komissaari! Here is further proof of how Milosevic is Pinocchio, that is to say, a liar, Commissioner!
953	**tavara**	**goods, article, stuff, thing**
	nn	Valitse mieleisesi tavara (tuote, asia). Take the one you like best, whichever it is.
954	**senaattori**	**senator**
	nn	Kävin myös tapaamassa senaattori Helmsiä samaisen Washingtonin vierailuni aikana. I also went to see Senator Helms on the same visit to Washington.
955	**hassu**	**funny|wacky, zany, whacky|whimsical|dotty**
	adj	Hassu asia tapahtui minulle tänään matkalla tänne.A funny thing happened to me on the way here today.
956	**yksinkertaistaa**	**simplify**

	v	Sen oli tarkoitus yksinkertaistaa valmistajiin kohdistuvia vaatimuksia. It was intended to simplify the requirements and demands on manufacturers.
957	**päätös** *nn*	**decision, determination|resolution, resolve|ruling|judgment** Meidän täytyy tehdä päätös nyt. We must make up our minds, and that at once.
958	**varmistaa** *v*	**ensure, insure, assure, check, ascertain|make sure** Kuinka komissio varmistaa, että neuvotteluissa keskitytään kehityskysymyksiin? How will the Commission ensure that the core negotiations are focused on development?
959	**rankka** *adj*	**heavy, driving** Olemme aina tienneet, että Itävallan puheenjohtajakausi on rankka tehtävä. We always knew the Austrian Presidency would be a hard graft.
960	**sanoma** *nn*	**message|dispatch, despatch** Minua väsyttää. On ollut rankka päivä. However, it captivated me and I would stare often at it, as though there was a deeper message buried within.
961	**osoittaa** *v*	**show, demonstrate, prove, establish|indicate, point, signal** Se ansaitsee mahdollisuuden osoittaa ansionsa liittymisprosessin aikana. They deserve the opportunity to show their merit during the accession process.
962	**murha** *nn*	**murder, homicide, hit** Teksasissa murha on kuolemantuomioon johtava rikos. In Texas, murder is a crime punishable by death.
963	**tarkasti** *adv; phr*	**closely, close|precisely|faithfully|finely; chapter and verse** Mietinnössä kuvataan yhteiskunnan nykytilannetta varsin tarkasti. The report portrays the present situation of the society rather accurately.
964	**sininen** *adj*	**blue** Yksi on sininen. One is blue.
965	**siirtää** *v*	**transfer, remove|move|pass, devolve|shift|transmit, convey** Haluaisin siirtää rahaa tililtäni toiselle. I'd like to transfer some funds from my account to another account.
966	**varsi**	**arm|stem, stalk|shaft, spear|rod|shank**

nn "Tuoreella valkosipulilla" tarkoitetaan tuotetta, jonka varsi on vihreä ja jonka sipulin ulkokuori on vielä tuore.
'Fresh garlic' means produce with a 'green' stem and with the outer skin of the bulb still fresh.

967 **pelkuri** **coward, chicken, funk**
nn Tom on selkärangaton pelkuri.Tom is a spineless coward.

968 **vaihe** **step|phase, stage|period|point|chapter**
nn Lissabonin sopimus on vain yksi hetki tässä tapahtumaketjussa, se on vain yksi vaihe tätä historiaa.
The Treaty of Lisbon is just one moment in this history; it is just one stage in this history.

969 **yksinäinen** **lonely, solitary, lone|lonesome|isolated, stray|desolate|out of it**
adj Olen yksinäinen.
I'm lonely.

970 **kulkea** **pass|go, run, move|travel|navigate|ride**
v Uskon, että alueellistaminen ja eurooppalaistaminen voivat kulkea käsi kädessä.
I believe that regionalisation and Europeanisation can go hand in hand.

971 **ennemmin** **first**
adv Korealaisia mielisaaraaloita on verrattu keskitysleireihin. Potilaita sanotaan kohdeltavan kuin eläimiä, jotka alistetaan väkivallalle ja kaltoin kohtelulle ennemmin kuin terapialle.
Korean mental hospitals have been compared to concentration camps. Patients are said to be treated like animals who are subjected to violence and maltreatment rather than therapy.

972 **salainen** **secret, private|classified|hidden|sneaking|undercover, clandestine**
adj Äänestys toimitetaan kuitenkin nyt sellaisella tavalla, ettei se ole salainen.
However, because of the way it works, it is impossible to hold a secret ballot.

973 **tarkistaa** **check, check out, check over|review|verify|revise|check up**
v Voit tarkistaa näytön alkuperäisen tarkkuuden Ohjauspaneelin näyttöasetuksista.
To see your monitor's native resolution, check the display settings in Control Panel.

974 **ikkuna** **window|light|porthole, port|transom**
nn Valitse siepattava ikkuna, kuten selattava ikkuna tai valintaikkuna.
Choose a window—like a browser window or a dialog box.

975 **ruma** **ugly|unsightly|bad|dirty|hideous|nasty|rude; not much to look at**
adj; adv
Tom on ruma, mutta hän on todella kiva.
Tom is ugly, but he's really nice.

976 **soida** **ring|play|sound, go|toll|chime**
v
Se haluaa tulla lauletuksi, soida musiikkina korvissa ja kielellä.
It wants to be chanted out loud, to sound its music in the ear and on the tongue.

977 **joukkue** **team, platoon, side, troop, eleven, band, line-up**
nn
Te kolme olette mahtava joukkue.
You three make a great team.

978 **valtio** **state, body politic, commonwealth|government|polity|crown|regina**
nn
Vuodesta 1962 Algeria on ollut itsenäinen valtio.Since 1962, Algeria has been an independent state.

979 **tarve** **need, want|demand|requirement|urge|call**
nn
Lisälääkäreistä on kipeä tarve.
There is an urgent need for more doctors.

980 **voittaja** **winner, victor|prizewinner**
nn
Meidän täytyy estää tällainen "voittaja vie kaiken " -kulttuuri, jota on jokaisessa afrikkalaisessa maassa, todellakin joka ikisessä maassa.
We must stop this winner-takes-all culture that every African country has, and I mean every country.

981 **sentti** **cent, penny|centimeter, centimetre**
nn
Yksi penny punnasta voidaan hyväksyä ja yksi sentti eurosta, mutta ei enempää.
One penny in the pound is acceptable, one cent in the euro, but no more.

982 **yläkerta** **upstairs**
nn
Meidän on vastattava kysymykseen siitä, mitä tapahtui suurissa pankeissamme, joissa yläkerta ei tiennyt, mitä tapahtui kolmannen kerroksen tietokonepelien pelaajien keskuudessa.
We have to have an answer to the question of what happened in our big banks, where the top floor did not know what was going on with our computer-game players on the third floor.

983 **vasen** **left, left-hand|nearside|leftward|near**
adj
Onko Tom vasen- vai oikeakätinen?
Is Tom left-handed or right-handed?

984 **nero** **genius, wizard|luminary**

nn Kaikki tiesivät, että henkilön nero oli hiukan kehno.
Everyone knew your genius was kind of lame.

985 **pidättää** **reserve, hold | arrest, hold back, stop, check | withhold**
v Ette voi pidättää minua klowninа olemisesta.
You can't arrest me for being a clown.

986 **humala** **hop, drunkenness, jag**
nn Sen aiheena on humala-alan yhteisen markkinajärjestyksen uudistus.
It deals with the reform of the common organization of the market in hops.

987 **muualla** **elsewhere**
adv Missään muualla kuin antiikin maailmassa ei ole ilmeisempää, että monet asiat, joita me yksilöinä pidämme tärkeinä, ovat täysin satunnaisia.
Nowhere but in the world of the antique is it more obvious that many of the things that we, as individuals hold dear, are completely arbitrary.

988 **sara** **sedge**
nn Tomi ei ole koskaan asunut muualla kuin Bostonissa.Due to her boss's aggressive homophobia, Sara was too intimidated to bring her girlfriend to the office party.

989 **työskennellä** **work**
v Hänen olisi pitänyt työskennellä kovempaa.
He should have worked harder.

990 **on** **there is, there are**
phr Tomilla on ilmeisesti vakavia mielenterveysongelmia.
Tom obviously has severe mental problems.

991 **seura** **society, company, companionship**
nn Eräs synnyinkaupungissani toimiva merkittävä seura on tehnyt Euroopan jalkapallohistorian kalleimman pelaajasiirron, 70 miljoonaa euroa.
A major club in my native city made the biggest transfer in football history - EUR 70 million.

992 **syyllinen** **guilty, culpable; culprit, offender, the guilty party**
adj; nn Ensimmäinen ja tärkein syyllinen on tietenkin Yhdistynyt kuningaskunta.
The main culprit in this affair is undoubtedly the British Government.

993 **vihollinen** **enemy, foe | adversary**

	nn	Se on Euroopan unionin naapurivaltio ja tyypillinen verkkovapauden vihollinen. It is a neighbour of the European Union and a typical enemy of online freedom.
994	**kirje**	**letter, missive|epistle|line**
	nn	Puhemiehemme pitäisi myös kirjoittaa kirje etiopialaiselle kollegalleen. Our President should also write a letter to his Ethiopian counterpart.
995	**tilanne**	**situation|status, position|score|things|state of affairs**
	nn	Tilanne on huonompi kuin uskoimmekaan. The situation is worse than we believed.
996	**kuuluisa**	**renowned, illustrious|notorious|distinguished|well-known**
	adj	Hänestä tuli yhtäkkiä kuuluisa. She suddenly became famous.
997	**heikko**	**weak, frail|low|faint, dim|fragile|slight, slender**
	adj	Ongelmana on vastaanottajamaiden heikko hallintokapasiteetti. One problem is the weak administrative capacities of the recipient countries.
998	**paperi**	**paper, wrapper**
	nn	Vaihda paperi, ylätunnisteet ja alatunnisteet, tulostussuunta ja sivun reunukset Change paper, headers and footers, orientation, and margins for this page
999	**Totta kai!**	**Certainly!, Surely!**
	i	Totta kai Euroopan parlamentti on oikea paikka, ja kerron teille miksi. Of course the European Parliament is the right place, and I shall tell you why.
1000	**määrä**	**number|amount, quantity, measure|count|volume, bulk|rate**
	nn	(DE) Sähkö- ja elektroniikkalaiteromun määrä kasvaa jatkuvasti. The amount of waste electrical and electronic equipment is constantly increasing.
1001	**tuhat**	**|thousand**
		(PT) Päivän numero on tuhat, tuhat kuollutta, jotka antavat tuskallisen opetuksen. (PT) One thousand is the number of the day, one thousand deaths to teach a black lesson.
1002	**syntyä**	**be born, form, come into existence, come into being**

	v; phr	Me emme suosi eurooppalaisia yrityksiä ja anna monopolien jatkaa tai syntyä. We do European companies no favours by allowing monopolies to continue or develop.
1003	**show** *nn*	**show, pageant** Se, mitä siellä paraikaa tapahtuu, on pääministeri Erdoganin johtama suuri show. What is going on there at the moment is a great show staged by Mr Erdoğan.
1004	**pilata** *v; phr*	**ruin|spoil, thwart|pollute|taint, cloud; play hell with** Olisit voinut pilata kaiken. You could've ruined everything.
1005	**juna** *nn*	**train** Jos juna ohittaa punaisen pysähtymismerkin, jarrutus käynnistyy myös automaattisesti. If a train passes a red stop signal, the brakes are also automatically applied.
1006	**puhdas** *adj*	**clean, clear|pure, unadulterated|immaculate|sheer|chaste** Hänen rekisterinsä on puhdas viimeisen kymmenen vuoden ajalta. He has had a clean record for the past ten years.
1007	**loukkaantua** *v*	**be hurt, take offense, get hurt, miff** Sinä taisit loukkaantua? You were hurt, weren't you?
1008	**lähetin** *nn*	**transmitter, sender** Lähetin heille sähköpostin. I sent an email to them.
1009	**lakata** *v*	**stop, cease, quit, discontinue|varnish|lacquer|let up|leave off** Minkä tahansa parlamentin, joka antaa minkä tahansa hallituksen rajoittaa oikeuksiaan, pitäisi lakata toimimasta. Any Parliament which allows its rights to be curtailed by a government of any kind should cease to function.
1010	**väki** *nn*	**people, folks** Väki kokoontui Moskovaan, lisää sosialismia.People congregated in Moscow: more socialism.
1011	**suo** *nn*	**swamp|bog|mire, morass, quagmire|fen|slough** Hän ei voinut lakata hymyilemästä. Tomorrow, God willing, we'll be with your parents.
1012	**erottaa** *v*	**distinguish, discern, pick out|separate, part, divide** Ei ole mitään syytä, miksi hänet pitäisi erottaa. There is no reason why he should be dismissed.

1013 **ystävällinen** **friendly|kind, genial|welcoming|nice, gracious, courteous**
adj
Olit todella ystävällinen meille.
You were very kind to us.

1014 **käsky** **command, instruction|commandment|orders|word|injunction**
nn
Se oli käsky.
That was an order.

1015 **turha** **useless|unnecessary|vain, fruitless, bootless**
adj
Jos käytäntö jatkuu tulevaisuudessa, tämänkaltaisia keskusteluja on turha käydä.
If this continues to be the case in the future, then these sorts of debates are pointless.

1016 **kirjata** **record, register|log|enroll, enrol**
v
Pitäisikö ne kirjata vai ei?
Should we register them or not?

1017 **sokea** **blind, sightless, implicit**
adj
Jos olen sokea Irlannissa, olen sokea muuallakin Euroopassa."
If I am blind in Ireland, I am blind in Europe.'

1018 **hius** **hair**
nn
Silmä, nenä, hius ovat kauniita tai rumia suhteessa koko siihen vartaloon, johon ne kuuluvat.
An eye, a nose, a hair are beautiful or ugly in relation to the total body of which they form part.

1019 **rentoutua** **relax, unwind, loosen up, unbend|sit back; let one's hair down**
v; phr
Sinun on parasta vain rentoutua ja mennä nukkumaan.
You should just relax and go to sleep.

1020 **kyttä** **cop, pig**
nn
Tomi on kyttä.
Tom is a cop.

1021 **luovuttaa** **alienate|hand over|dispose of|assign|abandon; cry uncle|say uncle**
v; phr
Monelta meidän pitää luovuttaa huoneemme?
I'd like to check out. Could you call the bellboy?

1022 **viisas** **wise, knowing|sage|shrewd|sound|sagacious, sapient**
adj
Näin ollen tämä päätös oli mielestäni erittäin viisas ja demokraattinen.
It therefore seems to me that this decision was extremely wise and democratic.

1023 **uhri** **victim, offering, sacrifice, casualty, sufferer, prey, toll**

	nn	Myös ympäristö - aikakautemme suuri uhri - on otettu perusteellisesti huomioon.The environment - the great victim of our time - is also dealt with exhaustively.
1024	**älykäs**	**intelligent, clever, bright**
	adj	Epäilemättä älytoiminnoilla varustetun rakennuksen on oltava älykäs joka puolelta. There is no doubt that an intelligent building must show intelligence throughout.
1025	**oppi**	**learning, doctrine, teaching, theory, teachings, letter**
	nn	Tom oppi uimaan kolmen vanhana. Tom learned how to swim when he was three.
1026	**peruste**	**justification|reason, cause|argument|motive|account**
	nn	Virallinen peruste hänen vangitsemisellensa oli tuhoisa propaganda. The official reason given for his imprisonment was subversive propaganda.
1027	**katsella**	**view, see, regard|watch|look at|survey|scope out**
	v	Ohjelmaoppaassa näkyy tietoja kaikista TV-ohjelmista, joita voidaan katsella. The Guide displays information about all TV programs that are available to watch.
1028	**pala**	**piece, bit|chip, scrap|slice|cut|fragment**
	nn	Tämä ei pala. This doesn't burn.
1029	**nimetä**	**name, nominate**
	v	On esimerkiksi tärkeää, että jäsenvaltiot nimeävät valintakelpoiset asiakkaat. It is essential, for example, that Member States designate eligible customers.
1030	**henkilökohtaisesti**	**personally, in person|bodily**
	adv	Pyytäisin teitä käymään Irakissa henkilökohtaisesti niin pian kuin mahdollista. I would ask that you pay a visit to Iraq, in person, as soon as possible.
1031	**inhota**	**hate, detest|loathe, abhor, abominate, execrate|hold in abomination**
	v	Ihmiskauppa on inhottava asia, jota Euroopan unioni ei valitettavasti voi jättää huomiotta. Trafficking in human beings is an abomination that the European Union unfortunately cannot ignore.
1032	**seksikäs**	**sexy, foxy**

	adj	Mari on fiksu, seksikäs ja menestyvä. Mary is smart, sexy and successful.
1033	**vessa**	**loo|bog|can, john**
	nn	Vessa on pieni. The toilet is small.
1034	**onnittelu**	**congratulation**
	nn	Arvoisa puhemies, minäkin haluan liittyä niihin, jotka ovat esittäneet kiitokset ja onnittelut EKP:lle siitä, mitä se teki viime vuonna rahoituskriisissä. Mr President, I would like to join in the compliments and congratulations given to the ECB for what it did last year in the financial crisis.
1035	**malja**	**cup, bowl, toast, chalice, libation, basin, health, calix**
	nn	Ystävyyden malja! For our friendship!
1036	**kirjoitin**	**printer**
	nn	Kirjoitin sen Tomille. I wrote it for Tom.
1037	**salaisuus**	**secret, mystery|secrecy|confidence**
	nn	Tom oli kovin utelias siitä, mikä Marin salaisuus oli. Tom was curious to know what Mary's secret was.
1038	**nälkäinen**	**hungry, peckish**
	adj	Yritän olla avuksi, mutta olen nälkäinen. Mr President, very briefly, I am trying to be helpful, but am getting hungry.
1039	**välttämättä**	**necessarily, of necessity**
	adv	Tällaista ei tarvitsisi välttämättä tapahtua Euroopan parlamentin mietinnössä. This is not what should necessarily be happening in a European Parliament report.
1040	**lyhyt**	**short, little|brief|concise|summary, compendious|curt**
	adj	Lyhyt huomautus myös ammatin harjoittamista koskevasta oikeudesta. A brief comment on the topic of licence to pursue an occupation.
1041	**kääntää**	**turn, twist, bend|translate, interpret, render|flip, throw|divert|deflect**
	v	”Kulta, tule sänkyyn.” ”Ei vielä. Minun täytyy vielä kääntää pari lausetta Tatoebassa.” Honey, come to bed. "No, not yet. I still have to translate some sentences on Tatoeba."

1042 **viimein** *adv* **at last**
Vihdoin viimein työhuoneisiin on järjestetty jätteiden lajittelumahdollisuus.
Finally, I have discovered that the waste in my office is being separated.

1043 **lordi** *nn* **lord**
Arvoisa puhemies, emme olisi odottaneet saavamme lukea herra Sainjonin allekirjoittamaa tekstiä, joka kuulostaa aivan lordi Brittanin puheelta.
Mr President, we did not expect to find Mr Sainjon subscribing to remarks Sir Leon Brittan might have made, because after reading this report, what is left of relocation?

1044 **surullinen** *adj* **sad, sorry|sorrowful|unhappy|mournful, doleful|rueful**
Tämä on sisällissodan surullinen perintö, joka on surullista meille kaikille.This is a sad legacy of the civil war. Sad for all of us.

1045 **myöntää** *v* **grant, give|admit, allow|award|allocate|acknowledge, recognize**
Muutoin parlamentin on mahdotonta myöntää sille sopimusten mukainen vastuuvapaus.
Otherwise, it will be impossible to grant discharge within the meaning of the treaties.

1046 **yritys** *nn* **company|undertaking|enterprise, endeavor, endeavour**
Turha yritys.
A vain attempt.

1047 **vahinko** *nn; phr* **damage, harm|injury|pity|mishap; it's a pity**
Suurin mahdollinen vahinko" - hän päätteli - " olisi työttömyyden pahentaminen" .
The greatest damage, he concluded, would be the increase in unemployment.

1048 **hinta** *nn* **price, cost|rate|fare|charge|price tag**
Kullan hinta vaihtelee päivittäin.
The price of gold varies from day to day.

1049 **toiminta** *nn* **activities|action|acting|function|operation, functioning, performance**
Neuvostolla on tällä hetkellä kolme painopistettä: toiminta, toiminta ja toiminta.
There are three priorities for the Council at the moment: action, action and action.

1050 **varas** **thief**

nn Varas aikoo ryöstää Pakistanin presidentin ja sanoo: Antakaa minulle rahanne.
A thief holds up the President of Pakistan and says: I want your money.

1051 **juhlia** **celebrate|party|feast, banquet|revel; rave it up|kick up one's heels**
v; phr Voimmekin uskoakseni tänään juhlia näiden tavoitteiden saavuttamista.
Today I believe that we can celebrate the achievement of these objectives.

1052 **roska** **garbage|trash, rubbish, tripe|crap, bullshit, bull|nonsense|cobblers**
nn Toisen roska on toisen aarre.
One man's trash is another man's treasure.

1053 **taaksepäin** **backwards, backward, back|in the rearward|aback**
adv Valitettavasti Tukholman Eurooppa-neuvoston kokous oli tässä mielessä askel taaksepäin.
Unfortunately, the Stockholm European Council was a step backwards in this respect.

1054 **rakentaa** **build, construct, make|develop|erect, raise|lay|fabricate**
v Tälle alueelle ei saa rakentaa taloja.
Houses can't be built in this area.

1055 **jonkinlainen** **certain, a kind of, a sort of, something like, some semblance of**
adj Tom on ilmeisesti jonkinlainen musiikillinen nero.Tom is apparently some kind of genius when it comes to music.

1056 **normaali** **normal, regular, standard, ordinary, seasonable**
adj Tilanne Tiibetissä ei ole normaali - ei, olemme äänestäneet, että se on normaali.
The situation in Tibet is not normal - no, we have voted that it is normal.

1057 **aikamoinen** **some; hearty, pretty, quite a, quite some, some, nice**
pron; adj Se on aikamoinen saavutus.
That's quite an accomplishment.

1058 **pimeä** **dark, benighted|murky|unlit|gloomy; dark**
adj; nn Huoneessa oli pimeä ja kylmä.
It was dark and cold in the room.

1059 **parantaa** **improve, better, ameliorate|enhance|cure, heal**
v Maaseuturahaston tarkoituksena on parantaa maaseudulla elämisen mahdollisuuksia.
The purpose of the EAFRD is to improve the opportunities that rural life can offer.

1060 **pohjoinen** **north|northern, northerly|arctic|boreal; north|North|Nordic**

	adj; nn	Kenen puolella EU oikeastaan on maailmanlaajuisessa pohjoinen-etelä-konfliktissa? On which side does the EU really stand in the global North-South conflict?
1061	**pastori** *nn*	**pastor, parson** Kommunistihallinto on vainonnut hellittämättä pastori Quangia ja hänen tovereitaan. The Reverend Quang and his associates have been relentlessly hounded by the Communist authorities.
1062	**muna** *nn*	**egg** Jos universumi on kosminen muna, kuka sen sitten muni? If the universe is a cosmic egg, who laid it then?
1063	**huutaa** *v*	**shout, scream, cry, yell, call, shout out|cry out|clamor** Tämä ei ole rauha, ja on ennenaikaista huutaa, että voitto on saavutettu. It is not peace, and it is premature to cry victory.
1064	**suloinen** *adj*	**sweet, dulcet, mellifluous|graceful|lovely|darling, dear** Hän on todella suloinen. He's very sweet.
1065	**piha** *nn*	**yard|garden|courtyard, court|farmyard** Kosto on suloinen. Tom wants a house with a big yard and a white picket fence.
1066	**vene** *nn*	**boat, craft, scull** Vene ankkuroi lähelle rannikkoa. The boat anchored near the shore.
1067	**päättyä** *v*	**end, finish, terminate, stop|expire|come to an end|end up|conclude** Nämä neuvottelut saattavat päättyä kesäkuussa, tai sitten eivät.These negotiations may finish in June. On the other hand, they may not.
1068	**täyttää** *v*	**fill, fill up|meet, satisfy|fulfill, carry out, fulfil|fill in|fill out, pad** Malta täyttää edelleen Kööpenhaminassa asetetut poliittiset kriteerit. Malta is continuing to fulfil the Copenhagen political criteria.
1069	**hengittää** *v*	**breathe, respire|exhale** Älä unohda hengittää. Don't forget to breathe.
1070	**levätä** *v; phr*	**rest, repose|relax|lie|brood; rest on one's oars** Tästä selvästi myönteisestä arviosta huolimatta emme voi levätä laakereillamme. Despite this clearly positive assessment, we cannot rest on our laurels.

1071 **kukka** **flower, blossom, bloom|floret**
nn Kuluttajat eivät ymmärrä, miksi jollakin tuotteella on enemmän kuin yksi kukka.
Consumers will not have the chance to understand why more than one flower will be attributed.

1072 **vartija** **guard|security guard, watchman|keeper, custodian|warden**
nn Komissio, jota johdatte, puheenjohtaja Barroso, on perustamissopimuksen vartija.
The European Commission under you, President Barroso, is the guardian of the Treaty.

1073 **pormestari** **mayor, burgomaster, mayoress, provost**
nn Siis oletteko samaa mieltä, rouva pormestari?, apotti takelteli hädin tuskin iloaan peitellen.
So, do you agree, Madam Mayor?, stammered the abbot, barely hiding his joy.

1074 **aste** **degree, grade|rate|step, measure|state|phase**
nn Kun otetaan huomioon EKP:n korkea riippumattomuuden aste, EKP:n on ehdottomasti taattava, että rahapoliittinen päätöksenteko tapahtuu hyvin avoimesti.
Considering its high degree of autonomy, it is essential for the ECB to ensure a high level of transparency regarding decision-making on monetary policy.

1075 **kohtalo** **destiny, fate, fortune, lot, portion|doom|nemesis**
nn Häntä odotti kauhea kohtalo.
A terrible fate awaited him.

1076 **esitys** **presentation|proposal|representation|performance, execution|show**
nn Esitys yhteensovittavan toimiston perustamisesta miellyttää minua erityisesti.
The proposal to establish a coordination unit very much appeals to me.

1077 **aito** **genuine, true|authentic, bona fide|real|dinkum|sterling**
adj Hanki aito ohjelmistoversio verkossa -paketti tai Hanki aito Windows
**Get Genuine Online Kit or Get Genuine Windows **

1078 **just** **smack-bang, smack-dab**
adv ”Mitä sä siinä virnuilet?” ”Lukiolaistyttö, jonka ohi me just mentiin, oli ihan sikasöpö.”
Why are you grinning like that? "That female high-school student I just passed by was really cute."

1079 **hevonen** **horse, knight|pony**
nn
Hevonen on eläin.
A horse is an animal.

1080 **iltapäivä** **afternoon; PM, p.m.**
nn; abbr
Arvoisa puhemies, tämä on aivan erityinen iltapäivä meille luxemburgilaisille.
Mr President, this is a very special afternoon for us Luxembourgers.

1081 **vakava** **serious, sober|severe|grave, heavy, grievous|solemn, earnest|straight**
adj
On totta, että kysymyksessä on luonnosmenettely, joten asia on vakava.
It is true that this is a consultation procedure, and that is a serious matter.

1082 **itkeä** **cry, weep|grizzle**
v
Tom näytti siltä, että alkaa itkeä.
Tom almost cried.

1083 **yllä** **above, over; on**
prep; adv
Talvella pidän yllä päällystakkia.
In the winter I wear a coat on top of my vest.

1084 **puku** **suit|costume|dress, attire, garb|gown|apparel**
nn
Menet kotiin ja puku ei istukaan niin hyvin kuin olit ajatellut.
You come home, and the suit does not look as good as it was supposed to.

1085 **korkeus** **height|elevation, altitude|level|pitch|Highness**
nn
Ensimmäinen luku on näytön leveys ja toinen luku näytön korkeus.
The first number is the width of the video, while the second number is the height of the video.

1086 **ilma** **air, weather, wind**
nn
Ensimmäisenä toimenpiteenä olisi oltava meluisimpien ilma-alusten poistaminen.
The first measure that should be taken is to withdraw the noisiest aircraft.

1087 **tasan** **equally, all, half-and-half, fifty-fifty**
adv
Lentokone laskeutui tasan kello kuudelta.
The plane landed at 6 o'clock to the minute.

1088 **näköinen** **-looking; like, alike**
sfx; adj
Olenko minä sinun mielestäsi Tomin näköinen?
Do you think I look like Tom?

1089 **myöskään** **either**

	adv	Myöskään eläkeikää koskeva kompromissi ei vaikuta varteenotettavalta.Then the compromise on the age of retirement does not seem to be worthy either.
1090	**toistaa**	**repeat, reiterate, restate, iterate | play back | reproduce | replicate**
	v	Tindemansin mietintö aikoo toistaa toimen Länsi-Euroopan unionin yhteydessä. The Tindemans report will repeat the exercise with the Western European Union.
1091	**hermostua**	**get nervous, get flustered, get in a flap, get into a state, get in a stew**
	v	Historia toistaa jälleen itseään. It never pays to lose your temper.
1092	**enkeli**	**angel**
	nn	Saksalainen sininen enkeli ja pohjoismainen joutsen ovat näyttäneet tietä ympäristömerkille. The German Blue Angel and the Nordic Swan have led the way in eco-labelling.
1093	**syntymäpäivä**	**birthday**
	nn	Uusi syntymäpäivä näkyy syntymäpäiväkalenterissasi. The new birthday appears in your birthday calendar.
1094	**tervehdys**	**greeting | salute, salutation | compliments**
	nn	Täällä on tänään paikalla Habib Souaidia, samoin kuin joukko muitakin asianomaisia - tervehdys heille - joka joutui syytteeseen kenraali Nezzarin herjaamisesta. Mr Habib Souaidia, who is present here today along with other friends whom I would like to greet, was accused of slander by General Nezzar.
1095	**riitti**	**rite**
	nn	Nyt minulle riitti! No way!
1096	**hyväksyä**	**accept, admit, take | adopt | approve; face up to | set the seal on**
	v; phr	Ikäväkseni minun täytyy kuitenkin hyväksyä työjärjestyksen rajoitukset. With regret, however, I accept the constraints of the Rules of Procedure.
1097	**tuuli**	**wind | mood, humor, humour | blow | spirits**
	nn	Toivon, että tämä yksimielisyys, tämä sama tuuli puhaltaa myös huomisessa täysistunnossa. I hope that this spirit of consensus will be present too in tomorrow' s sitting.

1098 **rukoilla** **pray, implore|invoke|offer up prayers|say one's prayers|entreat to do**

v Hän halusi ainoastaan rukoilla uhrien puolesta eloonjääneiden kanssa.
He merely wanted to pray for the victims with the survivors.

1099 **erityisesti** **particularly, especially, specially, peculiarly|in particular|specifically|eminently**

adv Ihmisoikeuksia ja erityisesti uskonnonvapautta rajoitetaan huolestuttavalla tavalla.There are worrying restrictions on human rights, especially religious freedom.

1100 **hallita** **control, command|master, dominate|rule, govern|administer|occupy**

v PHAREohjelmaan annettujen varojen määrä ylitti komission kyvyn hallita varoja.
The volume of funds provided for Phare exceeded the Commission's ability to administer them.

1101 **vaikeus** **difficulty, trouble|distress|difficulties|hardship|hurdle**

nn Tom ei osaa hallita hyvin suuttumustaan.
I have the same trouble as you have.

1102 **taistelu** **fight, engagement|battle, struggle|combat|war|action**

nn yhtäläisten mahdollisuuksien edistäminen ja taistelu sosiaalista syrjäytymistä vastaan.
the promotion of equal opportunities and the fight against social exclusion.

1103 **keskittyä** **centralize, attend to, settle down**

v Sallikaa minun keskittyä Euroopan solidaarisuusrahastoon liittyvään aiheeseen.
Allow me to focus attention on an issue concerning the European Solidarity Fund.

1104 **isoisä** **grandfather**

nn Isoisä oli rauhantuomari, vanhahko mies.
His grandfather was a magistrate, an elderly man.

1105 **pahus** **deuce, dickens**

nn Todiste siitä että välimerkeillä on väliä, on lauseet "syödään isoisä" ja "syödään, isoisä".
Dammit, I've been ninja'd again!

1106 **syytön** **blameless, guiltless**

	adj	Näkemiemme todisteiden perusteella tiedämme kaikki, että hän on syytön. We all know that he is innocent because of the evidence we have seen.
1107	**pahempi** *adj*	**worse** Dorka, joka luulee olevansa syvällinen, on vielä pahempi kuin pelkkä dorka. A nudnik who believes he's profound is even worse than just a plain nudnik.
1108	**mahdollisesti** *adv*	**possibly, by any chance, by any means, not impossibly** Nämä ja mahdollisesti myös muita lauseita täytyy poistaa korpuksesta. Ne ovat tekijänoikeuksilla suojatusta kirjasta. These and perhaps other sentences need to be removed from the corpus. They are from a copyrighted book.
1109	**ranta** *nn*	**beach, waterfront, shore, seafront, shoreline, coast, strand** Ranta on ihanteellinen paikka lapselle leikkiä.The beach is an ideal place for children to play.
1110	**tulevaisuus** *nn*	**future, tomorrow** Niiden tulevaisuus on riippuvainen siitä, samoin kuin koko Euroopan tulevaisuus. Their future depends upon it, but so too does the future of Europe.
1111	**puhe** *nn*	**speech, address|talk|speaking|discourse|oration** Äskeinen puhe oli fasistinen puhe, jolla ei ole asiaa Euroopan parlamenttiin! It was a fascist speech and it has no place in the European Parliament!
1112	**todennäköisesti** *adv*	**likely, probably|by the look of it** Näitä todennäköisesti jatkettaisiin, jos yhteistyö jäädytettäisiin osittain. These would probably be continued in the case of a partial freeze of cooperation.
1113	**herättää** *v*	**wake, arouse, rouse, waken|raise, evoke, stir, invoke, call forth** Arvoisa komission jäsen, komission on herättävä, asialla on kiire! Commissioner, the Commission needs to wake up; the Council needs to wake up.
1114	**näyttelijä** *nn*	**actor, player|actress|Thespian|trouper** Onko Tom näyttelijä? Is Tom an actor?
1115	**vieras**	**guest|visitor|caller; foreign, alien|unfamiliar|strange|alien to**

nn; adj Jos tämä on jäsen Barón Crespolle vieras käsite, olen pahoillani hänen puolestaan.
If that is an alien concept to Mr Barón Crespo, then I am sorry for him.

1116 **enempi** **further, greater**
adj Epäilen siitä huolimatta, kannattaako meidän yleensä ollenkaan muuttaa direktiiviä, sillä nykyinen lainsäädäntö on selkeä, eikä enempi viivytys ole toivottavaa eikä hyväksyttävää.
I do wonder, however, whether we should amend the directive at all, since existing legislation is clear and a further delay is undesirable and unacceptable.

1117 **tonni** **tonne, metric ton|ton**
nn Kaksi tonnia kuivaa biomassaa tuottaa itse asiassa saman verran lämpöä kuin tonni öljyä, mutta siinä missä biomassan mahdolliset kustannukset olisivat 200 euroa tonnilta öljy maksaa noin 400 euroa tonnilta.
Two tonnes of dry biomass, in fact, produces the same heat as one tonne of oil, but while the potential cost of biomass is EUR 200 per tonne, oil costs about EUR 400 per tonne.

1118 **nauttia** **have, consume|partake of|relish|gloat|command**
v Online-rahapelit tarjoavat kuluttajille uuden tavan nauttia peliharrastuksestaan.Online gambling offers a new way for consumers to enjoy their gaming experience.

1119 **lintu** **bird, birdie**
nn Sitten on se fiktiivinen lintu, jonka Hammett loi kirjaansa.
Then there is the fictional bird, the one that Hammett created for the book.

1120 **lujaa** **hard, fast, at a cracking pace, at speed**
adv Jos ajaa liian lujaa 50 kilometrin matkan, useimmissa maissa on käytössä noin kolmen kilometrin toleranssiraja ennen sakottamista.
If you drive too fast for a distance of 50 kilometres, in most countries you have a margin of tolerance of about three kilometres before you are fined.

1121 **pelätä** **be afraid, be scared, dread, be frightened, be frightened of**
v Euroopan unionin ei pidä pelätä Ankaraa, eikä Ankaran pidä pelätä Diyarbakiria.
The European Union should not fear Ankara, and Ankara should not fear Diyarbakir.

1122 **apina** **monkey|ape, copycat|simian**
nn Oletko varma siitä, että se mitä juuri näimme, ei ollut apina?
Are you sure what we just saw wasn't a monkey?

1123 **yleisö** **audience, public, spectator, house**
nn Kööpenhaminassa kansainvälinen yleisö naulitsee katseensa päättäjiinsä.
In Copenhagen, the eyes of the international public will be glued on its ruling class.

1124 **tylsä** **boring, dull|blunt|trite, tired|dreary|corny**
adj Onko se tylsä kirjanpitotoimi vai keskeinen poliittinen toimi?
Is it a dull accounting exercise or a key political act?

1125 **olettaa** **assume, take|expect|suppose, presuppose|presume|postulate**
v Me emme voi olettaa, että nämä rahat ovat Tomin.
We can't assume this money is Tom's.

1126 **sisar** **sister, sibling**
nn Pyhä Maximilian, pyhä Edith, pyhän ristin sisar Benedicta, rukoilkaa puolestamme.
Saint Maximilian, Saint Edith, Sister Benedicta of the Cross, pray for us.

1127 **rohkea** **brave, hardy|courageous|bold|daring, audacious; close to the bone**
adj; phr Kaiken lisäksi, arvoisa puheenjohtaja Barroso, komissio ei ollut tarpeeksi rohkea.
Moreover, the Commission was not courageous enough, Mr Barroso.

1128 **siirtyä** **move, go|shift, transfer|migrate|change over|switch over, exchange**
v Liikenneverkoillemme tuottaa suuria vaikeuksia siirtyä eurooppalaiselle tasolle.
Our networks are finding it very difficult to move to a European scale.

1129 **vallata** **conquer, capture, seize|take, occupy|overwhelm, overpower**
v more_verticalHyödyttömämpi kalalaji voi vallata halutumman kalalajin jättämän paikan.The less useful species can take over the niche vacated by the more desirable ones.

1130 **kiirehtiä** **rush, hurry|expedite|accelerate|press**
v Minusta WTO:n ratkaisua tälle riidalle pitää kiirehtiä.
I think the WTO solution to this dispute should be expedited.

1131 **räjähtää** **explode, detonate, blow up|burst, bust|go spare; blow one's top**
v; phr Tom tunsi ettei ollut tarvetta kiirehtiä.
Tom's got a short fuse and flies off the handle at the drop of a hat.

1132 **takuu** **warranty, guarantee|deposit|bond|safety net**

nn Sillä julkisuuden tiedottaminen on todellinen takuu turvallisuudelle.
In this area, public information is the real guarantee of safety.

1133 **alasti** **naked, bare | undressed; in the nude**
adj; adv Kirjallisuuden kannalta on hieman virheellistä väittää, että keisari olisi ollut alasti.
From a literary point of view it is not totally correct to say that the emperor was naked.

1134 **taksi** **taxi, cab, taxicab, hack**
nn Tomilla oli hommaa löytää taksi.
Tom had a hard time finding a taxi.

1135 **piilo** **hiding**
nn Puhujat, myös puhemies, ovat käyttäneet usein häpeämättä näitä traagisia ja kohtalokkaita tapahtumia edistääkseen piilo-ohjelmaansa: taistelua eurooppalaisen supervaltion puolesta.
The speakers, including the President himself, have often shamelessly used these tragic and fateful events to promote a hidden agenda: the fight for a European superstate.

1136 **osoite** **address**
nn Tämä on yritykseni osoite.
This is my business address.

1137 **etelä** **south**
nn Etelä-Korea on paljon koreampi kuin Pohjois-Korea.
South Korea is much more beautiful than North Korea.

1138 **sopiva** **suitable, suited | appropriate | right, proper | fitting | fit**
adj On esimerkiksi vaikeaa löytää sopiva silmäkoko monilajikalastuksessa.
For example, it is difficult to find the appropriate mesh size in mixed fisheries.

1139 **hotelli** **hotel**
nn Kaikki kulut maksetaan, hotelli, matkat, ruoka, aamiainen, mannermainen aamiainen, kaikki.
All expenses paid: hotel, transportation, food, breakfast, a continental breakfast, everything.

1140 **häiritä** **disturb | interfere | disrupt | distract | bother, trouble**
v En ole koskaan antanut koulutuksen häiritä opintojani.
I have never let my schooling interfere with my education.

1141 **ilmoittaa** **inform | advertise | declare, announce | register | notify, advise**
v Sinun pitäisi ilmoittaa poliisille heti.
You should notify the police at once.

1142 **eläin** **animal, beast, brute**

	nn	Neliönmuotoisessa esineessä on yksisarvista muistuttava eläin. It's the square object with the unicorn-like animal on it.
1143	**lähestyä**	**approach, draw near, near, come near, draw close|advance towards**
	v	Presidenttiä on vaikea lähestyä. The president is difficult to approach.
1144	**pappi**	**priest|minister|clergyman|cleric, ecclesiastic|chaplain**
	nn	Ranskaa puhuva pappi tulee olemaan täällä ensi viikolla. The priest who speaks French will be here next week.
1145	**vihreä**	**green, fresh, callow, raw**
	adj	Vihreä matto ei sovi yhteen näiden sinisten verhojen kanssa. A green carpet won't go well with these blue curtains.
1146	**hidas**	**slow, dull|sluggish, inert|tardy|lethargic|dilatory**
	adj	Tom on hidas kävelijä. Tom is a slow walker.
1147	**suoja**	**protection, shelter|safeguard|cover, screen|safety, refuge|shield**
	nn	Tämän todistaa se, että euroaluetta pidetään enenevässä määrin jäsenvaltioiden suojana ja turvana. The proof lies in the fact that the euro is increasingly regarded as a refuge and place of security for Member States.
1148	**valinta**	**selection, choice, option, pick|election|bet|trial**
	nn	Tällainen poliittinen valinta on mielestäni ehdottomasti hyvä valinta. I believe that this political choice is, without doubt, the right choice.
1149	**valmistautua**	**prepare, make|get ready|make ready|ready oneself; brace oneself for**
	v; phr	Saavatko niiden hauraat taloudet tilaisuuden valmistautua kilpailuun? Are their fragile economies given the opportunity to prepare for competition?
1150	**maistua**	**taste**
	v	Tai oikeastaan se tuoksuu nukutusaineelta: itse asiassa pihvi ei enää maistu ollenkaan. Or rather, it smells like anaesthetic: in fact, I can't taste it' s flavour any more.
1151	**kokea**	**experience, receive|try|search**
	v	Te – kuten ketkä tahansa kuluttajat – voitte helposti kokea tämän käytännössä. You – any consumer – can easily get practical experience of this.
1152	**rikos**	**crime, offense, offence|delinquency|misdeed|outrage**
	nn	Rikos ei pitkällä aikavälillä kannata. Crime doesn't pay in the long run.
1153	**asunto**	**housing|residence, residency|dwelling, home, abode**

	nn	Mainitsin työmatkat; on selvää, että kaikilla vaikutusalueilla on asunto-ongelmia.I have mentioned travel; it is clear that, in all catchment areas, there are housing problems.
1154	**paljastaa**	**reveal, expose, disclose; take the lid off**
	v; phr	Markkinaviranomainen ei saa paljastaa kolmansille osapuolille sellaista käsittelemäänsä ja saamaansa tietoa, jolle on pyydetty luottamuksellista käsittelyä. The Authority shall not divulge to third parties information that it processes or receives for which confidential treatment has been requested.
1155	**kunnioitus**	**respect, esteem, regard|reverence|deference**
	nn	Nyt euro paljastaa alastomasti kilpailukykyerot ja elintarvikkeiden hintaerot EU: n sisällä. Now the euro is laying bare differences in competitiveness and food prices within the EU.
1156	**kirota**	**curse, damn|cuss|accurse, execrate, anathematize|darn**
	v	Meidän on voitava tehdä muuta kuin kirota toinen toisiamme tai jumittua paikallemme tekemättä mitään. We must be able to do something other than curse or remain transfixed in immobility.
1157	**neitsyt**	**maiden, nymph**
	nn	Tuo tyttö joka pitää huivia on neitsyt. That girl who wears a scarf is virgin.
1158	**baari**	**bar, saloon|cafe|soda fountain**
	nn	Voisivatko kvestorit selvittää asian niin, että meillä olisi jäsenten baari? Could we have some clarification from the Quaestors so that we can have a Members bar?
1159	**radio**	**radio, wireless, radio set|set**
	nn	Siirry aloitusnäytössä kohtaan Musiikki ja valitse radio sekä FM-radio. On the start screen, scroll to Music, click radio, and then click FM Radio.
1160	**maito**	**milk**
	nn	Toinen ehdotus koskee maito- ja maitotuotealan yhteistä markkinajärjestelyä. The second proposal concerns the common market organisation for milk and for milk products.
1161	**vaikutus**	**effect, impression|impact|influence|action|efficacy**

	nn	Lääkkeen vaikutus oli välitön. The medicine had an immediate effect.
1162	**punta**	**pound, quid**
	nn	Kumpi valuutta euro vai Ruotsin kruunu on 1. tammikuuta 1999 jälkeen vaihdellut eniten suhteessa kuhunkin seuraavista valuutoista: US-dollari, Japanin jeni ja Englannin punta? Which currency has fluctuated most, the euro or the Swedish krona, against each of the three currencies, the US dollar, the Japanese yen and the pound sterling, since 1 January 1999?
1163	**siksi**	**therefore, so; that's why**
	adv; phr	Minulla on hirveä yskä ja herään siksi usein yön aikana. I have a horrible cough and I end up waking up often during the night.
1164	**pahoitella**	**regret**
	v	Voin vain pahoitella sitä, että kärsin tappion juuri tällä samalla paikalla talousarviokeskustelujen aikana. Unfortunately, I can only regret having been defeated in this very place, during the budgetary discussions.
1165	**rehellisesti**	**fair, fairly|honestly, aboveboard|fair and square|squarely, square**
	adv	Muuten sen olisi pitänyt kertoa rehellisesti olevansa eri mieltä pyrkimyksestä. Otherwise, it should have said honestly that it disagreed with the endeavour.
1166	**kuoliaaksi**	**to death**
	adv	Kuoliaaksi kivittäminen, raajojen katkaiseminen, ruoskiminen ja kidutus ovat arkipäivää. Stoning to death, amputation of limbs, floggings and torture are commonplace.
1167	**joukko**	**set, lot, band|number|bunch, crowd, crew|force|brigade**
	nn	Suuri joukko turisteja vierailee Kiotossa keväällä. A great many tourists visit Kyoto in spring.
1168	**likainen**	**dirty, filthy|muddy, mucky|stained|dingy|flyblown**
	adj	Likainen tuotanto ei saa olla mahdollista missään. Dirty production must not be possible anywhere.
1169	**lauantai**	**Saturday; Sat**
	nn; abbr	Monissa maissa, arabimaita ja Israelia lukuun ottamatta, lauantai ja sunnuntai määritellään yleisesti viikonlopuksi. In most countries, with the exception of the Arab countries and Israel, Saturday and Sunday are defined as the weekend.
1170	**voitto**	**profit, lucre|victory, triumph|win, winnings|prize|gains**

nn Mielestäni Juštšenkon voitto on voitto eurooppalaisille arvoillemme.
I believe that Mr Yushchenko's victory is a victory for our European values.

1171 **ihmeellinen** **wonderful, marvelous, wondrous, marvellous|miraculous|prodigious**
adj 8:44 Tietoisuuden seuraava piirre, tämän ihmeellisen yhtenäisen kentän jälkeen, on sen kausaalinen toiminta käyttäytymisessämme.
8:44 Okay, the next feature of consciousness, after this marvelous unified conscious field, is that it functions causally in our behavior.

1172 **tottua** **shake down**
v On pakko tottua eri suosituksiin, jotka itse asiassa ovat melkein kirkollisia.We have to get used to various references which are virtually clerical.

1173 **napata** **grab, snaffle|swipe|snatch, nobble|pick|pick up, nab, nail, collar**
v Alan vähitellen tottua tämän paikan kosteaan ilmastoon.
I could pick you up on my way to work.

1174 **ohjelma** **program, plan, programme|scheme|schedule|show|bill**
nn Ohjelma vain jäljittelee todellisuutta.
The show is only a simulation of reality.

1175 **yhtiö** **company, corporation, partnership, line**
nn Yhtiö kadottaa rahaa.
The company is bleeding money.

1176 **isoäiti** **grandmother**
nn Hän lähti kuin isoäiti ja tuli takaisin kuin tiikeri.
She went like a grandmother and came back like a tiger.

1177 **perjantai** **Friday; Fri**
nn; abbr Viime perjantai merkitsi uuden sopimuksen hyväksymisprosessin päättymistä.
Last Friday marked the end of the process for adopting the new treaty.

1178 **ratkaisu** **solution, resolution|decision, determination|settlement|award|key**
nn Talousasioista vastaava eurooppalainen "superkomissaari" ei ole ratkaisu.
A European 'super-Commissioner' for economic affairs is not the answer.

1179 **vuotaa** **leak, leak out|escape|ooze, seep|flow, run|water**
v Kaatopaikalla laitteista lisäksi haihtuu tai vuotaa vaarallisia aineita.
Moreover, hazardous substances evaporate or leak when electronic waste is dumped.

1180 **asiakas** **customer, client|account|diner**

	nn	Lentoyhtiö lähettää matkatavaranne määränpäähänne joko välittömästi tai myöhemmin, mikäli asiakas niin haluaa. The airline makes sure to send your luggage all the way to the final destination as soon as possible, or at a later date at the passenger's choice.
1181	**luku**	**number, chapter, count**
	nn	Mietinnössä annettu luku on 48 103 216, kun taas oikea luku on 63 103 216. The figure given is 48 103 216, whereas the correct figure is 63 103 216.
1182	**kuusi**	**six, spruce, fir|six**
	nn	Kuusikulmiolla on kuusi kylkeä. A hexagon has six sides.
1183	**laulu**	**song, vocal|singing|chant|ditty|canto**
	nn	Valitse Toista laulu tai Toista albumi ja valitse sitten Visualisoi. Click Play Song or Play Album, and then click Visualize.
1184	**ilmainen**	**free, gratuitous|free of charge|buckshee|rent-free|toll-free**
	adj	Tämä on se ilmainen. This is the free one.
1185	**kivi**	**stone, pit|rock|pebble|calculus|flint**
	nn	Kivi putosi sydämeltäni. It was load off my mind.
1186	**vanhus**	**senior citizen, oldster**
	nn	Vanhus antoi lapselle suojaa. The old man gave the child shelter.
1187	**historia**	**history, pedigree**
	nn	Historia on osoittanut, että Afganistaniin ei voida saada sotilaallista ratkaisua. In Afghanistan, history has demonstrated that there can be no military solution.
1188	**paita**	**shirt, chemise, camisole**
	nn	Yksi lempiesimerkeistäni on tämä ylläni oleva paita. One of my favourite examples is this shirt that I am wearing.
1189	**tanssia**	**dance, bop, prance, foot it; shake a leg**
	v; phr	Nuoret haluavat matkustaa ja tanssia, mutta myös vanhemmat ihmiset haluavat matkustaa ja tanssia. Young people want to travel and dance, but old people also want to travel and dance.
1190	**raja**	**limit, boundary|border, margin|frontier|line, dividing line|borderline**

	nn	Tiukempi vuosittainen raja-arvo ei yksinkertaisesti voi korvata päivittäistä raja-arvoa. One cannot simply substitute a more stringent annual limit value for the daily limit.
1191	**vanki**	**prisoner, captive | inmate | capture**
	nn	Olenko vanki? Am I a prisoner?
1192	**ensiksi**	**first, firstly | in the first instance | to begin with | to start with**
	adv	Hän on mielipidevanki eikä rikoksesta tuomittu vanki, kuten jotkut väittävät! He is a prisoner of conscience and not a criminal prisoner, as some people claim.
1193	**hälytys**	**alarm, alert | alarms | tocsin**
	nn	Kesti noin 20 minuuttia, että saatiin aikaan hälytys sen jälkeen, kun oli soiteltu moneen paikkaan. It took 20 minutes of telephoning around the various services before any alarm was sounded.
1194	**ehdottaa**	**propose, nominate | suggest | recommend | move | project**
	v	Presidentti Sarkozy ehdottaa tänään tai huomenna Välimeren unionin perustamista. Today or tomorrow Mr Sarkozy is going to propose a Union for the Mediterranean.
1195	**kala**	**fish**
	nn	Tom tunsi olevansa kuin kala kuivalla maalla. Tom felt like a fish out of water.
1196	**palauttaa**	**return, refund | restore, reinstate | bring back | cancel**
	v	Voisitko palauttaa minulle avaimeni?Could you please give me back my key?
1197	**pettää**	**deceive | betray, rat | fail | cheat | let down**
	v	Tom pettää Marya. Tom is cheating on Mary.
1198	**pöytä**	**table, board | stand**
	nn	Erinomainen pöytä, upeat tuolit ja miellyttävä ilmapiiri, kuten aina. An exquisite table, magnificent chairs, a congenial atmosphere, as always.
1199	**lihava**	**fat, bold, corpulent, adipose, gross; boldface**
	adj; nn	Tom on lihava mies. Tom is a fat man.
1200	**yhdistää**	**compound | unite | combine, merge, mix, blend, conflate**

	v	Nykyaikaisiin soittorasioihin voidaan yhdistää nyt jopa USB-muistitikku. Modern music boxes accept even USB flash drives now.
1201	**etenkin** *adv*	**especially, particularly | in particular | notably** Globalisaatio tarjoaa monia mahdollisuuksia etenkin köyhyyden vähentämiseen. Globalisation offers a number of opportunities, especially for reducing poverty.
1202	**metsä** *nn*	**forest, wood | timber, woodland | stand** Kun palo levittäytyy metsään, se pysähtyy vasta sitten, kun koko metsä on palanut. When fire enters a forest, it stops only when the entire forest has burned down.
1203	**toisinaan** *adv*	**sometimes, at times** Voisiko olla niin, että myös turvajärjestelmää laiminlyödään toisinaan? Could it be that the safety system is also neglected from time to time?
1204	**rakennus** *nn*	**building, house, structure** Rakennus tulee ulko- ja turvallisuuspoliittisen henkilökunnan tarpeisiin. This building will be for the needs of the staff required to implement the policy.
1205	**laiva** *nn*	**ship, boat, vessel, craft, barque** Yhtäkkiä laiva ilmestyi usvaverhon takaa. Suddenly, a ship appeared through the fog.
1206	**erinomainen** *adj*	**excellent | outstanding | superior | exquisite | prime, prize** Kyseessä on erinomainen saavutus ja erinomainen kompromissi. This is therefore an excellent achievement, and an excellent compromise.
1207	**koodi** *nn*	**code | cipher, cypher** Tietojenkäsittely- ja tietopalvelut (koodi 262) Computer and information services (code 262)
1208	**veitsi** *nn*	**knife** Samalla tavoin hedelmäveitsi on veitsi eikä hedelmä.A federal state is a state and not a federation, in the same way as a fruit knife is a knife and not a fruit.
1209	**meri** *nn; phr*	**sea, deep, briny; Davy Jones's locker** Myrskyn jälkeen meri oli tyyni. After the storm, the ocean was calm.
1210	**lady**	**lady**

nn Lady Canterville sai usein vain vähän unta käytävästä ja kirjastosta tulevien salaperäisten äänien vuoksi.
Lady Canterville often got very little sleep at night, in consequence of the mysterious noises that came from the corridor and the library.

1211 **tyttöystävä** **girlfriend**
nn Tom nimesi veneensä tyttöystävänsä mukaan, mutta sitten tyttöystävä jätti hänet.
Tom named his boat after his girlfriend, but then she left him.

1212 **jäsen** **member, fellow, limb, part**
nn Hän on kuninkaallisen linnunsuojeluseuran jäsen.
He's a member of the Royal Society for the Protection of Birds.

1213 **voimakas** **strong|powerful, potent|intense|vigorous|heavy**
adj EU tarvitsee sellaista ilmailuteollisuutta, joka on voimakas ja luo työpaikkoja.
Europe needs an aerospace industry that is powerful and that generates employment.

1214 **maata** **lie, sit, repose**
v Tuhannet menettivät omaisuutensa ja suuret osat maata tuhoutuivat.
Thousands lost their belongings and large areas of land were laid waste.

1215 **vapauttaa** **release, discharge|exempt, excuse, let off|deliver|free|liberate**
v Työ vapauttaa.
Work liberates.

1216 **rock** **rock, rock music**
nn Voit myös hakea kaikki kappaleet, joiden tyylilajina on joko Rock tai Jazz, kirjoittamalla Rock OR Jazz.
Or, type Rock OR Jazz to find all songs whose genre is Rock or Jazz.

1217 **uutinen** **news, new, item**
nn Uutinen hänen loukkaantumisestaan oli hänelle shokki.
The news that he had got injured was a shock to her.

1218 **selkä** **back, spine|loin|ridge|edge**
nn Tomilla on selkä kipeä.
Tom has a sore back.

1219 **sittenkin** **after all, on second thought**
adv Käytännössä AKT-maiden lähetystöjä uhkaa ja on uhannut sittenkin supistaminen tai jopa sulkeminen.
In practice, however, delegations in the ACP countries have been and are being threatened with downgrading or even closure.

1220 **askel** **step, footstep|move|pace, tread|remove**

nn Se on askel oikeaan suuntaan - ei suuri askel, mutta askel kuitenkin.It is a step in the right direction - not a big step, but a step nonetheless.

1221 **työntää** **push | trundle | tuck | shove, thrust, stuff | stick**
v Kuinka pitkälle nenääsi voit työntää sormesi?
How far can you stick your finger up your nose?

1222 **luokka** **class, category | grade; in the order of | on the order of**
nn; prep Tämäkin luokka on määritettävä tarkkaan ja otettava huomioon tilastoissa.
This category must also be clearly defined and taken into account in the statistics.

1223 **syöpä** **cancer, carcinoma**
nn Sinulla on syöpä.
You have cancer.

1224 **lento** **flight, fly, mission, hop, sortie, run**
nn Viimeinen lento Invernessistä Amsterdamiin oli lauantaina.
The last flight from Inverness to Amsterdam was on Saturday.

1225 **maanantai** **Monday; Mon**
nn; abbr Maanantai-iltana sosialistiryhmä esitti varauman yhdestä hakijasta.
On Monday evening the Socialist Group expressed a reservation about one of the candidates.

1226 **sivu** **page, side, sidewall, flank, aspect**
nn Nykyinen sivu -vaihtoehdolla voit tulostaa vain näytössä näkyvän sivun.
The Current Page option allows you to print only the currently displayed page.

1227 **pelko** **fear, fright | anxiety | dread, apprehension | horror | trepidation**
nn Tulevaisuuden ja edistyksen pelko ovat EU:n epäonnistumisen taustalla.
Fear of the future and fear of progress are at the root of Europe's failings.

1228 **viedä** **export | take, lead | carry, transport | deprive | get, drive**
v Kuka haluaa viedä tämän kotiin?
Who wants to take this home?

1229 **kera** **with**
prep Paahtopaisti tarjoillaan usein Yorkshire-vanukkaan kera.
Roast beef is usually accompanied by Yorkshire pudding.

1230 **pakottaa** **force, impel | compel, oblige | enforce | constrain | drive**
v Emme voi pakottaa ihmisiä lahjoittamaan hyväntekeväisyyteen.
We can't make people donate to charity.

1231 **mustata** *v*
blacken, black | black out | denigrate, smear | slur | cast a slur on
Nykyaikana on hyvin helppoa mustata julkisuuden henkilöiden maine.
In the times in which we live, it is very easy to blacken the reputation of public figures.

1232 **yksinkertainen** *adj*
simple, simple-minded | single | plain | unsophisticated | unpretentious
Hänen tarinansa oli melko yksinkertainen.His story was pretty simple.

1233 **esille** *adv*
up, out
Olen tuonut toistuvasti esille huolen EU:n yhä kasvavasta energiariippuvuudesta.
I have repeatedly expressed concern about the EU's growing dependence on energy.

1234 **tuttu** *adj*
known, well-known
Ensinnäkin Buchin artikkeli on avoin kirje Etelä-Afrikan nykyiselle presidentille Thabo Mbekille, joka on artikkelin laatijan vanha tuttu.
Well, Buch's essay is an open letter to the current President of South Africa, Thabo Mbeki, an old acquaintance of the author.

1235 **erikoinen** *adj*
special, peculiar, particular | unusual | fanciful | far-out
Tämä on monille japanilaisille tuttu melodia.
Sometimes he can be a strange guy.

1236 **molemmat** *adj; pron*
both; both | two
Siihen prosessiin molemmat osapuolet osallistuivat, ja molemmat hyötyivät siitä.
Both sides were involved in this process and both sides gained from it.

1237 **osavaltio** *nn*
state
Tässä yhteydessä Delaware on osavaltio, jossa on suhteellisen ankara yritysostoja koskeva lainsäädäntö.
Delaware is a state that has relatively restrictive legislation on company takeovers.

1238 **lista** *nn*
list, listing | molding, moulding | roster | sheet | batten
Tom kuuntelee inspiraatio-CD:itä ja hänellä on lista motivoivia siteerauksia makuuhuoneensa oven sisäpuolella.
Tom listens to inspirational CDs, and has a list of motivational quotes on the back of his bedroom door.

1239 **hoitaja**
nurse | manager | operator | custodian, keeper | minder

	nn	Tämä hoitaja, kuten monet hänen kaltaisensa, jatkavat kampanjointia tässä asiassa. This nurse, and many others like her, are continuing to campaign on this issue.
1240	**juutalainen** *adj; nn*	**Jewish, Judaic, Semitic; Jew** Hänellä on kolme sisarta: yksi on hoitaja ja muut ovat opettajia. Dustin Moskovitz is a Jewish entrepreneur. He is one of the co-founders of Facebook.
1241	**varsinainen** *adj*	**actual|ordinary|proper, right|regular, veritable|effective** Tom ei ole varsinainen atleetti. Tom isn't much of an athlete.
1242	**jännittää** *v*	**tense, stretch, bend, knot** Kun häntä jännittää, hän änkyttää. She stammers when she feels nervous.
1243	**tarttua** *v*	**stick, lodge|catch|embrace|bite|hook** Siksi esitän Euroopan unionin kansalaisille vetoomuksen tarttua tähän tilaisuuteen.My appeal to the citizens of Europe is therefore that they seize that opportunity.
1244	**valta** *nn*	**power|authority, potency|dominion, rule|reign|sway** Sinä väärinkäytät valta-asemaasi. You are abusing your authority.
1245	**operaatio** *nn*	**operation** Althea-operaatio on EU-johtoinen operaatio, jossa hyödynnetään Naton kapasiteettia. Operation ALTHEA will be an EU-led operation, with the use of NATO assets and capabilities.
1246	**ansio** *nn*	**merit, credit, gain, worth, plus, gainings** Yhteisen päätöslauselman ansio on se, että siinä ei ole annettu houkutella radikaaleihin kantoihin. All credit to the common resolution for not having succumbed to radical opinions.
1247	**herätys** *nn*	**wake-up, reveille** Venäjän ja Ukrainan energiakriisi oli eräänlainen herätys Euroopan unionille. The Russian-Ukrainian energy crisis served as a wake-up call for the European Union.
1248	**iskeä** *v*	**strike, hit|knock|smash, dash|drive|stab** En mä yrittänyt iskeä sua tai mitään. I wasn't trying to make a move or anything.

1249 **saksa** **German; German**
adj; nn
Saksa on saksaksi "Deutschland".
Germany is called "Deutschland" in German.

1250 **erota** **differ|separate, part|resign|divorce|vary, diverge**
v
Robert Schumanin unelmien mukaisesti kansalliset rajat eivät enää erota meitä.
As Robert Schumann once dreamt, national borders no longer divide.

1251 **virta** **power|current, flow|stream, watercourse|river|flux**
nn
Sato kylvettiin, kasvoi ja niitettiin: virta, jossa kerran virtasi veri, pyöri nyt mylly.
Crops were sown, and grew up, and were gathered in; the stream that had been crimsoned, turned a watermill.

1252 **pankki** **bank**
nn
(FR) Arvoisa puhemies, Euroopan investointipankki on sekä pankki että toimielin.
(FR) Mr President, the European Investment Bank is both a bank and an institution.

1253 **pullo** **bottle|flask|vial, phial|cylinder**
nn
Pullo shampanjaa kelle tahansa, joka huomaa sen.
A bottle of champagne for anyone that tells me.

1254 **ansa** **trap, snare|pitfall, pit|toils|catch|set-up**
nn
Tarkoitan, että meidän pitäisi välttää terrorismin meille asettama ansa.It is an argument for avoiding the trap set for us by terrorism.

1255 **myrsky** **storm, tempest|gale**
nn
Klaus-myrsky aiheutti suuria vahinkoja, erityisesti maan infrastruktuurille.
Storm Klaus caused devastation, in particular to the country's infrastructure.

1256 **yhteistyö** **cooperation, collaboration, liaison, teamwork**
nn
Olin tuskin päässyt kotiin, kun myrsky puhkesi.
The collaboration between Tom and Mary is not going very smoothly.

1257 **poistaa** **remove|delete|eliminate, obviate|abolish|lift, raise**
v
Ajattelin että kuolemanrangaistus pitäisi poistaa.
I thought the death penalty should be abolished.

1258 **omistaja** **owner, proprietor|possessor|holder|operator|landlord**
nn
Tämän talon omistaja on herra Yamada.
The owner of this house is Mr. Yamada.

1259 **yhteinen** **common, mutual|joint|shared|communal|concerted; umbrella**

	adj; nn	Tämä on meidän yhteinen sopimuksemme, yhteinen saavutuksemme ja yhteinen tehtävämme. This is our common Treaty, our common achievement and our common task.
1260	**öisin**	**nightly, nights, by night**
	adv	Minne aurinko menee öisin? Where does the sun go at night?
1261	**pahoin**	**badly, severely**
	adv	Valitettavasti pelkään pahoin, etteivät maani johtajat ymmärrä tätä asiaa näin. Unfortunately, I fear that in my country, our leaders do not see it this way.
1262	**huijata**	**cheat, rip off, chisel|trick|spoof|defraud, swindle**
	v	Kyseessä on selvästi harhaanjohtava käytäntö, jonka tarkoituksena on huijata kuluttajaa. It is a clearly misleading practice designed to defraud the consumer.
1263	**ympärillä**	**around, about|round; around|round|about**
	adv; prep	Meillä on sinivalaita näissä vesissä Malediivien lähellä, Intian ympärillä. We have blue whales in the waters around here, off Maldives, around the waters of India.
1264	**luoti**	**bullet, slug|plumb, plummet|ball|lead**
	nn	Hänet tappoi yksittäinen luoti. He was killed by a single bullet.
1265	**portti**	**port|gate|gateway|turnstile|hoop, wicket**
	nn	Koulun portti aukeaa kahdeksalta. The gates of the school open at eight.
1266	**leikata**	**cut|trim, cut back, clip, snip, prune, dress|cut out|cut back on|mow**
	v	Anna minulle jotain, millä voin leikata tätä.Give me something I can cut this with.
1267	**jälki**	**track, trail|trace, vestige|imprint|mark, print|impression, stamp**
	nn	Tarvitseeko minut leikata? Tom was given detention for talking during class.
1268	**täsmälleen**	**exactly, precisely, just|slap|to a nicety|plumb; on the dot**
	adv; phr	Euroopan parlamentti ehdottaa muuten täsmälleen samaa päätöslauselmaesityksessään. The European Parliament furthermore proposes exactly the same thing in its draft resolution.
1269	**kauppa**	**trade, deal|trading|shop, store|commerce|transaction**

nn Ihmisen elimillä käytävä kauppa on lisääntynyt valtavasti viime vuosina.
The traffic in human organs has increased enormously in recent years.

1270 **suihku** **shower|spray|beam|squirt, spurt|spout**
nn Kauppa oli täynnä nuoria.
The shower is broken.

1271 **käyttö** **use, usage, utilization, exercise, employment|operation**
nn Huumausaineiden ja riippuvuutta aiheuttavien aineiden käyttö vaihtelee eri aikoina.
The usage of drugs and substances that create dependence varies over time.

1272 **armo** **grace, mercy, quarter**
nn Tulkoon siitä maa, jossa armo ja usko kohtaavat.
May it be a country where mercy and faith meet together.

1273 **paholainen** **devil, demon, fiend|evil**
nn Paholainen saattaa olla orava, mutta kaikki oravat eivät ole paholaisia.
The devil may be a squirrel, but not all squirrels are the devil.

1274 **petturi** **traitor|Judas|rat, betrayer**
nn Keskuudessamme on petturi.
We have a traitor among us.

1275 **serkku** **cousin, first cousin**
nn Tämä ei kuitenkaan estä sitä, että Keski-Eurooppa tulee olemaan Länsi-Euroopan köyhä serkku vielä kauan aikaa.
That is not likely to prevent Central Europe from being the poor cousin of the West for a long time to come.

1276 **kokous** **meeting|conference|convention|assembly, gathering|session**
nn Liekkö tämä kokous mihinkään johtaa.
Having this meeting isn't going to do the trick, is it?

1277 **kirkko** **church, chapel**
nn Tässä oli ennen kirkko.
There used to be a church here.

1278 **vuoro** **turn, play|shift|service|relay|go, spell**
nn Kenen vuoro on?
Whose turn is it?

1279 **ali** **under**

	prep	Mielestäni on aivan oikein, että herra Alí tekee aloitteen puolustaakseen asiaa. I find it right and proper that the rapporteur should take the lead in stating the case here.
1280	**takki**	**jacket, coat, tunic**
	nn	Ulkona on kylmä, joten pue takki päällesi. Put your coat on. It's cold outside.
1281	**läheltä**	**at close range, at close quarters, at short range, point-blank**
	adv	On parempi seurata läheltä, millaista kehitystä kahden seuraavan vuoden aikana tapahtuu. It is preferable to follow the developments in the next two years from a close range.
1282	**isäntä**	**host, master, landlord, householder, warden, domain**
	nn	Kuka on juhlan isäntä? Who will host the party?
1283	**kansa**	**people, hoi polloi | nation | population | folk, common people**
	nn	Olemme kansa, joka on syntynyt monista kansoista. We are a people born of many peoples.
1284	**ilmaista**	**express, evince | indicate | voice | display | convey | put, couch**
	v	Kaikilla, jotka kannattavat kansanäänestystä, on oikeus ilmaista se parlamentissa. Anyone who is in favour of a referendum is entitled to express this in this House.
1285	**kieltää**	**prohibit, forbid, veto, proscribe | ban | deny, refuse | outlaw**
	v	Luulen että on mahdotonta kieltää tuo totuus. I think it impossible to deny the fact.
1286	**Ranska**	**France**
	nn	Valitettavasti puheenjohtajavaltio Ranska ei halua osallistua neuvotteluihin. Unfortunately the French presidency is unwilling to come to these meetings.
1287	**määrätä**	**determine | impose | order, govern; call the shots | call the tune**
	v; phr	Voisin määrätä sinut jäämään. I could order you to stay.
1288	**käynti**	**visit | run | call | gait, pace | walk**
	nn	Meidän harvaanasutussa maassamme, Suomessa, postissa käynti on sosiaalinen tapahtuma. For us in Finland, a sparsely populated country, a visit to the post office is a social event.
1289	**keskus**	**center, middle, eye | hub | exchange | resort | pool**

	nn	Keskus voisi muistuttaa Yhdysvalloissa sijaitsevaa tautien valvontakeskusta. Something like the Centre of Disease Control in the United States.
1290	**ilmestyä** *v*	**appear|show|emerge, come out|arise, spring up|sprout up** Ja sitten, 20 minuutissa, suorakulmaiset kolmiot alkoivat ilmestyä näytöille.And then, in 20 minutes, the right-angled triangles began to appear on the screens.
1291	**sekopää** *nn*	**nutcase** Tomi on sekopää ja mahdollisesti vaarallinen. Tom is crazy, and possibly dangerous.
1292	**reitti** *nn*	**route|path, way|track|line, course|passage** Se on ainoa reitti ylös. That's the only way up.
1293	**henkilökohtainen** *adj*	**personal|private, individual|personalized|intimate** Se on tavallaan vähän henkilökohtainen asia. It's sort of personal.
1294	**täydellisesti** *adv*	**perfectly, to the full, to perfection, to the hilt, up to the hilt, down** Myös terveyden alalla on täydellisesti sovellettava toissijaisuusperiaatetta. It is also an area in which the principle of subsidiarity must be fully applied.
1295	**korkea** *adj*	**high, eminent|elevated, exalted, lofty, grand|tall|premium|fat** Niissä oli korkea tai hyvin korkea lapsikuolleisuus ja perhekoko kuudesta kahdeksaan. They had high, or very high, child mortality and family size, six to eight.
1296	**elokuva** *nn*	**movie, film, motion picture, picture, flick, moving picture** Televisiosta tulee huomenillalla elokuva, jonka tahdon katsoa. There's a movie I want to watch on TV tomorrow night.
1297	**vastustaa** *v*	**resist, protest|oppose|withstand|make resistance|demur** Tomi vastustaa sitä. Tom is against it.
1298	**kartta** *nn*	**map, chart, plan, plot** Jopa valtioiden sijoitusrahastoja luovien maiden geopoliittinen kartta on muuttumassa. Even the geopolitical map of those countries that are setting up these funds is changing.
1299	**toimittaja**	**supplier, provider|reporter, newsperson|journalist|editor|writer**

	nn	Toimittaja kritisoi poliitikkoa. The reporter criticized the politician.
1300	**asema**	**station, post|position|status, condition|situation, place, office**
	nn	Hänelle annettiin vastuullinen asema. He was appointed to a responsible post.
1301	**kuvernööri**	**governor**
	nn	Puhun kuvernööristä, sillä Hamid Karzai on ilmiselvästi vain amerikkalainen kuvernööri. I say governor because Mr Karzai is clearly little more than a US governor.
1302	**ottelu**	**match, game, bout, fight, fixture**
	nn	Ottelu peruttiin sateen johdosta.The match was cancelled due to rain.
1303	**lippu**	**ticket|flag|banner, standard|ensign|colors, colours**
	nn	Paljonko lippu maksaa? How much is a ticket?
1304	**länsi**	**west, West**
	nn	Länsi pitää Etiopiaa lähes liittolaisena, ja länsimailla tarkoitan myös Yhdysvaltoja. The West views Ethiopia almost as an ally, and by the West I also mean America.
1305	**epäillä**	**doubt|suspect, distrust, mistrust|question, call into question**
	v	On syytä epäillä, käytettiinkö ehdotuksessa tarkoituksenmukaista oikeusperustaa. There is doubt that the correct legal basis was used for this proposal.
1306	**liittovaltio**	**federation, federal state, Union, union**
	nn	Nigerian liittovaltio määrittelee perustuslaissaan itsensä sekulaariseksi valtioksi. In its constitution, the Federation of Nigeria describes itself as a secular State.
1307	**rikollinen**	**criminal, delinquent, guilty, nefarious; criminal, delinquent**
	adj; nn	Rikollinen on yhä vapaalla jalalla. The criminal is still at large.
1308	**varata**	**book, reserve|set aside, earmark|allocate|occupy, engage|charge**
	v	Minkä osan kokonaisvaltaisia rikkauksia haluamme varata eläkkeisiin? What proportion of overall wealth do we want to allocate to pensioners?
1309	**kieli**	**language, speech|tongue, clapper|string|idiom, parlance|talk**

	nn	Myös niin kutsuttu EU-kieli on nyt samaan tapaan kuin ennenkin esteenä kansoille. Also, what is often called Eurospeak, now as ever, acts as a barrier to ordinary people.
1310	**yllättyä** *v*	**startle** En voi ymmärtää, miten neuvosto tai kukaan muukaan saattoi yllättyä niistä. I cannot understand how the Council or anybody else could be surprised.
1311	**parka** *adj*	**poor** Kaveri parka oli homeopaattisella lääkityksellä. The poor man, he was on homeopathic medicine.
1312	**itä** *nn*	**east, Orient** Tällainen on Lähi-itä tänä päivänä, Lähi-itä, josta ei puhuta. This describes the Middle East of today, the Middle East that we do not discuss.
1313	**pystyssä** *adj; adv; phr*	**erect, upraised; upright, up, afloat; on end** Olet minulle pystyssä kolmesataa dollaria. You owe me three hundred dollars.
1314	**ambulanssi** *nn*	**ambulance** Hätätapauksessa kaikkialla EU:n alueella kutsu ambulanssi soittamalla numeroon 112.In an emergency anywhere in the EU, call 112 to get an ambulance.
1315	**tupakka** *nn*	**tobacco, baccy|smoke, weed|ciggy|fag** Neljänneksi, 5 % palkkiosta täytyy pidättää tupakka-alan tutkimusrahastoon. Fourthly, 5 % of the premium must go the Tobacco Research and Information Fund.
1316	**astua** *v*	**step, tread|enter|enter into|walk|enter on** Kukaan muu ei voi astua rakennukseen, koska se voi romahtaa milloin tahansa. Nobody else can enter the building, as it could collapse at any moment.
1317	**nolla** *nn*	**zero, nil, nothing** Tämä osoittaa hänen älykkyytensä tason, toisin sanoen se on nolla. This shows the level of intelligence which this man has, in other words, none at all.
1318	**temppu** *nn*	**trick, caper|stunt|gimmick, device|ploy|artifice, ruse** Temppu siis onnistui, ja kenties parempi niin. We can see that the trick worked and that it is perhaps for the best.

1319 **keikka** — **gig, job**
nn
Kokonaisluku on luonnollinen vain jos se on suurempi tai yhtä kuin nolla.
The police received an anonymous tip-off that the bank robbery was an inside job.

1320 **päivätä** — **date**
v
Näin ollen on ehdottomasti kiellettyä päivätä konetta aikaisemmalle tai myöhemmälle ajankohdalle silloin, kun siihen kiinnitetään CE-merkintä.
It is therefore formally prohibited to pre-date or postdate the machinery when affixing the CE marking.

1321 **varoitus** — **warning, admonition|caution, caveat|notice|dissuasion|advisory**
nn
Sen pitäisi olla varoitus Venäjään investoiville yrityksille sekä komissiolle.
It should be a warning for companies investing in Russia, as well as for the Commission.

1322 **taatusti** — **certainly**
adv
Hän on taatusti kotoisin etelästä.
He must be from the South.

1323 **laiton** — **illegal|illicit, illegitimate|unlawful, wrongful|black, bootleg|lawless**
adj
Korkeimman oikeuden ratkaisun mukaan laki oli laiton.
The Supreme Court ruled that the law was illegal.

1324 **kauemmin** — **longer**
adv
Valitettavasti siihen menee vielä ainakin viisi vuotta ja mahdollisesti jopa kauemmin.Sadly, this will take at least another five more years and possibly even longer.

1325 **tällöin** — **here**
adv
Pelaan golfia silloin tällöin.
I play golf every so often.

1326 **potilas** — **patient, case**
nn
Potilas oli vaarassa.
The patient was in danger.

1327 **toisaalta** — **secondly, again, in turn**
adv
Toisaalta maksut lisääntyisivät ja toisaalta vähenisivät.
On the one hand, there would be an increase, and on the other hand, a decrease.

1328 **linna** — **castle, palace|chateau|nick|slammer, clink|hall**

	nn	Tuon vuoren päällä oli aikoinaan linna. There used to be a castle on the top of the mountain.
1329	**lattia** *nn*	**floor** Se ei olisi katto vaan lattia. It would not be a ceiling but a floor.
1330	**kappale** *nn*	**paragraph|piece, patch|track|body|section, segment** Helen Reddyn kappale "I Am Woman" muodostui naisten vapausliikkeen epävirralliseksi tunnukseksi. The song "I Am Woman" by Helen Reddy became the unofficial anthem of the Women's Liberation Movement.
1331	**hyökkäys** *nn*	**attack|assault|offensive, offense, offence|aggression|raid** Terrorismi on suora hyökkäys vapautta, ihmisoikeuksia ja demokratiaa vastaan. Terrorism is a direct assault on freedom, human rights and democracy.
1332	**palkka** *nn*	**pay, wage|reward|paycheck|payment|hire** Yleisperiaatteena on oltava "sama palkka samasta työstä samalla paikkakunnalla". Equal pay for equal work in the same place must be the overriding principle.
1333	**eläke** *nn*	**pension, retirement, retirement pension** Se on hyvä työpaikka niin kauan kuin palkka juoksee. He has a pension to live on.
1334	**vähintään** *adv; adj*	**at the fewest|at least, at the least|not less than; easy** Euroopan sosiaalirahaston rahoituksen pitäisi vähintään säilyä nykyisellään. Financing for the European Social Fund should at least stay at its current level.
1335	**sunnuntai** *nn; abbr*	**Sunday; Sun** Helen käy setänsä luona joka sunnuntai. Helen visits her uncle every Sunday.
1336	**viski** *nn*	**whiskey, whisky|Scotch** Tämä koko elintarvikkeiden säteilyttäminen hyödyttää loppujen lopuksi vain viskinjuojia, koska viski vanhenee nopeammin!This whole business of irradiating foodstuffs is only any good for whiskey drinkers in the end, because it makes whiskey age quicker!
1337	**rotta**	**rat**

nn Uskomme, että rakenteisiin on kuollut joku epämiellyttävä eläin suuri rotta tai jopa pieni hiiri mutta toivomme asian hoituvan iltapäivään mennessä.
It is believed that something rather nasty may have died in the works - a large rat or even a small mouse - but we hope that by this afternoon it will have been cleared up.

1338 **sielu** **soul, psyche|spirit|mind**
nn Tuuli vaelteli vaikeroiden ympäri taloa kuin kadonnut sielu.
The wind wandered moaning round the house like a lost soul.

1339 **hattu** **hat**
nn Tämä on pakko olla Tomin hattu.
This just has to be Tom's hat.

1340 **sää** **weather, element**
nn Sää on hyvä.
The weather is good.

1341 **normaalisti** **normally**
adv Happinaamari: Jos lisähappea tarvitaan, naamarit tulevat esiin automaattisesti. Vedä naamari alas ja aseta se suusi ja nenäsi päälle. Vedä kiinnityshihna pääsi yli ja hengitä normaalisti. Laita naamari itsellesi ennen kuin avustat muita.
Oxygen Mask: If extra oxygen masks are needed, the masks will arrive automatically. Pull down the mask and put it over your mouth and nose. Fasten the strap around your head and breathe normally. Put on your own mask before assisting others.

1342 **virallisesti** **officially**
adv Yhdistynyt kuningaskunta hakee virallisesti Euroopan yhteisöjen jäsenyyttä.
The United Kingdom formally applies to join the European Communities.

1343 **Rva** **Mrs.**
abbr Keskusyksikössä asiasta vastaavat virkailijat ovat rva Arjiro Eleftheriadu, rva Irini Kuzeli ja hra Jorgos Kuvelas, jotka osaavat kreikkaa, englantia ja ranskaa.
The persons responsible at the central body are Mrs Argyro Eleftheriadou, Mrs Eirini Kouzeli and Mr Georgios Kouvelas.

1344 **tunteva** **sentient**

	adj	Kuka tahansa alueen tilanteen tunteva tietää, että Kosovon oltua yhdeksän vuotta YK:n valvonnan alaisuudessa ja sitä ennen 20 vuotta syrjittynä se ei voinut vain palata osaksi Serbiaa.Anyone familiar with the situation in the area knows that after nine years of UN supervision and 20 years of discrimination before that, Kosovo could not just return to being part of Serbia.
1345	**pettyä**	**be deceived**
	v	Kuten tavallista, näyttää siltä, että jäsen Pasqua saa pettyä. As per usual, it looks as though Mr Pasqua will be disappointed.
1346	**kävely**	**walking, walk|stroll, promenade|tramp|turn|constitutional**
	nn	Muutaman minuutin kävely toi hänet eläintarhalle. A few minutes' walk brought him to the zoo.
1347	**hankala**	**tricky|uncomfortable|awkward, sticky|intractable|cumbersome**
	adj	Teollisuuden kanssa solmittavia ympäristösopimuksia koskeva kysymys on hankala. The question of environmental agreements with industry is a difficult one.
1348	**nauha**	**tape|ribbon|band|cord|string**
	nn	Tästä syystä osallistun Valkoinen nauha -kampanjaan. That is why I am taking part in the White Ribbon Campaign.
1349	**poikaystävä**	**boyfriend, beau, fellow, young man**
	nn	Onko sinulla poikaystävä tai tyttöystävä? Missä tapasitte? Do you have a boyfriend or a girlfriend? Where did you meet them?
1350	**sallia**	**allow, permit, tolerate|let|sanction|admit of|concede**
	v	Kuinka Euroopan unioni voi sallia tämän valtavan strategisen riippuvuuden jatkua? How can the European Union allow this enormous strategic dependence to continue?
1351	**erityinen**	**special, particular, especial|specific|singular|apart**
	adj	Olen erityinen. I'm special.
1352	**lopullisesti**	**finally, for good, for keeps; once and for all**
	adv; phr	Hän päätti lopettaa tupakan polttamisen lopullisesti. He decided to give up smoking once and for all.
1353	**toimisto**	**office, agency, bureau|practice**
	nn	Komissiolla on toimisto New Yorkissa, jossa on myös neuvoston toimisto. We have a Commission office in New York. We have a Council office in New York.

1354 **myötä** **with**
prep
Tietoisuutemme on myös lisääntynyt Fukushiman viimeaikaisten tapahtumien myötä.
We have also become more aware of this following recent events in Fukushima.

1355 **kultainen** **golden, gold, gilded|sweet**
adj
Hänellä oli kultainen kaulaketju ja linnunsulista tehty takki.He was wearing a gold necklace and a coat made of bird feathers.

1356 **osasto** **department|stand|division, section|compartment|ward**
nn
Pitää paikkansa, että Hamasin Syyrian osasto on pitkälti vastuussa asiasta.
It is true that the Syrian part of Hamas has a great responsibility here.

1357 **parhaiten** **best**
adv
Tule milloin tahansa sinulle parhaiten sopii.
Come at any time you like.

1358 **riski** **risk|hazard, chance|gamble**
nn
Tässä mielessä ainoa demokratiaan liittyvä riski on vaaleja koskeva riski.
Here, the only risk involved in democracy is the risk taken in elections.

1359 **uskaltaa** **dare, venture**
v
Miten kukaan uskaltaa kutsua tätä temppuilua ja epärehellisyyttä minkäänlaiseksi demokratiaksi?
How can anybody dare to call this trickery and this dishonesty any kind of democracy?

1360 **suora** **direct|straight, true|live|right|online; plain|stretch|straightaway|run**
adj; nn
Arvoisa puhemies, koska minulla on vain minuutti puheaikaa, olen hyvin suora.
Mr President, since I only have one minute in which to speak, I shall be very direct.

1361 **rennosti** **casually, negligently**
adv
Silloin minä nojaan rennosti taaksepäin ja ajattelen: tämähän on tuttua.
That is when I lean back in my chair and think to myself: here we go again.

1362 **sotku** **mess, muddle|tangle|clutter|entanglement|hash**
nn
Voi mikä hirveä sotku!
What an awful mess!

1363 **maistaa** **taste, try, sample**

v Lopuksi, arvoisa Martin Schulz, annan teidän mielellään maistaa omaa lääkettänne.
Lastly, Mr Schulz, I can happily give you a taste of your own medicine.

1364 **amiraali** **admiral**
nn Euroopan unionin operaation komentaja on suosittanut, että kontra-amiraali Enrico
The EU Operation Commander has recommended the appointment of Rear-Admiral Enrico

1365 **räjäyttää** **blow up, explode, detonate|blast|blow out|bomb|touch off**
v Jordania, keskeisessä asemassa oleva valtio, joka on sekasorron vallassa, saattaa sitten räjäyttää koko rauhanprosessin.Then Jordan, a key country which is engulfed in turmoil, might blow up the entire peace process.

1366 **ansaita** **earn|make, draw|gain, win|deserve, merit|make money**
v Minulla on oikeus ansaita elantoni.
I have a right to make a living.

1367 **vaadin** **female reindeer**
nn Vaadin saada tietää mitä täällä oikein tapahtuu.
I demand to know what's going on here.

1368 **rohkeus** **courage, bravery|fortitude|spunk, nerve|spirit, heart|guts**
nn Vaadin ehdotonta uskollisuuttaa työntekijöiltäni.
Courage is very important. Like a muscle, it is strengthened by use.

1369 **keittiö** **kitchen, cuisine, galley, cookery**
nn Vaadin ehdotonta uskollisuuttaa työntekijöiltäni.
Italian cuisine is popular around the world.

1370 **Pam!** **Bang!**
i On 50–90 prosentin mahdollisuus törmätä väärennettyyn lääkkeeseen ja sitten – pam!
You have a 50 to 90% chance of encountering a counterfeit medicine, and then – bang!

1371 **tuki** **support, reinforcement|aid, assistance|backing|rest**
nn Taloudellinen tuki on tietenkin tärkeää, mutta symbolinen tuki vielä tärkeämpää.
Of course, financial support is important, but symbolic support is even more important.

1372 **taitava** **skilful, skillful, good, expert|skilled|clever|accomplished|shrewd**

	adj	Kun kuuntelee teitä, joka olette taitava puhuja, tulee mieleen: "Hän on oikeassa". On listening to you – and you are an eloquent speaker – one says to oneself: 'He is right'.
1373	**muutos**	**change, modification, alteration|amendment|transformation, translation|shift, switch|transition, changeover**
	nn	Taloudellinen muutos ja poliittinen muutos sekä muutos unionin hallinnossa. Economic change and political change, and change in the government of the Union.
1374	**kiltisti**	**nicely, kindly**
	adv	Tämän vuoksi ei riitä, että komission puheenjohtaja vain istuu hiljaa ja kiltisti neuvoston puheenjohtajan takana. To that end, it is not enough for its President to sit quietly and nicely behind the Council President.
1375	**syvä**	**deep, rich|profound, sound|intense|full|heartfelt**
	adj	Laitteella on todennäköisesti suuri määrä tiedostoja ja syvä kansiorakenne. The device probably contains a large number of files or a deep folder structure.
1376	**majesteetti**	**majesty**
	nn	Kanadan valtionpäämies on hänen majesteettinsa kuningatar, joka on myös Australian valtionpäämies. The head of state of Canada is Her Majesty the Queen, who is also the head of state of Australia.
1377	**puu**	**wood, tree, timber**
	nn	Tämä puu ei ole likikään korkein tässä pitäjässä. This tree is not even close to being the tallest in the parish.
1378	**lehti**	**leaf|sheet, rag|page|paper|blade**
	nn	Tämä lehti on ilmainen. This newspaper is free.
1379	**tunnistaa**	**recognize, identify**
	v	Toiseksi merkinnän avulla voidaan tunnistaa naudanlihan alkuperämaa tai -maat. Secondly, labelling will identify the country or countries of origin of beef.
1380	**unelma**	**dream**

nn ”Se on mahdotonta!”, sanoi Järki. ”Se on järjetöntä!”, huomautti Kokemus. ”Se on merkityksetöntä!”, oikaisi Ylpeys. ”Kokeile vaan...”, kuiskasi Unelma. ”Vitut kaikesta”, vastasi Laiskuus.
That's impossible! said Reason. "That's insane!" noted Experience. "That's pointless!" cut Pride. "Take a try..." whispered Dream. "Fuck it all" replied Laziness.

1381 **tarkemmin** **more specifically**
adv Selittäisitkö sen tarkemmin?
Would you explain it in more detail?

1382 **murhata** **murder, hit|assassinate|butcher**
v Kenelläkään ei ole oikeutta murhata poliittisen päämäärän saavuttamiseksi.
No one has the right to murder in the attempt to achieve a political objective.

1383 **säästää** **save, economize|conserve, husband|spare|save up|reserve**
v Jos esimerkiksi haluat, että suunnitelma säästää energiaa, valitse Virransäästö-suunnitelma.
For example, if you want the plan to conserve energy, select the Power saver plan.

1384 **lämmin** **warm, welcoming, thermal, hearty, mellow**
adj Toisin kuin jäsen Cunhalla, minulla ei ole tarjota hänelle mitään pikalääkettä, mutta ei lämmin irlantilainen viskipaukkukaan flunssalle pahaa tee.
Unlike Mr Cunha I cannot offer him a remedy for a speedy recovery, but a hot Irish whiskey is not bad for the flu either.

1385 **karhu** **bear, ursa**
nn Karhu syö omenaa.
The bear is eating an apple.

1386 **ruoho** **grass, weed**
nn Tapahtuipa kerran, ajoituksella ei niin väliä, vankassa Englannissa, paikalla ei niin väliä, tuima taistelu. Taisto käytiin suven pitkänä päivänä, jolloin huijuva ruoho oli vehreää.Once upon a time, it matters little when, and in stalwart England, it matters little where, a fierce battle was fought. It was fought upon a long summer day when the waving grass was green.

1387 **kallis** **expensive|costly, dear|precious|upscale|up-market**
adj Se on hirveän kallis.
It is terribly expensive.

1388 **käynnistää** **kick off|start|launch, set in motion|instigate| put in motion**

	v	Tomin täytyi käynnistää autonsa starttikaapeleilla. Tom needed to jump start his car.
1389	**tuho**	**destruction, devastation|disaster|fall|ruin|annihilation**
	nn	Yhdeksännen kaupunginosan ja Etelä-Bronxin tuho ei ollut väistämätön. Neither the destruction of the Ninth Ward nor the South Bronx was inevitable.
1390	**tuuri**	**luck**
	nn	Sovitteluponnistelujamme leimasi huono tuuri. Our mediation efforts were dogged by bad luck.
1391	**tiikeri**	**tiger, big cat**
	nn	Spiegel Online -lehdessä todetaan, että kelttiläinen tiikeri on joutunut tehohoitoon. Spiegel Online writes 'The Celtic Tiger has been taken into intensive care'.
1392	**verrata**	**compare, parallel**
	v	Ette voi verrata Saksan liittovaltiojärjestelmää Espanjan autonomiajärjestelmään. You cannot compare the German federal system with the Spanish system of Autonomous Communities.
1393	**arvo**	**value|worth|valuation|rank|price**
	nn	Maailman epätasa-arvo on saavuttanut kestämättömät ja järkyttävät mittasuhteet. Inequalities on a global scale have reached intolerable, appalling proportions.
1394	**matkustaa**	**travel, go|journey|commute|ride|voyage**
	v	Minulla ei ole hinkua matkustaa. I am not much of a traveller.
1395	**varoittaa**	**warn, caution, dissuade, tip, strike a note of warning**
	v	Tämän kampanjan pitäisi varoittaa vanhempia riskeistä, joita lapset voivat kohdata. This campaign should alert parents to the risks that their children face.
1396	**lukko**	**lock, clasp, latch, key, catch**
	nn	Käytännössä siirtoja ei tehdä, koska K.9 artiklaan sisältyy kaksinkertainen lukko. In practice, it does no such thing for there is a double lock on Article K9.
1397	**neljäs**	**fourth**

	num	Neljäs heikkous koskee tukitoimien koordinointia kolmansissa maissa. The fourth weakness concerns the coordination of interventions in third countries.
1398	**edeltää** *v*	**precede, forego** Ne ovat nyt valmiita toteuttamaan ratkaisevat liittymistä edeltävät toimet. They are now ready to take the decisive steps that precede accession.
1399	**pelleillä** *phr; v*	**play the fool; fuck around|fool, horse around|muck|mess** Mun kanssa ei vittu pelleillä! Don't fuck with me!
1400	**energia** *nn*	**energy, power, bounce** Auringoltamme loppuu energia viiden miljardin vuoden päästä. Jos Maassa on vielä silloin asukkaita, niin heidän pitää lähteä etsimään uutta planeettaa. Our sun will run out of energy in about five billion years. If anyone is around when it happens, they'll have to leave Earth and find a new planet.
1401	**koe** *nn*	**test, trial|experiment|assay|quiz|analysis** Ryhmäni ja minä emme koe, että puhuisimme ensimmäisen ja toisen luokan perheistä. My group and I do not feel that we are talking about 1st and 2nd class families.
1402	**perääntyä** *v*	**retreat, withdraw, back out, pull back|budge|fall back, recede** Tomin täytyy tehdä koe uudestaan. The army had to retreat.
1403	**isku** *nn*	**impact, shock|blow|percussion|stroke|hit, strike** Se isku päähän tyrmäsi hänet. That blow on the head knocked him out cold.
1404	**keisari** *nn*	**emperor** Kun tuntee sadun " Keisarin uudet vaatteet" , sanoo, että tämä keisari on alasti! Anyone who knows the story of the emperor's new clothes is bound to say that the emperor is quite naked!
1405	**itsemurha** *nn*	**suicide** Kauan eläköön keisari! I believe that suicide is wrong.
1406	**kenttä** *nn*	**field, area|court|ground|park|rank and file** Kauan eläköön keisari! This ground belongs to the school.

1407 **välttää** **avoid|escape|evade|refrain|eschew, shun**

v Direktiivin alkuperäisenä tarkoituksena oli välttää kaupan vääristyminen.
The original purpose of the Directive was to avoid distortions in trade.

1408 **lentokenttä** **airport|airfield|airstrip, strip, landing strip**

nn Uusi kansainvälinen lentokenttä todella sijoitti Naritan kartalle.The new international airport really put Narita on the map.

1409 **huijari** **charlatan|crook|con artist, con man**

nn Hän on huijari.
She's a con artist.

1410 **saksalainen** **German, Teutonic; German**

adj; nn Mäyräkoira on saksalainen koira, jolla on hyvin pitkä vartalo ja lyhyet jalat.
A dachshund is a dog from Germany with a very long body and short legs.

1411 **hammas** **tooth, cog**

nn Tämä hammas on irti.
This tooth is wobbly.

1412 **uida** **swim, float|bathe**

v Tapahtuu siis jopa sellaista, että aluksiin pestataan merimiehiä, jotka eivät osaa uida.
We will be staffing ships with sailors who do not know how to swim, next.

1413 **ikä** **age, years**

nn Seitsemäntoista vuotta on tyypillisen ihmiskaupan uhrin ikä.
Seventeen years: that is the age of the typical victim of trafficking in Europe.

1414 **miekka** **sword, steel|cutlass**

nn Tämä päällisin puolin kunnioitettava tavoite voi kuitenkin olla kaksiteräinen miekka.
What appears to be a laudable aim, however, could also be a double-edged sword.

1415 **kirjailija** **author, writer|authoress**

nn Tuo kirjailija käänsi ne sadut meidän kielellemme.
That author translated those fairy tales into our language.

1416 **joulupukki** **Santa Claus, Santa, Father Christmas**

nn Arvoisa puhemies, tähän aikaan joka vuosi vanhemmat varmistavat, että joulupukki saa kirjeensä.
Madam President, at this time every year, parents intervene to ensure that letters are received by Father Christmas.

1417 **koittaa** **dawn, break**
v
Kun Düsseldorfissa koittaa yö, me alankomaalaiset sanomme lentävämme aamunkoitteessa ja iltahämärässä.
Whenever night begins in Düsseldorf, we in the Netherlands only fly at dawn and dusk.

1418 **kostaa** **revenge, avenge|take vengeance|requite|pay**
v
Tarvitsin jonkin tavan kostaa kaikille villikoirille, jotka ympäröivät taloani ja hyökkäilivät kimppuuni aamukävelyilläni.
And then I needed some sort of way to be able to get back to all the wild dogs that surround my house, and attacked me during my morning walks.

1419 **tiukka** **tight, stringent|strict, rigorous|rigid|close|hard**
adj
Tiedämme, että tiukka vakauspolitiikka on Euroopan unioni talouskasvun perusedellytys.We know that a firm stability policy is a basic condition for a growing Europe.

1420 **kaatua** **fall|overturn|topple, tumble|topple over|drop**
v
Ehdotus voi hyvinkin kaatua, jos parlamentti päättää hyväksyä tarkistukset.
There is a very real prospect that the proposal will fail if Parliament chooses to accept them.

1421 **suku** **family, house|gender|genus|kindred|ancestry, blood, line, stock**
nn
Merkitään asianomaisen henkilön suku- ja etunimi tai toiminimi ja täydellinen osoite.
Enter the full name and address of the person concerned.

1422 **samppanja** **champagne, bubbly|fizz|champers**
nn
Samppanja on kuohuviini, joka on tuotettu Champagnen maakunnassa, Ranskassa ja joka on valmistettu yksinomaan tässä maakunnassa viljellyistä rypäleistä.
Champagne is a sparkling wine produced in the French province of Champagne from grapes exclusively harvested in that province.

1423 **salaa** **secretly, in secret|privately|in secrecy|under cover; on the sly**
adv; phr
EU:hun saapuu vuosittain salaa ilmeisesti noin 300 000 afrikkalaista.
A total of some 300 000 Africans appear secretly to enter the EU each year.

1424 **sokeri** **sugar**
nn
Voiko komissio todeta pyrkivänsä siihen, että sokeri julistetaan araksi tuotteeksi?
Can the Commission say that it will seek to have sugar declared a sensitive product?

1425 **sisältä** **from within**
adv
Tämän täytyy vastedes olla toiminnan keskipisteessä sisä- ja oikeusasioiden alalla.
That must be at the centre of the work in the legal and internal fields in future.

1426 **hirveä** **terrible, awful, horrendous, dire, fearsome|horrible, atrocious|terrific**
adj
Se oli hirveä ansa meille kaikille pudota.
That would be an awful trap for us to fall into.

1427 **ohjata** **control|guide, direct, steer|instruct|channel, canalize|govern**
v
Päinvastoin, tämä on jotain, jossa Euroopan unioni voi ohjata maailmaa.
On the contrary, this is something where the European Union can lead the world.

1428 **lahjakas** **talented, gifted|apt**
adj
Hän on epäilemättä harvinaisen lahjakas, pätevä ja taitava keskuspankin johtaja.
He is clearly an exceptionally talented, able and intelligent central banker.

1429 **järkyttyä** **be shocked, shatter**
v
Miksi se on järkyttynyt ja kauhistunut siitä, että unionin on maksettava jälleen?
Why is it shocked and horrified that the Union has to pay again?

1430 **vapaus** **freedom, exemption|liberty|license, licence**
nn
(FR) Arvoisa puhemies, omantunnonvapaus on ehdottomasti olennainen vapaus.
(FR) Mr President, freedom of conscience is most certainly a vital freedom.

1431 **vahti** **watch, sentinel|watchdog|watchman|warder**
nn
Työntekijät pitivät vahtia tehtaan porteilla yötä päivää sateessa ja kylmässä, kunnes tuomioistuin määräsi koneet takavarikoitavaksi.
All the workers maintained a vigil at the factory gates, day and night, in the rain and cold, until the courts ordered the seizure of the equipment.

1432 **halki** **through, across**
prep
Myös Alppien halki kulkevien kuorma-autojen määrää on jotenkin rajoitettava.
There must also be some restriction of the number of lorries passing through the Alps.

1433 **kerä** **ball**

nn Kokoomanäytteen on oltava vähintään 1 kilogramman painoinen, ellei tämä ole mahdotonta esimerkiksi siksi, että näyte on yksittäinen kerä tai pakkaus.
The aggregate sample shall be at least 1 kg, except where it is not possible e.g. when sampling a single head or package.

1434 **käsittää** **comprise, incorporate|include|cover, encompass, embrace|involve**
v Säännös käsittää myös näiden taulukoiden toimittamisen komissiolle.
This should include the communication of these tables to the Commission.

1435 **kokemus** **experience, knowledge, practice**
nn Euroopan unioni on historian ensimmäinen kokemus sivistyneestä globalisaatiosta.
The European Union is the first experience of civilised globalisation in history.

1436 **hävitä** **lose|disappear, melt|lose out|wear off|drop**
v Tallenna kuva säännöllisesti varmistaaksesi, ettet vahingossa hävitä työtäsi.
Save your picture frequently to ensure that you don't accidentally lose your work.

1437 **suudella** **kiss**
v Haluan sanoa tämän: Ymmärrän, että teidän on tavattava ihmisiä, jotka ovat ikävämpiä kuin te itse, mutta teidän ei tarvitse suudella heitä.
My point is this: I agree that you have to meet people nastier than yourself, but you do not have to kiss them.

1438 **yläpuoli** **upside**
nn SMM:n tunnus, valkoisella pohjalla oleva tyylitelty omena, jonka alapuoli ja vasen yläpuoli ovat punaisia ja oikea yläpuoli vihreä. the PGI logo, a stylised apple against a white background, whose lower edge and upper left edge are red while the upper right edge is green.

1439 **kaupata** **sell**
v Olisin siis voinut avata tällaisia tuotteita valmistavan tehtaan ja kaupata tuotteitani vapaasti.
So I could have opened a factory to make them and could have marketed them freely.

1440 **tietty** **certain, specific, particular, given, some, set; some**

adj; pron Tietty hermostuneisuus on ymmärrettävää näin tärkeän tapahtuman kynnyksellä.
On the eve of such an event, a certain nervousness is understandable.

1441 **tarjous** **offer, offering|tender, bid|quote, quotation|special|proffer**
nn Euroopan unionin tarjous, jota yritämme laajentaa, on erittäin haastava.
The offer which we aim to extend from the European Union is very challenging.

1442 **riisua** **undress, strip, disrobe|draw off|divest|throw off, shed|decommission**
v Miksi tätä oletettua pakkoa riisua Irak aseista ei tuotu esiin ennen Bush nuoremman valintaa?
Why was the alleged need to disarm Iraq not brought to light before the election of Bush junior?

1443 **nolo** **embarrassed, mortified|ashamed|shamefaced, hangdog|self-conscious**
adj Ehkä se on liian nolo.
Perhaps it is too embarrassed.

1444 **kasvattaa** **breed|grow, farm|foster|raise, rear, nurture|educate**
v Euroopan unionin viljelijät haluavat myös kasvattaa hyvin monentyyppisiä kasvilajeja.
Farmers in the European Union also want to grow many varied types of crops.

1445 **vahingoittaa** **damage|hurt, injure|harm|affect|prejudice**
v Tom ei voi vahingoittaa sinua.
Tom can't hurt you.

1446 **nimittäin** **namely; that is to say, to wit**
adv; phr Joku on nyt jossain hullusti. Ei sen pitänyt nimittäin näin olla.
Where did it go wrong? It wasn't meant to be like this.

1447 **seisoa** **stand**
v Pitäisikö meidän siitä syystä seisoa käsivarret ristissä tekemättä mitään?
Should we, for that reason, stand there with our arms folded and do nothing?

1448 **paskapää** **bastard**

nn Arvoisa puhemies, poliisit Michaelis ja Proske väittävät kollegamme Tobias Pflügerin käyttäneen heistä nimitystä paskapää eli mielenosoituksen yhteydessä Münchenissä.Mr President, Police Officers Michaelis and Proske claim that our fellow Member Mr Pflüger used the word 'shithead', or '', in connection with a demonstration in Munich.

1449 **lounas** **lunch, luncheon|southwest**
nn Tiedättehän, mitä tarkoitan: aamiainen Roomassa, lounas Pariisissa, illallinen Helsingissä ja matkatavarat Moskovassa.
Breakfast in Rome, lunch in Paris, dinner in Helsinki, and luggage in Moscow.

1450 **tuntematon** **unknown, strange|unfamiliar|unidentified; unknown, stranger**
adj; nn Ette ehkä ole samaa mieltä, mutta on hyvin vaikea sanoa, että se on tuntematon.
You may not be in agreement, but it is very difficult to say that it is not known.

1451 **kerros** **layer, stratum|floor, storey, story|coat|bed, seam|ply**
nn Tähän tuhatkerroksiseen kakkuun voidaan ilmeisesti lisätä vielä yksi kerros kermaa.
Clearly some icing can be added to this multi-layer cake.

1452 **satu** **fairy tale|story|fable, fiction**
nn Tämä on satu, todellisuus on jokseenkin toisenlainen.
This is the fairy tale; the reality is somewhat different.

1453 **alakerta** **downstairs**
nn Tulin paikalle tunnin etuajassa tätä keskustelua varten, menin kohteliaasti alakertaan ja ilmoitin siellä olleille työntekijöille, että haluaisin käyttää puheenvuoron.
I came in one hour early for this debate, very politely went downstairs, and indicated to the staff there that I would like to speak.

1454 **linja** **line, route, service, tack**
nn Näissä asioissa pohjoismainen linja on parempi kuin EU: n yleinen linja.
The Nordic countries' line in this is a better one than that in the EU as a whole.

1455 **ampuja** **shooter, shot**

	nn	Havaittiin, että ampuja asetti väkivaltaista materiaalia näkyville internetiin vain vähän ennen kauheita tekojaan. It was noted that the shooter uploaded violent material on the internet just before committing the horrid act.
1456	**pilvi**	**cloud, billow, drift**
	nn	Pilvi oli pikimusta. The cloud was pitch black.
1457	**raportti**	**report|dispatch, despatch**
	nn	17:53 Toinen raportti, kenraali Fayn raportti, sanoo, että järjestelmä on syypää.17:53 So another report, an investigative report by General Fay, says the system is guilty.
1458	**loukata**	**violate, dishonor, dishonour|infringe|offend, insult**
	v	Näin sanoessani minulla ei, arvoisa puhemies, ole tarkoitus loukata ketään. I do not intend to insult or offend anyone by saying this, Mr President.
1459	**päivittäin**	**daily**
	adv	Se muistuttaa etelätirolilaisia päivittäin koetusta epäoikeudenmukaisuudesta. For the South Tyroleans, this is a daily reminder of an injustice suffered.
1460	**lähetys**	**transmission, broadcast, shipment, parcel, relay**
	nn	Lähetys muuten tehtiin 4G-verkon välityksellä. That was being broadcast, by the way, on a 4G network from the market.
1461	**kortti**	**card|license, licence|ticket**
	nn	Sininen kortti on niin sanottu "porkkana" laittoman maahanmuuton torjunnassa. The Blue Card is a so-called 'carrot' in the struggle against illegal immigration.
1462	**synty**	**birth, origin, genesis, rise, derivation**
	nn	Arvoisa puhemies, koska olen historiantutkija ja entinen toimittaja, Iranin islamilaisen tasavallan synty ja sen sisäinen kehitys ovat kiehtoneet minua vuosien kuluessa tavattomasti. Mr President, as an historian and ex-journalist, I have been quite fascinated by the emergence of, and developments within, the Islamic Republic of Iran over the years.
1463	**harvoin**	**rarely, seldom|infrequently|on rare occasions**

adv — Tällaisia maanjäristyksiä pystytään ennustamaan vain harvoin, ne tulevat yllättäen.
Only rarely can earthquakes such as this be predicted. They happen unexpectedly.

1464 **täysi** — **plenary**
nn
Kinshasan ja muiden alueiden toimittajilla on täysi ilmaisunvapaus.
For journalists in Kinshasa and elsewhere, there is complete freedom of expression.

1465 **hiljainen** — **quiet|silent, still|implied|soft, subdued|slow, dull**
adj
Tom oli hiljainen.
Tom was quiet.

1466 **vakuuttaa** — **convince|assure, reassure|declare|persuade|affirm, assert, aver**
v
Niinpä hiljainen vallankumous, herra van Velzen, saa aikaan poliittista edistystä.
So the quiet revolution, Mr Van Velzen, is taking on quite a political momentum.

1467 **bussi** — **bus, coach|shuttle**
nn
Onko tämä oikea bussi Pacific Boulevardille?
Is this the right bus for Pacific Boulevard?

1468 **piste** — **point, dot|score, mark|stop, period, full stop|pitch**
nn
Tavoitteena on saada viimeinen piste i:n päälle ja saattaa neuvottelut päätökseen.
The objective is to dot the final i's and to wrap up the negotiations.

1469 **vahvistaa** — **confirm, substantiate|strengthen, fortify, beef up; put the seal to**
v; phr
Jos laitat pillin sisään ennen kuin se täyttyy vedellä, voit vahvistaa sen helposti silmin nähden.
You can see this easily if you put a straw into a glass of water.

1470 **utelias** — **curious|inquisitive|nosy, nosey**
adj
Olenkin lievästi ilmaistuna utelias kuulemaan, kuinka asiassa on edistytty.
I am, to say the least, curious to know how they are getting on.

1471 **pyöriä** — **rotate, revolve|roll|turn|spin, gyrate|swirl, twirl, whirl, twiddle**
v
Koko huippukokous pyörii tasapuolisen kumppanuuden ympärillä yhteisen ja paremman tulevaisuuden luomiseksi.
The summit will revolve entirely around an equal partnership for a better common future.

1472 **tarjoilija** — **waiter, waitress, steward, stewardess, miss**
nn
Pian sama tarjoilija palasi hakemaan astiat.
Soon the same waiter came back to pick up the dishes.

1473 **kiertää** **rotate, revolve|circumvent, evade, sidestep, dodge, elude, skirt**
v
Päättikö neuvosto eilen kiertää parlamentin mielipiteen, kyllä vai ei?
Did the Council decide yesterday to circumvent Parliament' s opinion, yes or no?

1474 **haju** **smell, odor, scent, odour|stink, reek**
nn
Tässä kalassa on paha haju.
This fish has a bad smell.

1475 **pystyyn** **up, upright**
adv
Komissio voisi panna pystyyn samanlaisen kampanjan Euroopan kentillä esiintyvää rasismia vastaan.
The Commission could mount the same campaign against racism on European pitches.

1476 **ylittää** **exceed, surpass, outstrip|cross, traverse, cut across|transcend**
v
Taifuuni saattaa ylittää Touhokun alueen.
The typhoon may cross the Tohoku district.

1477 **avioliitto** **marriage, wedlock, matrimony, union|match**
nn
Joistakuista avioliitto tuntuu pelottavalta.
Marriage frightens some people.

1478 **tietokone** **computer**
nn
Avaa Tietokone napsauttamalla Käynnistä-painiketta , ja valitse sitten Tietokone.
Open Computer by clicking the Start button , and then clicking Computer.

1479 **suunnitella** **design, plan, project|devise|contemplate|style|plot**
v
Siirtymäkausi antaisi heille ainakin mahdollisuuden suunnitella tulevaisuuttaan.
Such a transitional period would at least give them the ability to plan their future.

1480 **todistaja** **witness, looker-on**
nn
Tästä on ehdottomasti huolehdittava ennen kaikkea jälkiharkinnan aikana sekä tapauksissa, joissa todistaja peruu puheensa.
This must be a high priority for the period of reconsideration, specifically, as well as where witness testimonies are retracted.

1481 **onneton** **unhappy, distressed|unfortunate|miserable, wretched|unlucky**
adj
Se vie väliaikaiseen päätökseen seikkailun, joka on ollut jokseenkin onneton.
It brings to a temporary conclusion an adventure which has been somewhat unhappy.

1482 **kylä** **village**

nn Yhdeksän ihmistä loukkaantui ja kylä kärsi suuria aineellisia vahinkoja.
Nine people were injured, and the village was badly damaged.

1483 **päinvastoin** **vice versa, contrariwise|on the contrary, contrarily|the other way round**
adv Puheenjohtajavaltio kysyi komission mielipidettä aloitteistaan, ja päinvastoin.
The Presidency consulted the Commission on the initiatives it was taking, and vice versa.

1484 **uskollinen** **loyal|devoted|trusty|staunch, steadfast|constant**
adj Puheenjohtaja Barroso on erittäin uskollinen tälle aiheelle.
President Barroso is remaining particularly loyal to that topic.

1485 **ryhtyä** **start, take up|make|enter into|proceed**
v Se koski oikeusasiamiehen oikeutta ryhtyä oma-aloitteisiin tutkintoihin.
It concerned the Ombudsman's power to undertake own-initiative inquiries.

1486 **roisto** **villain, scoundrel|thug, hoodlum, hood, punk**
nn Arvoisa puhemies, uskon, että tohtori Seed on häikäilemätön roisto, joka yrittää luoda markkinatilaisuuden, jota hän sitten käyttäisi omine lupineen ja ottamatta vastuuta.
Mr President, I believe that Dr Seed is a buccaneer who is seeking to create a market opportunity which he will then exploit without licence and without responsibility.

1487 **moottori** **engine, motor, mover**
nn Moottori ylikuumenee.
The motor overheats.

1488 **päivällinen** **dinner**
nn Odotamme, että uusi Euroopan komissio olisi Euroopan unionin moottori.
We expect the new European Commission to be the engine of the European Union.

1489 **palvelu** **service, pool, attention, attendance**
nn Asenna palvelu valitsemalla Palvelu ja sitten Lisää.
To install a service, click Service, and then click Add.

1490 **ohitse** **by**
prep Yhdestä näkökulmasta siis tapahtumat ovat ajaneet tämän asiakirjan ohitse.
In a sense, therefore, this Commission text has been overtaken by events.

1491 **käytäntö** **practice, rule, standard, custom**

nn Käytäntö sotii selvästi Geneven sopimusvelvoitteita vastaan.
The practice clearly contravenes the obligations of the Geneva Convention.

1492 **kokki** **cook, chef, coccus**
nn Tom on huono kokki.
Tom is a bad cook.

1493 **loma** **holiday, vacation|leave, leave of absence|hols|recess|furlough**
nn Jos tuot esimerkiksi kesälomakuvia, voit lisätä "Loma 2006"-tunnisteen.
For example, if you are importing your summer vacation pictures, you can add a "Vacation 2006" tag.

1494 **käärme** **snake, serpent**
nn Yhteispäätösmenettely ja yksimielisyys ovat ristiriidassa keskenään, ikään kuin käärme söisi itseään toisesta päästä.
They are like a snake biting its own tail.

1495 **loistavasti** **fine, richly**
adv Viini täydensi ateriaa loistavasti.
The wine complemented the meal perfectly.

1496 **karata** **elope, escape, desert**
v Sinä olisit voinut karata.
You could've run away.

1497 **kaivaa** **dig, excavate|delve|dip into|scoop out|pick**
v Minun piti kaivaa asia toistuvasti esiin komission pölyistä.
I constantly had to prod the then Commission to dig this dossier out and dust it off.

1498 **kauemmas** **further, farther**
adv Mutta tämän epidemian seuraamukset ulottuvat paljon terveydenhuoltoalaa kauemmas.
But the implications of this epidemic go far beyond the health sector.

1499 **huominen** **tomorrow, tomorrow's**
nn Osoittakoon huominen äänestystulos eurooppalaisille, että Eurooppa on heitä varten.
Let tomorrow's outcome demonstrate to Europeans that Europe is there for them.

1500 **laukku** **bag, case, pannier, tote bag, wallet**
nn Matkustaja ja laukku pääsivät ongelmitta koneeseen ja laskeutuivat Irlantiin.The passenger, as well as the bag, got on board without any problems and landed in Ireland.

1501 **syyttäjä** **prosecutor**

	nn	Colmarin suuri oikeudellinen skandaali on syyttäjä Schultzin syytä. Prosecutor Schultz is responsible for a real legal scandal in Colmar.
1502	**herkkä**	**sensitive, tender|delicate, touchy|vulnerable|susceptible|responsive**
	adj	Asia on herkkä, koska siinä kyseenalaistetaan vapaa liikkuvuus ja... It is a sensitive issue, because it questions the notion of free movement and ...
1503	**kana**	**chicken, hen, fowl, silly person**
	nn	Toisin sanoen yhteinen maatalouspolitiikka on kana ja kansainväliset kauppaneuvottelut muna. In short, the chicken is the CAP and the egg is international trade negotiations.
1504	**jahdata**	**chase, hunt, scout around**
	v	Nyt voit taas jahdata niitä. Now you can chase them again.
1505	**yksinkertaisesti**	**simply, just**
	adv	Yksinkertaisesti siksi, että eläinlääkkeissä käytetään vastuuttomasti antibiootteja. Simply through the irresponsible use of antibiotics in veterinary medicine.
1506	**seota**	**go bananas; go haywire**
	phr; v	(EN) Arvoisa puhemies, muutama viikko sitten olimme seota mehiläisiin. Madam President, a few weeks ago we were going bananas about bees.
1507	**kipu**	**pain, ache, stitch**
	nn	Ottamieni pillerien ansiosta, kipu hävisi. Because of the pills I took, the pain went away.
1508	**piitata**	**care**
	v	Ihmisoikeuksista ei koskaan piitata, ja demokratia on edelleen jonkinlaista häilyvää utopiaa. Human rights are constantly disregarded and democracy remains an elusive utopia.
1509	**lääke**	**medicine, medicament, medication|drug|remedy, cure**
	nn	Europolin pitäisi olla kaiken parantava lääke huumausainerikollisuuden torjunnassa. Europol was supposed to be the magic solution for combating drug-related crime.
1510	**rauhallinen**	**quiet, tranquil, smooth, unruffled|peaceful, peaceable|restful**

	adj	Tuo huone on rauhallinen. This room is quiet.
1511	**matala** *adj; nn*	**low, low-pitched | shallow | deep | squat; low** Osa julkaisuista on myös ladattavissa tiedostoina (matala resoluutio).downloadable as low-resolution files. For further information, please contact
1512	**käteinen** *nn; adj*	**cash, hard cash | ready cash, ready money | money down; the ready** Frangi tai markka voidaan käyttää vain kerran, käteisenä tai sijoitustoimintaan. A franc or a mark can only be spent once, in cash or for investment.
1513	**läheinen** *adj*	**close, near | nearby | intimate, familiar | neighboring | neighborhood** Kansainvälisissä suhteissa Tunisia on EU:n läheinen ja luotettava kumppani. In international relations, Tunisia is close and a reliable partner for the EU.
1514	**johto** *nn*	**management, direction | cord | lead | leadership | wire** Neuvostoaikoina poliittinen johto antoi tuomiot etukäteen. As in Soviet times, the judgment was made in advance by the political leadership.
1515	**hyökätä** *v*	**attack, invade, strike, swoop, lunge** Georgian presidentti Saakašvili päätti hyökätä siviilien kimppuun Ossetiassa. President Saakashvili of Georgia took the decision to attack civilians in Ossetia.
1516	**teko** *nn*	**act, deed | making | action | step | doing** Maailmanlaajuisen petoksen aikakautena totuuden puhuminen on vallankumouksellinen teko. In a time of universal deceit, telling the truth is a revolutionary act.
1517	**lähistö** *nn*	**neighborhood, neighbourhood** Lentokenttien välistä kilpailua ei voida käydä lähistön asukkaiden ja ympäristön kustannuksella. Competition between airports at the expense of those living near airports and the environment is unacceptable.
1518	**illallinen** *nn*	**supper, tea** Toivo on hyvä aamiainen mutta huono illallinen, joten odotamme tuloksia. Hope is very good for breakfast but very bad for dinner, so we expect results.
1519	**näky**	**sight, vision | show | scene | spectacle | apparition**

nn Kysyin itseltäni, eikö tämä näky ollutkin varoitus.
I asked myself then whether this vision that I had was not a warning sign.

1520 **lehmä** **cow**
nn Meille eurooppalaisille lehmä on tietysti hyvinvoinnin vertauskuva.
For us Europeans, this cow is of course a symbol of affluence.

1521 **aviomies** **husband, hubby, married man**
nn Useimmissa tapauksissa väkivallantekijä on aviomies tai kumppani tai tuttava.
In most cases, the aggressor is the husband or partner, or an acquaintance.

1522 **toveri** **comrade, companion, associate|fellow, mate**
nn (Suosionosoituksia ja naurua) Käytän sanaa toveri merkityksessä "toverillisesti" .
(Applause and laughter) I mean comrade in the 'comradely' way.

1523 **vapaasti** **freely, free, loosely, ad lib, without restraint, casually**
adv Yritykset eivät saa vapaasti aiheuttaa tällaista tuhoa ihmisille ja yhteisöille.
Companies cannot be free to wreak such havoc on people's lives and communities.

1524 **kunnioittaa** **respect, esteem|honor, honour|have respect for|dignify**
v Kunnioitamme, meidän täytyy kunnioittaa, kolmea toimielintä ja niiden tehtäviä.
We respect, and must respect, the three institutions and the role that they have to play.

1525 **hukata** **waste|lose, mislay|throw away**
v Edistymisestä on merkkejä, mutta jäsenvaltiot eivät saa hukata aikaa.
There are signs of progress, but Member States should not waste time.

1526 **keskustelu** **discourse, discussion|debate|conversation|talk|deliberation**
nn Keskustelu äänitettiin salaa ja sitä käytettiin todisteena.
The conversation was secretly recorded and used as evidence.

1527 **tiimi** **team**
nn EUROPA-tiimi keskustelemassa käyttäjäpalautteesta:
The team at one of our regular meetings to discuss user feedback:

1528 **herrasmies** **gentleman, gent**
nn Kuka on tuo silmälasipäinen herrasmies?
Who is that gentleman in spectacles?

1529 **ranskalainen** **French, Gallic; Frenchman, Frenchwoman, frog**

	adj; nn	Minulla on muutama ranskalainen kirja. I have a few French books.
1530	**kaukaa**	**from afar, from a distance**
	adv	He elävät nykyään vauraudessa ja rauhassa ja näkevät maailmaan ravistelevia jännitteitä ja kapinoita kaukaa. Today, they live in prosperity and peace, while seeing the tensions and revolts that are shaking the world from afar.
1531	**kreivi**	**count, earl**
	nn	Kreivi Sforza ilmaisi toiveensa, että Eritreaa ei liitettäisi Etiopiaan. Count Sforza expressed the hope that Eritrea would not be annexed to Ethiopia.
1532	**harjoitella**	**practice, exercise, drill, practise|train, prepare|rehearse|walk through**
	v	Haluan harjoitella koripalloa hänen kanssaan. I want to practice basketball with him.
1533	**seinä**	**wall**
	nn	Kaappi kiiltoastioita täytenänsä, seinä peitossa turpehen!" The dresser filled with shining delph, The pile of turf against the wall!'.
1534	**lakimies**	**lawyer, jurist**
	nn	Hyvä lakimies ei jättäisi kiveäkään kääntämättä pyrkimyksissään puolustaa asiakastaan. A good lawyer would leave no stone unturned in his efforts to defend his client.
1535	**sietää**	**tolerate, stand, endure, bear,brook|take|countenance|stick|swallow**
	v	Emme voi sietää tätä, koska emme voi leikkiä kaikkien turvallisuudella. This we cannot accept, as nobody can play around with personal safety.
1536	**viesti**	**message|relay, relay race|note|word, tidings**
	nn	Minua on pyydetty antamaan sinulle viesti. I've been asked to give you a message.
1537	**myöten**	**down to**
	prep	Kastuin ihoa myöten. I got wet to the skin.
1538	**tarkistaa**	**check, check out, check over|review|verify|revise|check up**
	v	Minun täytyy tarkistaa se. I need to check it.
1539	**tietoinen**	**aware, cognizant|conscious**

	adj	Soturi on tietoinen sekä vahvuuksistaan että heikkouksistaan. The warrior is conscious of both his strength and his weakness.
1540	**palkata** *v*	**hire, engage | retain | appoint** He haluavat palkata työntekijöitä Ukrainan ja Valko-Venäjän kaltaisista valtioista. They are willing to employ workers from countries such as Ukraine and Belarus.
1541	**kasa** *nn*	**pile, heap, mound | stack, mass, batch | dollop | lump | hill** Haluaisin palkata jonkun, joka puhuu ranskaa. I would like to hire someone who speaks French.
1542	**viehättää** *v*	**allure, attract, beguile** Sama 30 prosenttia viehättää myös niitä, joiden politiikka ei koskaan saa toisten hyväksyntää. This 30% also appeals to those whose policies will never be accepted by others.
1543	**salassa** *adv*	**in secrecy, under wraps, in private** Hänen henkilöllisyytensä täytyy pysyä salassa. His identity must be kept secret.
1544	**käyttäytyä** *v*	**behave, act | conduct oneself | act up | bear oneself | carry oneself** Jos ihmisiä kohdellaan pahoina, he alkavat käyttäytyä kuin olisivat sellaisia. If you treat people as evil, they will act as if they are evil.
1545	**siunaus** *nn*	**blessing, boon | benediction | lifesaver | mercy** Sinun täytyy käyttäytyä niin kuin aikuinen. Good health is a great blessing.
1546	**arvokas** *adj*	**valuable, precious, worthy, dignified, invaluable, worthwhile** Hänellä on niin arvokas sormus, ettei sen hintaa voi edes uskoa.She has a ring whose value is beyond belief.
1547	**televisio** *abbr; nn*	**TV; television, television set | TV set | set | small screen** Televisio ilman rajoja -direktiivissä tarjotaan negatiivinen määritelmä. The Television without Frontiers Directive provides a negative definition.
1548	**hallinta** *nn*	**possession | control, mastery | occupation | trust** Syynä on hallinta- ja valvontajärjestelmä, joka on erittäin monimutkainen. The reason is the control and monitoring system, which is extremely complex.
1549	**osata** *v*	**know, master** Sinun pitäisi osata käyttää harkintaansi tuota paremmin. You should know better than that.

1550 **ainoa** **only, lone|sole, exclusive|one and only|one-shot|one-off; one|all; one-off**

adj; pron; nn Tässä on tämän parlamentin ainoa mahdollisuus, ainoa mahti ja ainoa vastuu.
That is the only opportunity, the only power and the only duty this House has.

1551 **peto** **beast, brute|ogre**

nn Saksan peto on jälleen heräämässä, ja Hitlerin haamu kummittelee Euroopan yllä.
The German beast is stirring again, and the spectre of Hitler is hanging over Europe.

1552 **Venäjä** **Russia, Muscovy**

nn Venäjä on suuri naapurimme, ja Venäjä on tärkeä kumppani.
Russia is our great neighbour; Russia is an important partner.

1553 **ilmi** **out**

adv Kävi ilmi, että se oli totta.
It turned out to be true.

1554 **ehdotus** **proposal|suggestion, proposition|submission|motion**

nn Ehdotus rakennustuotteiden sääntelyksi on mielestäni erittäin tärkeä ehdotus.
The proposal for a regulation on construction products is a very important proposal, in my view.

1555 **laite** **device|unit|appliance, gadget, contrivance, contraption|ride**

nn Laite se piippuusi ja polta se!
Put that in your pipe and smoke it!

1556 **uhka** **risk, menace**

nn Muutoin lisääntyvän kansallismielisyyden ja muukalaisvihan uhka on ilmeinen.
Otherwise there is an imminent danger of growing nationalism as well as xenophobia.

1557 **selitys** **explanation, declaration, excuse, legend, exposition, annotation, gloss, rationalization**

nn Tällä erolla täytyy luonnollisesti olla selitys ja se selitys on yksinkertainen ja looginen.This difference must naturally have an explanation, and a simple and logical explanation.

1558 **viina** **liquor, spirits, booze**

nn | Tätä tuotetta on kuvattava ilmaisulla "viina", ja sen etupuolen etiketissä voidaan myös käyttää nimitystä slivovice samassa kentässä.
This product must be described as 'spirit drink' and may also use the name slivovice in the same visual field on the front label.

1559 **tarkka** — **exact, accurate, precise|strict, rigorous|close, faithful**
adj
Tämä on tarkka.
This is accurate.

1560 **virus** — **virus**
nn
Virus tarttuu helposti myös terveeseen.
The virus can easily infect a healthy person.

1561 **vampyyri** — **vampire**
nn
Tämä ei myöskään tarkoita, että meidän tulisi reagoida lainsäädäntövälineitä koskeviin ehdotuksiin kuin vampyyri valkosipuliin, niin kuin eräät tämän parlamentin jäsenet tekevät.
It also does not mean that we should react to suggestions for legislative instruments like a vampire does to garlic, as some would do in this House.

1562 **riittävästi** — **sufficiently, satisfactorily**
adv
Alue- ja paikallisviranomaiset eivät ole riittävästi mukana tässä menettelyssä.
Local and regional authorities are not sufficiently involved in this approach.

1563 **mielellään** — **willingly, readily**
adv
Kun hän oli nuori, hän meni mielellään pyörällä.
When he was young, he liked to go by bike.

1564 **maku** — **taste|flavor, savor, smack, flavour, savour|palate|zest**
nn
Hän käy mielellään kävelyllä.
He has elegant tastes.

1565 **mahtava** — **spectacular|awesome|mighty|powerful|epic; out of this world**
adj; phr
Tuo on mahtava elokuva.
That's a great movie.

1566 **kellari** — **cellar**
nn
Grossmarkthallen alle tulee vedenpitävä kellari, johon sijoitetaan arkistot ja teknisiä tiloja.
There will also be a new, waterproof basement that will house the archives and technical rooms.

1567 **vastaava** — **equivalent|corresponding, comparable|analogous|in charge|parallel**

	adj	Vastaava raha perittäisiin Euroopan unionille sitten bruttokansantuoteosuutena. A corresponding sum could then be due to the EU in the shape of GDP.
1568	**aikuinen** *adj; nn*	**adult, grown-up; adult, grown-up** Kärsitkö mielenterveyssairaudesta? Aina sinä seuraat minua. Olet aikuinen, ole siis itsenäisempi.Do you have a mental health problem? You're always following me around. You're an adult so be more independent.
1569	**Bravo!** *i*	**Bravo!** Poliittisesti: bravo! A good political decision - well done!
1570	**upseeri** *nn*	**officer, piece** Kärsitkö mielenterveyssairaudesta? Aina sinä seuraat minua. Olet aikuinen, ole siis itsenäisempi. I'm not an officer.
1571	**turva** *nn*	**safety|safeguard|refuge, sanctuary|shelter|safety net** Olimme pihalla turva-alueella, jossa on turvakameroita. We were in the courtyard, in the security zone controlled by security cameras.
1572	**hakata** *v*	**hack, cut|beat|dress|chop|whop** Arvoisa puhemies, on totta, että vuosittain tuhansia naisia ja lapsia hakataan. Mr President, it is true that thousands of women and children are battered every year.
1573	**maali** *nn*	**paint|finish, goal|target, mark|score|paintwork** Heidän on tiedettävä, missä maali on. The drivers must have a goal to aim for; they must know where the finishing post lies.
1574	**tunnustaa** *v*	**confess, profess, concede|acknowledge, recognize|admit** Päämieheni haluaa tunnustaa. My client wants to plead guilty.
1575	**järjestelmä** *nn*	**system, organization|scheme|regime|plan|machinery** Pääset Järjestelmä-osioon avaamalla Hae-oikopolun ja kirjoittamalla järjestelmä. To get to System, open the Search charm and enter system.
1576	**saavuttaa**	**reach, arrive at, attain, hit|achieve|obtain|gain, acquire, win|attain to**

v Tämä on selvästi kunnioitettava tavoite, mutta se on mahdoton saavuttaa.
This is an apparently laudable objective, but one that is impossible to achieve.

1577 **omata** **possess, bear**
v On tärkeää omata yhdennetty meripolitiikka, johon sisältyy liikenne, hallinto, ympäristönsuojelu, merivarojen hallinnointi ja myös merimatkailu.
It is important to have an integrated maritime policy which includes transport, administration, environment protection, management of maritime resources and also maritime tourism.

1578 **laatikko** **box|drawer|carton|case|tray**
nn Tämä laatikko painaa kuin synti.This box weighs a ton.

1579 **syöttää** **input|feed|supply|pass|serve**
v Voiko koiralle syöttää salaattia?
Is it OK to feed my dog lettuce?

1580 **katse** **look, eyes, regard**
nn Arvostan myös sitä, että mietinnössä suunnataan katse GATTiin.
I also appreciate the fact that Mr Cunha has drawn up the report with one eye on the GATT.

1581 **venäläinen** **Russian; Russian**
adj; nn Vanha venäläinen sananparsi kuuluu: "rakasta naapuriasi, mutta muista rakentaa aita".
There is an old Russian saying that says 'love your neighbour but put up a fence'.

1582 **kateellinen** **envious, jaundiced**
adj Täytyy sanoa, että olen ruotsalaisena hieman kateellinen.
I have to say that, as a Swede, I am rather envious.

1583 **ratkaista** **solve|resolve|settle, reconcile|determine, decide|adjudicate, judge**
v Totuus on kuitenkin se, että näillä ratkaisuilla ei ratkaista peruskysymyksiä.
However, the truth is that these solutions do not solve the fundamental issues.

1584 **syvällä** **deep**
adv Taipumus syrjintään on usein syvällä virkakoneistossa.
The tendency to discriminate is often deep-rooted, even at government level.

1585 **pääsy** **access, admission, admittance, accession|entry, entrance, entrée**

	nn	Tämän vuoksi pääsy tietoon tarkoittaa myös pääsyä sosiaaliseen oikeudenmukaisuuteen. For that reason, access to knowledge also means access to social justice.
1586	**katto** *nn*	**roof, ceiling | rooftop | top | housetop** Katto vuoti. The roof was dripping.
1587	**turvallinen** *adj*	**safe, secure** · metallisen elohopean turvallinen ja taloudellisesti edullinen loppusijoittaminen. · The safe and economically advantageous final disposal of metallic mercury.
1588	**kipeä** *adj*	**sore, painful | aching | sick, ill | bad | tender** Tämä on erityisen kipeä asia Kroatian väestölle. It is a particularly painful wound for the Croatian population.
1589	**järjetön** *adj*	**foolish | absurd, nonsensical | insane | irrational | senseless, witless** Tämä lause on järjetön. This sentence doesn't make sense.
1590	**käsitellä** *v*	**deal with | handle, manage, wield | process | treat | consider, moot** Ninni on tyttö, jota minun on vaikea käsitellä.Nancy is a hard girl for me to deal with.
1591	**susi** *nn*	**wolf** Olen aina ollut yksinäinen susi. I was always a lone wolf.
1592	**kärsiä** *v*	**suffer, endure | serve | receive | be in anguish** Masokistit, jotka kärsivät järjestelmästä, haluavatkin kärsiä siitä. There are the masochists who suffer as a result of the system, but who like to suffer.
1593	**kuuro** *adj; nn*	**deaf, impervious; shower, flurry, hail** Kreikan prinsessa Alice oli kuuro ja osasi lukea huulilta kolmea kieltä. Princess Alice of Greece was deaf and could lip-read in three languages.
1594	**koskettaa** *v*	**touch, impinge on** Tomin ääni on upea! Se koskettaa tosi syvälle sieluun! Tom's voice is so sexy! It really makes my chest tight!
1595	**urhea** *adj*	**brave, intrepid | gallant** Olen urhea. I'm brave.
1596	**suositella**	**recommend, commend | introduce into**

	v	Emme voikaan suositella jäsenvaltioille Amsterdamin sopimuksen ratifioimista. That is why we cannot advise Member States to ratify the Treaty of Amsterdam.
1597	**parhaillaan** *adv*	**presently, at present, at this minute** Hän on parhaillaan syömässä. He is having lunch now.
1598	**istuin** *nn*	**seat, bottom** 0:12 Istuin tyttöjeni kanssa, ja Joy sanoi: "Hitsi kun iskä ei jätä minua rauhaan. 0:12 I was sitting with my girls, and Joy said, "Dang, I wish he'd get off my back.
1599	**mainita** *v*	**mention, name | refer to | quote | note, remark** Vaikka nämä olisi pitänyt mainita erityisesti tiedonannossa, niitä ei mainita lainkaan. Although these deserve a special mention in the communication, they are not there.
1600	**ihastua** *v*	**be delighted** Saadaanko tällaisella ehdotuksella kansalaiset ihastumaan unioniin? Could this manner of proposal make our citizens love Europe?
1601	**hymyillä** *v*	**smile** Kummallakin miehellä oli erityinen ominaisuus: he osasivat hymyillä vaikeissakin tilanteissa. Both had a special quality: they could smile even in difficult situations.
1602	**tekijä** *nn*	**factor | author | maker | doer | strand** On kuitenkin yksi tekijä, jota ei saa koskaan laiminlyödä, ja se on inhimillinen tekijä.However, there is one factor that must never be ignored, and that is the human factor.
1603	**suunnata** *v*	**head, direct, steer | target | orient, orientate | divert | channel, canalize** Minua ei huvita hymyillä. We should head home.
1604	**ajelu** *nn*	**run | ride, drive | spin** Keskustelujen jälkeen osallistujat pääsevät ajelulle vetykäyttöisellä bussilla tai autolla. Following the discussions, participants will have the chance to take a ride in a hydrogen-powered bus or car.

1605 **leipä** **bread, loaf, cake**
nn Uskoakseni Roomassa saatiin sirkushuveja, mutta leipä unohtui.
I believe there were certainly circuses this time in Rome, but the bread was forgotten.

1606 **sekoittaa** **confuse|blend, mix|mix up|stir|confound, fox**
v Rauhanomaisia mielenosoittajia ja rikollisia ei saa koskaan sekoittaa toisiinsa.
It must never be possible to confuse peaceful demonstrators with criminals.

1607 **edusta** **front, forecourt**
nn Euroopan parlamentin tehtävänä on edustaa kaikkia Euroopan unionin kansalaisia.
The task of the European Parliament is to represent all European citizens.

1608 **testi** **test**
nn Suhteellisuutta koskeva testi ei ole poliittinen vaan oikeudellinen testi.
The proportionality test is not a political test; it is a legal test.

1609 **totella** **obey**
v Robotin tulee totella ihmisen antamia käskyjä, paitsi jos käskyt risteävät ensimmäisen lain kanssa,
A robot must obey orders given it by human beings except where such orders would conflict with the First Law.

1610 **rehtori** **headmaster, rector, principal, president**
nn Yliopistoni rehtori, joka on valittu parhaaksi Puolassa, on myös nainen, fysiikan professori.
The rector of my university, ranked number one in Poland, is also a woman, a professor of physics.

1611 **murtua** **break, fracture|crack, crack up|burst|break down|shear**
v Suuren liittoutuman murtuminen on myös luonut erittäin hyvän tunnelman puheenjohtajamieskokoukseen.
The break with the major coalition has also made for a very good atmosphere in the Conference of Presidents.

1612 **väri** **color, coloration, colouration, colour|dye|flush|suit|stain**
nn Valitse Värit-ryhmästä Väri 2 ja valitse väri, jolla muoto täytetään.In the Colors group, click Color 2, and then click a color to fill the shape.

1613 **kurssi** **course, class|rate|quotation, quote|track|tutor**
nn Historian kurssi on kiinnostava.
The history course is interesting.

1614 **villi** **wild, savage|feral|ferocious|mad**
adj
Hän oli yhtä villi kuin kuka tahansa poika luokalla.
He was as mischievous as any boy in the class.

1615 **harkita** **consider, deliberate, debate|reflect|weigh|entertain|weigh up**
v
On houkutteleva haaste harkita tätä Sveitsin kaltaisten maiden kohdalla.
It is an attractive challenge to consider this with countries such as Switzerland.

1616 **tuoksua** **smell**
v
Herätkää ja haistelkaa aamukahvin tuoksua!
Wake up and smell the coffee!

1617 **sääliä** **pity**
v
Joten tunsin käsittämätöntä sääliä Fiden perhettä kohtaan.
So I felt enormous pity for Fide's family.

1618 **suosia** **favor, favour|encourage|foster|advantage**
v
Jäsenvaltioiden täytyy suosia toimenpiteitä, jotka kannustavat työntekijöitä kehittämään itseään.
They should introduce measures to encourage workers to improve their qualifications.

1619 **kesä** **summer**
nn
Arvoisa puhemies, arvoisa komission jäsen, kesä toisensa jälkeen nämä tuhot toistuvat.
Mr President, Commissioner, summer follows summer, bringing disaster after disaster.

1620 **taiteilija** **artist, artiste, painter**
nn
Tämä maailmankuulu taiteilija pidätettiin 3. huhtikuuta ilman selvää syytä.
Here is a world-renowned artist, arrested on 3 April for no apparent reason.

1621 **puolustaa** **defend, maintain|excuse, justify|advocate|uphold|assert**
v
Kuka puolustaa häntä?
Who defends him?

1622 **puolustus** **defense, vindication, defence|excuse|advocacy|justification**
nn
Ilman puolustuksellista Euroopan unionia, Euroopan puolustus vaarantuu.
Without a Europe of defence, defence in Europe will be threatened.

1623 **ratsastaa** **ride, ride horseback**
v
Hän aikoo nyt ratsastaa hallitukseen poliittisen tiikerin selässä.
He now intends to ride into government on the back of a political tiger.

1624 **herkullinen** **delicious, scrumptious, appetizing|delicate|tasty**
adj Arvoisa puhemies, lohet, sillit ja muut merenelävät ovat herkullinen ja houkutteleva asia.Mr President, salmon, herring and other sea-foods make the issue very appetizing and appealing.

1625 **siunata** **bless, consecrate**
v Kun vastuuvapauden myöntämiselle ei ole todellista vaihtoehtoa, nyt voidaan vain siunata komission toiminta.
As there is no real alternative to discharge we can only give the Commission our blessing.

1626 **luopua** **abandon, resign, abdicate, desist, bow out, recant, kick, stand down**
v Hänen täytyi loppujen lopuksi luopua asemastaan.
He finally had to step down.

1627 **legenda** **legend**
nn Muuten iskujen ympärille on vaarassa muodostua legenda, joka taas saattaisi myrkyttää ihmisten mielet.
Without these, there is the risk that the attacks will give rise to legends which could poison many people's minds.

1628 **olento** **being, creature, thing, figure**
nn On kuitenkin kiistämätön tosiasia, että ihminen on maapallon vilkkaimmin viestivä olento.
It is an unquestionable fact, however, that the human being is the most communicative being on earth.

1629 **otto** **intake, take, withdrawal, shot; ATM**
nn; abbr Piittaamattomuus ja turha riskien otto on minimoitava.
Apathy and the taking of unnecessary risks must be minimised.

1630 **jäljittää** **trace|track, trail**
v Tutkin sitä ehdottomasti ja katson, voimmeko jäljittää siinä joitakin kaavoja.
I will certainly look into it and see whether we can track some patterns in this.

1631 **pukeutua** **dress, get dressed|robe oneself|make one's toilet**
v Jokaisella on henkilökohtainen oikeus pukeutua mielensä mukaisesti.
It is everyone's personal right to dress as they please.

1632 **enimmäkseen** **mostly, largely, for the most part|mainly|predominantly**
adv Yritysten parhaat käytännöt sosiaalisessa ympäristössä liittyvät toki enimmäkseen suuriin yrityksiin.
Naturally, best practices for action by companies in the Community relate mainly to large companies.

1633 **saari** **island, isle**
nn Iso-Britannia on saari, Irlanti on saari ja saari on myös oma pieni Egeanmeren saareni.
The United Kingdom is an island, Ireland is an island, and so is my small island in the Aegean.

1634 **suunnilleen** **approximately, about, roughly; about|around|in the order of**
adv; prep Suunnilleen Ison-Britannian kokoinen alue on pysyvästi saastunut ja asuinkelvoton.An area about the size of Britain is permanently contaminated and uninhabitable.

1635 **haastaa** **challenge, speak, dare, cite**
v Haluan haastaa hänet tekemään tehokasta yhteistyötä muiden ryhmien kanssa myös yksimielisyyteen pääsemiseksi.
I would like to dare him to work closely with the other groups in order to reach unanimity.

1636 **ammattilainen** **professional, pro|tradesman**
nn Ammattilainen on joku, jolla on kelpoisuutta, luottamusta ja uskoa.
A professional is someone who has a combination of competence, confidence and belief.

1637 **ryöstää** **rob|plunder, sack|loot, pillage, despoil, ransack|abduct**
v Kenelläkään ei ole oikeutta raiskata ja ryöstää tuota aluetta.
No one has the right to rape and plunder that region.

1638 **tavoittaa** **reach, catch, catch up, come at, recapture; run to earth**
v; phr Se maksaa vaivan, jos saavutatte siten tavoitteen, jonka väitätte haluavanne tavoittaa.
It will be worth the effort if it enables you to achieve the objective that you say you want to achieve.

1639 **jäätelö** **ice cream, ice**
nn Jäätelö voidaan luokitella sen mukaan, miten se valmistetaan ja jaetaan.
Ice cream can be categorised according to how it is manufactured and distributed.

1640 **ravintola** **restaurant**
nn Siitä saattaa olla etua paitsi vastaanottajavaltion kulttuuritarjonnalle, myös ravintola-alalle.
It may have a beneficial impact not only on the host country's cultural offering, but on its restaurant trade too.

1641 **repiä** **tear|rip, rend|snag|lacerate|pick**

v Parlamentti haluaa repiä YK:n huumausaineita koskevat yleissopimukset.
Here in Parliament, there is a desire to tear up the UN conventions on drugs.

1642 **kakku** **cake, pie, confection, porridge**
nn Tuloksena on kakku, josta ne saavat vatsansa kipeiksi.
The result is a cake that gives them belly ache.

1643 **pestä** **wash, wash out|clean|scrub, scour|launder|wash down**
v Mä haluun pestä mun kädet.
I want to wash my hands.

1644 **palanen** **piece, slice|fragment|snip|scrap|stick**
nn Ihminen ei ole saari, yksilöolio, vaan jokainen on palanen mannerta.
No man is an island, entire of itself; every man is a piece of the continent.

1645 **into** **zeal, eagerness|zest, gusto|mettle|spirit**
nn Henkilökohtaisesti toivon, että tämä into jatkuu vielä monta vuotta.On a personal note, let me say that I hope that this marriage of passions will continue for many more years.

1646 **siivota** **clean up, tidy up, tidy|clear out, clean out|clear up**
v En halua siivota koirankakkoja.
I do not want to clean up dog poop.

1647 **muisto** **memory|remembrance, recollection|memento|reminiscence**
nn Useimmille meistä Unkarin vuoden 1956 kansannousu on niin ajallisesti, maantieteellisesti kuin poliittisestikin kaukainen muisto.
For most of us, the 1956 Hungarian uprising is a distant memory in terms of time, geography and even in politics.

1648 **palkinto** **prize, trophy|reward|award, accolade|stakes|shield**
nn Tämä on Euroopan unionin palkinto, eikä mikään asiaankuulumaton palkinto.
This is a European Union prize, not an unrelated prize.

1649 **tiukasti** **strictly|tight, closely**
adv Meidän on pidettävä tiukasti kiinni tavoitteistamme ja jatkettava tämänsuuntaisia toimia.
We have to hold fast to our own objectives and carry on down this road.

1650 **tulos** **result, outcome|sum, sum total|corollary|product|accomplishment**
nn Suuri menestys on jatkuvan ponnistelun tulos.
Big successes result from constant effort.

1651 **toimittaa** **deliver|supply, provide, furnish|ship|convey|dispatch, despatch**

v Olemme onnistuneet parantamaan kykyämme toimittaa humanitaarista apua.
We have managed to increase our ability to deliver humanitarian assistance.

1652 **kummallinen** **strange|odd, curious, peculiar, funny; screwball; off the wall**
adj; nn; phr ”Olipa kummallinen uni.” ”Mitä tapahtui?”
That was a strange dream. "What happened?"

1653 **jalkapallo** **football|soccer, association football|pigskin**
nn Jalkapallo kuuluu pikkuveljeni harrastuksiin.
Soccer is one of my little brother's hobbies.

1654 **salama** **flash|lightning|bolt, thunderbolt|flash of lightning|shaft of lightning**
nn Koira piiloutui sängyn alla joka kerran kun salama välähti.
The dog hid under the bed whenever lightning flashed.

1655 **keskeyttää** **interrupt, break|abort|cut|discontinue; fall by the wayside**
v; phr On epäkohteliasta keskeyttää toisia.
It is rude to interrupt others.

1656 **kilpailu** **competition, rivalry|race|contest|racing|tournament**
nn (EN) Nykyisin 19 prosenttia Euroopan nuorista keskeyttää koulunkäynnin.
Nowadays, 19% of young people in Europe drop out of school.

1657 **kuluessa** **within, during, over, in, in the course of**
prep Ajan kuluessa hän tottui uuteen ympäristöön.
Over time, he got used to the new environment.

1658 **purra** **bite, champ**
v Kun ruokin koiraa, ja se puree minua, en ruoki sitä enää, koska muuten se voi purra minua uudelleen.
When I feed a dog and it bites me then I will not feed it any more because otherwise it may bite me again.

1659 **planeetta** **planet**
nn On tärkeää noudattaa oikeaa järjestystä: planeetta, ihmiset ja tuotteet...
It is extremely important to stick to the proper order: Planet, people and product ...

1660 **painajainen** **nightmare**
nn Vallankumoukset ovat unelma, josta tulee todellisuutta, mutta sisällissota on painajainen.
Revolutions are a dream that becomes reality, but civil war is a nightmare.

1661 **reikä** **hole|slot|puncture|perforation|cavity**

nn Arvoisa puhemies, kuluvan vuoden lokakuussa havaittiin toistaiseksi suurin reikä otsonikerroksessa etelänavan yllä.
Mr President, in October the largest hole in the ozone layer over the Antarctic was recorded.

1662 **erehdys** **error, mistake | oversight, lapse | misstep | misunderstanding**
nn Se oli anteeksiantamaton erehdys.
That was an unforgivable error.

1663 **aikainen** **early, contemporaneous with**
adj Yhtenäisen ohjelma-asiakirjan aikainen hyväksyminen on olennaista tässä suhteessa.
The early approval of the single programming document is essential in this respect.

1664 **kaasu** **gas, fumes, wind**
nn Tärkeitä ovat luonnollisesti myös muut kysymykset, kuten kaasu ja energia.
Other questions, such as on gas and energy, will certainly be important points.

1665 **omaisuus** **property, belongings | assets | estate | goods | fortune**
nn 8 miljoonan maailman rikkaimman ihmisen netto-omaisuus on suuruudeltaan 80 prosenttia kaikkien maailman maiden BKT:stä.
The 8 million richest people in the world have a net fortune equivalent to 80% of the GDP of all the countries in the world.

1666 **vaiti** **mum**
adv He istuivat vaiti kuin lumoutuneina musiikista.
They sat still as if they were charmed by the music.

1667 **järkevä** **reasonable, sane | rational | sound, level-headed | sensible | prudent**
adj Sokrates-ohjelma on esimerkillisen järkevä ja varma sijoitus tulevaisuuteen.
Socrates is an exemplary, sensible and verifiable investment in the future.

1668 **mega-** **mega-**
pfx On tuettava enemmän kestävää viljelyä ja Mega-Rice-hanketta on tutkittava vähintäänkin kriittisesti.More support must be given to the sustainable management of crops, whilst the Mega-Rice project should be examined critically, at the very least.

1669 **lukio** **high school, senior high school | sixth form**
nn Olit järkevä.
My mother is a high school teacher.

1670 **pelaaja** **player, punter**

nn Tämä on planeetta, jolla pelaaja kehittyi.
So, this is the planet that the player evolved on.

1671 **yksikkö** **unit, singular, scull**
nn Perhe on yhteiskunnan pienin yksikkö.
A family is the smallest unit of society.

1672 **imeä** **soak up, suck up|suckle|sop**
v Tätä edelsi pitkä kuivuus, joka heikensi maaperän kykyä imeä sadetta.
It was preceded by a prolonged drought, which reduced the capacity of the soil to absorb the rain.

1673 **juoma** **beverage, drink|potion|brew|draft, potation, draught|concoction**
nn Tee on suosittu juoma ympäri maailman.
Tea is a popular beverage throughout the world.

1674 **lentokone** **aircraft|airplane, plane|craft|ship**
nn Dreamliner onkin tämän vuoksi kaikkein tuetuin lentokone maailmassa.
This is why the Dreamliner is the most subsidised aeroplane in the world.

1675 **kohtaus** **scene, fit|attack|seizure|tryst|paroxysm, convulsion**
nn Paras kohtaus ikinä, vai mitä? Ihan oikeasti!
Best scene ever, right? Come on!

1676 **ikäinen** **aged**
adj Arvoisa puhemies, tämä kiista on valitettavasti yli vuosisadan ikäinen.
Mr President, unfortunately this dispute is over a century old.

1677 **lumi** **snow**
nn Lumi sulaa keväällä.
The snow melts in spring.

1678 **silta** **bridge, platform**
nn Arvoisa puhemies, laajentumisprosessi on silta vanhasta Euroopasta uuteen.
Mr President, the enlargement process is the bridge from the old Europe to the new.

1679 **korvata** **replace, supersede|compensate, pay|offset|reimburse|make good**
v Sitten esitettiin kysymys sopimuksesta, jolla pitäisi korvata Kioton pöytäkirja.
Then there was the question about the treaty that should replace the Kyoto Protocol.

1680 **nappi** **button, push button|stud|boss|pip|pat**
nn Takistani irtosi nappi.A button came off my coat.

1681 **yhteensä** **in total, all together, altogether, overall**

	adv	Yhteensä 58 prosenttia Itävallan vuotuisista maatalousmäärärahoista tulee EU:lta. A total of 58 percent of Austria's annual agricultural budget comes from the EU.
1682	**ohje** *nn*	**guide, directive, precept, norm** Se kattaa maailmanlaajuisen toimintamme, joten meillä on ohje, joka kertoo, mitä jäsenvaltioiden pitäisi tehdä. It covers our global activities, so we have a guide as to what Member States should do.
1683	**vastoin** *prep*	**contrary to, against, counter to, in defiance of** Homofobia on vastoin niitä periaatteita, joille Euroopan unioni on perustettu. Homophobia runs counter to the principles on which the EU is founded.
1684	**neuvo** *nn*	**advice, counsel, piece of advice, tip, recommendation** Yksi neuvo ja pyyntö: lähettäkää ensimmäinen edustajanne Kyproksen tasavaltaan. A word of advice and a request: send your first representative to the Republic of Cyprus.
1685	**yllättää** *v*	**surprise, overtake, startle** Tom tahtoi yllättää Marin. Tom wanted to surprise Mary.
1686	**itsekäs** *adj*	**selfish|egoistic, egoistical|self-seeking|self-absorbed** Hän ei ole millään tavoin itsekäs. She is by no means selfish.
1687	**kauniisti** *adv*	**nicely, cleanly** Koko korjauskeinojen arvojärjestys voi toimia ja toimiikin tältä osin tehokkaasti ja kauniisti. The whole mechanism of the hierarchy of remedies can and will work effectively and beautifully here.
1688	**luonto** *nn*	**nature, wildlife, scenery, outdoors** Luonto itse asettaa rajat mahdottomille ja luonnonvastaisille risteytyksille. It is nature itself which puts up barriers to impossible or monstrous crossing.
1689	**nähden** *prep; adv*	**in relation to, by, in front of, with relation to; in presence** Hän oli silmin nähden hermostunut. He was visibly nervous.
1690	**pimeys**	**darkness, dark|gloom|murk|mirk|shades**

	nn	Meidän sanomamme on sanoma niille, jotka toivovat, taistelevat, kärsivät ja kuolevat sen vakaumuksensa puolesta, että pimeys voi väistyä.Our message is a message to those who hope for, who fight for, who suffer and die for their conviction that the darkness can be dispelled.
1691	**avoin**	**open, clear|exposed|accessible|overt; up front**
	adj; adv	Se puutarha on ilmainen ja avoin kaikille. This garden is open to the public and it's free.
1692	**ilmoitus**	**ad, advert, advertisement|notification|notice, poster**
	nn	Ilmoitus paikallisvaalien pitämisestä huhtikuussa 2006 on myönteinen merkki. The announcement of local elections for April 2006 is a positive sign.
1693	**kosto**	**revenge, retaliation|vengeance|reprisal|requital**
	nn	Kosto on suloinen. Revenge is sweet.
1694	**hukka**	**loss, drain**
	nn	Mielestäni komissio hukkasi tässä yhden tilaisuuden. This, in my view, is where the Commission wasted an opportunity.
1695	**arvostella**	**criticize, knock|rate|review|judge|censure**
	v	Tämä parlamentti ilmaisee mielipiteensä enemmistön tuella, ja sillä on täysi oikeus arvostella tai sensuroida komission jäseniä. This Parliament will express itself with a majority and has every right to criticise or censure the Commissioners.
1696	**lentäjä**	**pilot|aviator, flyer, flier, airman**
	nn	En osaa sanoa milloin minulle selvisi että jonain päivänä minusta tulisi lentäjä. I couldn't say when exactly in my life it occurred to me that I would be a pilot someday.
1697	**jengi**	**gang**
	nn	Lentäjä tiedotti matkustajille turvavyön tarpeellisuudesta, kun kone oli lähestymässä turbulenssia. The gang agreed to release Tom for a ransom of $100,000.
1698	**vilkaista**	**glance|skim, skim over|glimpse|scan**
	v	Mainoksen sisältö välittyy nopeasti, sillä mainos vilkaistaan sivulta tai se esitetään 30 sekuntia kestävänä videona. Advertising is a short-form medium, glimpsed on a page or in a 30-second video spot.
1699	**uhata**	**threaten, menace|be imminent**

	v	Direktiivillä ei myöskään uhata Ruotsin mallia tai Ruotsin työehtosopimuksia. Nor does it threaten the Swedish model or the Swedish collective agreements.
1700	**kurja** *adj; nn; phr*	**wretched, miserable, deplorable; beast; like nothing on earth** Täällä teitä odottaa vain kurja, kunniaton kuolema. Only miserable and inglorious death awaits you here.
1701	**julma** *adj*	**cruel, brutal, savage|ferocious|grim|inhuman|inhumane** Tämä säälimättömän julma määräys langetettiin väestön rasitteeksi 12 vuotta sitten.This mercilessly cruel burden was imposed twelve years ago on the population.
1702	**äskettäin** *adv*	**recently, lately, of late, latterly|newly, freshly, fresh** Se ilmestyi äskettäin. It recently came out.
1703	**torstai** *nn; abbr*	**Thursday; Thur** Niitä pidettiin ennen perjantaisin, sitten ne siirrettiin torstai-iltapäivälle. They used to be held on Fridays, then they moved to Thursday afternoons.
1704	**jälki** *nn*	**track, trail|trace, vestige|imprint|mark, print|impression, stamp** Pelkkä jälki riittää, määrällisiä raja-arvoja ei ole. Only a trace is required, there is no threshold amount.
1705	**sotamies** *nn*	**soldier|private|knave, jack|enlisted man|trooper** Euroopan unionissa energiapolitiikka alkaa vaikuttaa Hašekin tarinan "Kunnon sotamies Švejk" lääkäriltä, joka määräsi saman hoitokeinon kaikkiin tauteihin: peräruiskeen. In energy policy, the European Union is beginning to resemble the doctor in Hašek's story, 'The Adventures of the Good Soldier Švejk', who prescribed one treatment for all illnesses - an enema.
1706	**väsyttää** *v*	**tire, fag, fatigue, weary** Jos sinua väsyttää, mene nukkumaan. If you are tired, go to bed.
1707	**tappaminen** *nn*	**killing, kill|liquidation** Heidän on lopetettava uhkailut, väärinkäytökset, väkivalta, terrorismi ja tappaminen. They have to stop any use of threats, abuse, violence, terrorism and killing.
1708	**paikallinen**	**local, regional, native, neighborhood, endemic, sectional**

	adj	Paikallinen tiedotus on kuitenkin paikallisten toimijoiden tehtävä. However, local information is the responsibility of the local players.
1709	**häpeä**	**shame, disgrace, ignominy|mortification|stigma|dishonor, dishonour|reproach**
	nn	Hyvät kollegat, Tsetsenia on häpeäpilkkumme, se on Euroopan nykyinen häpeä. Ladies and gentlemen, Chechnya is a source of shame to us and to Europe.
1710	**kortteli**	**block, square**
	nn	Joitakin rakennuksia ja alueita sijaitsee jo Eurooppa-korttelin ulkopuolella. We already have some buildings and some sites outside the European quarter.
1711	**kulma**	**angle, corner, turn, coign**
	nn	Haluaisin poistaa englanninkielisestä nimestä sanan "corner" (kulma) ja lisätä sanan "key" (laki). In the English language I would prefer to delete 'corner' and insert 'key'.
1712	**laskin**	**calculator, computer|counter**
	nn	Kirjoita hakuruutuun Laskin ja valitse sitten tulosluettelosta Laskin. In the search box, type Calculator, and then, in the list of results, click Calculator.
1713	**sammuttaa**	**shut off|switch off|quench, extinguish, snuff out|slake|kill**
	v	Minä jäädyn tänne! Voisiko joku sammuttaa ilmastointilaitteen? It's freezing in here! Can somebody turn off the air-conditioner?
1714	**tina**	**tin, pewter**
	nn	8001 Muokkaamaton tina Valmistus, jossa kaikki käytetyt ainekset luokitellaan eri nimikkeeseen kuin tuote. 8001 Unwrought tin Manufacture in which all the materials used are classified within a heading other than that of the product.
1715	**myrkky**	**poison, venom, toxin, vitriol, bane**
	nn	Tämä myrkky voi aiheuttaa tulehdusreaktioita, autoimmuunijärjestelmän häiriöitä ja sidekudossairauksia. Toxins enter the women' s bodies and can cause inflammation, attack the auto-immune system and damage the connective tissue.
1716	**tuhlata**	**waste, squander|splurge|dissipate, fritter away, fool away**
	v	Emme voi tuhlata aikaa pitkittyviin neuvotteluihin sovittelumenettelyssä. We cannot waste time on protracted negotiations in conciliation.

1717 **kiinalainen** **Chinaman, Chinese, Chink; Chinese**
nn; adj Eilisen "puolalainen putkimies" on huomenna kiinalainen tai pakistanilainen.
Yesterday's 'Polish plumber' will tomorrow be Chinese or Pakistani.

1718 **tuomita** **condemn, sentence, doom|judge, adjudicate|denounce**
v Hänen huomioidensa pääajatus oli tuomita jälleenkäsittely vaarallisena toimintana.
The tenor of his remarks is to condemn reprocessing as a sinister activity.

1719 **lasi** **glass, pane, crystal, tumbler, beaker, chimney, bell**
nn Toisin sanoen tässä on eräänlainen "onko lasi puoliksi tyhjä vai puoliksi täynnä" -tapaus.
In other words, this is a case of 'glass half empty or glass half full'.

1720 **suklaa** **chocolate**
nn Asian harrastajat sen tietävät: hyvä suklaa on kaakaovoista tehty suklaa.
Chocolate lovers know it full well. Good chocolate is chocolate made with cocoa butter.

1721 **ryöstö** **robbery|raid|hold-up|heist, rip-off|abduction**
nn Tämä on ryöstö, johon me parhaillaan osallistumme.
What we are witnessing here is a hold-up.

1722 **tienata** **pull down, pocket**
v Minun täytyy tienata vähän rahaa, että minulla on varaa tietokoneeseen.I have to earn some money so that I can afford a computer.

1723 **läsnä** **in**
adv Tom ja Mari ovat molemmat läsnä.
Tom and Mary are both present.

1724 **peittää** **cover, shroud|hide, obliterate, veil|disguise|drown, overwhelm**
v Näin voidaan peittää elintarvikkeen todellinen kunto.
This could disguise the true condition of the food.

1725 **osallistua** **participate**
v Heille ei annettu lupaa osallistua rauhanomaisiin mielenosoituksiin.
They were not allowed to take part in the peaceful demonstrations.

1726 **vakooja** **spy, agent, spook, mole**
nn Toteankin tähän aina: en ole Naton vaan demokratian puolesta vakooja, vaikka kuulunkin myös Naton valtuuskuntaan.
My invariable response is that I am a spy for democracy rather than for NATO, even though I form part of the NATO delegation.

1727 **miehistö** **crew|men|ranks|establishment|party, company**

nn Miehistö valmistautui ulkoavaruuteen suuntautuvaan matkaansa.
The crew prepared for the voyage to outer space.

1728 **laivasto** **navy, fleet, marine, shipping**
nn Miksi laivasto sitten on siellä - lasten ja Crimean vanhusten viihdykkeenä?
Why is the fleet there, then - to entertain kids and the elderly in Crimea?

1729 **kuitti** **receipt|voucher|check|acknowledgment**
nn Matkakorvaus tulee suorittaa kuittia vastaan.
Travel expenses should be refunded on submission of a receipt.

1730 **viaton** **innocent, ingenuous|clean|lamblike; innocent**
adj; nn Mitä politiikkaan tulee, hän on yhä viaton kuin lapsi.
As far as politics is concerned, he's still as innocent as a child.

1731 **happi** **oxygen**
nn Lopputuloksena happi ei kulkeudu kovin hyvin keuhkoista kudoksiin, ja tämä on varsin vaarallista pienille lapsille.
The result is that oxygen is less efficiently transported from the lungs to the tissues, which can be particularly dangerous for infants.

1732 **ukko** **old man, old boy|hubby|geezer|gaffer, old-timer**
nn Tom oli katkera, elämään kyllästynyt ukko.
Tom was a bitter old man who was sick of life.

1733 **tiistai** **Tuesday; Tues**
nn; abbr Viikossa on seitsemän päivää: maanantai, tiistai, keskiviikko, torstai, perjantai, lauantai ja sunnuntai.
Today is Tuesday.

1734 **tapahtuma** **event|transaction|happening, occurrence|incident|process**
nn Siitä muodostuisi toimielimellemme ennennäkemätöntä rohkeutta ilmentävä tapahtuma.This would be an incredibly bold experiment for our institution to undertake.

1735 **ahaa** **I see**
phr Tällaiset tavoitteet saisivat ihmiset toteamaan: ahaa, teillä on todellakin suunnitelmia!
These are objectives that would make people say: Aha! You really have plans.

1736 **nenä** **nose**
nn Tomilla on iso nenä.
Tom has a big nose.

1737 **sade** **rain, rainfall|precipitation|wet|storm|shower**

nn Rankka sade esti minua menemästä ulos.
The heavy rain prevented me from going out.

1738 **väki** **people, folks**
nn Väki kokoontui Moskovaan, lisää sosialismia.
People congregated in Moscow: more socialism.

1739 **jatko** **sequel, continuation | tailpiece | follow-up | spin-off**
nn Tämä pöytäkirja on 25 jäsenvaltion EU:n kanssa tehdyn sopimuksen "looginen jatko".
This protocol is the 'logical extension' of the Agreement with the EU 25.

1740 **bensa** **gas, gasoline | juice**
nn Tomilta loppui bensa.
Tom ran out of gas.

1741 **harrastaa** **cultivate**
v Minusta urheilu on jotakin, jota ihmisten on pakko harrastaa, eikä jotakin, josta Euroopan parlamentti voi määrätä.
Sport seems to me to be something that people simply have to do and not something that should be imposed by the European Parliament.

1742 **helpottaa** **facilitate, ease, alleviate | simplify | relieve | smooth | soothe**
v Tämä lääke helpottaa päänsärkyäsi.
This medicine will soothe your headache.

1743 **turvallisesti** **safely**
adv Tuotteita voidaan käyttää turvallisesti teollisuudessa oikeissa olosuhteissa.
These products can be used safely industrially in the right conditions.

1744 **hiljaisuus** **silence, quiet | hush, still**
nn Metsässä vallitsi hiljaisuus.
Silence reigned in the forest.

1745 **muisti** **memory, storage, store | recall | mind | retention**
nn Kirjoita hakuruutuun Muisti ja valitse Tee vianmääritys tietokoneen muistiongelmille.
In the search box, type Memory, and then click Diagnose your computer's memory problems.

1746 **laukaus** **shot, gunshot, round, discharge**
nn Opiskelijan ampuma laukaus tai satiirinen pilapiirros ei ehkä ole todellinen syy, mutta meidän on ymmärrettävä viesti.A student's shot – or a satirical cartoon – may not be the reason, but let us take the message.

1747 **pelle** **clown, buffoon**

	nn	Hän pukeutuu kuin herrasmies, mutta hän puhuu ja käyttäytyy kuin pelle. His dress is that of a gentleman but his speech and behavior are those of a clown.
1748	**ympärille** *adv; prep*	**about, round; about, round** Toinen ehdotus koskee puskurivyöhykkeiden luomista vesistöjen ympärille. Another point is the introduction of buffer zones around watercourses.
1749	**yksityiskohta** *nn*	**detail, particularity, nicety, touch** Harhaanjohtamista oli se, että tämä olennainen yksityiskohta jätettiin sanomatta. It was misleading that this essential detail was left unsaid.
1750	**käytävä** *nn*	**aisle, gangway|corridor|hallway, hall|canal|passage, passageway** Rakkaus on kuin tuhkarokko. Meidän on kaikkien käytävä se läpi. Love is like the measles. We all have to go through it.
1751	**purkaa** *v*	**land|dismantle, tear down, pull down|unload|demolish** Käytävä on liukas, joten kävele varovasti. I had to take down my tent because of the strong wind.
1752	**hylätä** *v; phr*	**reject, refuse, turn down|abandon, forsake, desert; put on the shelf** En voi hylätä Tomia noin vain. I can't just abandon Tom.
1753	**hoito** *nn*	**care, charge|treatment|management|therapy|administration** Kunnioitan joulua sydämessäni ja pidän sen siellä vuoden ympäri. Elän menneessä, nykyisessä ja tulevassa. Kaikki kolme henkeä kasvakoot sisälläni. En aio hylätä heidän oppejaan. A treatment will cure the disease.
1754	**plus** *adv; prep; conj*	**plus; plus; and** Kaksi plus kaksi on neljä. Two plus two makes four.
1755	**taide** *nn*	**art, fine art** Elämä imitoi taidetta enemmän kuin taide elämää. Life imitates art far more than art imitates life.
1756	**malli** *nn*	**model, manikin|design, pattern|type|example, exemplar|style** Eurooppalainen malli perustuu yhteisvastuullisuuteen, kun taas amerikkalainen malli ei. The European model is based on solidarity, while the American model is not.
1757	**väkivalta**	**violence, assault, rough stuff, stick**

	nn	Joskus väkivalta on hyödyllistä. Sometimes violence is useful.
1758	**kundi**	**fella, feller|pal**
	nn	Kuka tää kundi o?Who's this guy?
1759	**projekti**	**project**
	nn	Se on tärkeä projekti oikeudellisia asioita koskevan kolmannen pilarin kannalta. It is an important project for the third pillar on cooperation on judicial affairs.
1760	**haavoittua**	**be wounded**
	v	Varsinkin lapset saattavat vahingossa laukaista räjähtämättömiä laitteita ja haavoittua vakavasti. Above all, children are in danger of setting off unexploded devices by accident, and they can receive serious injuries from doing so.
1761	**hymy**	**smile**
	nn	Tomin hymy hyytyi välittömästi. Tom's smile vanished instantly.
1762	**miljardi**	**billion, milliard**
	nn	Yhteisön kehyksessä annamme miljardi euroa AKT-maiden velkojen helpottamiseen. Within the framework of the Community we will contribute EUR 1 bn for debt relief to ACP countries.
1763	**keltainen**	**yellow, amber**
	adj	Keltainen ilmaisee, että tietokone on mahdollisesti suojaamaton. Yellow indicates that your PC's status is "potentially unprotected."
1764	**korkeintaan**	**not more than, at the outside, at the very outside**
	adv	Korkeintaan tarvitaan nykyisten asiakirjojen mukauttamista. At most there is a need to adapt the instruments already in place.
1765	**omituinen**	**quirky, offbeat, kinky, way-out|strange|peculiar, odd, curious**
	adj	Onpa omituinen keli! How strange the weather is!
1766	**säilyttää**	**retain|keep, maintain|store|preserve, conserve|perpetuate**
	v	Tomista oli vaikeaa säilyttää malttinsa. Tom found it hard just to keep his composure.
1767	**asukas**	**resident, occupant, occupier|inhabitant, dweller, denizen|citizen**

nn

Kreikka on 10 miljoonan asukkaan valtio, jossa laittomien siirtolaisten määrä on 2,5 miljoonaa: joka neljäs Kreikan asukas on ulkomaalainen.
We are a country of 10 million inhabitants, 2.5 million of whom are illegal immigrants: one in four inhabitants in Greece is a foreigner.

1768 **kokonainen** — **whole; whole|entire, full|complete|integral**
nn; adj
Toinen päätöksemme taustalla oleva syy on, että ensi vuosi on 25 jäsenvaltion unionin ensimmäinen kokonainen vuosi.
The second reason for our decision is that next year will be the first full year of the Union of 25.

1769 **palvella** — **serve, service|help|attend|attend on**
v
Poliitikon tulisi palvella kansaa.
A politician should serve the people.

1770 **juusto** — **cheese**
nn
Keinotekoinen juusto täytyy voida helposti tunnistaa sellaiseksi ja sillä on oltava vastaava nimitys.A cheese substitute must be clearly recognisable as such and designated accordingly.

1771 **syyllisyys** — **guilt**
nn
Tavanomaisessa oikeusjärjestelmässähän on todistettava syyllisyys eikä syyttömyys.
In a normal system of law, it is guilt, and not innocence, that needs to be proved.

1772 **ärsyttää** — **irritate, annoy**
v
Toi tyyppi ärsyttää mua.
That guy annoys me.

1773 **levitä** — **spread, fan out|propagate, circulate|extend, broaden**
v
Tuli voi levitä nopeammin kuin pystyt juoksemaan.
A fire can spread faster than you can run.

1774 **kumma** — **odd, screwy, strange thing**
adj
Kumma tyyppi.
He's a weird guy.

1775 **aita** — **fence, fencing|wall|barrier|hedge|hurdle**
nn
Korkea aita ympäröi puutarhaa joka puolelta.
A high wall stands all about the garden.

1776 **ainutlaatuinen** — **unique, remarkable**
adj
Brownin ainutlaatuinen tyyli opettaa jätti lähtemättömän merkin opiskelijasukupolviin.
Mr. Brown's unique style of teaching left an indelible mark on generations of students.

1777 **oppilas** — **pupil, student|disciple|learner|trainee|scholar**

	nn	Jokainen vaikeuksissa oleva oppilas on nuori, jonka henkilökohtainen tulevaisuus on vaarassa. Any pupil in difficulties is a young person whose future is compromised.
1778	**mukavasti** *adv*	**nicely** Hän edistyy opinnoissaan mukavasti. He's coming along nicely with his studies.
1779	**paketti** *nn*	**package, packet, parcel | pack | suite | package deal** Minulla on täällä paketti hänelle. I have a package here for her.
1780	**tuomio** *nn*	**judgment, judgement | condemnation, sentence, conviction** Kolmelle annettiin elinkautinen tuomio. Three were sentenced to life imprisonment.
1781	**taso** *nn*	**level, tier, grade | plane | standard | rate | pitch** Liettuan taso on sietämätön ja paljon korkeampi kuin EU:n keskiarvo 70. This Lithuanian rate is intolerable and much higher than the EU average of 70.
1782	**yliopisto** *nn; abbr*	**university, college, varsity, school; Univ.** Jos hikipajatyöhon liittyvän mekkalan todellinen tarkoitus on saada yliopisto-opiskelijat ja professorit tuntemaan itsensä moraalisesti paremmiksi kuin yritykset, jotka tarjoavat paljon kaivattua työtä köyhissä maissa, niin se tavoite on täytetty.If the real purpose of all the uproar about sweatshop labor in the Third World is to allow college students and professors to feel morally one-up on businesses that are providing much-needed jobs in poor countries, then it accomplishes that purpose.
1783	**epätoivoinen** *adj*	**desperate, despairing | hopeless | despondent | miserable** Olen epätoivoinen. En tiedä mitä tehdä. I'm desperate, I don't know what to do.
1784	**aine** *nn*	**substance | material, stuff | agent | matter, subject | composition, theme** Luonnossa esiintyvä aine ei mielestäni ole oikeastaan kemiallinen aine. I do not think a natural substance is really a chemical substance.
1785	**vale-** *adj; pfx*	**fake, bogus, phoney, phony; pseudo-** Kuten tiedätte, ihmiset ilmoittavat usein tulevansa maahan vain vapaa-ajan matkalle, mikä on vale. As you know, people often declare that they are visiting a country purely for tourism, which is a lie.
1786	**viides**	**fifth | fifth**

	num	Hän käy täällä joka viides päivä. He comes here every five days.
1787	**iho**	**skin, complexion**
	nn	Yhdistyneiden Kansakuntien kolmannen merioikeuskonferenssin viides istunto päättyy. The fifth session of the United Nations Conference of the Law of the Sea ends.
1788	**ruveta**	**start, take up|enter into**
	v	Jannea ei huvittanut ruveta maalaamaankaan, vaikka hän tavallisesti piti siitä kovasti. Janne didn't bother even to paint, though he usually liked it a lot.
1789	**kadoksissa**	**missing**
	adj	Jälkimmäinen näyttää joskus olevan kadoksissa tämänkaltaisissa keskusteluissa ilmastonmuutoshysterian takia. The latter sometimes seems to get lost in debates of this kind with all the hysteria about climate change.
1790	**pukki**	**buck, horse|Santa|trestle|goat|billy goat**
	nn	Jos sä et oo kiltisti, nii pukki ei tuu. If you don't behave, Santa won't come.
1791	**kokaiini**	**cocaine|coke, snow**
	nn	Kokaiini on uusi ongelma, joka on valitettavasti tullut maahamme ulkopuolelta. Cocaine is a new problem that has unfortunately been imported.
1792	**tilata**	**order|book, reserve|requisition|write away for|write off**
	v	Nyt ei ole aika tilata pelkkiä lisätutkimuksia. It is not the time merely to be commissioning further studies.
1793	**katastrofi**	**disaster, catastrophe, calamity; act of god**
	nn; phr	Se olisi katastrofi. It'd be a disaster.
1794	**korva**	**ear, lug**
	nn	Peitin korvani. I covered my ears.
1795	**versio**	**version**
	nn	En käy läpi yksityiskohtia, mutta englanninkielinen versio on autenttinen. I will not go into the details, but the authentic version is the English version.
1796	**toteuttaa**	**implement, carry out|execute, fulfill, accomplish, fulfil|realize**

	v	Myönnän suunnitelmassasi olevan järkeä, mutta suunnitelma kuulostaa silti erittäin hankalalta toteuttaa. Admittedly your plan makes sense, but I still think it will be very hard to carry out.
1797	**hurmaava**	**charming|enchanting, fascinating|ravishing|adorable|fetching, winning**
	adj	”Kuka tämä Tom oikein on?” ”Hän on hurmaava nuorimies, jonka tapasin muutama päivä sitten.” Who is this Tom? "He's a charming young man I met a few days ago."
1798	**ojentaa**	**stretch out, stretch, extend|hand, reach, pass|reach out|present**
	v	Anteeksi, voisitko ojentaa suolan? Can you pass me the salt, please?
1799	**porukka**	**outfit|gang, mob|punters|crew|lot**
	nn	Eilisessä kokouksessa oli läsnä melkoisesti porukkaa. Quite a few people were present at the meeting yesterday.
1800	**romanttinen**	**romantic**
	adj	Jos jollain on romanttinen käsitys rahapelitoiminnasta, minun on aiheutettava hänelle pettymys. If anyone has a romantic notion of gambling, then I have to disappoint them.
1801	**tukka**	**hair**
	nn	Ihmisille, jotka haluavat sanoa " Lapsellani tulee olemaan keltainen tukka ja pienempi nenä" ?. Who want to say 'My child shall have yellow hair and a smaller nose'?
1802	**törmätä**	**walk into|hit, strike|stumble|bump|smash into**
	v	Moottoripyörä törmäsi autoon. The motorcycle crashed into a car.
1803	**lukita**	**lock, lock up|secure|shut**
	v	Voit lukita tietokoneesi lukkopainikkeella. You can lock your computer with the Lock button.
1804	**toivottaa**	**wish, bid**
	v	Haluamme toivottaa teidät lämpimästi tervetulleeksi Euroopan parlamenttiin!We would like to bid you a warm welcome to the European Parliament!
1805	**suorittaa**	**run, execute|perform|carry out, accomplish, fulfill, fulfil**
	v	Unohdin lukita etuoven. Her husband has been in prison for three years.
1806	**luonnollisesti**	**naturally, not unnaturally**

adv Kustannuskysymys oli teollisuusvaliokunnassa luonnollisesti vahvasti esillä.
The cost issue was naturally a major consideration in the Committee on Industry.

1807 **tauti** **disease, malady, affection, lurgy**
nn Viime aikoina olen ollut väsynyt, vaikka kuinka nukkuisin. Onkohan minulla joku outo tauti tai jotain?
Lately it seems that no matter how much I sleep, I stay tired. I wonder if I've come down with something strange.

1808 **kirous** **curse, bane|cuss, oath|malediction, imprecation**
nn Globalisaatioon liittyvien ilmiöiden aiheuttama työttömyyden kirous kuuluu selvästi näihin hätätilanteisiin, ja kun 19 miljoonaa ihmistä on työttömänä, ratkaisuja on keksittävä.
The economic scourge of unemployment, caused by globalisation-related phenomena, is clearly one such emergency, and, with 19 million people unemployed, solutions must be found.

1809 **käännös** **translation, version|turn|rendering, rendition|prose|swerve**
nn Jos venäjänkielisessä kirjoituksessa on paljon omistuspronomineja, on varmaa, että se on kehno käännös englannista.
If there are a lot of possessive pronouns in the Russian text, you can be sure that it's a bad translation from the English.

1810 **kaikkialle** **round; round**
prep; adv Monet haluavat rauhaa kaikkialle maailmaan.
A lot of people want peace all over the world.

1811 **tulipalo** **fire**
nn Hän herätti minut ravistellen ja huutaen: "Tulipalo!"
He shook me awake, shouting, "A fire!"

1812 **sormus** **ring**
nn Tomilla on sormus.
Tom has a ring.

1813 **köyhä** **poor|needy, impoverished, destitute; pauper|have-not**
adj; nn Hän on köyhä mutta onnellinen.
She is poor, but happy.

1814 **valtavasti** **vastly, in profusion, wildly, mortally, no end of, beyond measure**
adv Arvoisa puhemies, kirjastojen rooli on muuttunut valtavasti nykyajan yhteiskunnassa.
Mr President, the role of libraries in modern society has changed enormously.

1815 **välinen** **inter-**

	pfx	Mikä on uskonnon ja filosofian välinen ero?What's the difference between religion and philosophy?
1816	**huippu**	**top, summit, pinnacle, height, acme|peak, tip, point|high**
	nn	Se, mitä onnistumme tekemään julkisesti, on siis yhä pelkkä jäävuoren huippu. What we are managing to get done in public is thus still only the tip of the iceberg.
1817	**epäreilu**	**unfair**
	adj	Ensiksi, maantiekuljetuksilla on epäreilu kilpailuetu rautateihin nähden. Firstly, the rail network is literally facing scandalously unfair competition from trucks.
1818	**puhdistaa**	**clean, pick|cleanse|clean up|purify, purge|clear**
	v	4. jotta Internet voidaan puhdistaa roskapostista ja rangaista niitä, jotka laskevat sitä liikkeelle, 4. in order to clean the Internet of spam and punish those who make it circulate;
1819	**tyyli**	**style, mode|look|flair, dash|pizzazz|diction**
	nn	Hänellä on huono tyyli. The writer has an excellent style.
1820	**hankaluus**	**inconvenience, trouble, difficulties, rub, complication, discomfort, scrape**
	nn	Tämän takana oli kansainvälisten varojen siirtojen hankaluus ja kalleus. It originated because of the difficult and expensive business of making international financial transfers.
1821	**työpaikka**	**job|workplace|employment|position, spot, situation**
	nn	He ovat ennen kaikkea huolissaan työpaikoistaan tai vaikeuksista löytää työpaikka. Above all, they are anxious about their jobs or the difficulty of finding work.
1822	**kerätä**	**collect, accumulate|gather, assemble|raise|pick|garner**
	v	Tosi asiassa ympäristö tarjoaa uuden mahdollisuuden kerätä pääomaa ja voittoa. In fact, the environment provides a new opportunity to accumulate capital and profit.
1823	**alkoholi**	**alcohol, intoxicant|spirit|liquor|drink**
	nn	Alkoholi ei ratkaise mitään ongelmia, mutta sitä ei tee myöskään maito. Alcohol does not solve any problems, but neither does milk.

1824 **hallussa** **under one's belt, in hands**
phr
Afganistanissa Karzain hallituksen hallussa on tosiasiallisesti vain Kabulin kaupunki.
In Afghanistan itself, the Karzai government enjoys de facto power only in Kabul.

1825 **aihe** **subject, topic|theme, motif|subject matter|reason, cause|occasion**
nn
Mikä on kirjan aihe?What is the book about?

1826 **murtaa** **break, fracture|break down|crack|wear down|desolate**
v
Vietnamilaiset yritetään murtaa ja pelotella pysymään vaiti.
The tendency is to want to break people down and frighten them into silence.

1827 **rangaistus** **penalty, sentence, sanction, chastisement, retribution, nemesis**
nn
Rangaistus seuraa nopeasti.
Punishment follows swiftly.

1828 **huhu** **rumor, rumour|report|bruit|tale**
nn
Huhu siitä, että se yritys olisi menossa konkurssiin, leviää.
There's a rumor in the air that the firm is going into bankruptcy.

1829 **lähin** **next, immediate**
adj
Näiden toimintatapoja koskevien kysymysten lisäksi lähin huolenaiheemme tänään ovat viimeaikaiset uudelleenjärjestelyt.
Besides those policy aspects, our immediate concern today is the recent cases of restructuring.

1830 **mukaisesti** **in accordance with, in conformity with, in compliance with**
prep
Tämän päätöksen mukaisesti liittymisneuvottelut alkavat huhtikuussa 1998.
According to this decision accession negotiations are to start in April 1998.

1831 **vähä** **little**
adj
Mehiläisiä arvioidaan sen perusteella, kuinka paljon ne tuottavat hunajaa ja vahaa. Tämä on aivan liian vähäinen peruste.
Bees are valued in terms of the amount of honey and wax they produce but that undervalues them.

1832 **keskenään** **among themselves; amongst themselves**
adv; prep
Mistä valtiot keskustelevat keskenään, ja mihin ne sijoittuvat liigassa?
What are they saying among themselves, and where are they in the league?

1833 **aarre** **treasure, gem|jewel|prize**

nn Kuubaa koskevien toimiemme vuoksi meiltä jää huomaamatta todellinen aarre.
As a result of our policy towards that country, we are overlooking a real treasure.

1834 **vastalause** **objection, remonstrance|protest**
nn Toistan, jos asiasta esitetään yksikin vastalause, en voi toimittaa äänestystä.
If there is an objection, I repeat, we will not be able to put it to the vote.

1835 **sattuma** **chance, fortune, hazard|coincidence|accident|occurrence|contingency**
nn BSE ei ollut sattuma, vaan järjestelmän sisäinen seuraus.
BSE did not occur by chance, it was an inbuilt consequence of the system.

1836 **haava** **wound, ulcer, cut, sore, laceration**
nn Sinun olisi parempi sitoa haava heti.You'd better bandage the wound at once.

1837 **pelotella** **frighten|intimidate|browbeat, bully|buzz|cow**
v Te haluatte asettaa kieltoja ja pelotella kaikkia, jotka kyseenalaistavat politiikkanne!
You want to ban and intimidate anyone who questions your policies!

1838 **veikata** **bet, do the pools, play the pools, tip, second-guess**
v Hyvä puoli on se, että vedonlyöminen on helpompaa, on entistä helpompaa veikata.
The upside is that it facilitates the punter and it makes it easier to get and to place a bet.

1839 **sairaus** **disease|illness, sickness, malady|ailment, complaint|affection**
nn Ydinajatus on tämä: velkataakka on oire, alikehittyneisyys on sairaus.
This is the crucial issue: debt is a symptom but underdevelopment is the disease.

1840 **ohjaaja** **supervisor|pilot|director|instructor|counselor, counsellor**
nn Tuo ohjaaja on herkkä kritiikille.
He's a talented young director.

1841 **kopio** **copy, transcript|replica, reproduction|print|repeat, repetition**
nn Meidän pitäisi ehkä antaa valtiovarainministereille kopio perussopimuksista.
Perhaps we should give the Finance and Economics Ministers a copy of the Treaties.

1842 **ykkönen** **one, unity, ace|king|unit|low gear|bottom gear**

nn Tehkää selväksi se, että Eurooppa on maailmankaupan ykkönen!
Make it clear that Europe is the number one player in world trade!

1843 **leikki** **play, fun|game|blindman's buff**
nn Tämä leikki on hyvin julma ja maksaa joka päivä satojen ihmisten hengen.
It is a very cruel game that is paid for each day in hundreds of human lives.

1844 **hyödytön** **useless|dead|futile, ineffectual, unavailing|vain, bootless|sterile**
adj Tässä on kartta! ...se on ihan vitun hyödytön! "Miksi sitten alkujaankaan ostit viallisen paskan?" "Se oli tarjouksessa Halpahintasaaressa."
Here is the map! ...It's fucking useless! "Then why did you purchase a faulty piece of shit in the first place?" "It was on sale at the Island of Lower Prices."

1845 **puhuminen** **talking, speaking, speech**
nn Ekologisista seurauksista puhuminen herättää kaikenlaisia huolenaiheita ja pelkoja.
Talking about its ecological consequences evokes all sorts of concerns and fears.

1846 **valokuva** **photograph, photo, picture|snapshot, snap, shot|still**
nn Palauta valokuva sen alkuperäiseen sijaintiin ja yritä sitten muokata valokuvaa uudelleen.Restore the photo to its original location, and then try to edit the photo again.

1847 **heittää** **throw|cast, hurl|roll|toss, fling|chuck**
v Osaatko heittää laakasyötön?
Can you throw a fastball?

1848 **epätavallinen** **unusual, uncommon, unorthodox, unaccustomed, infrequent**
adj Kuitenkin juuri tätä direktiiviä koskeva tilanne on epätavallinen ja vakava.
But the situation regarding this particular directive is unusual and serious.

1849 **puisto** **park, parkland|gardens**
nn Tämä oli kerran puisto.
This was once a park.

1850 **nykyisin** **today, nowadays**
adv Nykyisin Euroopan sääntelykehystä käytetään mallina muilla oikeudenkäyttöalueilla.
Nowadays, the European regulatory framework is a model for other jurisdictions.

1851 **öljy** **oil, petroleum**
nn
Öljy ja vesi eivät sekoitu.
Oil and water don't mix.

1852 **taata** **guarantee, ensure, secure, insure|warrant|pledge|vouchsafe**
v
Yhdenmukaistamisdirektiivien tulee taata vastaavien tuotteiden vapaa liikkuvuus.
Harmonization directives should guarantee the free movement of the products in question.

1853 **varoittaa** **warn, caution, dissuade, tip, strike a note of warning**
v
Meidän olisi pitänyt varoittaa Tomia vaarasta.
We should've warned Tom of the danger.

1854 **hiiri** **mouse**
nn
Aseta hiiri näppäimistön viereen puhtaalle ja sileälle pinnalle, kuten hiirimatolle.
Place your mouse beside your keyboard on a clean, smooth surface, such as a mouse pad.

1855 **ylimääräinen** **extra, spare, redundant, superfluous; extra|spare|odd man out**
adj; nn
Esityslistalla on seuraavana ylimääräinen keskustelu Eurooppa-valmistelukunnasta.
The next item is the extraordinary debate on the European Convention.

1856 **kierros** **round, beat|tour|lap, circuit|turn, bout|revolution, rotation**
nn
Ukrainassa järjestettiin eilen presidentinvaalien ensimmäinen kierros.
Yesterday, the first round of presidential elections was held in Ukraine.

1857 **sievä** **pretty, cute, dinky, neat**
adj
Kuinka sievä tämä kuppi onkaan!
How nice this cup is!

1858 **summa** **sum, amount, total|figure**
nn
Kokonaisuus on suurempi kuin osiensa summa.
The whole is more than the sum of its parts.

1859 **turvallisuus** **safety, security**
nn
Tuotteiden turvallisuus edellyttää ja vaatii työntekijöiden turvallisuutta.
The safety of products implies and demands the safety of workers.

1860 **mainio** **splendid, admirable, wonderful, fine, superlative, bonny, capital**

adj — Nyt, kun Lissabonin sopimus on voimassa, meillä on mainio tilaisuus järjestää sopimusta ja unionia käsittelevä tiedotuskampanja.
Today, when the Treaty of Lisbon is now in force, we have a wonderful opportunity to run an information campaign about the treaty and the Union.

1861 **paine** — **pressure, press|push|stress, tension|strain**
nn — Olosuhteiden paine johtaa meidät siihen varmasti tulevaisuudessa.
The pressure of circumstances is certain to force us to do this in the future.

1862 **muukalainen** — **stranger, alien; foreign**
nn; adj — Silloin voimme katsoa keskuudessamme olevaa vierasta niin, ettei hän ole muukalainen, vaan ihmisperheen, Jumalan perheen, veli tai sisar.
Then do we behold the stranger amongst us not as an alien, but as a brother or sister in the human family, the family of God.

1863 **ydin** — **core, nucleus|essence, kernel, heart**
nn — Se juuri onkin asian ydin.
That's the whole point.

1864 **englantilainen** — **English; Englishman**
adj; nn — Englanti on äidinkieleni, mutta en ole englantilainen: olen irlantilainen.
English is my mother tongue, but I am not English: I am Irish.

1865 **asenne** — **stance, posture|approach|mind**
nn — Ratkaisevaa on kuitenkin Serbian toimivaltaisten viranomaisten asenne.
What is decisive, however, is the attitude of the competent Serbian authorities.

1866 **kieltäytyä** — **refuse, decline|balk at**
v — Tom ei voi kieltäytyä.
Tom can't refuse.

1867 **tulinen** — **fiery|hot, red-hot|mortal|high-spirited**
adj — Makkara on maultaan miellyttävä, pehmeä, kevyesti suolainen ja toisinaan hieman tulinen.
The sausage has a pleasant, mild, lightly salted and sometimes slightly spicy taste.

1868 **pakkomielle** — **obsession, hangup**
nn — Ranskan kieli on ollut minulle pakkomielle viime aikoina.I have been obsessed with French recently.

1869 **orja** — **slave, fiend, drudge, thrall; addicted**

	nn; adj	Minusta tuntuu kuin olisin orja. I feel like a slave.
1870	**tähdätä**	**target|point, level|take a sight|train**
	v	Mikä on vaihtoehto, jonka avulla voidaan tähdätä korkeammalle? What alternative does he have in mind in order to aim higher?
1871	**monesti**	**often, oft|many a time**
	adv	Toivoisin monesti, että tämä yksi ääni olisi hieman yhtenäisempi ja kovempi. I sometimes wish that this one voice were rather more harmonious and somewhat louder.
1872	**näkymätön**	**invisible, unseen, blind**
	adj	Tekijän pitää olla teoksissaan, kuin Jumala luomassaan: näkymätön ja kaikkivoipa. Hänet voi aistia kaikkialla, vaan ei nähdä. The artist must be in his work as God is in creation, invisible and all-powerful; one must sense him everywhere but never see him.
1873	**ladata**	**load, charge|recharge, reload**
	v	Miten voin ladata kuvan nettisivullesi? How can I upload a photo to your website?
1874	**pikemminkin**	**rather, if, and**
	adv	Tämä ei tarkoita, että tekstiiliteollisuus häviäisi kokonaan – pikemminkin päinvastoin. That does not mean there will be no textile industry at all – quite the contrary.
1875	**aasi**	**donkey, ass**
	nn	Aasi on harmaa. A donkey is gray.
1876	**varmuus**	**certainty|assurance|reassurance|poise, aplomb|certitude**
	nn	Kuluttajien on saatava parempi varmuus tuotteiden turvallisuudesta. Consumers must have greater certainty that products are safe.
1877	**oudosti**	**peculiarly, in a queer fashion**
	adv	Tomi on käyttäytynyt oudosti viime aikoina. Tom has been acting odd lately.
1878	**särkeä**	**smash, break|ache|shatter|smash up|vandalize**
	v	Tom ei voinut ymmärtää miksi Mari käyttäytyi niin oudosti. You cannot make omelets without breaking eggs.
1879	**teeskennellä**	**pretend, feign, dissemble, sham|fake; put on an act**
	v; phr	Tom ihmetteli, pitäisikö hänen teeskennellä pitäneensä Maryn hänelle valmistamasta illallisesta. Tom wondered if he should pretend to appreciate the dinner Mary made for him.

1880 **kokoinen** **-size, -sized**
sfx
Monet kysyvät, pystyykö Ruotsin kokoinen valtio kantamaan tämän vastuun.Many ask whether a country the size of Sweden can shoulder this responsibility.

1881 **väärinkäsitys** **misunderstanding, misapprehension | misconception | misconstruction**
nn
Brittiläisten ja saksalaisten viranomaisten välillä näyttää olevan väärinkäsitys.
There seems to be a misunderstanding between the British and German authorities.

1882 **Kiina** **China**
nn
Voimaa Kiina voi ammentaa vuosituhansia vanhasta kulttuuristaan.
Thousands of years of Chinese culture can give it the strength to do so.

1883 **valhe** **lie | falsehood, untruth, falsity | fabrication | gaff | tale**
nn
Eläkerahastojen esittäminen yleislääkkeenä olisi kuitenkin tietoinen valhe.
To present pension funds as a panacea however would be a deliberate lie.

1884 **tauko** **break, recess, respite | pause | interval | stop | lull**
nn
Pidetään kymmenen minuutin tauko.
Let's have a ten-minute break.

1885 **synti** **sin, iniquity, transgression, trespass**
nn
Tylsistyminen on synti.
To be bored is a sin.

1886 **seistä** **stand**
v
Minulla oli niin huono olla, etten voinut seistä.
I was too sick to stand.

1887 **haistaa** **smell, smell out | scent, wind**
v
Mutta sen voi haistaa, että siellä on kuolleita.
The fact that there are dead bodies there can be smelt, however.

1888 **monimutkaistaa** **complicate, perplex**
v
Olen samaa mieltä komission jäsenen kanssa siitä, että meidän ei pidä monimutkaistaa tilannetta.
But I do agree with the Commissioner - let us not make the situation more complicated.

1889 **tanssija** **dancer**
nn
Sitten on myös tanssija, joka harjoitteli Ballet Rambert Schoolissa.
Then there is the dancer who trained at the Ballet Rambert School.

1890 **velho** **wizard, sorcerer | sorceress | enchanter**

	nn	Oletko sinä velho? Are you a wizard?
1891	**täten**	**thus|hereby, herewith**
	adv	Velho heilautti taikasauvaansa ja katosi jäljettömiin. I hereby declare the opening of the Olympic Games.
1892	**märkä**	**wet, soggy, watery, slobbery; pus, matter**
	adj; nn	Jessien pitkä tukka oli täysin märkä. Jessie's long hair was completely wet.
1893	**sydänkohtaus**	**heart attack, seizure**
	nn	Tosin kyseessä oli sydänkohtaus, mutta kaikki tietävät, kuinka huonosti Nigeriassa kohdellaan poliittisia vankeja. He may well have had a heart attack, but everyone knows how poorly political prisoners in Nigeria are treated.
1894	**epäily**	**doubt|suspicion, misgiving, mistrust|qualms|unbelief**
	nn	Se epäily, jolle olen antanut tässä ilmauksen, kasvaa jatkuvasti. The scepticism I have expressed here continues to grow.
1895	**julkisesti**	**publicly, in public|for the record|professedly|just for the record**
	adv	Kuulemme ehdokkaita julkisesti ja esitämme myös heitä koskevat arviomme julkisesti. It is in public that we consider candidates for office, and in public that we deliver our verdict on them.
1896	**lausunto**	**opinion, statement, utterance, testimonial, dictum**
	nn	Esityslistalla on seuraavana komission lausunto yhteisestä kalastuspolitiikasta. The next item is the Commission statement on the common fisheries policy.
1897	**ujo**	**shy, timid|bashful**
	adj	Hän on erittäin ujo ja tuntee olonsa epämukavaksi juhlissa. She is very shy and feels ill at ease at parties.
1898	**harjoitus**	**training|exercise, practice, drill|rehearsal|discipline|reading**
	nn	Tämä olisi kansallemme todellinen itsemääräämisoikeutta koskeva harjoitus. This would represent the true exercise of self-determination for our people.
1899	**irrota**	**loosen, separate, come away, pull away, unstick, sever**
	v	Sammuta Windows To Go -työtilasi, irrota muistitikku ja käynnistä tietokoneesi. Shut down your Windows To Go workspace, remove the drive, and then start your PC.
1900	**koski**	**rapids, white water, race**

	nn	Toinen kirjoittajan kanssa esille tullut asia koski luovuttajien saamia maksuja. The other issue that came up between us was the question of the payment of donors.
1901	**kuljettaja** *nn*	**driver|operator|conveyor, conveyer|carrier|jockey** Voi, kuljettaja on kahjo. Oh, the driver is a maniac.
1902	**kouluttaa** *v*	**train, educate, school|instruct|discipline|break in, break** Koulutuksen tarkoituksena on kouluttaa, ei tuottaa halpaa mukautuvaista työvoimaa. Education must educate, not produce cheap, docile workers.
1903	**loitolla** *adv*	**far away** Niiden avullahan pidettiin Neuvostoliitto loitolla ja taattiin nyt nauttimanne vapaus.Now, they helped to keep the Soviet Union at bay and guaranteed the freedom you now enjoy.
1904	**virallinen** *adj*	**official, authoritative, state, on-record** Tämä on komission virallinen kanta Yhdistyneiden kansakuntien yleissopimukseen. This is the Commission's formal interpretation of the UN Convention.
1905	**otus** *nn*	**creature** Tämä vuosikertomus on kuitenkin taas uusi osoitus siitä, ettei tilintarkastustuomioistuin kenties ole oikea saalistaja, vaan pikemminkin hampaaton otus häkissään. This annual report, though, is yet more evidence that it is not, perhaps, really a predator, but rather a toothless creature sitting in a cage.
1906	**kaksitoista** *num*	**twelve** Vietin junassa kaksitoista tuntia. I spent twelve hours on the train.
1907	**sisu** *nn*	**go|spunk|grit, guts|perseverance|pluck** On harmillista, että parlamentissa on niin paljon henkilöitä, joilta on sisu mennyt kaulaan. What a pity that there are so many in this House whose courage has deserted them; there has not, in fact, been that much change as yet.
1908	**kirjaimellisesti** *adv*	**literally, to the letter, in a literal sense** Aasian politiikkamme on rikollista politiikkaa, kirjaimellisesti rikollista. Our policy towards Asia is a criminal policy; it is quite literally criminal.

1909 **rikkoa** **break, smash | violate, transgress | infringe, contravene | burst**
v Tom luulee että Maryn on mahdotonta rikkoa ennätystä.
Tom thinks it impossible for Mary to break the record.

1910 **nerokas** **brilliant, ingenious**
adj Näihin pidätettyihin kuuluivat myös nerokas kirjailija Michel Kilo ja ihmisoikeusaktivisti Anwar al-Bunni.
Those arrested included the brilliant writer Michel Kilo and the human rights campaigner Anwar al-Bunni.

1911 **vaarantaa** **jeopardize, hazard, adventure | endanger, expose**
v Se ei ole sellainen sairaus, joka vaarantaa elämääsi.
It's not the sort of illness that puts your life at risk.

1912 **hajota** **decompose, disintegrate | degrade | fall apart, come apart | divide**
v hajota ja hallitse
divide and conquer

1913 **allekirjoittaa** **sign | endorse, indorse | undersign**
v Komissio allekirjoittaa sopimuksen Euroopan avaruusjärjestön kanssa.
The Commission will sign an agreement with the European Space Agency.

1914 **maili** **mile**
nn Maili on noin 1 600 metriä.A mile is about 1,600 meters.

1915 **neuvotella** **negotiate, bargain, mediate, parley, treat**
v Maili on noin 1 600 metriä.
You should consult with a pharmacist before buying that medicine.

1916 **masentua** **be cast down**
v Emme saa näin ollen pukeutua säkkiin ja tuhkaan, hankkia keltaista korttia tai masentua.
Let us not therefore wear sackcloth and ashes, be issued with yellow cards or be depressed.

1917 **haudata** **bury, entomb, lay to rest, inter**
v – Arvoisa puhemies, neuvostolla ei ole rohkeutta haudata perustuslakia.
– Madam President, the Council does not have the courage to bury the Treaty.

1918 **mielipuoli** **lunatic, madman | loony; lunatic | madman | loony**
nn; adj Mielipuoli ei ole vastuussa teoistaan.
A madman is not accountable for his actions.

1919 **morsian** **bride, fiancee**

nn Nyt morsian vain on vähän vanhempi ja vanhanaikaisempi eikä yhtä seksikäs kuin Roomassa.
The only thing is that the bride is now a little older, a little more old-fashioned and less sexy than she was in Rome.

1920 **noudattaa** **follow, pursue|obey|observe, keep, maintain|abide by|exercise**
v On todella olemassa perheitä, jotka haluavat noudattaa kristillistä perinnettä.
There are, in fact, families that wish to follow a Christian tradition.

1921 **hävetä** **blush|shame|be ashamed**
v Komission olisi syytä hävetä ehdotettuaan tällaista tarkistusta.
In proposing this amendment, the College of Commissioners should be ashamed of itself.

1922 **graham-** **whole-wheat**
adj Tämänpäiväiset puhujat Graham Watsonista alkaen ovat jo todenneet tämän.
Speakers today, from Graham Watson onwards, have made those points earlier.

1923 **rivi** **line, row, array, rank, bank, range, string, alignment, line-up**
nn Hädin tuskin yksi rivi solidaarisuudesta esitettiin Japanin ainoan ydinkatastrofin jälkeen.
Scarcely a single line of solidarity after Japan's only nuclear catastrophe.

1924 **korpraali** **corporal**
nn Ei sitä tarvitse ollenkaan hävetä.
He is ranked as corporal.

1925 **ajoitus** **timing**
nn Näissä olosuhteissa Nagoyan huippukokouksen ajoitus on täydellinen.In these circumstances, the timing of the Nagoya Summit could not be better.

1926 **hidastaa** **slow down, slow, retard, slow up**
v Emme saa antaa rahoituskriisin hidastaa siirtymistä vihreään talouteen.
We must not allow the financial crisis to slow down the switch to a green economy.

1927 **kärsivällinen** **patient, tolerant, forbearing, long-suffering**
adj Kansainvälisen yhteisön tulee olla kärsivällinen Venäjän suhteen.
The international community must be patient with Russia.

1928 **opetella** **learn**

	v	Etsin jotakuta, jonka kanssa voisin opetella englantia. I'm looking for someone who will learn English with me.
1929	**tutkimus**	**research, enquiry|study, survey|investigation, probe|examination**
	nn	Myös parlamentilla olisi oltava tässä yhteydessä oikeus käynnistää tutkimus. Parliament should also initiate an investigation in this connection.
1930	**viitata**	**signal, sign|make|infer|gesture, motion|make a motion**
	v	Arvoisa puhemies, Jarzembowskin tapaan haluaisin viitata liikennekysymykseen. Mr President, like Mr Jarzembowski, I wish to refer to the transport issue.
1931	**kohdella**	**treat, handle|serve|use**
	v	Ei noin sovi ystävää kohdella. That's not a way to treat a friend.
1932	**juuria**	**extirpate**
	v	Ilman alueellisia juuria, joiden kautta ihminen kehittyy, ei ole olemassa perustaa tulevaisuudelle. Without regional roots from which to develop, there can be no foundation and no basis for the future.
1933	**sarja**	**series, serial|kit|set|sequence, succession|suite**
	nn	Juuri tällä hetkellä Lontoossa on tapahtumassa sarja uusia räjähdyksiä. At this very moment, a serious of new explosions is taking place in London.
1934	**sanonta**	**saying, phrase, dictum, saw**
	nn	Vierivä kivi ei sammaloidu on sanonta. A rolling stone gathers no moss is a saying.
1935	**opiskelija**	**student, undergraduate**
	nn	Yksi äskettäisten mielenosoitusten uhreista oli itse asiassa sosialistinen opiskelija. One of the victims of the recent demonstrations was actually a socialist student.
1936	**edetä**	**proceed|progress|advance, make headway|make progress|tread**
	v	Hän saattaa tarvita lisäkoulutusta voidakseen edetä tulevaisuuteen.Think about the fact that he might need further training in order to advance into the future.
1937	**helikopteri**	**helicopter, chopper**
	nn	Yksikään lentokone tai helikopteri ei ole noussut ilmaan seitsemään vuoteen. For seven years, no aeroplanes or helicopters have taken off.
1938	**lesbo**	**Lesbian; Lesbian|dyke, dike**

adj; nn
Mari on lesbo.
Mary is a lesbian.

939 **hätäillä**
v
worry, get flustered, rush, rush at things, rush it
Euroopan laadun takaavan verkoston luomisessa ei kuitenkaan pidä hätäillä.
But for all that, the creation of a European network of quality assurance must not be too hasty.

940 **lehdistö**
nn
press, press corps
Vapaa lehdistö on kiistämättä yhteiskunnan demokraattisuuden mittari.
A free press is irrefutably a measure of the degree of democracy in a society.

941 **syrjä**
nn
edge, border|side
Hän työnsi kirjan syrjään.
He put aside the book.

942 **signaali**
nn
signal, ping
Bonnissa annettiin viime hetkellä tarpeellinen poliittinen signaali.
At the last moment, Bonn produced the political signal that was necessary.

943 **tuore**
adj
fresh, sweet|recent|green|wet|crispy
Tuore lumi näyttää kauniilta kukkulalla.
The fresh snow looks beautiful on the hill.

944 **syyte**
nn
prosecution|indictment|charge, accusation|count
Näistä suurenmoisista toimistaan häntä vastaan melkein nostettiin syyte.
For his brilliant efforts, he was nearly impeached.

945 **kyllin**
adj; adv
enough; enough
Iranilaiset ovat kyllä kyllin älykkäitä tehdäkseen päätöksen itse.
The Iranian people are intelligent enough to make the decision for themselves.

946 **Kalifornia**
nn
California
Yksikään maailman maa ei ole yhtä kunnianhimoinen kuin EU, ei edes Kalifornia.
No other country in the world is so ambitious - not even California.

947 **lyönti**
nn
beat, pulsation|shot, stroke|hit|blow|knock
Mikä tahansa lyönti voidaan kuitenkin iskeä taistelussa tätä uutta pankkisalaisuuden hirviötä vastaan.
However, any blow can now be struck in the fight against this new Hydra of banking secrecy.

948 **video**
video

	nn	Avaa Hae-oikopolku, kirjoita video, napauta tai valitse Sovellukset ja napauta tai valitse Video. Open the Search charm, enter video, tap or click Apps, and then tap or click Video.
1949	**näytin**	**indicator, reagent**
	nn	Näytin Tomille kuka on pomo. I showed Tom who's boss.
1950	**laskeutua**	**settle, sink|land|descend|fall, flow|touch down**
	v	On helpompi nousta kuin laskeutua. Taking off is easier than landing.
1951	**olla**	**be, constitute|have|exist|hold, carry|lie, rest**
	v	Ehkä Tomin pitäisi olla tarkkaavaisempi tunneilla. Maybe Tom should pay more attention in class.
1952	**laillinen**	**legal|legitimate, lawful|statutory|valid|rightful**
	adj	Meitä kiinnostavat kuitenkin vain laillinen oleskelu ja laillinen työnteko. We are, however, only interested in legal residence and legal employment.
1953	**alaspäin**	**down, downward|downhill**
	adv	Pidän possuista. Koirat katsovat meitä ylöspäin. Kissat katsovat meitä alaspäin. Possut kohtelevat meitä vertaisinaan. I like pigs. Dogs look up to us. Cats look down on us. Pigs treat us as equals.
1954	**kumppani**	**partner, mate|companion, associate|fellow|bedfellow**
	nn	Pidän sioista. Koirat katsovat meitä ylöspäin. Kissat katsovat meitä alaspäin. Siat kohtelevat meitä vertaisinaan. Envy is the companion of honour.
1955	**opiskella**	**study, read|train|pursue one's studies**
	v	On oltava järkevää sallia henkilöiden, jotka sitä haluavat, työskennellä, opiskella tai hankkia koulutus. It must be sensible to allow those who wish to work, train or acquire an education to do so.
1956	**riita**	**dispute, difference|strife|quarrel, row, wrangle|argument, contention**
	nn	Näytti siltä, että riita olisi vihdoinkin ohi, kun Mark heitti lisää löylyä kiukaalle esittämällä kysymyksen siitä kuka oli syyllinen. It seemed the quarrel would finally be talked out, when Mark added fuel to the fire by bringing up the question of who was guilty.
1957	**teoria**	**theory**

nn Kopernikuksen mielestä Ptolemaioon teoria oli väärässä. Noin vuosien 1507 ja 1515 välillä hän muotoili ensimmäistä kertaa teoriansa heliosentrisestä eli aurinkokeskeisestä maailmankuvasta.
Copernicus felt that Ptolomy's theory was incorrect. Sometime between 1507 and 1515, he first circulated the principles of his heliocentric or Sun-centered astronomy.

.958 **lämpötila** **temperature**
nn Lisäksi olisi tehtävä mittauksia, mitattava lämpötila ja jatkuvasti tarkistettava syke.Then, we should be measuring, taking the temperature, constantly taking the pulse.

.959 **vuori** **mountain, mount|lining|hill|peak**
nn Vuori on synnyttänyt ja saattanut maailmaan byrokraattisen sekasikiön.
The mountain has laboured and brought forth a bureaucratic chimera.

.960 **ilme** **expression, look, face|countenance|air|brow**
nn Usein se pysähtyi tämä pettynyt ilme kasvoillaan: "Oletko tosissasi?"
And she would often stop and have this dejected look on her face like, "Are you for real?"

.961 **nopeus** **speed, velocity|rate, pace|rapidity|promptness**
nn Viraston tarkoituksena on taata tehokkuus ja nopeus avun hallinnoinnissa.
The function of the agency is to ensure efficiency and speed in the management of aid.

.962 **arvella** **believe|opine, reckon, suppose, guess, think|expect|conjecture**
v Kuitenkin on perusteltua arvella, että heidän määränsä olisi suurempi eli 53 prosenttia ja että määrä kasvaisi 58 prosenttiin vuoteen 2015 mennessä.
However, there is a basis for thinking that this percentage could be higher: 53%, rising to 58% by 2015.

.963 **pakata** **pack|package|pack up|stow|wrap, wrap up**
v Voitteko pakata tämän erikseen?
Could you wrap this separately, please?

964 **liitto** **union, marriage|alliance, bond|covenant|confederation|league**
nn Osallistuiko liitto mielenosoitukseen?
Did the union participate in the demonstration?

965 **suuttua** **get angry, chafe; get one's monkey up**
v; phr Hänellä on taipumusta suuttua kun hän ei saa tahtoaan läpi.
He tends to get angry when he does not have his own way.

966 **maine** **reputation, repute|name|fame, renown|record|credit**

	nn	Tomilla on huono maine. Tom has a bad reputation.
1967	**karkki**	**candy, tuck, sweeties**
	nn	Tämä karkki maksaa kahdeksankymmentä senttiä. This candy costs eighty cents.
1968	**ammus**	**projectile, missile | shell | round**
	nn	Kineettisen energiansa vuoksi hyvinkin pienen kaliiberin ammus voi läpäistä panssariajoneuvon panssarikilven. Due to its kinetic energy, even a very small calibre missile can therefore penetrate a tank's armour plating.
1969	**ura**	**career | groove, channel | slot | mortise, mortice | rut**
	nn	Nykypäivän nainen on alttiina erilaisille rasitteille. Hänen täytyy yrittää yhdistää sekä ura että perhe-elämä.The woman of today is exposed to various stresses. She must try to reconcile career and family life.
1970	**fani**	**fan, groupie**
	nn	Olen Google-fani. I'm a fan of Google.
1971	**lasku**	**fall, drop, dip | invoice, account | landing | decrease | bill, note**
	nn	Tästä aiheutuva lasku esitetään tuleville sukupolville. The bill for this episode will be presented to future generations.
1972	**hauta**	**tomb, grave | sepulcher, sepulchre | shrine**
	nn	Valitettavasti siitä voi kuitenkin tulla hauta. Unfortunately, however, it can become a grave.
1973	**köysi**	**rope, line, cord, high wire**
	nn	Muutoin ei tapahdu mitään, köysi vain häviää. Otherwise nothing is going to happen and the rope disappears.
1974	**perustaa**	**establish, ground, found | form | start | constitute, institute | incorporate**
	v	Sosialistiryhmä on hyvin kiitollinen siitä, että oikeudellista perustaa on muutettu. The Socialist Group is very grateful that the legal base has been changed.
1975	**japani-**	**Japanese**
	adj	Japani muuten sitoo velkahelpotukset velvollisuuteen ostaa japanilaisia vientituotteita. Japan, incidentally, ties its debt relief to responsibility to buy Japanese exports.
1976	**nukke**	**doll, dolly | puppet | effigy**

	nn	Kuvitellaan, että tämä nukke on kyseinen avoimuusasetus. Let us imagine that this doll is the Regulation on transparency in question.
1977	**eksyä**	**stray, digress, wander|go astray|lose oneself|lose one's way**
	v	Bill on 20 minuuttia myöhässä. Hänen on täytynyt eksyä jonnekin. Bill is 20 minutes late. He must have gotten lost somewhere.
1978	**ulkoa**	**outside, from the outside, from memory; by heart; outside of**
	adv; phr; prep	Osaan tämän ulkoa, ja te osaatte tämän minua paremmin. I know the Rule by heart and you know it better than I do.
1979	**paistaa**	**shine, fry, roast, do**
	v	Mutta ilman sitä aurinko ei voisi paistaa. But, without it, the sun wouldn't shine.
1980	**pudottaa**	**drop, cast|bring down|shed, spill|dump|let fall**
	v	Sinun täytyy pudottaa painoa. You need to lose some weight.
1981	**amerikkalaistaa**	**Americanize**
	v	Haluan myös yhtyä siihen, mitä komission jäsen Fischler sanoi siitä, että meidän ei pidä amerikkalaistaa eurooppalaista maanviljelyä. I also agree with Mr Fischler's comments to the effect that European agriculture should not become Americanised.
1982	**sekaantua**	**cut in, tangle**
	v	Ympäristövaliokunta yrittää sekaantua kansallisiin asioihin. The Environment Committee is trying to interfere with national matters.
1983	**kaataa**	**pour, pour out|overthrow, overturn, bring down|cut down, fell**
	v	Ilman niitä kaikki varat, joita EU voi kaataa jäsenvaltioihin, ovat merkityksettömiä. Without them, all the funds that Europe can pour into the Member States will be pointless.
1984	**tuijottaa**	**gaze, ogle**
	v	Meidän ei pidä tuijottaa pelkästään Euroopan unionin talousarvioon. Do not look only to the European budget.
1985	**ritari**	**knight|chevalier, cavalier**
	nn	Tomi tuli pelastamaan minua kuin ritari kiiltävässä haarniskassa. The knight knelt obligingly before his king.
1986	**fantastinen**	**fantastic, fantastical|raving|out-of-sight**
	adj	Tomi tuli pelastamaan minua kuin ritari kiiltävässä haarniskassa. The view is amazing.
1987	**ministeri**	**minister, Minister of State, Secretary of State**

	nn	Ministeri viittasi huippukokouksessa käsiteltäviin pääaihepiireihin. The minister referred to the main topics which will be discussed at the Summit.
1988	**leijona**	**lion, big cat**
	nn	Suuri valkohai on valtamerten huippupeto, merten leijona. The great white shark is the ocean's top predator, the lion of the seas.
1989	**varjo**	**shadow|shade, ghost**
	nn	Kunnia seuraa hyvettä, kuin olisi sen varjo. Glory follows virtue as if it were its shadow.
1990	**tarjolla**	**on offer, on tap**
	adv	Galakseja on tarjolla kaikissa mahdollisissa herkullisissa mauissa. Galaxies come in all sorts of delicious flavours.
1991	**tervehtiä**	**greet, salute**
	v	Siispä haluaisin vuorostani tervehtiä paikalla olevaa valtuuskuntaa. I too would therefore like to welcome the delegation which is here with us today.
1992	**asento**	**position, posture, stance|set|setting|attitude|pose**
	nn	Jopa pään asento muuttaa kuuluvuutta eikä täällä sentään voi pää vinossa kuunnella. Even the position of my head affects audibility, and I cannot really sit here listening with my head tilted to one side.
1993	**pehmeä**	**soft, subdued|smooth|gentle|cuddly|spongy**
	adj	Komissio on tässä kysymyksessä liian pehmeä: sen on toimittava rohkeammin. The Commission is too soft on this issue and it needs to be more radical.
1994	**siipi**	**wing|blade, vane|paddle|arm|pinion**
	nn	Hyvä omatunto on pehmeä tyyny.One of the fan blades broke loose and shattered against the wall.
1995	**klubi**	**club**
	nn	Mitä tulee arkipäiväisempiin asioihin, EU:sta on tulossa hyvin kallis klubi jäsenilleen. Meanwhile, on a more mundane level, this is becoming a very expensive club to belong to.
1996	**todellisuus**	**reality|actuality|fact|substance|real world, real life**
	nn	Todellisuus ei ole riippuvainen suunnitelmista; päinvastoin, suunnitelmissa on otettava huomioon todellisuus. Reality does not depend on plans; on the contrary, plans have to take account of reality.

1997 **vuota** **hide, skin, pelt**
nn vuota- ja nahkavalmisteilla käytävä kauppa sallittu
trade in hide and leather goods allowed

1998 **velvollisuus** **obligation, duty|liability|onus**
nn Meidän velvollisuutemme, Euroopan unionin velvollisuus on nyt täyttää lupauksemme.
It is now our duty, the duty of the European Union, to fulfil our promise.

1999 **kyky** **ability, power|capacity|talent, gift|faculty|aptitude**
nn Kyky demokratiaan on aina yhteydessä kykyyn keskustella.
The ability to be democratic goes hand in hand with the ability to discuss.

2000 **kansalainen** **national, subject|citizen**
nn Enemmän tietoa saanut kansalainen äänestää tuntien tosiseikat.
A betterinformed citizen is a citizen who votes in full knowledge of the facts.

2001 **tiedemies** **scientist, scholar, man of science, boffin**
nn Arvoisa oppositiojohtaja Milinkevitš, olette tiedemies, kuten Andrei Saharovkin.
You are a scientist, Mr Milinkievitch, as was Andrei Sakharov himself.

2002 **palkkio** **reward|premium, bounty|remuneration|fee|bonus**
nn Luovutuksesta maksettava palkkio voi vaikuttaa kielteisesti veren laatuun.
The remuneration of donations could be counter-productive in terms of quality.

2003 **poliisipäällikkö** **police commissioner**
nn Läänin poliisipäällikkö ilmoitti, että välikohtauksessa loukkaantui ainoastaan kuusi ihmistä ja että heidän vammansa parantuivat viikossa.
The county chief of police reported that only six people were injured in the incident, and that they suffered wounds that would heal within eight days.

2004 **pohja** **base, floor|bottom, bed|ground|sole|basis, groundwork**
nn Isien ei pitäisi näkyä eikä kuulua. Se on perhe-elämän ainoa kunnon pohja.Fathers should be neither seen nor heard. That is the only proper basis for family life.

2005 **aave** **ghost, wraith|phantom, specter, apparition, spectre**

	nn	Olen isäsi aave, tuomittu toviksi kulkemaan yössä, ja päivällä kärvistelen liekeissä kunnes eläessäni tehdyt pahat teot on poltettu pois ja sovitettu. I am your father's spirit, doomed for a certain time to walk the night, and during the day I am confined to burn in fires, until the evil crimes I had done in my life are burnt and purged away.
2006	**ikuisuus**	**eternity, perpetuity, age, everlasting, aeon; donkey's years**
	nn; phr	Ikuisuus on todella pitkä aika. Eternity is a really long time.
2007	**Mars**	**Mars**
	nn	Siitä syystä uskon, että on tärkeää jatkaa MARS-hanketta. For this reason, I believe that it is vital to continue the MARS project.
2008	**peruuttaa**	**revoke, reverse, annul, repeal, countermand|cancel, call off, scrub|withdraw|suspend|back**
	v	Ei voi tulla kysymykseenkään peruuttaa mitään näistä sitoumuksista. There can be no question of going back on any of those commitments.
2009	**moinen**	**such**
	adj	Vain tällaisin toimin voidaan estää vastaisuudessa moinen toiminta. It is only such action which will discourage this practice in the future.
2010	**tuoli**	**chair, seat**
	nn	He istuivat salin perällä, ja keskellä salia oli tuoli. They were sitting at the end of the hall and in the middle of the hall was a chair.
2011	**edeltä**	**before, in advance**
	adv	Mitä tämä tuoli täällä tekee? You go right ahead.
2012	**perua**	**retract**
	v	Kansanäänestyksen tulokset voidaan perua vain toisella kansanäänestyksellä. Only a referendum can cancel what another referendum has decided.
2013	**ylöspäin**	**up; up, upward|uphill**
	prep; adv	Jäsenvaltioissa toimivien puolueiden on perustettava puolueet alhaalta ylöspäin. Parties must be constructed from the bottom up by the parties in the Member States.
2014	**pilleri**	**pill, pellet**
	nn	Heidän yläpuolellaan näkyi Pfizerin pieni sininen pilleri – Viagra – ja Internet-sivuston osoite: . Above them, there was Pfizer's little blue pill – Viagra – and the name of the website:

2015 **taka-** **rear, rearward|back, hind, hinder|backward|posterior|reverse**
adj
Meidän ei pidä hyväksyä minkäänlaisia taka-askeleita, ei niitä, joita komissio esittää.We should not accept any backward steps, or those the Commission is proposing.

2016 **syvästi** **profoundly**
adv
Olemme syvästi huolissamme lento-onnettomuuksien viimeaikaisesta lisääntymisestä.
We are deeply concerned at the increasing number of air accidents recently.

2017 **räjähdys** **explosion, burst|blast|detonation, blowup**
nn
Räjähdys oli niin voimakas, että katto lennähti pois.
It was such a powerful explosion that the roof was blown off.

2018 **itsepäinen** **obstinate, cussed, obdurate|stubborn|headstrong, self-willed, wilful**
adj
Olette tässä asiassa yhtä itsepäinen kuin avomeren kalastaja.
You are as stubborn on this issue as a deep-sea fisherman.

2019 **elin** **body, organ**
nn
Se on virallisesti tunnustettu Maailman terveysjärjestön elin.
This is a formally recognised organ of the World Health Organization.

2020 **pizza** **pizza**
nn
Mutta pizza on herkullista.
But the pizza is delicious.

2021 **luonnollinen** **natural, artless**
adj
”Onkohan tämä luonnollinen ilmaus?” ”Kysytäänpä opettaja Googlelta.”
Is this really a natural expression? "Let's ask Mr. Google."

2022 **lepo** **rest, repose, ease**
nn
Seuraavassa on vastauksia lepo- ja horrostilaa koskeviin yleisiin kysymyksiin.
Here are answers to some common questions about sleep and hibernation.

2023 **piilottaa** **hide, stash, bury, stash away, stack**
v
Voit näyttää tai piilottaa valikkorivin, Suosikit-palkin, komentorivin ja tilarivin.
You can show or hide the Menu bar, Favorites bar, Command bar, and status bar.

2024 **osaksi** **part, partly, partially|in part**

	adv	Valtava vuori kylämme lähellä estää auringonvalon suurimmaksi osaksi päivää. This huge mountain near our village blocks the sun most of the day.
2025	**suora**	**plain, stretch, straightaway, run**
	nn	Olen suora. I'm direct.
2026	**häiriö**	**interference|disorder|disturbance|disruption, interruption|nuisance**
	nn	Arvoisa puhemies, suokaa anteeksi vielä yksi häiriö, mutta minulla on työjärjestystä koskeva kysymys.Mr President, excuse me for causing another interruption, but I should like to raise a point of order.
2027	**täsmätä**	**balance|agree, tally|add up**
	v	Matematiikka, jonka mukaan laiton maahanmuutto EU:hun pysäytetään takaisinottosopimuksella, ei voi täsmätä, kun viisumivapautta käytetään edelleen hyväksi. The maths of stemming illegal entry into the EU through a readmission agreement cannot stack up while visa liberalisation continues to be abused.
2028	**pääministeri**	**prime minister, premier|number ten; PM**
	nn; abbr	Pääministeri allekirjoitti julistuksen. The Premier subscribed his name to the charter.
2029	**kynä**	**pen, pencil**
	nn	Napsauta Kynä-työkalua, valitse väri värivalikoimasta ja piirrä kuvaan viiva osoitinta vetämällä. Click Pencil, click a color in the Color box, and then drag the pointer in the picture to draw.
2030	**savu**	**smoke, fumes, reek**
	nn	Monet ihmiset kärsivät todella pahoista terveydellisistä vaikutuksista, joita tämä savu aiheutti. Many people actually suffered serious health problems caused by this smoke.
2031	**periaate**	**principle**
	nn	Oikeusvaltion periaate ja oikeusvarmuus ovat eurooppalaisen mallin kulmakiviä. The rule of law and legal certainty are the cornerstones of the European model.
2032	**Lontoo**	**London**

nn On syytä ymmärtää, että Lontoo on oikeastaan varsin monimuotoinen kaupunki.
What one needs to understand is that London is actually a pretty diverse city.

033 **robotti** **robot, automaton**
nn Mä en oo robotti.
I'm not a robot.

034 **siirto** **move|transfer|transmission|secondment, endorsement**
nn Miten minä voisin olla joku robotti? Koska eiväthän robotit näe unia.
That was a pretty good move.

035 **tavallisesti** **usually, normally, ordinarily|generally, in general|popularly**
adv Monelta nouset tavallisesti ylös?
When do you usually get up?

036 **valmistaa** **prepare, cook, fix|manufacture, fabricate|produce|make, do|brew**
v Äitini valmistaa päivällistä.
My mother is preparing dinner.

037 **italialainen** **Italian; Italian**
adj; nn Olette italialainen, minä olen ranskalainen. Kunnioitan teitä italialaisena.You are Italian, I am French, I respect you as an Italian.

038 **huijaus** **hoax, humbug, put-on|fraud, fake, sham|cheat, swindle|con**
nn Tämä huijaus on jo aiheuttanut opiskelijamellakoita.
That scam has already caused student riots.

039 **ylhäältä** **from above**
adv Vastaavasti kaikkien jäsenvaltioiden politiikkaa on koordinoitava ylhäältä päin.
Similarly, the policy of every Member State should be coordinated from above.

040 **huolestua** **become anxious**
v Meillä on oikeus huolestua siitä, että Venäjällä presidenttiehdokas katoaa.
We are right to worry when in Russia a candidate for the presidency disappears.

041 **paroni** **baron, patron**
nn (DE) Viisasten komitea, jonka puheenjohtajana toimi paroni Lamfalussy, on kuukausi sitten jättänyt loppuraporttinsa Euroopan arvopaperimarkkinoiden sääntelystä.
A month ago, the Lamfalussy Committee of Wise Men presented its final report on the regulation of the European securities markets.

042 **piiloutua** **hide, shelter, hole up, go into hiding**

v | Sinun pitää piiloutua.
You've got to hide.

2043 **kuiva** **dry|arid, desiccated|dehydrated|dull|stale, dusty**
adj Tuo minulle kuiva pyyhe.
Bring me a dry towel.

2044 **kaiketi** **probably, surely**
adv Hän kaiketi tulee tänne pian.
He'll be here soon.

2045 **näytös** **show|act|display, showing|performance|presentation**
nn Ovatko ne todellisia konferensseja vai vain näytös yleisölle?
Are they real conferences or just a display for the public?

2046 **laulaja** **vocalist, singer|vocal|songster**
nn (DE) Zita Pleštinská, te olette loistava laulaja.
You are a wonderful singer, Mrs Pleštinská.

2047 **asettaa** **set, put, lay, position|place, post|establish, constitute**
v Kaksi poliittista puoletta eivät voineet asettaa ehdokkaita kunnallisvaaleissa.
Two political parties were unable to put up candidates for the local elections.

2048 **keskiyö** **midnight**
nn On keskiyö.
It's midnight.

2049 **jälkeenpäin** **afterwards, after, afterward, later**
adv Hän yritti aina provosoida minua sanomaan jotakin, jota katuisin aina jälkeenpäin.She was always trying to provoke me into saying something I would regret later.

2050 **paras** **good, number one, pick, king**
nn Tämä on paras laiva, jossa koskaan olen ollut.
This is the best ship I've ever been on.

2051 **firma** **firm, shop**
nn Sellainen, jossa lakkaamme kohtelemasta planeettaa niin kuin se olisi jonkinlainen rahaksi muutettava firma.
One in which we stop treating the planet as if it were some kind of business in liquidation.

2052 **ateria** **meal, repast|feed**
nn Ateria ei ole täydellinen ilman leipää.
No meal is complete without bread.

2053 **suurlähettiläs** **ambassador, ambassadress, High Commissioner**

nn Se on erityinen haaste, jota varten suurlähettiläs Petritsch ansaitsee meidän kaiken tukemme.
That is a great challenge and one in which Mr Petritsch deserves our full support.

2054 **synnyttää** **bear|bring forth|give birth to|create, produce|generate, give**
v Hän synnyttää heinäkuussa.
She's going to have a baby in July.

2055 **järvi** **lake, loch**
nn Suosittu matkailukohde Balaton-järvi on Keski-Euroopan suurin järvi.
Lake Balaton, a popular tourist centre, is the largest lake in central Europe.

2056 **palvelija** **servant, retainer|attendant|domestic|lackey|lacquey**
nn Järvi on jäätynyt, mutta en ole varma siitä, että kestääkö jää kävelemisen.
Markets make a good servant, a bad master and a terrible religion.

2057 **hyökkäävä** **aggressive, belligerent|truculent|high-pressure**
adj Euroopan yhteisön tulee tuomita suorasanaisesti Turkin hyökkäävä asenne ja sen toiminta.
The European Union must unequivocally condemn this aggressive attitude and action by Turkey.

2058 **sytyttää** **ignite|light, light up|kindle, fire|switch on|set fire to**
v Lisäksi pakolaistulva saattaa sytyttää uudelleen alueella kytevät jännitteet.
What is more, the flood of refugees may reignite simmering tensions in the region.

2059 **painava** **heavy, weighty|cogent|strong**
adj Huhtikuun kuluttajaneuvostossa on todellakin painava esityslista.
There is certainly a very heavy agenda for the April Consumer Council.

2060 **kristitty** **Christian, gentile; Christian, gentile**
adj; nn Epävirallisten lähteiden perusteella Kiinan kristitty vähemmistö käsittää yli 30 miljoonaa henkeä.Unofficial sources indicate that where China is concerned, this minority consists of over 30 million people.

2061 **heitto** **throw|roll, cast|shot|toss|hurl**
nn Onnistuuko pikkupallon heitto koelasiin?
Can you throw a little ball into a beaker?

2062 **yleinen** **general, universal|common, vulgar|overall|public|generic**

adj Yleinen humanitaarinen tilanne on edelleen vakava, mutta vakiintuu koko ajan.
The overall humanitarian situation, while still serious, continues to stabilise.

2063 **kaksonen** **twin**
nn Tomilla on identtinen kaksonen.
Tom has an identical twin.

2064 **hissi** **elevator, lift**
nn (DE) Arvoisa puhemies, täällä parlamentissa ei toimi sen enempää hissi kuin kellokaan.
(DE) Madam President, in this House, neither the lift system nor the bell is working.

2065 **yksityinen** **private, personal**
adj Varmista sen jälkeen, että verkon sijaintityypiksi on määritetty Yksityinen.
In Network and Sharing Center in Control Panel, turn on printer sharing.

2066 **riivata** **obsess, possess**
v "Mikä Tomia riivaa?" "Hänen tietokoneeseensa on tarttunut virus."
"What's wrong with Tom?" "His computer is infected with a virus."

2067 **kiusata** **bully|tease, tantalize, taunt, twit, bait, ride|torment**
v Emme ole lapsia, joita näpäytetään sormille, emme anna virkamiesten kiusata meitä.
We are not children who can be taken to task; we shall not be harassed by civil servants.

2068 **pyörä** **wheel, bike|castor, caster|roller|pushbike**
nn Laita pyörä sivuun.
Put away your bicycle.

2069 **lohikäärme** **dragon**
nn Mutta pikkupiru, tai tässä tapauksessa ehkä lohikäärme, piilee juuri yksityiskohdissa.
Now the devil, or perhaps the dragon, in this case, is in the detail.

2070 **yksitoista** **eleven**
num Tom uskoo, että maailmankaukkeudessa on oikeasti yksitoista ulottuvuutta.
Tom believes that the universe really has eleven dimensions.

2071 **julistaa** **declare, announce|proclaim, promulgate|preach|publish|cry, call** *v* Puheenjohtaja Prodi, oli sankarillista julistaa, ettei vakaussopimuksessa ole järkeä.President Prodi, it was heroic to declare this Stability Pact a load of nonsense.

072 **suosikki** **favorite, darling, favourite|toast**
nn
Ei ihan kaikkien suosikki.
It's not for everybody.

073 **saalis** **catch, haul|prey, quarry|booty, loot, swag|spoil|capture**
nn
Tarkistuksissa havaittiin, että Ruotsissa todelliset luvut olivat 21 prosenttia korkeammat kuin ilmoitettu saalis.
In Sweden, the actual figures found when the checks were carried out were as much as 21% larger than the catches reported.

074 **taistelija** **fighter, combatant|militant**
nn
Jäsen Bourlanges, puhuitte hieman liian pitkään, mutta olette niin innokas taistelija, ettei teitä todellakaan voi pysäyttää!
Mr Bourlanges, you have spoken rather longer than the time allocated to you, but you are such a committed fighter, there is no stopping you!

075 **tarkastaa** **check|inspect, audit|examine|review, survey|visit**
v
Tilintarkastustuomioistuin voi sitten jälkeenpäin tarkastaa, onko tekniikka hyvä.
The Court of Auditors can then verify subsequently whether the technique is sound.

076 **tarpeellinen** **necessary, needful; the necessary**
adj; nn
Kaikki eivät pidä siitä eikä se ole täydellinen, mutta se on perin tarpeellinen.
It is not beloved of everyone, it is not perfect, but it is extremely necessary.

077 **harvinainen** **rare, uncommon|unusual|infrequent|scarce|unwonted**
adj
Tämä on meille kaikille sekä harvinainen mahdollisuus että vastuutehtävä.
This presents us all with both an exceptional opportunity and a responsibility.

078 **Hurraa!** **Hurrah!, Hooray!, Hurray!, Whoopee!, Yippee!**
i
Kuten neuvosto sanoi: hurraa.
Hooray, as the Council said.

079 **terävä** **sharp, acute, incisive, penetrative|crisp|pointed**

	adj	Arvoisa puhemies, liberaaliryhmä on tyytyväinen siihen, että on saatu aikaan terävä teksti Burman asiasta. Madam President, the Liberal Group is pleased that there is a strong text about Burma.
2080	**allerginen** *adj*	**allergic** Jos on allerginen pähkinöille, voi välttää pähkinöiden syömistä. If you are allergic to nuts, you can avoid eating nuts.
2081	**kärsivällisyys** *nn*	**patience, forbearance | endurance** kärsivällisyys on hyve good things come to those who wait
2082	**tuoksu** *nn*	**scent, aroma, smell, odor | savor | fragrance, bouquet** Näillä kukilla on todella miellyttävä tuoksu. These flowers have a really nice fragrance.
2083	**vuorokausi** *nn*	**day** Odota vuorokausi ja yritä luoda tili uudelleen. Wait 24 hours, and then try to create an account again.
2084	**hiljattain** *adv*	**newly, of late** Tämän viestin puheenjohtaja Barroso antoi vieraillessamme hiljattain Turkissa. This is the message President Barroso conveyed during our recent visit to Turkey.
2085	**laiha** *adj*	**lean, thin | meager, meagre | gaunt | weak, watery | lank** Minusta Tom on laiha. I think Tom is thin.
2086	**alkuperäinen** *adj*	**original | native | primary | indigenous | primal, aboriginal** Sehän on presidentti Putinin alkuperäinen periaate, jonka haluamme jakaa hänen kanssaan. This is one of President Putin' s basic principles, which we gladly share with him.
2087	**äänestää** *v*	**vote, cast a vote, poll a vote, divide, cast one's vote, record one's vote** Lain mukaan pitää olla 18-vuotias, jotta saa äänestää. The law requires that you be 18 years old to vote.
2088	**järjestys** *nn*	**order | sequence | system, arrangement | procedure | array** Katso laitteiston ensisijainen järjestys laitteiston ohjeista. Refer to your hardware documentation for the preferred hardware arrangement.
2089	**suurenmoinen**	**magnificent, splendid | grand, sublime | grandiose | great | gorgeous**

adj Näiden jakaminen on suurenmoinen mahdollisuus, jota MEDIA Mundus vahvistaa.
To share those is a wonderful chance, which will be built up by MEDIA Mundus.

2090 **esiintyä** **occur, appear, perform, broadcast; be on the air, make one's appearance**
v; phr Tätä virhettä ei pitäisi esiintyä laillisissa yritys- tai pankkisivustoissa.
It is unlikely that this error will occur on a legitimate business or banking site.

2091 **kauempana** **further, farther|beyond|further on; beyond**
adv; prep Sitäkin suuremmalla syyllä yhteisön toimivalta on heistä vieläkin kauempana.
Hence, the Community authorities will appear to them to be even more remote.

2092 **yhteiskunta** **society**
nn Yhteiskunta on olemassa vain henkisenä käsitteenä: tosielämässä on vain yksilöitä.
Society exists only as a mental concept; in the real world there are only individuals.

2093 **naapuri** **neighbor, neighbour|next door**
nn Minulla on ranskalainen naapuri.I have a French neighbor.

2094 **timantti** **diamond, sparkler, rock**
nn Tämä ei ole aito timantti.
This isn't a real diamond.

2095 **isi** **daddy, dad**
nn Hän tuli luokseni yksi ilta, ja sanoi: 'Isi, et voi antaa niiden lasten kuolla.'"
She came up to me one night, and she just said, 'Dad, you can't let the kids die.'"

2096 **keskiviikko** **Wednesday; Wed**
nn; abbr Tänään on keskiviikko.
Today is Wednesday.

2097 **kuppi** **cup, pan, beaker**
nn Kuppi on pöydällä.
The cup is on the table.

2098 **halpa** **cheap, inexpensive|common|low-priced; easy on the pocket**
adj; phr Tämä muovituoli on halpa.
This plastic chair is cheap.

2099 **päämaja** **headquarters, base**

	nn	Jätämme tämän salin tuntien hieman mielipahaa, sillä tämähän on oikeastaan historiallinen päämaja Euroopan parlamentille. We are rather sorry to leave it, because this is the historic residence of the European Parliament.
2100	**hermostuttaa**	**ruffle, fluster, irritate, rattle, unnerve**
	v	Maria alkaa hermostuttaa kun Tom ajaa liian lujaa. Mary gets nervous when Tom drives too fast.
2101	**ihailla**	**admire**
	v	En voi muuta kuin ihailla niiden ponnisteluja asian puolesta, joita se erityisesti koskee. I admire the efforts put into this problem by those who are particularly affected.
2102	**kanava**	**channel, canal, duct|tract|outlet|pipe, tube|pipeline**
	nn	Jos pahimmassa tapauksessa Suezin kanava suljetaan, miten valmiita olemme unionina takaamaan toimitusvarmuuden? If, in the worst case scenario, the Suez Canal should be blocked, how prepared are we as a Union to ensure security of supply?
2103	**kysellä**	**ask, inquire, enquire**
	v	He alkavat kuitenkin kysellä yhä enemmän, millaisissa oloissa munat on tuotettu. But increasingly, they have cause to wonder about the conditions in which that egg is produced.
2104	**päätellä**	**deduce, reason, extrapolate, gather, come to**
	v	Ei pidä päätellä, että hanke on epäonnistunut ja että meidän on mentävä eteenpäin.We should not conclude that the experiment has failed and that we should move on.
2105	**kohtelias**	**polite, civil|courteous|courtly|gallant|complimentary**
	adj	Hän on todella kiva ja kohtelias nuorimies. He's a very nice and respectful young man.
2106	**kuri**	**discipline, leash**
	nn	Arvoisa puhemies, poliittinen hokema tämän päivän eurotaloudessa on kuri. Mr President, the policy buzz-word in today's euro economy is discipline.
2107	**paluu**	**return, comeback|reentry|reversion|reappearance**

nn 7:04 Tietyllä tavalla tämä on paluu vanhaan keskustietokoneiden aikaan.
7:04 And in some ways, it's sort of back to the kind of old idea of centralized computing.

108 **kuvailla** **portray, picture, narrate, emblazon**
v (EN) Albanian nykytilannetta voidaan kuvailla parhaiten kylmäksi kansalaissodaksi.
The situation in which Albania finds itself is best described as a cold civil war.

109 **ankara** **harsh|severe, austere|hard, strong|strict, rigorous|fierce, violent**
adj Ankara on vielä hyvin kaukana Kööpenhaminan kriteereistä.
Ankara is still a long way from meeting the Copenhagen criteria.

110 **sijainti** **location|position, situation|locality|site|lay**
nn Sää ja sijainti Atlantin valtameressä antavat meille kiistatonta potentiaalia.
We have the undisputed potential due to weather and location in the Atlantic.

111 **edellinen** **previous, former|last|preceding|foregoing|anterior; last**
adj; nn Arvoisa puhemies, puhun pääosin siitä aiheesta, mihin edellinen puhuja lopetti.
Mr President, I will mainly speak on the same subject the last speaker finished on.

112 **tyypillinen** **typical, representative, proper, textbook**
adj Se on Euroopan unionin naapurivaltio ja tyypillinen verkkovapauden vihollinen.
It is a neighbour of the European Union and a typical enemy of online freedom.

113 **leiri** **camp, encampment|quarter**
nn Iran tukee tilannetta, ja en usko, että tämä leiri haluaa hyväksyä demokraattiset muutokset.
Iran supports the situation and I do not think that this axis is willing to accept democratic changes.

114 **eno** **uncle**
nn Tom-eno on äitini veli.Uncle Tom is my mother's brother.

115 **esine** **object|item|article|thing, affair|possession**
nn Yksikin väärä liike, ja koko esine voi mennä säpäleiksi.
One false move and the whole thing could crash into many pieces.

116 **keskusta** **center, downtown, downtown area**

nn Keskusta-oikeisto ja keskusta-vasemmisto ovat ratifioineet nämä EU:n ja hallitusten päätökset.
The centre-right and centre-left have ratified these EU and government decisions.

2117 **levy** **plate, scale|disc, disk, platter|sheet|sheeting|slab**
nn Tätä ehdotusta ei ole tehty levy-yhtiöiden eduksi.
This is not a proposal for the benefit of record labels.

2118 **näytellä** **play, act|act out, enact|display|masquerade|appear; put on an act**
v; phr Katelle on annettu tilaisuus näytellä tärkeää roolia elokuvassa.
Kate has been given an opportunity to play a major role in a movie.

2119 **kilpikonna** **turtle, tortoise**
nn Valitse laattojen kuvio: Kilpikonna, Lohikäärme, Kissa, Linnoitus, Rapu tai Hämähäkki.
Select a tile layout: Turtle, Dragon, Cat, Fortress, Crab, or Spider.

2120 **sijaita** **be located, be situated, lie, sit, be set, be seated in, be based**
v Euroatlanttisten suhteiden pitäisi näin ollen sijaita ylempänä poliittisella asialistalla.
Euro-Atlantic relations should therefore be higher up the political agenda.

2121 **vaihto** **exchange, interchange|change|transfer|shift|trade**
nn Guantánamossa sijaitseva Yhdysvaltain sotilastukikohta on myös siirrettävä.
The US military base at Guantánamo must also be removed.

2122 **tosiasia** **fact, reality, matter of fact, established truth**
nn Maailmanlaajuistumista voidaan valitella, mutta se on olemassa oleva tosiasia.
It is up to us to manage it in such a way that its negative aspects can be avoided.

2123 **kaltainen** **like, similar, alike|akin; a|an**
adj; art Valmistelukunta oli muutakin kuin vain edeltäjiensä kaltainen valmisteleva elin.
The Convention was not simply a preparatory phase, as its predecessors were.

2124 **perata** **gut, pick, string**
v Näillä aluksilla pyydetyt hait perataan, ja niiltä poistetaan pää ja kaikki evät.
On board these vessels, after the shark has been caught, the head is removed, it is gutted and all fins are removed.

2125 **katkaista** *v*
break, interrupt|disconnect|cut off, chop off|cut|sever
Sarja Somalimaassa toteutettuja pommi-iskuja ja kohdennettuja murhia tarkoituksena katkaista vuoden 2006 parlamenttivaalit. A campaign of bombings and targeted killings in Somaliland intended to disrupt the 2006 parliamentary elections

2126 **suuresti** *adv*
greatly, widely, highly, much, badly, in large measure
Mari loukkaantui suuresti siitä mitä Tom sanoi.
Mary was highly offended by what Tom had said.

2127 **nähtävästi** *adv; phr*
apparently, seemingly; it seems as if
Nähtävästi ei ole mitään riippumatonta elintä, joka valvoisi pankin toimintaa.
There is apparently no independent institution that scrutinises the Bank's activities.

2128 **sisäinen** *adj; pfx*
internal, inner, interior|inward|intrinsic|intramural; intra-
Esimerkiksi varainhoidon valvojan sisäinen raportti esiteltiin suhteelliseen myöhään.
The report by the financial controller, for example, was submitted relatively late.

2129 **reilusti** *adv*
well|fairly|squarely, square|openly|straight
Haluan kaksi hodaria ja niihin reilusti pippuria.
I want two hot dogs with lots of pepper.

2130 **hyvästellä** *v*
take one's leave
Ehdimme jo hyvästellä tältä päivältä komission varapuheenjohtajan.
We had said goodbye to the Vice-President for today.

2131 **ohittaa** *v*
bypass|override|pass, overtake, overhaul|outstrip|pull ahead
Jos juna ohittaa punaisen pysähtymismerkin, jarrutus käynnistyy myös automaattisesti.
If a train passes a red stop signal, the brakes are also automatically applied.

2132 **ääri** *nn*
end
Maailmanlaajuisesti tarkasteltuna inhimillisen kehityksen ääri-indeksit löytyvät Norjasta ja Nigeristä.
In today's globalised world, the countries at either end of the human development index are Norway and Niger.

2133 **pila** *nn*
joke, jest|lark|fun|rag|leg-pull
Se oli typerä pila.
It was a stupid joke.

2134 **keitto**
soup, broth

	nn	Kenties oli tarpeen, että keitto kiehahti yli, mutta missään tapauksessa ei pidä luovuttaa. The boil perhaps needed to burst, but, above all, we must not leave.
2135	**päätyä** *v*	**end up, finish up, wind up|abut|stop|abut on|expire** Tämä keitto on kamalan tulista. If you go on drinking so much, you may well end up an alcoholic.
2136	**etu** *nn*	**advantage, vantage|benefit|interests|asset, plus|merit, virtue** Varsinkin kuluttajan saama etu saattaa olla näennäinen etu. So the advantage for the consumer is highly likely to be illusory.
2137	**pettymys** *nn*	**frustration|disillusionment, disenchantment|letdown|comedown** Suurin pettymys Amsterdamissa koettiin institutionaalisten asioiden alalla.The major disappointment of Amsterdam is in the institutional area.
2138	**vihje** *nn*	**hint, intimation|tip, lead|clue, cue|suggestion|pointer** Anna vihje. Give me a tip.
2139	**etäisyys** *nn*	**distance, space|range|way** Mikä on New Yorkin ja Lontoon etäisyys toisistaan? What is the distance between New York and London?
2140	**eilinen** *adj*	**yesterday's** Eilinen keskustelu ei valitettavasti onnistunut niin hyvin kuin odotettiin, mutta toivon, että asiaan saadaan pian muutos. Unfortunately, yesterday's discussion was not as positive as it should have been, but I hope that will soon change.
2141	**niminen** *adj*	**of name** Eilinen toimi, kuten niin moni muukin, oli laiton, kyyninen ja epäinhimillinen. Yesterday's action, like so many others, was illegal, cynical and inhumane.
2142	**kiivetä** *v*	**climb|clamber, scramble, shin, shinny|ascend|swarm** Niinpä siis Carolina-niminen lehmä jutusteli Bianchina-lehmän kanssa ja sanoi: "Kuulitko? Well then, in the middle of a chat, Daisy cow says to Buttercup cow: "Have you heard?
2143	**maapallo** *nn*	**the globe, earth** Hän on tuolla, teidän tarvitsee vain kiivetä yleisölehterille, siellä te hänet näette. He is sitting there, all you have to do is walk up to the public gallery and you can see him.
2144	**polttoaine**	**fuel, propellant**

	nn	(EL) Arvoisa puhemies, maapallo on tullut ratkaisevaan käännekohtaan. (EL) Madam President, we are at a crucial turning point for the planet.
145	**totisesti**	**verily**
	adv	Olen ehdottanut talousvaliokunnalle termin "maatalousperäinen polttoaine" käyttämistä. I proposed to the Committee on Economic Affairs that we use the term 'agrofuel'.
146	**metsästäjä**	**hunter, huntsman|chaser**
	nn	Metsästäjä pyysi jäniksiä koiransa avulla. A hunter hunted hares with his dog.
147	**Espanja**	**Spain**
	nn	Olen kuullut sanottavan, että englanti on rahan ansaitsemista varten, ranska rakastelua varten ja espanja rukoilua varten. I've heard it said that English is for making money, French for making love, and Spanish for praying to God.
148	**kiinnittää**	**attach, tie, bind|fasten|clamp|clip|mount**
	v	Tom kiinnittää käännöksissään liikaa huomiota englannin kielen rytmiin ja hän ei ota huomioon alkuperäisen tekstin nyansseja.Tom's translation is too focused on the rhythm of English translation, and ignores the nuances of the original.
149	**roikkua**	**hang, hang around, sag, dangle, lop, loll, bag**
	v	Arvoisa puhemies, haluaisin lopuksi kiinnittää huomiota maaseudun kehittämiseen. To conclude, Madam President, I would like draw attention to rural development.
150	**sormi**	**finger, digit**
	nn	Työnnä sormi kurkun läpi! Stick your finger through your throat!
151	**ystävällisesti**	**kindly, amicably**
	adv	Ei tarvitse kuin kerran jättää sormi auton oven väliin. For a start, there is no such thing as a humane trap.
152	**haluava**	**desirous**
	adj	Miten voi uskottavan puolueettomuuspolitiikan säilyttämistä haluava maa mennä tähän mukaan? How is it possible for a country wishing to maintain a credible policy of neutrality to go along with this?
153	**syttyä**	**ignite, light|catch|kindle, fire**

	v	Minusta on uskomatonta, että niin laajat alueet voivat syttyä tuleen ilman että liekkejä voidaan tukahduttaa. I find it incredible that such large areas can catch fire without it being possible to put out the blaze.
2154	**ehto** *nn*	**condition, precondition, stipulation|clause|provision|reserve** Ne ovat tärkeä ehto demokratian toteutumiselle, mutta ne eivät ole riittävä ehto. They are an important condition of a democracy, but they are not a sufficient condition.
2155	**myöhästyä** *v; phr*	**be late, miss the bus; miss the boat** EU ei saa myöhästyä innovaatiojunasta. Europe must not miss the innovation train.
2156	**suola** *nn*	**salt** Sekoita suola, kuivahiiva ja vehnäjauhot keskenään isossa kulhossa. Salt is an indispensable ingredient for cooking.
2157	**materiaali** *nn*	**material, matter, literature, data, fodder, copy** Materiaali on saatavissa veloituksetta euroon liittyviin tiedotustarkoituksiin. This material is available free of charge for information purposes related to the euro.
2158	**valamiehistö** *nn*	**jury, panel** Sekä materiaali- että henkilöstökustannukset ovat näissä maissa huomattavasti alhaisemmat kuin EU:ssa."The costs of both equipment and staff are significantly lower than in the EU.'
2159	**selviytyä** *v*	**cope, manage, make do|emerge|make it|escape|clear** Meidän pitää opettaa Tomille miten selviytyä. We need to teach Tom how to survive.
2160	**vuosisata** *nn*	**century** Nähdäkseni tämä on ainoa tapa selviytyä tästä uudentyyppisestä merkitsemistavasta. I believe that this is the only way of coping with this new type of labelling.
2161	**eräänlainen** *adj*	**a kind of, a type of, a sort of** Kolme prosenttia on eräänlainen indikaattori, joka kertoo, teemmekö asiat oikein. Three per cent is a kind of indicator of whether we are doing things correctly.
2162	**kuljettaa**	**carry, transport|drive|convey|ship|propel**

	v	Minulta vietiin juusto, jota halusin kuljettaa, siksi, että se oli levitettävää! In my case, I lost all the cheese I wanted to bring because it was tartinable!
2163	**rinta**	**breast, chest|brisket|thorax|riser|bosom**
	nn	Ainoa mahdollinen ratkaisu on kaksi valtiota, jotka elävät rinta rinnan rauhassa. Two states, living side by side in peace - that is the only viable solution.
2164	**allekirjoitus**	**signature**
	nn	Allekirjoitus on nopeasti annettu, mutta täytäntöönpano on erittäin vaikeaa. Signing it takes no time, but putting it into practice is extraordinarily difficult.
2165	**jano**	**thirst, hunger for**
	nn	Niin kauan kuin ihmisillä on jano ja nälkä, he lähtevät liikkeelle, vaikka rakentaisimme kuinka korkeita piikkilankaesteitä. As long as men and women are thirsty and hungry, they will start walking, however high the barbed wire fences are built.
2166	**rakastella**	**make love, sleep together|have sex with**
	v	Mennään siis sänkyyn ja rakastellaan. Well, let's go to bed and make love.
2167	**kevät**	**spring, springtime**
	nn	Kevät on paras vuodenaika käydä Kiotossa. Spring is the best season to visit Kyoto.
2168	**käynnistyä**	**start, come into operation, spring to action, spring to life**
	v	Kulttuurialan uuden yhteisön puiteohjelman on tarkoitus käynnistyä vasta vuoden 2007 alussa.The new framework programme for Culture is not due to start until the beginning of 2007.
2169	**tartunta**	**infection, contagion**
	nn	Afrikkaan tauti on iskenyt pahiten, sillä siellä noin 33 miljoonalla on jo hiv-tartunta. Africa is the most severely affected, with 33 million already infected with HIV.
2170	**pahuus**	**evil, wickedness, iniquity**
	nn	Toisin sanoen: ihmisen hyvyys tekee demokratian mahdolliseksi, pahuus taas välttämättömäksi. In other words: a person' s virtue makes democracy possible; on the other hand, his vices make it necessary.

2171 **katua** | **regret, repent, rue**
v
Asia on monitahoinen: voimme hyväksyä sen vaikka saatammekin katua tätä.
That is a question of transversality; we can accept it even if we might also regret it.

2172 **viipyä** | **linger, tarry|stay, abide|dwell|dwell on|dwell upon**
v
Olisin luullut, että hän olisi voinut viipyä pari minuuttia.
I would have thought that he would have had a minute to share with us.

2173 **satama** | **port|harbor, haven|dock|waterfront**
nn
Hän siis sanoo komission vakuuttaneen, että tämä satama voidaan rakentaa.
He says the Commission assured him this harbour could be constructed.

2174 **antautua** | **surrender|capitulate|give in, submit|yield, succumb|embark upon**
v
Arvoisa puhemies, hyvät kollegat, 8. toukokuuta 1945 Saksan oli viimein pakko antautua.
Mr President, ladies and gentlemen, it was on 8 May 1945 that Germany was at last obliged to capitulate.

2175 **menestys** | **success, hit, prosperity, popularity, joy**
nn
Kuulimme, että Laurent Gbagbo aikoi antautua, mutta väite kumottiin myöhemmin.
We heard that Mr Gbagbo was set to surrender, a claim that was later denied.

2176 **aamiainen** | **breakfast**
nn
Monelta aamiainen tarjoillaan?
When is breakfast served?

2177 **reagoida** | **respond to, react to, act up, rise to, be responsive to**
v
Tomi ei tiennyt miten reagoida.
Tom didn't know how to react.

2178 **kaaos** | **chaos, havoc**
nn
Lyhyesti sanottuna vallitsi suuri sekamelska, kaaos ja epäjärjestys.In brief, there was a great deal of confusion, and there was disorder and chaos.

2179 **hätätapaus** | **emergency**
nn
Kyseessä on hätätapaus, mutta neuvottelut ovat käytännössä pysähtyneet.
This is an emergency, but the negotiations are at a virtual standstill.

180 **tarkastaja** — **inspector, examiner | controller | surveyor | superintendent, super | censor**
nn
Yhdessä tapauksessa minulle jopa sanottiin, että valvonnasta vastaava tarkastaja oli juuri lomalla.
In one case, I was even told that the inspector responsible was on holiday.

181 **ovela** — **cunning, clever | sly, crafty, dodgy, wily, tricky | artful | canny | subtle**
adj
Se on varmasti keino, joka herättää vähiten vastustusta, mutta ennen kaikkea se on ovela keino.
It is certainly the line of least resistance, but above all it is a cunning ploy.

182 **kuudes** — **sixth | sixth**
num; adj
Ohjelman kuudes kohta liittyy varainhoitoon, joka on Ellesin mietinnön pääaihe.
Point six is budgetary management, which is the central theme of the Elles report.

183 **pelto** — **field**
nn
Maanviljelijöiden pelto ei ole teollisuuslaitos.
A farmer's field is no industrial plant.

184 **neekeri** — **Negro | black | coon | darkey, darky | Jim Crow**
nn
Sana "neekeri" on loukkava termi.
The word "nigger" is an offensive term.

185 **lupaus** — **promise, pledge, vow, undertaking, word**
nn
Lupaus unohtuu nopeasti.
A promise is quickly forgotten.

186 **kehittää** — **develop | improve | elaborate, expand | generate | evolve**
v
EU haluaisi kehittää meriliikennekäytäviä TEN-T-verkon laajentamisen yhteydessä.
The EU would like to develop the maritime corridors as part of extending TEN-T.

187 **lyhyesti** — **in brief, briefly, shortly**
adv
Voisitteko kommentoida lyhyesti sen vaikutuksia tämäniltaiseen esityslistaan.
Could you comment briefly on the implications for the agenda this evening.

188 **pakkaus** — **packaging | packing | pack | package, packet | kit, outfit**
nn
Merkinnät kertovat kuluttajille, että pakkaus voidaan käyttää uudelleen tai kierrättää.The intention of the symbols is to indicate to consumers that the packaging can be reused or recycled.

2189 **sitoa** **tie, bind, attach | tie up, truss | lace up, lace | bind up | gird**
v Meidän ei pidä sitoa itseämme liian aikaisin, paljon voi vielä tapahtua.
We must not tie ourselves down too early, a lot can happen in the meantime.

2190 **valtakunta** **kingdom, realm, land | empire**
nn Niin sanottu tuhatvuotinen valtakunta kesti vain kaksitoista vuotta.
The so-called Thousand Year Reich lasted only twelve years.

2191 **vaunu** **carriage, car, van**
nn Onneksi liekeissä oleva vaunu pysähtyi täysin sattumalta lähelle toisen tunnelin uloskäyntiä, jonka kautta ihmiset pääsivät pakoon.
It was pure chance that the burning carriage stopped near an access door to the second tunnel, so the people were able to escape.

2192 **työntekijä** **worker, employee, operative, staffer, hand**
nn Ei paljon rahaa, mutta sillä maksettiin vuokra ja täyspäiväinen työntekijä.
Not a lot of money, but it was paying the rent, paying a full-time staff member there.

2193 **maksu** **payment | fee | settlement, liquidation | rate | duty, tariff**
nn He väittävät, että maksu halvaannuttaa Euroopan talouden, mutta sekin on pötypuhetta.
They claim it will have crippling effects on the European economy and that too is nonsense.

2194 **henkisesti** **mentally**
adv Haluan tulla sekä fyysisesti että henkisesti vahvemmaksi.
I want to become both physically and mentally stronger.

2195 **peili** **mirror | panel | glass, looking glass**
nn Peili heijastaa valoa.
A mirror reflects light.

2196 **äärimmäinen** **extreme, utmost, uttermost | ultimate | supreme | high | extremist**
adj EU: n budjetti on tuen vääristyneen suuntaamisen peili.
The EU budget reflects the disparity in aid objectives.

2197 **pöty** **drivel | bosh, twaddle | nonsense | rubbish | guff**
nn Tämä teko oli komissiolta nimittäin äärimmäinen osoitus Eurooppa-kielteisyydestä.
Indeed, in doing so, the Commission performed the ultimate anti-European act.

2198 **vainoharhainen** **paranoiac, paranoid; paranoiac | paranoid**
nn; adj Olette vain vainoharhainen.
You're so paranoid.

2199 **arvoitus** **mystery, enigma | riddle, conundrum | puzzle, puzzler**

nn Tom on arvoitus.
Tom is a mystery.

2200 **haastattelu** **interview**
nn Haastattelu lähetettiin moneen kertaan radiosta, ja mullahit päättivät vastata minulle radion välityksellä.The interview was played repeatedly over the radio, and the mullahs decided to answer me via the radio.

2201 **paksu** **thick, chunky, fat**
adj Sitä piti kuumana paksu hiilidioksidikaasukehä.
And it was kept hot by a thick carbon dioxide atmosphere.

2202 **hölynpöly** **nonsense|drivel|hogwash**
nn Lopettakaa välittömästi tämä hölynpöly arvostetun parlamenttimme käytävällä.
Stop this nonsense out in the corridors of this esteemed Parliament immediately.

2203 **raitis** **fresh, abstinent; nondrinker, nonuser; on the wagon**
adj; nn; phr Olen raitis.
I'm sober.

2204 **sähkö** **electricity, electricity supply, supply of electricity, juice**
nn Sopimus sisältää onneksi myös voimakkaita kannustimia sähkö- ja hybridiautoille.
Fortunately, it also contains powerful incentives for electrical or hybrid cars.

2205 **intiaani** **Native American, Indian, Amerindian, Red Indian, Amerind; Indian**
nn; adj Kyseinen Ecuadorin intiaani saapui tänne kansansa lähettiläänä käyttäen puvussaan arvomerkkiään, pientä puista keihästä, joka oli alle kaksi metriä pitkä.
This Ecuadorial Indian came here as an envoy of his people, accompanied by the signs of his dignity, namely a small wooden spear measuring less than two metres.

2206 **lämpö** **heat, warmth|temperature**
nn Lämpö oli pehmentänyt asfaltin.
The asphalt was softened by the heat.

2207 **pidellä** **hold, handle, poise, play**
v En aio pidellä sinua kädestä kiinni.
I'm not going to hold your hand.

2208 **tumma** **dark|brown|dusky, swarthy**

	adj	Tässä Neitsyt Maria ilmestyi juustovoileipään jota sain pidellä Las Vegasilaisella kasinolla, tietysti, onhan tämä Amerikka. Now, here's the Virgin Mary made her appearance on a cheese sandwich -- which I got to actually hold in a Las Vegas casino, of course, this being America.
2209	**huolestuttaa**	**concern, worry|trouble, upset|distress|perturb|unsettle**
	v	Mikä sinua huolestuttaa? What are you concerned about?
2210	**osuus**	**share, portion, percentage, part|contribution|leg, stage**
	nn	Tiedän, että se on pieni osuus, mutta se on merkittävä osuus. I know this is a small percentage, but it is an important percentage.
2211	**runsaasti**	**in abundance|abundantly, profusely|richly, amply|in plenty**
	adv	Näin tarkistustenne perusteelliselle käsittelylle jää runsaasti aikaa.This will allow plenty of time for your amendments to be fully considered.
2212	**mieletön**	**mad, crazy|mindless|wanton|senseless, pointless|crazed**
	adj	Onko tämä vain yksi mieletön tapa saada sairaalat täyteen uusia potilaita? Is this a crazed method to keep our hospitals busy with new patients?
2213	**kruunu**	**crown**
	nn	Yksi kruunu ja viisikymmentä äyriä. One crown and fifty ore.
2214	**aseistaa**	**arm, rearm**
	v	Kannatan esittelijän vaatimusta siitä, että avaruutta ei saisi aseistaa. I support the rapporteur's stipulation that space should not become weaponised.
2215	**paheta**	**grow worse**
	v	Tällaiset ongelmat saattavat paheta entisestään, koska eri aloilla sovelletaan eri sääntöjä. Such problems could be compounded by the fact that different rules apply to different sectors.
2216	**kooma**	**coma**
	nn	Eläin saattaa vaipua koomaan ennen kuolemaa, joka seuraa 1—7 vuorokauden kuluessa kliinisten oireiden ilmenemisestä. A coma may develop before death, which occurs one to seven days after development of clinical signs.
2217	**puuhata**	**be busy, try to arrange**

v Lisäksi on otettava huomioon sikojen luonnollinen käyttäytyminen, niin että siat voivat aina halutessaan puuhata ruuan ja muiden materiaalien kanssa.
In addition, account must be taken of the pigs' natural habits, so that the pigs can keep themselves constantly occupied with food and any other material in which to root.

218 **pahastua** **resent, be offended, take it ill**
v Emme voi pahastua siitä, koska niillä, joita kalastuspolitiikka välittömästi koskettaa, ei ole ollut koko aikana juurikaan mahdollisuutta osallistua päätöksentekoon.
We cannot hold this against them, because those who are directly affected by the fisheries policy have traditionally been excluded from any decision-making.

219 **hyvittää** **compensate, redress|credit|reimburse|make good|retrieve**
v Päämäärä hyvittää keinot, mutta siitä huolimatta tarvitaan toimeliaisuutta ja rohkeutta.
The ends will justify the means; however, it requires effort and courage.

220 **posti** **mail, post|post office|postbag**
nn Sähköposti on monella tapaa kätevämpi kuin puhelin tai perinteinen posti.One advantage that e-mail has over the telephone or regular mail is its convenience.

221 **johdattaa** **lead, marshal**
v Toivon, että heidän läsnäolonsa johdattaa meidät kaikki pohtimaan asiaa vakavasti.
I hope that their presence will lead us all to reflect seriously on the matter.

222 **surra** **mourn|grieve, sorrow|lament, bewail|regret**
v Nyt voimme vain surra hänen kuolemaansa ja osoittaa surunvalittelumme hänen perheelleen.
Now all we can do is mourn his death and express our condolences to his family.

223 **välttämätön** **necessary, indispensable, inevitable, imperative**
adj Kolmanneksi, järjestelmien välttämätön uudistaminen uusien haasteiden edessä.
Thirdly, the necessary modernization of the systems to face the new challenges.

224 **naama** **face|kisser, mug**

nn Joka päivä jokainen näkemäni naama kertoo, että olen väärässä.
I am told every day, by every face I see, every wall I face, that I am wrong.

2225 **rakastaja** **lover, fancy man**
nn Lopuksi haluaisin lausua mainion sitaatin Alphonse Karrilta: "rakastaja on melkein aina mies, joka hehkuvan hiilen löydettyään laittaa sen taskuunsa uskoen, että se on timantti."
In conclusion, allow me to give you a wonderful quote from Alphonse Karr: 'A lover is almost always a man who, having found a glowing coal, puts it in his pocket believing it to be a diamond.'

2226 **hiekka** **sand**
nn Ilmaston lämpenemisen vaikutukset näkyvät yhä enemmän Romanian Dobrogeassa, eteläisillä alueilla tai läntisillä hiekka-alueilla.
Global warming effects became more and more visible for Romania in Dobrogea, Southern field or Western sands.

2227 **huvittaa** **amuse, divert|like|tickle**
v Minua huvittaa vain vetelehtiä.
I just feel like relaxing.

2228 **opetus** **teaching, instruction, education|lesson, moral|tuition, tutelage**
nn Vanhempien antama opetus kattaa myös tiedotusvälineiden vastuullisen käytön.
The education given by parents includes education on responsible use of the media.

2229 **tukikohta** **base, stronghold, station, installation**
nn Hyökkääjät ryöstivät tukikohta-alueen ennen kuin sudanilaiset joukot pelastivat henkiinjääneet.The attackers looted the compound before Sudanese troops rescued the survivors.

2230 **yksinään** **alone, singly, in isolation; unaccompanied**
adv; adj Kyseisten maiden omat taloudelliset resurssit eivät tästä syystä yksinään riitä.
These countries' financial resources are, therefore, insufficient on their own.

2231 **meteli** **uproar|noise, racket|clamor, hue and cry, clamour|ruckus**
nn Tämä on vakava asia, ja sitä seurannut meteli oli oikeutettu.
This is a serious fact and the following uproar demonstrates this.

2232 **hurja** **ferocious, fierce|rattling|frenzied**

adj

Hyvät parlamentin jäsenet, meidän poliittinen toimintamme ei etene hurjaa vauhtia, mutta sitä voitaisiin verrata junaan, ei pikajunaan vaan tavarajunaan.
Ladies and gentlemen, our political activity does not move at a frenzied pace, but we could compare it to a train, not a high-speed train but a goods train.

2233 **kivääri** — **rifle, gun, piece**
nn
Robert Sendrein päähän kohdistettiin kivääri, mutta hän sai vain kuulla, ettei hän ole kuulan arvoinen.
Robert Sendrei had a gun put to his head but was then told it would be a waste of a bullet.

2234 **pidätellä** — **hold back|hold, restrain|detain|suppress**
v
En luule että voin enää pidätellä vihaani pidempään.
I don't think I'll be able to hold in my anger any longer.

2235 **maalata** — **paint, blazon, spray, decorate**
v
Voit maalata taustavärillä pitämällä hiiren kakkospainiketta alhaalla vetäessäsi.
To paint using the background color, right-click while you drag the pointer.

2236 **psykiatri** — **psychiatrist, shrink**
nn
En ole psykiatri, sosiaalityöntekijä tai perheväkivallan asiantuntija.
I'm not a psychiatrist, a social worker or an expert in domestic violence.

2237 **kaksikymmentä** — **|twenty; score**
num; nn
Japanissa ihmisistä tulee laillisesti täysi-ikäisiä, kun he täyttävät kaksikymmentä.
In Japan, people become legally of age at twenty.

2238 **teatteri** — **theater, theatre|the stage**
nn
Levennä dynamiikkaa kotiteatterijärjestelmiä varten valitsemalla Teatteri.
To increase the dynamic range for home theater systems, click Theater.

2239 **muuri** — **wall, barrier, hedge**
nn
Väliimme on nousemassa muuri, joka on korkeampi kuin Berliinin muuri.There is a wall rising between us and them, a wall higher than the Berlin Wall.

2240 **kuninkaallinen** — **royal, regal|kingly**
adj
Muuri oli karkeaa kiveä.
Where is her royal highness?

2241 **yhdistelmä** *nn*
combination | composite, complex | compound | aggregate | synthesis
Elintarvikkeiden korkeiden hintojen ja köyhyyden yhdistelmä on pahin mahdollinen yhdistelmä.
A combination of high food prices and poverty is the worst possible combination.

2242 **pelleily** *nn*
nonsense, spoof, camp
Lopeta pelleily ja auta minua!
Stop fooling around and help me!

2243 **pahemmin** *adv*
worse
Ilman euroa vuoden 1992 tapahtumat olisivat toistuneet, vaikkakin vielä pahemmin seurauksin.
Were it not for the euro, we would have repeated the experience of 1992, only worse.

2244 **ryhdistäytyä** *v; phr*
shape up, brace up, take hold of oneself; pull one's socks up
Tämä on oikeudenmukainen tapa kannustaa rahdinkuljettajia ryhdistäytyä.
This is a fair way of encouraging hauliers to clean up their act.

2245 **avaruus** *nn*
space | width | wideness, vastness
Avaruus sisältyy tästä lähtien yhä useampiin toiminta- ja soveltamisaloihin.
Space has, from now on, multiplied its spheres of action and application.

2246 **sukulainen** *nn*
relative, relation | kinsman | kinswoman | cognate
Ei ole lapsenkaan kannalta välttämättä hyvä, että kuka tahansa vapaaehtoiseksi ilmoittautuva sukulainen voi toimia hänen huoltajanaan.
It is not necessarily a good thing for the child either if just any relative can volunteer to take charge of him or her.

2247 **putki** *nn*
tube, pipe | pipeline | conduit | tubing | duct
Riippuvuutta vähentää suunniteltu putki Itämeren pohjassa.
The planned pipeline at the bottom of the Baltic Sea will reduce this dependence.

2248 **liikemies** *nn*
businessman
Liikemies laskee lukuja laskimella.
A businessman is working out some figures with a calculator.

2249 **kiehtoa**
enthrall | engage, absorb | cultivate | involve

v — 9:11 Arvoituslaatikot alkoivat siis kiehtoa minua.9:11 So there's this thing with mystery boxes that I started feeling compelled.

250 **vartioida** — **guard, watch, keep vigil, keep a watch, mark**
v
Luulen, että edustaja katsoo itsekin tehtäväkseen vartioida pienten ja keskisuurten yritysten etuja.
I assume that the envoy will see and define her role as a watchdog also.

251 **munkki** — **monk, fritter, friar, doughnut**
nn
Vaadimme munkki Tenzin Delek Rinpochen vapauttamista.
We call for the release of the monk Tenzin Delek Rinpoche.

252 **liikuttaa** — **move, affect|stir|concern**
v
Joskus hän oli lähes halvaantunut ja hänellä oli vaikeuksia liikuttaa raajojaan.
Sometimes, he was almost completely paralysed and had difficulty moving them.

253 **haamu** — **ghost, wraith|specter, phantom, phantasm, spectre**
nn
Slobodan Miloševićin haamu ei saa kuitenkaan varjostaa päätöstämme täällä parlamentissa.
But let not the ghost of Slobodan Milošević stalk this decision or this Chamber.

254 **aula** — **lounge|lobby, hall, vestibule|entry**
nn
Kokemukseni on valitettavasti se, että puolalaisen putkimiehen haamu on palannut kummittelemaan meille.
My experience is, unfortunately, that the case of the phantom Polish plumber has returned to haunt us.

255 **levittää** — **spread, spread out, diffuse|disseminat; bandy about**
v; phr
He eivät halunneet enempää levittää orjuutta.
They wanted no further spread of slavery.

256 **rengas** — **ring|tire, tyre|wheel|collar|link**
nn
Esimerkiksi leveä rengas pitää hyvin asfaltilla, mutta joutuu helposti vesiliirtoon.
For example, a broad tyre holds well on asphalt, but tends to start skimming over water easily.

257 **loistava** — **glorious, magnificent|great, smashing, dandy|brilliant, superb**
adj
Yksikään näistä maista ei ole minkäänlainen loistava esimerkki demokratiasta.
Not one of these countries is exactly a shining example of democracy.

2258 **sihteeri** **secretary|recorder, registrar**
nn
Olin Tomin sihteeri.
I was Tom's secretary.

2259 **leski** **widow, widower**
nn
Hän oli leski, mutta vuoden päästä hänen poikansa vihkiäisistä hän ei voinut pidätellä pidempään ja myös hän meni naimisiin.He was a widower, but a year after his son's wedding, he could not hold it any longer and also got married.

2260 **ikävöidä** **long, yearn|pine**
v
En ikävöi kuuden jäsenen muodostamaa yhteisöä enkä usko, että on kultaisia aikoja, joita kannattaisi ikävöidä.
I am not nostalgic for the Europe of six, nor do I believe there is a golden age to long for.

2261 **hyödyllinen** **useful, helpful, valuable, profitable, salutary; of use**
adj; adv
Tässä mielessä, ja monessa muussakin, tämä tehtävä oli ehdottoman hyödyllinen.
The benefit of this mission in this regard, as in many others, is undeniable.

2262 **tankki** **tank**
nn
Minun piti myös palauttaa auto tankki täynnä.
I had to return the car with a full tank again.

2263 **suututtaa** **antagonize|anger|displease|annoy, chafe, nettle|aggravate**
v
Kumpaakaan en pidä oikeana, se suututtaa minua, ainakin minua henkilökohtaisesti!
I do not believe either is the case, and it annoys me, for one.

2264 **tunneli** **tunnel**
nn
Avataanko tunneli rekka-autoille? Eikö sitä avata?
Will the tunnel reopen to heavy goods vehicles or not?

2265 **pyörittää** **rotate, revolve|turn|spin, twirl, whirl|roll**
v
Tällaista tuhoon tuomittua karusellia sääntelystä hullaantunut Euroopan unioni pyörittää.
Such is the self-defeating merry-go-round that is this regulation-crazed European Union.

2266 **ruskea** **brown, tan, bronzed**
adj
Mutta kun katsomme korkeista toimistorakennuksistamme Strasbourgin yli, näyttää kauniin kaupungin yllä leijuvan ruskea pilvi.
But if we look out from the lofty vantage point of our offices over the city of Strasbourg, we see a brownish haze hanging over that beautiful city.

2267 **vuokra** **rental, lease|rent|hire**

nn Mikä tahansa huoneisto kelpaa niin kauan kuin vuokra on kohtuullinen.
It is an endangered species.

2268 **laji** **species|kind, variety, sort|genre|event|breed**
nn Useimmiten olen onnellinen, koska se on mielestäni planeettamme onnellisin laji.
And I'm happy most of the time, because I think this is the happiest species on the planet.

2269 **tutkija** **investigator, researcher, research worker|examiner|scholar**
nn Olen syntynyt maassa, josta Antarktiksen tutkija Bellingshausen lähti matkaan.I am a native of the country from which the Antarctic explorer Bellingshausen set out.

2270 **hulluus** **madness**
nn Yhä on jäljellä kieltopolitiikka huumeiden osalta: tämä eettinen, epäinhimillinen ja epätieteellinen hulluus.
Prohibition of drugs still remains: ethical, inhuman and anti-scientific madness.

2271 **varsinaisesti** **properly speaking, truly, as such, par excellence**
adv Näitkö sinä onnettomuuden varsinaisesti?
Did you actually see the accident?

2272 **pikkuveli** **kid brother**
nn (PL) EU:n uusi strategia on itse asiassa Lissabonin strategian pikkuveli.
(PL) The new EU strategy is, in fact, the younger brother of the Lisbon Strategy.

2273 **britti** **Briton, Brit, Britisher, limey**
nn (FR) Arvoisa puhemies, olen tyytyväinen, että tämän kysymyksen on esittänyt britti, nimittäin jäsen Parish.
(FR) Mr President, I am pleased that it is a Briton, Mr Parish, who has tabled this text.

2274 **teho** **power, force|output|capacity|effect|efficiency**
nn En voi varsinaisesti sanoa olevani iloinen eläkkeelle jäämisestäni.
The effect of the medicine was amazing.

2275 **vakuutus** **insurance|assurance, pledge**
nn Moottoriajoneuvojen käyttöön liittyvän vastuun varalta otettava pakollinen vakuutus
Compulsory insurance against civil liability in respect of the use of vehicles

2276 **tiede** **science**

	nn	EY:n ja Sveitsin tiede- ja teknologiayhteistyötä koskeva sopimus (äänestys) EC-Swiss Confederation Agreement on Scientific and Technical Cooperation (vote)
2277	**ironinen** *adj*	**ironic, wry, ironical | tongue-in-cheek** Minä olin ironinen, hän oli pahansuopa! I said it ironically; he did that maliciously!
2278	**kahtia** *adv*	**in two** Todellisuudessa EU on nyt jakautunut kahtia: euroalueeseen ja euroalueen ulkopuolisiin jäsenvaltioihin. In reality, Europe is now split in two: the euro zone and the non-euro zone.
2279	**hämmentyä** *v*	**get confused, get into a muddle, get muddled** Arvoisa puhemies, aluksi haluaisin sanoa neuvoston puheenjohtajalle, ettei hänen pidä hämmentyä läsnä olevien parlamentin jäsenten vähäisestä määrästä. Mr President, may I say to the President-in-Office that he should not be deceived by the number of empty seats in the House.
2280	**papu** *nn*	**bean** Alueelle ominaisten vähäisten lämpötilanvaihtelujen ansiosta Coco de Paimpol -papu voi kasvaa hiljalleen ja tasaisesti, mikä on tuotteen laadun edellytys. The small temperature range in this region enables the bean plants to mature slowly and well, which is necessary in order to obtain a high-quality product.
2281	**koordinaatti** *nn*	**coordinate** Komissio voi milloin tahansa muuttaa yksimielisesti liitettä I sen sisältämien maantieteellisten koordinaattien mukauttamiseksi. The Commission may by consensus amend Annex I at any time to adjust the geographic coordinates it contains.
2282	**laina** *nn*	**loan, borrowing, accommodation** 500 miljoonan euron laina auttaa Ukrainaa selviytymään rahoituskriisistä. A loan of EUR 500 million will help Ukraine come out of the financial crisis.
2283	**aiempi**	**prior, one-time**

adj — aiempi heikentyminen aiheuttavat nousupaineita tuonti- ja tuottajahintoihin.
in the past are putting upward pressure on import costs and producer prices.

284 **ylennys** — **promotion, advancement|preferment|rise**
nn
(Asia T-385/04) (1) (Henkilöstö — Virkamiehet — Kumoamiskanne — Vahingonkorvauskanne — Ylennys — Etusijapisteiden myöntäminen)
(Case T-385/04) (1) (Staff case — Officials — Action for annulment — Action for Damages — Promotion — Award of priority points)

285 **miinus** — **minus; minus, less**
nn; prep
Lämpötila on miinus kuusi astetta.
It's six degrees below zero.

286 **symboli** — **symbol, token, emblem**
nn
Joskus pasifismi tasoittaa tietä kauheudelle ja joskus se on rohkeuden symboli!
Sometimes, pacifism paves the way for horror. Sometimes, it is a sign of courage.

287 **syöttö** — **pass|feed|input|feeding|serve, service**
nn
Hyvä Othmar, tässä tulee sinulle helppo syöttö.
I see that Mr Karas is next on the list to speak; well, Othmar, here comes an easy ball for you.

288 **määräys** — **regulation|orders|rule, prescript|injunction|ordinance**
nn
Tämä määräys on sisällytettävä sopimuksen täytäntöönpanoa koskeviin sääntöihin.This provision must find expression in the implementation rules for the agreement.

289 **allas** — **tub, vat|bowl**
nn
Kreikassa vaarat johtuvat kullankaivamisesta Bulgariassa alueella, joka on Evrosin valuma-allas.
In Greece, the dangers come from the exploitation of gold in Bulgaria, which is the Evros catchment basin.

290 **salata** — **conceal, hide|disguise|withhold, keep back|hush up|cover up**
v
En halua kuitenkaan salata sitä, että olen hyvin huolissani tämän asian vuoksi.
I shall not hide the fact, however, that I am very concerned in this regard.

291 **vakuuttua** — **convince oneself**

v Myös serbikansan täytyy vakuuttua tästä, muuten aloitteemme ei tule onnistumaan.
The Serb people have to believe that too, otherwise our initiative will fail.

2292 **olio** **creature, thing, being**
nn Mies olisi siten se karvainen ja riidanhaluinen olio, maailman kaiken epäjärjestysten lähde.
This makes men into hirsute and aggressive beings who are the source of all the world's problems.

2293 **noutaa** **retrieve, collect, fetch, claim, reclaim**
v Voinko noutaa lipun lentoasemalta?
Can I pick my ticket up at the airport?

2294 **matkustaja** **passenger, rider|traveler, traveller|occupant, occupier|fare|pickup**
nn Olin matkustaja.
I was a passenger.

2295 **toivoton** **hopeless|desperate, despairing|forlorn|irredeemable|losing**
adj Neljän ja viiden hengen autoissa on vain yksi matkustaja yli 75 prosenttia ajoajasta.
4- and 5-seater cars are carrying just one person more than 75% of the time.

2296 **pinta** **surface, face, finish, top, level, texture, skin, plane**
nn Vielä nykyäänkin 46 prosenttia maapallon pinta-alasta on luokiteltu erämaaksi.
Even now, 46% of the surface of the Earth is classed as wilderness.

2297 **suure** **quantity**
nn Arvoisa puhemies, arvoisa komission jäsen, mielestäni on tuotava esiin yksi suure puute, nimittäin se, että sopimukselta puuttuu sen täytäntöönpanoa koskeva sääntelyjärjestelmä.
Mr President, Commissioner, I think it is necessary to mention one major failing: the fact that there is no system of regulation by which the agreement could be implemented.

2298 **ymmärtävä** **knowing, appreciative**
adj Euroopan unionin tekemät aloitteet ja ymmärtävä suhtautumisemme ovat osoittaneet, ettei kulttuurista kuilua ole olemassa.The initiatives the European Union is taking, our constant understanding with them, have shown that there is no cultural divide.

2299 **viisitoista** **|fifteen**

num — Jos kaikki viisitoista jäsenvaltiota eivät ole mukana tässä, koko asiasta ei tule mitään.
If the 15 Member States do not play along, nothing will come of all this.

2300 **harmaa** — **gray, drab, grizzled; gray**
adj; nn — On totta, että korruptio ja harmaa talous ovat lisääntyneet jälleen Romaniassa.
It is true that the pace of reform has slowed, particularly the economic reforms.

2301 **verho** — **curtain, mantle, pall|veil|shroud|cloak|front**
nn — Niin kutsuttujen demokraattisten vaalien verho ei millään lailla peitä tätä.
The cloak of so-called democratic elections can by no means cover that up.

2302 **aueta** — **open, come undone, unroll, come unstuck**
v — Kun alkioita pidetään hyödynnettävänä materiaalina, eettiset padot saattava aueta.
Regarding embryos as exploitable material risks opening the ethical floodgates.

2303 **peitto** — **cover**
nn — Neuvoston maaliskuun 2009 kokouksessa esitettiin alustava tavoite saavuttaa 100 prosentin peitto vuoteen 2013 mennessä.
The Council of March 2009 fixed an indicative target of achieving 100% coverage by 2013.

2304 **torni** — **tower|turret|spire, steeple|rook, castle|conning tower**
nn — Eilen parlamentin Torni-rakennuksen sisäpihalla oli häpeällinen kommunistien mielenosoitus.
Yesterday there was a disgraceful Communist demonstration in the courtyard of the Tower.

2305 **tukko** — **tuft, wisp, wad, pad, tampon, sponge**
nn — Laboratoriokarsta voidaan korvata kuitusekoittimella, tai kuidut voidaan sekoittaa "tukko ja poisto " -menetelmällä.
The laboratory carder may be replaced by a fibre blender, or the fibres may be mixed by the method of 'tufts and rejects'.

2306 **tuottaja** — **producer, manufacturer|showman**
nn — Edustan Skotlantia, joka on laaja naudanlihan tuottaja-alue.
I represent Scotland, which has extensive beef production.

2307 **vala** — **oath, vow**

	nn	Ensinnäkin vaadimme, että niiden, jotka tässä tehtävässä aikovat toimia, on vannottava vala.For one thing, we would like to see a swearing-in procedure for those carrying out the inspections.
2308	**harras**	**devout, heartfelt, earnest|devoted|dedicated|deep|devotional**
	adj	Useiden vuosien ajan laajentuminen oli vain harras toive; pian siitä tulee totta. For many years enlargement has been a mere aspiration; soon it will be realised.
2309	**parantua**	**heal, mend|improve, better, ameliorate, amend|get well**
	v	Heidän on myytävä kaikki omistamansa, jotta heidän rakkaimpansa voivat parantua. They are forced to sell all they have so that their loved ones can get better.
2310	**aukko**	**opening|aperture|hole|gap, break|slot**
	nn	Muutaman sadan skotlantilaisen lampaan takia lainsäädäntöön jätetään valtava aukko. For the sake of a few hundred Scottish sheep, there is a huge loophole in legislation.
2311	**porno**	**porn, pornography**
	nn	Minun on tunnustettava, että turvauduin tyttäreni apuun nähdäkseni, mitä oikein tapahtuisi, jos tietokoneeseen näppäilisi sanan " porno" . I have to confess I relied upon my daughter to help me find out just what would happen if you type in 'porn' .
2312	**heroiini**	**heroin|junk|scag, smack**
	nn	Ne ovat, jos mahdollista, vieläkin pöyristyttävämpiä kuin heroiini. They are, if anything, more horrific than heroin.
2313	**avoinna**	**open**
	adj	Oveni on aina avoinna. My door is always open.
2314	**epäonnistua**	**fail, bomb|backfire|be unsuccessful|miscarry; go by the board**
	v; phr	Meidän ei pidä unohtaa, että Geneven huippukokous oli lähellä epäonnistua. We must not forget that the Summit in Geneva nearly collapsed.
2315	**risti**	**cross, crisscross|clubs|club|rood**
	nn	Mari istui risti-istunnassa sängyllä. Mary sat cross-legged on the bed.

316 **tyylikäs** **elegant|stylish|chic|classy, posh, swish|tasteful**
adj
Hän on pitkä ja tyylikäs.
He is tall and handsome.

317 **arvoisa** **honorable, honourable|right honorable**
adj
Arvoisa puhemies, olen siis laajalti samaa mieltä siitä, mitä täällä on sanottu.Therefore, I broadly agree, Mr President, with what has been said in this House.

318 **hullusti** **amiss, awry**
adv
Tässä suhteessa monessa virastossa on vielä yksi ja toinen asia hullusti.
Some agencies are still in a sorry state in this respect.

319 **paavi** **pope, pontiff**
nn
Samalla se muistuttaa meitä suurmiehestä, paavi Johannes Paavali II:sta.
At the same time, it serves to remind us of a great man, John Paul II.

320 **pulssi** **pulse**
nn
Sinulla on säännöllinen pulssi.
You have a regular pulse.

321 **vasikka** **calf, veal, squealer, fink**
nn
Ensimmäisen luokan yhteydessä myyntinimikkeenä käytetään edelleen termiä "vasikka".
\For the first category, the sales description will continue to use the term 'veal'.

322 **aikalisä** **time-out**
nn
Hänelle pitäisi antaa aikalisä ja häneltä pitäisi kieltää osallistuminen ensi viikon istuntoon Strasbourgissa.
He should be given a time-out and should not be permitted to attend next week's session in Strasbourg.

323 **osittain** **partly, partially, part|in part|part-way**
adv
Voidaan sanoa, että alkuperäinen kunnianhimoinen tavoite on saavutettu osittain.
One could say that the original ambitious objective has been partially achieved.

324 **täällä päin** **along here; in this neck of the woods**

	adv; phr	(DE) Arvoisa puhemies, äänestäessämme tarkistuksesta 8, pienellä näytöllä - ainakin täällä päin - ja vasemmalla sijaitsevalla näytöllä näkyi numero 7 d. (DE) Mr President, while we were voting on Amendment 8, the small screen - at least over here - and the screen on the left were still displaying 7d.
2325	**parta** *nn*	**beard, whisker** Rakastan miehiä, joilla on parta. I love men with beards.
2326	**universumi** *nn*	**universe** Fysiikan lakien mukaan ainoastaan universumi pystyy laajentumaan loputtomiin. In the world of physics, only the universe can expand infinitely.
2327	**vähentää** *v*	**reduce, scale down|decrease, lessen, diminish|deduct** Tämä lisää taloudellista epätasa-arvoa ja vähentää huomattavasti myös kilpailua.This reinforces economic inequality and also significantly reduces competition.
2328	**tarkkailla** *v*	**watch, observe|monitor|be on the watch|cover|scout** Aiotteko todellakin vain tarkkailla asioita odottaessamme liittokansleri Merkeliä? Will you really mind the shop single-handedly while we wait for Chancellor Merkel?
2329	**seuraus** *nn*	**consequence, effect, result, outcome, issue|sequel|product** YK: n ihmisoikeuksien julistus, jota me tänään juhlimme, oli julman sodan seuraus. The UN declaration we are celebrating today was the outcome of a terrible war.
2330	**side** *nn*	**binder|bond, alliance|bandage|tie|dressing** On olemassa aukko, joka on paikattava, ja tarvitaan vahva demokraattinen side, jolla kansalaiset liitetään parlamentissa ja neuvostossa käytettävään toimivaltaan. There is a gap to fill, and essential democratic sinew is needed to connect the citizen and the European powers that are exercised in Parliament and the Council.
2331	**kirjasto** *nn*	**library, study** Onneksi minulla on käytössä mahtava kirjasto. I am fortunate enough to have access to an excellent library.
2332	**alapuoli**	**underside, underneath, back**

nn — Kengän alapuolen iskualue puhdistetaan puhtaalla kankaalla ja iskukappaleen pinta isopropanolilla tai vastaavalla aineella ennen testiä.
Clean the impact surface of the underside of the shoe with a clean cloth and the impactor face with isopropyl alcohol or equivalent prior to the test.

333 **armollinen** — **gracious, benignant**
adj
Ja silloinkin -- Jumala on armollinen, anteeksianto suurin -- joten, oikeastaan, jätä mieluummin tappamatta.
And even then -- God is merciful; forgiveness is supreme -- and so, essentially, better if you don't.

334 **mehu** — **juice|squash|syrup, sirup**
nn
Mehu- ja/tai sosepitoisuus vähintään (prosenttia valmiin tuotteen tilavuudesta)
Minimum juice and/or purée content (% by volume of finished product)

335 **kotka** — **eagle**
nn
Kotka on laskeutumaisillaan.
The eagle is about to land.

336 **talvi** — **winter**
nn
Talvi on loppunut ja kevät on saapunut.The winter has passed, and spring has arrived.

337 **makuuhuone** — **bedroom, chamber**
nn
Makuuhuone, missä ihmiset tuntevat läheisyyttä, missä itse elämä saa alkunsa, muuttui taistelutantereeksi.
A bedroom, the place where people share intimacy, where life itself is conceived, became a battlefield.

338 **salaperäinen** — **mysterious, inscrutable|mystic, occult, secret|weird; occult**
adj; nn
Salaperäinen olento hyökkäsi Tomin kimppuun, kun hän oli metsässä.
A mysterious creature attacked Tom while he was in the woods.

339 **haaste** — **challenge, summons, subpoena, writ, citation, dare, gage**
nn
Arvoisa puhemies, Euroopalla ja sen kaikilla toimielimillä on edessään suuri haaste.
Mr President, Europe and all its institutions are called to undergo a great test.

340 **koukku** — **hook**

nn Kalastustoimet on toteutettava siten, että koukku, johon syötti on kiinnitetty, uppoaa mahdollisimman pian sen jälkeen, kun se on laskettu veteen.
Fishing operations shall be conducted in such a way that the baited hooks sink as soon as possible after they are put in the water.

2341 **pyyhkiä** **wipe | erase, rub out | rub | sweep | scan**
v Sinun ei tarvitse tehdä muuta kuin pyyhkiä lattia.
All you have to do is sweep the floor.

2342 **ikuinen** **eternal, everlasting, ageless | perpetual, never-ending**
adj Se on ikuinen ongelma, mutta uskon todellakin, että ratkaisu on jo löytynyt.
This is a perpetual problem, but I actually think that the solution has already arrived.

2343 **rekka** **truck | semitrailer | semi, articulated lorry | artic**
nn Se johtaisi monen rekka-autonkuljettajan ja yrittäjän konkurssiin.
It will put many truckers out of business and many companies also.

2344 **edustaja** **representative, agent, spokesman, rep, delegate, envoy, proxy, exponent, member of parliament, front man, lieutenant; MP**
nn; abbr Arvoisa Cars, toivotan teille hyvää matkaa, mutta te ette enää ole edustaja.
Mr Cars, I wish you bon voyage, but you are not a Member of Parliament any more.

2345 **päteä** **apply, hold | be valid | stand | go, run | assert oneself**
v Onko komissio periaatteessa sitä mieltä, että markkinaperiaatteiden tulee päteä satamamaksujen hinnoittelussa?
Is the Commission's position, in principle, that market principles should apply in setting the level of port dues?

2346 **pukea** **dress | attire, trick out, rig out | become | clothe, robe | disguise**
v Monet yrittivät pukea tunteensa sanoiksi.
Many tried to put their feelings into words.

2347 **panos** **input | contribution | bet, stake | charge | cartridge**
nn Meidän on kaikkien edelleen tuotava aktiivinen ja rakentava panos laajentumisprosessiin.We must all continue to play an active and constructive role in the enlargement process.

2348 **myyjä** **seller, vendor | salesperson | salesman | clerk, shop assistant**
nn Hintataso asettuu sitä alemmaksi, mitä pakottavammasta syystä myyjä joutuu myymään.
The price goes down the more pressed the seller is to sell.

2349 **poliittinen** **political; politico**

adj; nn Kiinan kansantasavallasta on tullut tärkeä taloudellinen ja poliittinen toimija.
Economically and politically, the People’s Republic has become an important player.

350 **rauhoittaa** **reassure | appease, pacify | soothe | calm, calm down, settle down**
v Olkaa siis todella varovaisia, kun tarkoituksenanne on rauhoittaa markkinoita.
Really do take care, therefore, when your intention is to reassure the markets.

351 **terroristi** **terrorist, bomber**
nn Terroristi-iskuissa kuolee miehiä, naisia ja lapsia, jotka ovat sattuneet olemaan julkisissa liikennevälineissä eivätkä ole enää elossa.
The men, women and children who die like that only make the news once they are dead.

352 **lasti** **cargo, load | bulk | pickup**
nn toiseksi sen valtion vastuu, jonka alueella lasti puretaan,
secondly, the responsibilities of the state in which the fish are landed;

353 **puhaltaa** **blow, breathe, sound**
v Kun tuuli puhaltaa kovempaa, toiset rakentavat muureja ja toiset tuulimyllyjä.
When the wind blows harder, some people put up walls and others build windmills.

354 **vaalea** **light | blond, blonde | pale | fair**
adj Koska parlamentin jäsenen kysymys ei liity mihinkään tiettyyn asiaan, sen taustalla lienee Walesissa siemenperunoissa havaittu perunan vaalea rengasmätä.
I assume that the honourable Member’s question is motivated by the finding of potato ring rot in seed potatoes in Wales, as his question was not directed to any specific issue.

355 **osuma** **hit, touch**
nn Vastustamme näin ollen niin kutsuttua osuma / ei osumaa -järjestelmää (hit/no hit system).
In the light of this, we are opposed to what is known as a 'hit-no hit' system.

356 **väkivaltainen** **violent, forcible, rough, tough**
adj Arvoisa puhemies, Algerian tilanne on ollut jatkuvasti väkivaltainen joulukuusta 1991 lähtien.Mr President, since December 1991, Algeria has been in a situation of permanent violence.

2357 **japanilainen** **Japanese; Japanese, Jap**
adj; nn Japanilainen Jacuza ei toimi ainoastaan Tokiossa vaan myös Düsseldorfissa ja Torontossa.
The Japanese Yakuza are not just active in Tokyo, but also in Düsseldorf and Toronto.

2358 **vedin** **pull, tab**
nn Vedin esitykseni pois, koska minulle sanottiin, etteivät ihmiset olleet vielä valmiita tähän ja että se edellyttäisi vallankumousta.
I withdrew, because I was told that people were not ready and that it would involve a revolution.

2359 **juoni** **plot, game|story|story line|ploy, stratagem|ruse, artifice**
nn Tarkistus on epäilemättä juoni, jolla tämä keventäminen yritetään poistaa mietinnön tekstistä.
No doubt this is a ruse to remove this reduction from the text.

2360 **litra** **liter, litre**
nn On esimerkiksi mahdotonta ymmärtää, että litra maitoa maksaa nykyään vähemmän kuin litra vettä.
For instance, it is not comprehensible that a litre of milk now costs less than a litre of water.

2361 **kasvatti-** **foster**
adj Hänen isoisänsä kasvatti hänet.
He was fostered by her grandfather.

2362 **kauneus** **beauty, pulchritude**
nn Kauneus kuihtuu.
Beauty fades.

2363 **erehtyä** **err, slip|go wrong|be in error|be at fault|slip up**
v Kyse ei ollut vain siitä, että te erehdyitte, sillä voimme kaikki erehtyä.
It was not just the fact that you got it wrong, because we can all get it wrong.

2364 **nuorimies** **young man, stripling**
nn Eräs puhujista oli 29-vuotias nuorimies nimeltä Michael, jota oli pidetty häkkisängyssä viikko päästämättä häntä siitä pois.
One of the speakers was a young man called Michael, a 29-year-old who had been put in one of these caged beds for a week, unable to get out.

2365 **menneisyys** **past, record**
nn Sillä on suuri menneisyys mahtavana teollisuuslaitoksena Bridgwaterissa.
It has an enormous background of industrial muscle and might in Bridgwater.

2366 **katketa** **break|snap, rupture, bust|burst|part|be severed**
v
Jos kuminauhaa venyttää liikaa, se voi tietysti katketa, jolloin satuttaa sormensa.Of course, if you stretch elastic too far it can snap and you can hurt your fingers.

2367 **tuhoava** **destructive**
adj
On helpompi tuhota valtio kuin jälleenrakentaa se.
It is easier to ruin a country than to rebuild it.

2368 **vaari** **grandpa, granddad, granddaddy, grandad|grandaddy**
nn
Pitää ottaa tilaisuudesta vaari.
You have to seize the opportunity with both hands.

2369 **Helkkari!** **Blimey!**
i
Helkkari! Katso koko että asia.
Blimey! Look at the size of that thing.

2370 **sopivasti** **suitably, apropos, pat, in place, to a turn**
adv
Tämä pihvi tuntuu raa'alta. Onkohan se sopivasti kypsennetty?
This steak seems rare. I wonder if it was cooked long enough.

2371 **häviäjä** **loser, also-ran**
nn
Vielä on ratkaisematta, oliko Pohjois-Korea sodan voittaja vai häviäjä, mutta häviäjiä olivat ainakin tavalliset ihmiset.
It is debatable whether or not North Korea lost this war, but there can be no doubt that ordinary people did.

2372 **jono** **queue|string, train|range, chain|line|waiting list**
nn
Aikaisemmin maahan muuttaneille tarkoitettujen sopeuttamiskurssien jono-ongelma ja kurssien keskeyttämisongelma olisi ratkaistava.
The waiting lists for integration courses for former immigrants and the drop out from these courses should be solved.

2373 **kettu** **fox**
nn
Mitä kettu sanoo?
What does the fox say?

2374 **piirtää** **draw, trace, describe|plot|design, plan|tool**
v
En osaa piirtää, mutta sisareni on suuri taiteilija.
I can't draw, but my sister is a great artist.

2375 **vuokrata** **rent, hire, lease, charter, take|rent out, hire out|let|let out**
v
Tom tahtoi vuokrata auton.
Tom wanted to rent a car.

2376 **tuhlaus** **waste, dissipation|wastage|extravagance**

	nn	Euroopan veronmaksajien rahojen tuhlaus tupakan tuotantoon ei ole perusteltavissa. We cannot justify European taxpayers' money being spent on tobacco production.
2377	**vapaaehtoisesti** *adv*	**voluntarily** Uskotko, että Tom lähtee vapaaehtoisesti? Do you think Tom will go willingly?
2378	**lasillinen** *nn*	**glass, drink** Ettekö tunnekin tuoksun, joka on lähtöisin oliiviöljyllä valellusta napolilaisesta mozzarellasta ja eteläitalialaisista tomaateista, joiden kanssa on tarjolla vähän parmesaania ja lasillinen hyvää punaviiniä tai olutta? Can you not smell the olive oil on the Neapolitan mozzarella, on the tomatoes from southern Italy, with a little parmesan and a good glass of red wine or beer?
2379	**luja** *adj*	**strong, hard|firm, solid|robust|tough, rugged|sturdy** Luja koputus ovelta herätti hänet. A loud knocking at the door woke him up.
2380	**hävittää** *v*	**dispose of|destroy|obliterate, blot out|remove|devastate, desolate** Hän on siis esikuva, jonka Kiina haluaa hävittää ja tuhota. He is therefore a symbol that China wishes to eliminate and destroy.
2381	**työtön** *adj*	**unemployed, jobless, out of a job, unwaged, redundant, out-of-work** Tomi on tällä hetkellä työtön. Tom is currently unemployed.
2382	**ruokkia** *v*	**feed, nourish, pander to, stoke** Miten sen turvin voidaan ruokkia pienituloisen maahanmuuttajan kaikki perheenjäsenet? How can an immigrant with such a low income make all his relatives go hungry?
2383	**paino** *nn*	**weight|print|emphasis, accent, stress|press, pressure|gravity** Olen sitä mieltä, että Euroopan unionin on pantava suurempi paino keskusteluille. I am of the view that the European Union must attach more weight to discussions.
2384	**selli** *nn*	**cell|tank, cooler** Lisäksi Stillman on äskettäin siirretty selliin, johon hänen pyörätuolinsa ei mahdu. He has recently been moved into a cell that is too small to fit his wheelchair.

385 **aalto** — **wave|surge, billow|breaker|ripple mark|thrill**
nn
Onko Euroopan unionissa kenties leviämässä maccarthyismin aalto?
Is the European Union perhaps being submerged by a wave of McCarthyism?

386 **ostos** — **purchase, buy**
nn
Tämä on erityisen hyvä ostos opiskelijoille tai liikemiehille, jotka matkustavat ja haluavat kevyen kannettavan.
This is an extremely good deal for students or business people who travel and want a light laptop.

387 **hanska** — **glove**
nn
Tämän pitäisi edistää ainakin joidenkin vammaisten liikkumisvapautta ja parantaa siten heidän työ-, ostos- ja vapaa-ajankäyttömahdollisuuksiaan.This should help facilitate their greater freedom of movement, thereby improving work, shopping and leisure opportunities for at least some people with disabilities.

388 **innokas** — **eager|keen|avid, zealous|anxious|ardent, warm; agog|on fire**
adj; adv
EU ei ole ollut kovin innokas tarjoamaan Ukrainalle mahdollisuutta EU:n jäsenyyteen.
The EU has not been eager to offer Ukraine the prospect of EU membership.

389 **vuoto** — **leakage, leak, escape|spill, spillage|drain|seepage|emission**
nn
Kesti viisi kuukautta ennen kuin vuoto saatiin lopullisesti tyrehtymään.
It took five months for the leak to be stopped for good.

390 **tatuointi** — **tattoo**
nn
Heti kahdeksan vuoden pituisen siirtymäkauden jälkeen näiden molempien tunnistusmenetelmien (tatuointi ja mikrosiru) pitää olla käytössä.
Following the eight-year transitional period, both methods of identification - tattoo and transponder - must coexist.

391 **kerrostaa** — **deposit, arrange in layers**
v
Ulompien kerrosten paksuus on 8,5 mm, ja ne koostuvat reunasta reunaan samansuuntaisesti liimatuista puupaloista.
The outer layers are 8,5 mm thick and consist of timber pieces glued edge-to-edge running parallel to one another.

392 **raamattu** — **Holy Bible, Bible**
nn
Mitä raamattu sanoo tästä?
What does the Bible say about this?

2393 **lauma** **herd|flock, troop|horde, host|pack|drove, swarm**
nn
Lopuksi, koko lauma pitää teurastaa, kun yksi eläin on saanut tartunnan.
Finally, the whole herd must be slaughtered if one beast is found to be infected.

2394 **muistella** **remember, think back**
v
Tuosta ajasta alkaen ei ole ollut mahdollista muistella näitä uhreja yhdessä valtaväestön kanssa.
Since that time it has not been possible to remember these victims together with the majority population.

2395 **piano** **piano, upright piano**
nn
Piano on kallis.
A piano is expensive.

2396 **loukku** **trap, brake**
nn
Muuten näistä vapaista muodostuu helposti naisia työelämässä syrjivä loukku.Otherwise this sort of time off can easily become a trap that discriminates against women in matters of work.

2397 **kääpiö** **dwarf, midget|pygmy, pigmy**
nn
EU: n sanotaan kuitenkin olevan taloudellinen suurvalta mutta poliittinen kääpiö.
However, people say that the EU is an economic giant, but a political dwarf.

2398 **miellyttää** **please, tickle**
v
Vanhaa miestä on vaikea miellyttää.
The old man is hard to please.

2399 **varapresidentti** **vice president; VP**
nn; abbr
Jos hän ei pääse tulemaan, ehkäpä varapresidentti Joe Biden voi tulla tänne.
If he cannot come, then perhaps his Vice-President, Joe Biden, can.

2400 **kastike** **sauce, topping**
nn
Minua vaivaa kuitenkin päätöslauselman päälle kaadettu idealistinen kastike.
What disturbs me, however, is the idealistic sauce being poured over his resolution.

2401 **lelu** **toy, plaything|novelty**

nn Johtopäätökseni näistä teksteistä on, että ihmisoikeuksia koskevasta oikeutetusta taistelusta on tullut vastuuttomien ja itsekkäiden henkilöiden ideologinen lelu.
The conclusion I draw from these texts is that the just fight for human rights has become the ideological plaything of irresponsible and selfish individuals.

2402 **kahvila** **coffee shop, cafe, coffeehouse|snack bar|tea shop|tearoom**
nn Olette oikeassa, jäsenten kahvila on tarkoitettu ainoastaan parlamentin jäsenten käyttöön.
You are right, the Members Bar is only for the use of Members.

2403 **lompakko** **wallet, pocketbook, billfold**
nn Kuluttajalla olisi riesanaan liian painava lompakko.
And the consumer will more quickly get tired of having a purse that is too heavy.

2404 **lohduttaa** **comfort, console, solace**
v Tämä lohduttaa hiukan operaattoreita ja saa aikaan tasapainoisemman tilanteen.
This gives some comfort to operators and provides a more balanced situation.

2405 **saapas** **boot**
nn Toiset puhuvat vahvasti sen puolesta, että saapas yhdistettäisiin saareen, ja toiset puolestaan ovat sitä mieltä, ettei sitä missään nimessä saa tehdä.Some people are arguing charismatically in favour of linking a boot with an island and the others say that that absolutely must not be included.

2406 **herttua** **duke**
nn Cancúnissa pelattiin propagandapeliä, eikä ruhtinas Metternichin ja herttua Talleyrandin perillisille tarvitse todellakaan selittää propagandan merkitystä kansainvälisessä politiikassa.
Cancún was the scene of a propaganda game, and there is certainly no need to explain to the heirs of the Princes Metternich and duke Talleyrand the significance of propaganda in international politics.

2407 **liipaisin** **trigger**
nn Monipatruunaisella itselataavalla kertatuliaseella" tuliasetta, joka latautuu automaattisesti jokaisen laukauksen jälkeen, ja joka liipaisinta painamalla laukeaa ainoastaan kerran
Semi-automatic firearm' means a firearm which reloads automatically each time a round is fired and can fire only one round with one pull on the trigger

2408 **lamppu** **lamp|bulb, light bulb|light**
nn
Lamppu paloi.
The light bulb burned out.

2409 **töykeä** **rude|unfriendly|offhand|gruff|brusque, short**
adj
Ehdotus on töykeä, eikä kehitysyhteistyövaliokunnan näkemyksiä ole huomioitu lainkaan.
The proposal is blunt, and the views of the Committee on Development are not included in any way.

2410 **sopimaton** **inappropriate|unsuitable|improper|unfit|unsuited**
adj
Myös yksinkertaisen veto-oikeuden kumoamista koskeva ehdotus on täysin sopimaton.
The suggestion to abolish the simple right of veto is also entirely inappropriate.

2411 **sotkea** **mess, mess up|fuck up, foul up; play the devil with|play hell with**
v; phr
Ja on toki totta, ettei ole hyvä sotkea keskenään alueita ja maita.
And I have to say that it is quite a bad mistake to confuse countries with regions.

2412 **riidellä** **quarrel, altercate|wrangle|row|have a quarrel|hassle; bandy words**
v; phr
Siellä ei haluta kuitenkaan riidellä Agenda 2000: sta tai nettomaksajista.
But it does not want any quarrels about Agenda 2000 or net contributors.

2413 **maalaus** **painting, picture|paint|paintwork|canvas**
nn
Miten vaihdetaan tai korjataan Canaletton maalaus?
How does one replace or repair a Canaletto painting?

2414 **jänis** **hare, rabbit|pacesetter, pacemaker|stowaway**
nn
Mielestäni emme voi seistä Lissabonin sopimuksen edessä kuin jänis ajovaloissa.I believe that we cannot stand before the Lisbon Treaty like a rabbit caught in headlights.

2415 **mysteeri** **mystery, mystification**
nn
Tom on mysteeri.
Tom is a mystery.

2416 **kehittyä** **progress, build, build up|unfold, blossom|make progress|grow up**
v
Yhteiskunta, jossa väkivalta on jatkuvaa, ei voi kehittyä eikä toimia normaalisti.
A society continually affected by violence cannot develop and function normally.

2417 **paukku** **scorcher**

	nn	Arvoisa puhemies, mitä Leon Brittan oikeus- ja kansalaisoikeuksien valiokunnasta sanoi Helms-Burtonin laista, on kyllä aika paukku! Mr President, what Sir Leon Brittan said about the Helms-Burton compromise in the Committee on Legal Affairs and Citizens' Rights really is breath-taking!
418	**profiili**	**profile**
	nn	Neljäs heikkous, Euroopan teollisuuden matala profiili kilpailijoihinsa nähden, olivatpa he amerikkalaisia tai japanilaisia. The fourth is European industry's poor visibility regarding its competitors, be they American or Japanese.
419	**leikkaus**	**cutting, cut|section|surgery, operation|haircut|trim**
	nn	Komission on varmistettava, että Euroopassa saavutetaan 20 prosentin leikkaus. The Commission should ensure that we achieve a 20% reduction in Europe.
420	**euro**	**euro**
	nn	Kyseessä ei ole suuri rahasumma: vain yksi euro kutakin maailman aliravittua kohden, yksi euro nälkäistä ihmistä kohden. It is not a lot of money: just EUR 1 for each malnourished person in the world, EUR 1 per hungry individual.
421	**vartti**	**quarter**
	nn	Meillä ei ole aikaa puoltatoista tuntia vaan enintään tunti ja vartti. We are going to have an hour and a quarter at the most.
422	**tehokas**	**effective, efficient|efficacious, effectual|active|operative**
	adj	Parlamentti on ollut äärimmäisen tehokas tarpeellisten keinojen hyväksymisessä. It has also shown considerable efficiency in approving the relevant measures.
423	**nokkela**	**clever|witty|smart|cute; with a nimble mind|with nimble wits**
	adj; phr	Se on heidän mielestään erittäin nokkela: "ongelmana ei ole teksti, vaan konteksti". They think it is very clever: ‘Context, not text, is the problem’.
424	**lähettyvillä**	**near**
	adv	Minä pysyn lähettyvillä.I'll stay close.
425	**edelle**	**before**

	prep	Asutuskeskuksissa oli paljon kauppoja, teollisuutta ja kaikkea aivan lähettyvillä. A town with many shops, many industries and all within an accessible area.
2426	**kollega** *nn*	**colleague, confrere|counterpart, opposite number** Ennaltaehkäisyn periaatehan pitää asettaa kaikkien muiden perustelujen edelle. The principle of prevention must take precedence over all other considerations.
2427	**perinne** *nn*	**tradition** Annan äänestää kollega Linkohrin pyynnöstä, että tarkistuksista 1-5 ei äänestetä. I shall call for a vote on Mr Linkohr's motion, but not on Amendments Nos 1 to 5.
2428	**kauemmaksi** *adv*	**farther** Eurooppalaisessa ajattelussa on pitkä symbolien merkitysten perinne. European thought has left us with a long record on the meaning of symbols.
2429	**lävitse** *adv; prep*	**through, thru; through, thru** Näkeekö Teräsmies vaateiden lävitse? Can Superman also see through clothes?
2430	**nuija** *nn; adj*	**gavel, nerd, mallet, mace, club, cudgel; spastic** Olisin nuija jos en kertoisi mikä se on, mutta se on itse asiassa Keski-Afrikan tasavalta. I would be a jerk and not tell you what it is, but in fact, it's Central African Republic.
2431	**vahvasti** *adv*	**strongly** Ensinnäkin EBRD on vahvasti sitoutunut takaamaan itää koskevan siirtymäprosessin. First of all there is a very firm commitment to ensuring transition in the East.
2432	**kauna** *nn*	**resentment, rancor, rancour|grudge, score|ill feeling|hard feelings** Etninen ja uskonnollinen kauna kuuluu jo kaikkialla maassa päiväjärjestykseen. Ethnic and religious feuds are now the order of the day across the country.
2433	**Nro** *abbr*	**No.** Taifuuni nro 10 iski Shikokulle. Shikoku was hit by Typhoon No. 10.

2434 **osallinen** **accessory; have a share in, interested**
nn; adj
Jatkuvissa pyrkimyksissään laajentaa toimialuettaan EU on usein osallinen tähän.The EU, in its continuous efforts to extend its own reach, is often complicit in this.

2435 **luu** **bone**
nn
Miehen näkö on heikentynyt, hänellä on sydänvaivoja ja hänelle on kehittynyt luu-ruston kasvuhäiriö.
She said that she was allowed to see her husband only once a month and that he suffered from worsened vision, heart weakness and flare-up of osteochondrosis.

2436 **vastaaja** **defendant, respondent**
nn
Toivomme kysymyksiin mukavia ja informatiivisia vastauksia, jolloin vastaaja voi myös käydä vähän vuoropuhelua kysymyksen esittäjän kanssa.
We would like a very nice answer and an informative answer to our question, so that you can have some dialogue with the questioner.

2437 **sittenkään** **even then**
adv
Mutta kaikki asiat eivät sittenkään ole muuttuneet parempaan suuntaan.
But the fact is that there has not been an improvement on every point.

2438 **pikkupoika** **little boy**
nn
Toisen raiteen rakentamisesta on puhuttu 1950-luvulta lähtien, jolloin olin vielä pikkupoika.
There has been talk of laying a second track since the 1950s, when I was still a small boy.

2439 **tuntu** **feel, flavor, flavour|touch|texture|odor, odour|coloring**
nn
Ilmapiiriä sävytti yleisesti pettymyksen ja epävarmuuden tuntu.
There was a general atmosphere of disappointment and uncertainty.

2440 **irrottaa** **remove|disconnect|detach|release, unloosen, unloose|loosen, loose**
v
Ihmisoikeuskysymystä ei voida irrottaa alueen laajasta poliittisesta kehityksestä.
Human rights cannot be detached from wider political developments in the region.

2441 **pyyntö** **request, petition|call|plea|requisition|pleading**

	nn	(EN) Komissio on varmasti pannut pyynnön merkille, joten pyyntö otetaan huomioon. The Commission has certainly taken note, so this will be taken into consideration.
2442	**taikuri** *nn*	**magician, illusionist, conjurer, conjuror | sorcerer, wizard | sorceress** Emme ole taikureita emmekä voi taikoa 800 virkamiehelle palkkaa tyhjästä. We are not magicians and we cannot magically pay for 800 posts from nowhere.
2443	**huuli** *nn*	**lip | wisecrack, one-liner** 'huulille tarkoitetulla valmisteella' kosmeettista valmistetta, joka on tarkoitettu huulille'Lip product' means a cosmetic product which is intended to be applied on the lips
2444	**ote** *nn*	**extract, excerpt | grip, hold, clasp, clutch | purchase** Keskushallinnon ote on neuvostomallin mukaisesti jälleen tiukkenemassa. The grip of the central government is becoming tighter in true Russian style.
2445	**isoveli** *nn*	**big brother** Voi ei, Isoveli Bryssel määrää jälleen, mitä meidän on tehtävä?. They say 'Oh, there is Big Brother Brussels telling us what to do again'.
2446	**kaappi** *nn*	**cabinet, locker | cupboard | console | pedestal | case** Kaappi kiiltoastioita täytenänsä, seinä peitossa turpehen!" The dresser filled with shining delph, The pile of turf against the wall!'.
2447	**innostua** *v*	**become inspired, get enthusiastic** Meidän ei kuitenkaan pidä innostua liikaa, vaan on asetettava oikeat ensisijaiset tavoitteet. However, let us not get carried away, let us get our priorities right.
2448	**filmi** *nn*	**film, movie | footage | film stock** Yksi tällainen filmi näytettiin täällä parlamentissa, ja me näimme, mikä tilanne on. One such film was shown here in Parliament and we saw the situation.
2449	**kiusallinen** *adj*	**embarrassing, awkward | bothersome, annoying | disconcerting** Puheenjohtajavaltio Saksan tapa käsitellä tätä asiaa oli kiusallinen. It is disgraceful the way in which the German Presidency handled this matter.

2450 **kasvotusten** *adv*
face to face, face to face with
Tom halusi haastaa Marin kasvotusten.
Tom wanted to confront Mary.

2451 **sulaa** *v*
melt, thaw, dissolve, unfreeze|defrost|fuse|digest|run
Jäätikkö sulaa nopeammin kuin teräs jäähtyy rautatiekiskon valumuotissa.
Glaciers are being melted at a faster rate than steel rails are hardening in the mould.

2452 **räjähde** *nn*
charge, payload
Tulkit käänsivät sen kuitenkin - eikä se ole heidän vikansa - nitroglyseriiniksi, joka on vaarallinen räjähde.
This was translated by the interpreters - and this was not their fault - as nitroglycerine, which is a dangerous explosive.

2453 **tyttönen** *nn*
girl
Vaatteet, joita ei voida tunnistaa miesten tai poikien taikka naisten tai tyttöjen vaatteiksi, luokitellaan naisten tai tyttöjen vaatteiksi.Garments which are not recognizable as being garments for men or boys or as being garments for women or girls are classified with the latter.

2454 **julkaista** *v*
publish, release, issue, bring out|make public|print|give out|blaze
Ydinvoimalaitoksille aiotaan tehdä stressitestejä ja tulokset aiotaan julkaista.
There are plans to carry out stress tests for nuclear power plants and to publish the results.

2455 **koulutus** *nn*
training, education|instruction|schooling
Hän on mies, jolla on klassinen koulutus.
He is a man with a classical education.

2456 **vietnam** *nn*
Vietnamese
Vietnam on hyväksynyt tämän ehdotuksen, jonka tarkoituksena on kannustaa ja tukea Vietnamin hallituksen jatkuvaa sitoutumista ihmisoikeuskysymyksiin.
That proposal, which has been accepted by the Vietnamese side, aims to encourage and support the continued commitment of the Vietnamese Government on human rights issues.

2457 **merta** *nn*
fish trap
Arvoisa puhemies, ennen merta pidettiin ehtymättömänä ihmisravinnon lähteenä.
Mr President, in the past, the sea was regarded as an infinite source of food for man.

2458 **kuivata**
dry|mop, wipe up|dehydrate, desiccate|sop up|wipe out

v Kokemus osoittaa, että on turha yrittää kuivata vettä lainehtivaa huonetta, jos vesihanoja ei ole suljettu.
Experience shows that it is no use trying to dry out a flooded room without turning off the taps.

2459 **perusta** **basis|base, foundation, substructure|grounds|footing|bedrock**
nn Tottelemattomuus on vapauden todellinen perusta. Tottelevaiset olkoot orjia.
Disobedience is the true foundation of liberty. The obedient must be slaves.

2460 **synkkä** **gloomy, dismal, dreary, blue, disconsolate|grim, black; synch|sync**
adj; nn Älä ole niin synkkä.
Don't be so glum.

2461 **paska** **shit, crap; shitty**
nn; adj Kaiken kaikkiaan tilanne ei mielestäni ole niin paska kuin esittelijä kuvailee.
All in all, I do not think the picture is as shitty as the rapporteur has painted it.

2462 **kuume** **fever, temperature**
nn Tuntuu että minulla on kova kuume.
I feel very feverish.

2463 **asettua** **settle, locate|settle down|blow over|moderate|settle oneself**
v Neuvosto oli kuitenkin tarkkana, eikä komissio uskaltanut asettua sitä vastaan.However, the Council was watching and the Commission did not dare to confront it.

2464 **niska** **neck, scrag, saddle**
nn raataa niska limassa
to break one's back

2465 **tehdas** **factory, mill|plant, works|yard**
nn Tämä tarkoittaa, että kumpikin tehdas on lopulta todennäköisesti tuhoon tuomittu.
This means that, in the end, these two sites will probably be doomed.

2466 **jalo** **noble|high|exalted, high-minded**
adj Ajatus on jalo: kevyiden ajoneuvojen hiilidioksidipäästöjen vähentäminen.
The idea is a noble one: reducing the CO2 emissions of light vehicles.

2467 **liika** **excess, overflow; excessive, too much, unnecessary, supernumerary**
nn; adj Liika karkki lihottaa.
Too many sweets make you fat.

2468 **törkeä** **outrageous|gross, egregious|crass|obscene**

adj — Tämä on törkeä vaatimus, jota Tšekin tasavalta ei voi täyttää.
This is an outrageous demand and one that cannot be fulfilled by the Czech Republic.

2469 **silkka** — **sheer, plain|simple|pure, unadulterated, arrant, stark**
adj — Toimintatapojen erojen silkka sivuuttaminen ei ole mahdollista.
Plainly ignoring the differences in customs is not an option.

2470 **kauempaa** — **any longer, from farther off**
adv — En puhu tämän kauempaa näkökohdista, joita on jo käsitelty laajasti.
I shall not dwell on aspects which have already been extensively discussed.

2471 **neuvosto** — **council**
nn — Tämänpäiväisessä kokouksessaan, joka pidettiin teleneuvotteluna, EKP:n neuvosto
At today's meeting, which was held in the form of a teleconference, the Governing

2472 **CD** — **CD; compact disk**
abbr; nn — Uskon kaikkien olevan yksimielisiä siitä, että CD-levy voidaan patentoida, ei Danten tai Shakespearen teos.
I think we all agree that it is the compact disc which can be patented, not the work of Dante or Shakespeare.

2473 **nukahtaa** — **fall asleep, go to sleep, drop asleep, nod off**
v — Solanan täytyy pitää Eurooppa hereillä, ilman että hän itse nukahtaa seisaalleen.
Mr Solana must keep Europe awake without nodding off himself.

2474 **ilkeä** — **malicious|nasty|evil, vicious|mean|catty**
adj — Jos saan olla hieman ilkeä, mietinpä vain, miten paljon vastinetta rahoilleen Telefónica saa Martin Bangemannista.If I can be slightly mischievous, one wonders just how much value for money Telefónica will get out of Martin Bangemann.

2475 **tasku** — **pocket**
nn — Tässä osiossa kuvaillaan erilaisia mikrotietokoneita: pöytä-, tasku- ja lehtiö-PC-tietokoneita sekä kannettavia tietokoneita.
This section describes the various kinds of personal computers: desktops, laptops, handheld computers, and Tablet PCs.

2476 **helpotus** — **relief, respite|alleviation|release**
nn — Väliaikainen polttoöljyä koskeva alv-helpotus ei välttämättä ole kovinkaan huono ajatus.
A temporary reduction in VAT on fuel oil may not be such a bad idea.

2477 **kevyesti** — **lightly, gently|light|airily**

adv | Emme voi suhtautua kevyesti terveyskysymyksiin etenkään, kun kyseessä ovat lapset.
We cannot play around with health issues, especially when they concern children.

2478 **kiristää** **stretch|tighten|extort, wring|blackmail|strain**
v
Aika kiristää tahtia - yrittäjyyttä ja kasvua edistävän Euroopan luominen (äänestys)
Time to move up a gear - Creating a Europe of entrepreneurship and growth (vote)

2479 **Kanada** **Canada**
nn
Kanada ja Venäjä ovat vihdoinkin valmiita suostumaan sitoviin velvollisuuksiin.
Canada and Russia are finally willing to enter into binding commitments.

2480 **perverssi** **perverse, perverted|kinky|ghoulish; pervert|ghoul**
adj; nn
Tilanne oli todella kummallinen, jos ei suorastaan perverssi, koska vaarana oli, että kehitysavusta tehtäisiin jonkinlainen korvausten muoto.
This was sheer perverseness, if not perversion, because it meant that there was a risk that development aid would be reduced to a form of reparations.

2481 **piristää** **spice|stimulate, perk up|cheer up, jolly up; give a lift**
v; phr
Tämän strategian pitäisi piristää markkinakysyntää, joka määrää talouden tilan.
This approach should stimulate market demand, which determines the state of the economy.

2482 **vaille** **to; short of**
prep; adj
Tämä lisää kuitenkin kuluttajien taakkaa, ja markkinat jäävät vaille valvontaa.
This is a burden for consumers, however, and the market remains unmonitored.

2483 **vähiten** **least**
adv
Kyse on niin kutsuttujen vähiten kehittyneiden maiden väkirikkaimmasta valtiosta.This is the most heavily populated of the so-called 'less-developed countries' .

2484 **poistuma** **wastage**

nn Päällystöstä on herkkyysanalyysin mukaan vuonna 2010 joko noin 11 prosenttia ylitarjontaa tai 24 prosentin vajaus sen mukaan, miten kasvu, miehitysvalmiudet, poistuma ja koulutuksen lisääminen vaikuttavat.
The projections for officers for the year 2010, dependent upon growth, manning skills, wastage and increased training, show, after sensitivity analysis, either an excess of around 11 %, or a deficit of 24 %.

485 **laiska** **lazy, indolent|idle**
adj En ole laiska.
I'm not lazy.

486 **arvioida** **estimate, calculate, figure|assess, evaluate, measure, value**
v En osaa arvioida etäisyyksiä.
I can't judge distance.

487 **monimutkainen** **complicated, complex, intricate, sophisticated, tortuous**
adj Sääntöjen noudattamisen valvonta on monimutkainen tehtävä, jossa on mukana monia toimijoita, minkä vuoksi se edellyttää jäsenvaltioiden ja komission välistä sekä jäsenvaltioiden keskinäistä yhteistyötä.
Monitoring compliance is a complex task with multiple actors and therefore it requires cooperation between Member States and the Commission, as well as between Member States themselves.

488 **vaatimaton** **modest, humble, lowly|unpretentious; without pretense**
adj; adv Älä ole vaatimaton.
Don't be modest!

489 **kuulo** **hearing, ear**
nn Johtamiskyky: teidän on osoitettava tahdonvoimaa ja ryhdikkyyttä ja teidän on osoitettava, että teillä on hyvä näkö ja kuulo ja että olette pätevä henkilö.
Leadership: you have to show willpower, integrity and you have to show that you have very good eyes and ears and that you are a competent person.

490 **riisi** **rice, paddy, ream**
nn Toisista, pääasiassa brittien ja irlantilaisten, merentakaisista maista maahantuotu riisi on pääsyyllinen markkinoiden tuhoutumiseen.
The other proportion, which is directly responsible for worsening market conditions, comes above all from the overseas territories of the United Kingdom and the Netherlands.

491 **pilkata** **mock, ridicule, blaspheme, mock at, scoff, deride**

	v	Hienovarainen tapa pilkata Kremlin autoritaarista mediapolitiikkaa. This is a discerning way of ridiculing the Kremlin' s authoritarian press policy.
2492	**jännitys** *nn*	**tension | excitement, excitation | strain | suspense | thrill, kick** Alueella vallitsee jatkuva jännitys, ja elinolot muuttuvat yhä kurjemmiksi. There is constant tension and living conditions are becoming increasingly miserable.
2493	**pähkinä** *nn*	**nut** Yhdysvaltalaiset saattavat kuitenkin huomata, että Syyria on kova pähkinä purtavaksi. However, the Americans may find that Syria is a hard nut to crack.
2494	**kylpy** *nn*	**bath, tub | spa | soak | ablution** Kylpy on vapaa! Tom is adorable.
2495	**herttainen** *adj*	**endearing, nice, sweet** Arvoisa puhemies, arvoisa varapuheenjohtaja, hyvä jäsen Maes, jäsen Stockmann, hyvä komission henkilöstö, hyvät kuulijat, olemme tosiaankin herttainen asiantuntijoiden joukkio. Mr President, Madam Vice-President, Mrs Maes, Mr Stockmann, Commission staff, ladies and gentlemen, we are indeed a cosy huddle of experts.
2496	**hahmo** *nn*	**character | figure, shape, form | personality | guise** Yhteisen seikkailumme merkittävä ja miellyttävä hahmo on poistunut keskuudestamme. We have lost a great and fine figure in this venture we are all involved in.
2497	**pääasia** *Nn*	**issue, main important** Vakaa ympäristöpolitiikka on pääasia niiden maiden soveltaessa yhteisön säännöstöä. A sound environment policy is a key point in adapting to the acquis communautaire .
2498	**edistyä** *V*	**progress, come along, shape up | make progress | improve** Jos Bosnia aikoo edistyä tässä aikataulussa, useiden edellytysten on täytyttävä. If Bosnia is to make progress on this timescale, a number of things are required.
2499	**härkä** *Nn*	**ox** Myös kielikuvanne ovat selvästi espanjalaisia: härkä ja sen sarvet. Clearly your metaphors also come from Spain: the bull and its horns.

2500 **karja** **cattle | livestock, stock**

nn

Jos yhdellä lehmällä tavataan tartunta, koko karja teurastetaan.

If one cow appears to be infected, the entire herd is slaughtered.

2501 **ajokortti** **driving license, driver's license | driving permit | driver license**

nn

Yhdessä EU-maassa myönnetty voimassa oleva ajokortti kelpaa kaikkialla EU:n alueella.

A valid driving licence issued in an EU country is valid throughout the EU.

4.1 Adjectives

Rank	Finnish	PoS	English
5	**mikä**	*pron; adj*	which; what
8	**niin**	*adj; adv; pron; conj*	so; so; such; and
12	**tämä**	*pron; adj*	this; present
21	**hyvä**	*adj; nn; adv*	good
42	**vielä**	*adv; conj; pron; adj*	yet; still; another; more
57	**selvä**	*adj*	clear
66	**ennen**	*adv; prep; adj; pfx*	before; before; earlier|anterior to; ante-
67	**enää**	*adv; adj*	any more; more
69	**koko**	*nn; adj; pron*	size; whole; all
71	**näin**	*adv; adj*	thus; so
77	**joku**	*pron; art; adj; nn*	someone; a; some; thingy
80	**aika**	*nn; adv; adj*	time; pretty; quite a|some
83	**tosi**	*adj; adv*	true; real
93	**kiinni**	*adj; adv*	closed; to
95	**noin**	*prep; adv; adj*	about; some; so
96	**paha**	*adj; nn*	evil; evil
122	**tuolla**	*adv; adj*	there; yonder
129	**ilman**	*adj; prep*	free; except
138	**hieno**	*adj*	fine
140	**enemmän**	*adj; adv*	more; more
142	**varma**	*adj; phr*	sure; sure card
157	**hauska**	*adj*	fun
167	**toinen**	*adj; pron*	second; another
168	**yhdessä**	*adv; adj*	together; rolled into one
169	**oikea**	*adj; nn*	right; right-hander
175	**valmis**	*adj; phr*	ready; over and done with
184	**yksin**	*adj; adv; phr*	alone; solo; on one's own
186	**parempi**	*adj*	better
187	**pieni**	*adj; nn*	small; short drink
189	**paras**	*adj; nn*	best; good
193	**uusi**	*adj; pron*	new
199	**vanha**	*adj*	old
206	**hiljaa**	*adv; adj; phr*	quietly; under one's breath
208	**viime**	*adj*	last
209	**tarpeeksi**	*adj; adv; nn*	enough; enough; plenty
214	**yli**	*adj; adv;*	over; over; over, across, beyond,

		prep	past
219	**kiltti**	*adj; nn*	kind; kilt
220	**iso**	*adj*	big
223	**kaunis**	*adj*	beautiful
234	**nuo**	*pron ; adj; adv*	those; yonder; yonder
236	**pikku**	*adj*	little
239	**täysin**	*adv; nn; adj; phr*	completely; one hundred percent; roaring; all ends up
241	**melkein**	*adv; adj; prep; phr*	almost; near; next to; as near as damn it
242	**hullu**	*adj; nn; phr*	crazy; fool; off one's nut
247	**ensimmäinen**	*adj; nn*	first; first
248	**sama**	*adj; adv; pron ; art; nn*	same; same; same|one|idem ; a|an
249	**poissa**	*adv; adj*	away; absent
253	**mukava**	*adj*	comfortable
258	**jokin**	*pron ; adj*	one; some
263	**pysty**	*adj*	upright
275	**sellainen**	*adj; prep; nn*	such; like; such a thing
280	**liikaa**	*pfx; adv; adj*	over-; much; steep
286	**terve**	*adj*	healthy
287	**muu**	*adj; pron*	other; other

295	**suuri**	*adj*	large
301	**kova**	*adj*	hard
307	**kiva**	*adj*	nice
308	**monta**	*adj*	various
310	**viimeinen**	*adj; nn*	last; last
327	**lähellä**	*adv; prep; adj*	near; handy
336	**löysä**	*adj*	loose
339	**oma**	*adj; nn*	own; own
345	**eri**	*adj*	different
359	**nuori**	*adj; nn*	young; youth
361	**huono**	*adj*	bad
369	**jokainen**	*pron ; adj; art*	every; everyone; a, an
371	**täynnä**	*adj*	full
375	**tärkeä**	*adj*	important
380	**puoli**	*adj; nn*	half; half
384	**pitkä**	*adj*	long
387	**ympäri**	*prep; adv; adj*	around; round; over
389	**vaikea**	*adj*	difficult
390	**auki**	*adj*	open
395	**paljo**	*adj*	a great amount of
396	**uskomaton**	*adv; adj*	beyond belief; incredible
397	**mahdollinen**	*adj*	possible
398	**loppu**	*nn; adj*	end; final
410	**myöhä**	*adj*	late
412	**rakas**	*nn; adj*	love; dear
413	**outo**	*adj*	strange
416	**seuraava**	*adj*	next

430	**ikävä**	*adj; nn*	**tedious**
432	**jäljellä**	*adj; adv*	**left; over**
434	**helppo**	*adj*	**easy**
440	**alle**	*adv; prep; adj*	**under; under; short of**
450	**väärä**	*adj*	**wrong**
454	**tyhmä**	*adj*	**stupid**
457	**eräs**	*pron ; art; adj*	**one; a; certain**
459	**tuo**	*pron ; adj; adv*	**that; yonder; yonder**
465	**sairas**	*adj; nn; phr*	**sick; invalid; on one's back**
467	**onnellinen**	*adj*	**happy**
472	**naimisissa**	*adj*	**married**
476	**vihainen**	*adj; phr*	**mad; up in the air**
478	**täydellinen**	*adj; nn*	**perfect; plenary**
482	**varovainen**	*adj*	**careful**
489	**melko**	*adv; adj*	**quite; enough**
498	**tällainen**	*prep; adj*	**like; of this sort**
505	**ylpeä**	*adj*	**proud**
508	**musta**	*adj; nn*	**black; black**
514	**pelkkä**	*adj; adv*	**mere; nothing more than**
520	**tietävä**	*adj*	**knowing**
526	**sekainen**	*adj*	**disorderly**
530	**ihana**	*adj*	**wonderful**
544	**upea**	*adj*	**magnificent**
548	**vapaa**	*adj; prep; phr*	**free; at liberty**
551	**keskellä**	*adv; prep; adj*	**in the middle; in the middle of; surrounded**
566	**mahdoton**	*adj*	**impossible**
578	**myöhäinen**	*adj*	**late**
596	**moni**	*adj; nn*	**many; many**
598	**typerä**	*adj*	**silly**
607	**kylmä**	*adj; nn*	**cold; cold**
609	**poikki**	*adv; prep; adj*	**across; across; off, over**
616	**yhdeksän**	*adj*	**nine**
623	**vähemmän**	*adv; adj; nn*	**less; fewer; fewer**
628	**kuuma**	*adj*	**hot**
634	**siisti**	*adj*	**neat**
640	**nopea**	*adj*	**fast**
650	**vahva**	*adj*	**strong**
663	**todellinen**	*adj*	**real**
664	**vaarallinen**	*adj*	**dangerous**
669	**valkoinen**	*adj; nn*	**white; white**
712	**onnekas**	*adj*	**lucky**
719	**tuollainen**	*adj*	**that kind of**
750	**punainen**	*adj; nn*	**red; red**
758	**raskas**	*adj*	**heavy**
759	**tuleva**	*adj; nn*	**future; embryo**
775	**arvoinen**	*adj; prep*	**worth; worth**
783	**fiksu**	*adj*	**smart**
789	**tyytyväinen**	*adj*	**pleased**
802	**pyhä**	*adj*	**holy**
810	**kamala**	*adj; nn*	**horrible**
816	**komea**	*adj*	**handsome**

830	**täysi**	*adj; pron ; nn*	**full; every; plenary**
833	**tyhjä**	*adj; adv*	**blank; down**
835	**erilainen**	*adj*	**different**
837	**usea**	*adj; nn; pron*	**many; many; several**
842	**amerikkalainen**	*adj; nn*	**American; American**
849	**rehellinen**	*adj; phr*	**honest; above board**
858	**samanlainen**	*adj; adv; pron*	**similar; same; same**
868	**kiireinen**	*adj*	**hurried**
870	**tavallinen**	*adj*	**usual**
874	**melkoinen**	*adj*	**considerable**
882	**rikas**	*adj*	**rich**
889	**surkea**	*adj*	**puny**
894	**ainut**	*adj*	**only**
900	**entinen**	*adj; nn; pfx*	**former; former; ex-**
902	**rikki**	*nn; adj; adv*	**sulfur; broken; to pieces**
905	**hölmö**	*adj; nn*	**silly; goof**
909	**kauhea**	*adj; phr*	**terrible; like nothing on earth**
916	**reilu**	*adj*	**fair**
922	**kiitollinen**	*adj*	**grateful**
923	**kotoisin**	*adj*	**indigenous**
934	**vanhempi**	*adj; nn*	**senior; senior**
939	**mielenkiintoinen**	*adj*	**interesting**
945	**valtava**	*adj*	**huge**
955	**hassu**	*adj*	**funny**
959	**rankka**	*adj*	**heavy**

964	**sininen**	*adj*	**blue**
969	**yksinäinen**	*adj*	**lonely**
972	**salainen**	*adj*	**secret**
975	**ruma**	*adj; adv*	**ugly; not much to look at**
983	**vasen**	*adj*	**left**
992	**syyllinen**	*adj; nn*	**guilty; culprit**
996	**kuuluisa**	*adj*	**renowned**
997	**heikko**	*adj*	**weak**
1006	**puhdas**	*adj*	**clean**
1013	**ystävällinen**	*adj*	**friendly**
1015	**turha**	*adj*	**useless**
1017	**sokea**	*adj*	**blind**
1022	**viisas**	*adj*	**wise**
1024	**älykäs**	*adj*	**intelligent**
1032	**seksikäs**	*adj*	**sexy**
1038	**nälkäinen**	*adj*	**hungry**
1040	**lyhyt**	*adj*	**short**
1044	**surullinen**	*adj*	**sad**
1055	**jonkinlainen**	*adj*	**certain**
1056	**normaali**	*adj*	**normal**
1057	**aikamoinen**	*pron ; adj*	**some; hearty**
1058	**pimeä**	*adj; nn*	**dark; dark**
1060	**pohjoinen**	*adj; nn*	**north; north**
1064	**suloinen**	*adj*	**sweet**
1077	**aito**	*adj*	**genuine**
1081	**vakava**	*adj*	**serious**
1088	**näköinen**	*sfx; adj*	**#NAME?**
1106	**syytön**	*adj*	**blameless**
1107	**pahempi**	*adj*	**worse**
1115	**vieras**	*nn; adj*	**guest; foreign**
1116	**enempi**	*adj*	**further**
1124	**tylsä**	*adj*	**boring**

1127 **rohkea** *adj; phr* **brave; close to the bone**

1133 **alasti** *adj; adv* **naked; in the nude**

1138 **sopiva** *adj* **suitable**

1145 **vihreä** *adj* **green**

1146 **hidas** *adj* **slow**

1168 **likainen** *adj* **dirty**

1171 **ihmeellinen** *adj* **wonderful**

1184 **ilmainen** *adj* **free**

1199 **lihava** *adj; nn* **fat; boldface**

1206 **erinomainen** *adj* **excellent**

1213 **voimakas** *adj* **strong**

1232 **yksinkertainen** *adj* **simple**

1234 **tuttu** *adj* **known**

1235 **erikoinen** *adj* **special**

1236 **molemmat** *adj; pron* **both; both**

1240 **juutalainen** *adj; nn* **Jewish; Jew**

1241 **varsinainen** *adj* **actual**

1249 **saksa** *adj; nn* **German; German**

1259 **yhteinen** *adj; nn* **common; umbrella**

1293 **henkilökohtainen** *adj* **personal**

1295 **korkea** *adj* **high**

1307 **rikollinen** *adj; nn* **criminal; criminal**

1311 **parka** *adj* **poor**

1313 **pystyssä** *adj; adv; phr* **erect; upright; on end**

1323 **laiton** *adj* **illegal**

1334 **vähintään** *adv; adj* **at the fewest; easy**

1344 **tunteva** *adj* **sentient**

1347 **hankala** *adj* **tricky**

1351 **erityinen** *adj* **special**

1355 **kultainen** *adj* **golden**

1360 **suora** *adj; nn* **direct; plain**

1372 **taitava** *adj* **skilful**

1375 **syvä** *adj* **deep**

1384 **lämmin** *adj* **warm**

1387 **kallis** *adj* **expensive**

1410 **saksalainen** *adj; nn* **German; German**

1419 **tiukka** *adj* **tight**

1426 **hirveä** *adj* **terrible**

1428 **lahjakas** *adj* **talented**

1440 **tietty** *adj; pron* **certain; some**

1443 **nolo** *adj* **embarrassed**

1450 **tuntematon** *adj; nn* **unknown; unknown**

1465 **hiljainen** *adj* **quiet**

1470 **utelias** *adj* **curious**

1481 **onneton** *adj* **unhappy**

1484 **uskollinen** *adj* **loyal**

1502 **herkkä** *adj* **sensitive**

1510 **rauhallinen** *adj* **quiet**

1511 **matala** *adj; nn* **low; low**

1512 **käteinen** *nn; adj* **cash; the ready**

1513 **läheinen** *adj* **close**

1529 **ranskalainen** *adj; nn* **French; Frenchman**

1539 **tietoinen** *adj* **aware**

1546 **arvokas** *adj* **valuable**

1550 **ainoa** *adj; pron; nn* **only; one; one-off**

1559 **tarkka** *adj* **exact**

1565 **mahtava** *adj; phr* **spectacular; out of this world**

567	**vastaava**	*adj*	**equivalent**
568	**aikuinen**	*adj; nn*	**adult; adult**
581	**venäläinen**	*adj; nn*	**Russian; Russian**
582	**kateellinen**	*adj*	**envious**
587	**turvallinen**	*adj*	**safe**
588	**kipeä**	*adj*	**sore**
589	**järjetön**	*adj*	**foolish**
593	**kuuro**	*adj; nn*	**deaf; shower**
595	**urhea**	*adj*	**brave**
614	**villi**	*adj*	**wild**
624	**herkullinen**	*adj*	**delicious**
652	**kummallinen**	*adj; nn; phr*	**strange; screwball; off the wall**
663	**aikainen**	*adj*	**early**
667	**järkevä**	*adj*	**reasonable**
676	**ikäinen**	*adj*	**aged**
686	**itsekäs**	*adj*	**selfish**
691	**avoin**	*adj; adv*	**open; up front**
700	**kurja**	*adj; nn; phr*	**wretched; beast; like nothing on earth**
701	**julma**	*adj*	**cruel**
708	**paikallinen**	*adj*	**local**
717	**kiinalainen**	*nn; adj*	**Chinaman; Chinese**
730	**viaton**	*adj; nn*	**innocent; innocent**
763	**keltainen**	*adj*	**yellow**
765	**omituinen**	*adj*	**quirky**
768	**kokonainen**	*nn; adj*	**whole; whole**
774	**kumma**	*adj*	**odd**
776	**ainutlaatuinen**	*adj*	**unique**
783	**epätoivoinen**	*adj*	**desperate**

1785	**vale-**	*adj; pfx*	**fake; pseudo-**
1789	**kadoksissa**	*adj*	**missing**
1797	**hurmaava**	*adj*	**charming**
1800	**romanttinen**	*adj*	**romantic**
1813	**köyhä**	*adj; nn*	**poor; pauper**
1817	**epäreilu**	*adj*	**unfair**
1829	**lähin**	*adj*	**next**
1831	**vähä**	*adj*	**little**
1844	**hyödytön**	*adj*	**useless**
1848	**epätavallinen**	*adj*	**unusual**
1855	**ylimääräinen**	*adj; nn*	**extra; extra**
1857	**sievä**	*adj*	**pretty**
1860	**mainio**	*adj*	**splendid**
1862	**muukalainen**	*nn; adj*	**stranger; foreign**
1864	**englantilainen**	*adj; nn*	**English; Englishman**
1867	**tulinen**	*adj*	**fiery**
1869	**orja**	*nn; adj*	**slave; addicted**
1872	**näkymätön**	*adj*	**invisible**
1892	**märkä**	*adj; nn*	**wet; pus**
1897	**ujo**	*adj*	**shy**
1904	**virallinen**	*adj*	**official**
1910	**nerokas**	*adj*	**brilliant**
1918	**mielipuoli**	*nn; adj*	**lunatic; lunatic**
1922	**graham-**	*adj*	**whole-wheat**
1927	**kärsivällinen**	*adj*	**patient**
1938	**lesbo**	*adj; nn*	**Lesbian; Lesbian**
1943	**tuore**	*adj*	**fresh**
1945	**kyllin**	*adj; adv*	**enough; enough**

1952	**laillinen**	*adj*	**legal**
1975	**japani-**	*adj*	**Japanese**
1986	**fantastinen**	*adj*	**fantastic**
1993	**pehmeä**	*adj*	**soft**
2009	**moinen**	*adj*	**such**
2015	**taka-**	*adj*	**rear**
2018	**itsepäinen**	*adj*	**obstinate**
2021	**luonnollinen**	*adj*	**natural**
2037	**italialainen**	*adj; nn*	**Italian; Italian**
2043	**kuiva**	*adj*	**dry**
2057	**hyökkäävä**	*adj*	**aggressive**
2059	**painava**	*adj*	**heavy**
2060	**kristitty**	*adj; nn*	**Christian; Christian**
2062	**yleinen**	*adj*	**general**
2065	**yksityinen**	*adj*	**private**
2076	**tarpeellinen**	*adj; nn*	**necessary; the necessary**
2077	**harvinainen**	*adj*	**rare**
2079	**terävä**	*adj*	**sharp**
2080	**allerginen**	*adj*	**allergic**
2085	**laiha**	*adj*	**lean**
2086	**alkuperäinen**	*adj*	**original**
2089	**suurenmoinen**	*adj*	**magnificent**
2098	**halpa**	*adj; phr*	**cheap; easy on the pocket**
2105	**kohtelias**	*adj*	**polite**
2109	**ankara**	*adj*	**harsh**
2111	**edellinen**	*adj; nn*	**previous; last**
2112	**tyypillinen**	*adj*	**typical**
2123	**kaltainen**	*adj; art*	**like; a**
2128	**sisäinen**	*adj; pfx*	**internal; intra-**
2140	**eilinen**	*adj*	**yesterday's**
2141	**niminen**	*adj*	**of name**
2152	**haluava**	*adj*	**desirous**
2161	**eräänlainen**	*adj*	**a kind of**
2181	**ovela**	*adj*	**cunning**
2182	**kuudes**	*num; adj*	**sixth**
2196	**äärimmäinen**	*adj*	**extreme**
2198	**vainoharhainen**	*nn; adj*	**paranoiac; paranoiac**
2201	**paksu**	*adj*	**thick**
2203	**raitis**	*adj; nn; phr*	**fresh; nondrinker; on the wagon**
2205	**intiaani**	*nn; adj*	**Native American; Indian**
2208	**tumma**	*adj*	**dark**
2212	**mieletön**	*adj*	**mad**
2223	**välttämätön**	*adj*	**necessary**
2230	**yksinään**	*adv; adj*	**alone; unaccompanied**
2232	**hurja**	*adj*	**ferocious**
2240	**kuninkaallinen**	*adj*	**royal**
2257	**loistava**	*adj*	**glorious**
2261	**hyödyllinen**	*adj; adv*	**useful; of use**
2266	**ruskea**	*adj*	**brown**
2277	**ironinen**	*adj*	**ironic**
2283	**aiempi**	*adj*	**prior**
2295	**toivoton**	*adj*	**hopeless**
2298	**ymmärtävä**	*adj*	**knowing**
2300	**harmaa**	*adj; nn*	**gray; gray**
2308	**harras**	*adj*	**devout**
2313	**avoinna**	*adj*	**open**
2316	**tyylikäs**	*adj*	**elegant**
2317	**arvoisa**	*adj*	**honorable**

2333	armollinen	*adj*	gracious
2338	salaperäinen	*adj; nn*	mysterious; occult
2342	ikuinen	*adj*	eternal
2349	poliittinen	*adj; nn*	political; politico
2354	vaalea	*adj*	light
2356	väkivaltainen	*adj*	violent
2357	japanilainen	*adj; nn*	Japanese; Japanese
2361	kasvatti-	*adj*	foster
2367	tuhoava	*adj*	destructive
2379	luja	*adj*	strong
381	työtön	*adj*	unemployed
388	innokas	*adj; adv*	eager; agog
409	töykeä	*adj*	rude
410	sopimaton	*adj*	inappropriate
422	tehokas	*adj*	effective
423	nokkela	*adj; phr*	clever; with a nimble mind
430	nuija	*nn; adj*	gavel; spastic
434	osallinen	*nn; adj*	accessory; have a share in
449	kiusallinen	*adj*	embarrassing
460	synkkä	*adj; nn*	gloomy; synch
461	paska	*nn; adj*	shit; shitty
466	jalo	*adj*	noble
467	liika	*nn; adj*	excess; excessive
468	törkeä	*adj*	outrageous
469	silkka	*adj*	sheer
474	ilkeä	*adj*	malicious
480	perverssi	*adj; nn*	perverse; pervert
482	vaille	*prep; adj*	to; short of
2485	laiska	*adj*	lazy
2487	monimutkainen	*adj*	complicated
2488	vaatimaton	*adj; adv*	modest; without pretense
2495	herttainen	*adj*	endearing

4.2 Adverbs

Rank	Finnish	PoS	English
1	**ei**	*adv; nn*	**not; negative**
8	**niin**	*adj; adv; pron; conj*	**so; so; such; and**
9	**mutta**	*conj; nn; adv*	**but; but; yet**
10	**vain**	*adv*	**only**
11	**nyt**	*adv*	**now**
13	**jos**	*conj; adv*	**if; when**
16	**kuin**	*conj; prep; adv*	**than; than; as**
18	**täällä**	*adv*	**here**
19	**kaikki**	*pron; adv; phr*	**all; up; all and sundry, one's all**
21	**hyvä**	*adj; nn; adv*	**good**
22	**kyllä**	*part; adv*	**yes; indeed**
25	**sitten**	*adv*	**then**
29	**miten**	*adv*	**how**
33	**tai**	*conj; adv*	**or; otherwise**
41	**hyvin**	*adv*	**very**
42	**vielä**	*adv; conj; pron; adj*	**yet; still; another; more**
43	**tänne**	*adv*	**here**
44	**jo**	*adv*	**already**
49	**koska**	*conj; adv*	**because; when**
50	**pois**	*adv; prep*	**off; out of**
52	**ehkä**	*adv*	**perhaps**
53	**siellä**	*adv*	**there**
54	**takaisin**	*adv; pfx*	**back; re-**
55	**paljon**	*adv; nn*	**much; sight**
56	**kuinka**	*adv*	**how**
60	**juuri**	*adv; nn; phr*	**just; root; of all**
62	**koskaan**	*adv*	**ever**
64	**aina**	*adv*	**always**
66	**ennen**	*adv; prep; adj; pfx*	**before; before; earlier|anterior to; ante-**
67	**enää**	*adv; adj*	**any more; more**
71	**näin**	*adv; adj*	**thus; so**
72	**aivan**	*adv*	**right**
73	**oikein**	*adv*	**properly**
74	**joten**	*adv*	**so**
78	**todella**	*adv; av*	**really; do**
79	**vähän**	*adv*	**little**
80	**aika**	*nn; adv; adj*	**time; pretty; quite a|some**
83	**tosi**	*adj; adv*	**true; real**
85	**ulos**	*adv; prep*	**out; out of**
86	**kuten**	*adv; conj; prep; sfx*	**as; as; like, after the fashion of; -wise**
87	**kai**	*adv*	**probably**
88	**edes**	*adv*	**at least**
92	**ihan**	*adv*	**quite**
93	**kiinni**	*adj; adv*	**closed; to**
95	**noin**	*prep; adv; adj*	**about; some; so**
97	**myös**	*adv*	**also**

98	siis	adv; conj; phr	therefore; so; that is to say
100	itse	nn; pron; adv; prep; phr	self; itself; personally; by
101	tänään	adv	today
104	eikä	conj; adv	and not; neither
107	liian	adv; pfx	too; over-
108	taas	adv; prep	again; round
111	mukaan	prep; adv	by; along
113	täältä	adv	from here
114	jälkeen	adv; prep	after; after
117	sinne	adv	there
120	vaikka	conj; adv	although; even if
122	tuolla	adv; adj	there; yonder
126	heti	adv	immediately
128	sisään	adv; prep	in; inside
133	varmasti	adv	certainly
135	ikinä	adv	ever
137	pian	adv	soon
140	enemmän	adj; adv	more; more
143	minne	adv; conj	where; where
144	okei	adv	okay
148	mihin	adv; conj	where; where
152	alas	adv	down
153	ylös	adv; prep	up; up
162	takia	prep; adv	because of; as a result
164	kauan	adv	long
165	yhtä	adv	equally
168	yhdessä	adv; adj	together; rolled into one
170	huomenna	adv	tomorrow
174	myöhemmin	adv	later
176	joskus	adv	sometimes
178	hieman	adv	slightly
179	silloin	adv	then
184	yksin	adj; adv; phr	alone; solo; on one's own
185	ensin	adv	initially
196	ohi	adv; prep	past; past
200	milloin	adv; conj	when; when
202	yhä	adv	still
203	irti	adv	loose
204	nopeasti	adv	quickly
206	hiljaa	adv; adj; phr	quietly; under one's breath
209	tarpeeksi	adj; adv; nn	enough; enough; plenty
210	jotta	conj; adv	so; so that
214	yli	adj; adv; prep	over; over; over, across, beyond, past
225	kohta	nn; adv	paragraph; soon
233	läpi	adv; prep	through; through
234	nuo	pron; adj; adv	those; yonder; yonder

239	**täysin**	*adv; nn; adj; phr*	completely; one hundred percent; roaring; all ends up
240	**silti**	*adv; conj*	still; still
241	**melkein**	*adv; adj; prep; phr*	almost; near; next to; as near as damn it
244	**muuten**	*adv*	otherwise
248	**sama**	*adj; adv; pron; art; nn*	same; same; same|one|idem ; a|an
249	**poissa**	*adv; adj*	away; absent
250	**mukana**	*prep; adv*	with; in
251	**kello**	*nn; adv*	clock; o'clock
252	**oikeasti**	*adv*	for real
255	**toivottavasti**	*adv; phr*	hopefully; I hope so
259	**sieltä**	*adv*	from there
266	**vasta**	*adv*	only
267	**suoraan**	*adv; phr*	directly; in so many words
272	**kuitenkin**	*adv; conj*	however; still
276	**jopa**	*adv*	even
279	**yhtään**	*adv; pron*	any; any
280	**liikaa**	*pfx; adv; adj*	over-; much; steep
299	**tietysti**	*adv*	naturally
300	**erittäin**	*adv*	very
309	**eilen**	*adv*	yesterday
311	**jolla**	*adv; nn*	whereby; dinghy
315	**tietenkin**	*adv; phr*	surely; to be sure
318	**ok**	*adv*	alright
319	**hetkinen**	*nn; adv*	minute; a little
322	**toki**	*av; adv*	do; surely
323	**eli**	*conj; adv*	or; alias
327	**lähellä**	*adv; prep; adj*	near; handy
331	**ulkona**	*adv; prep*	outdoors; out of
334	**tuossa**	*adv*	there
335	**takana**	*adv; prep*	behind; behind
338	**uudelleen**	*adv*	again
341	**paremmin**	*adv*	better
351	**muka**	*adv; nn*	supposedly; pretext
352	**väärin**	*adv; phr; prep*	wrong; up the pole; out
383	**tuonne**	*adv*	there
387	**ympäri**	*prep; adv; adj*	around; round; over
388	**samoin**	*adv*	likewise
396	**uskomaton**	*adv; adj*	beyond belief; incredible
401	**alla**	*adv; prep*	below; below
404	**kaukana**	*adv*	far
406	**eteenpäin**	*adv*	ahead
414	**jossain**	*adv*	somewhere
415	**edessä**	*adv; prep*	in front; in front of
419	**sisälle**	*adv; prep*	inside; within
423	**sentään**	*adv*	yet
424	**aiemmin**	*adv*	previously
427	**yleensä**	*adv*	usually
431	**luultavasti**	*adv; av*	probably; will

432	jäljellä	adj; adv	left; over
440	alle	adv; prep; adj	under; under; short of
449	välillä	adv; prep; pfx	between; between; inter-
452	usein	adv	often
459	tuo	pron; adj; adv	that; yonder; yonder
461	pitkään	adv; phr	long; at length
473	rauhallisesti	adv	quietly
481	äkkiä	adv	short
485	kuulemma	adv	reportedly
488	viimeksi	adv	last
489	melko	adv; adj	quite; enough
491	kovasti	adv; phr	hard; like anything
497	enempää	adv	any more
507	edelleen	adv	still
511	taakse	adv; prep	behind; behind
512	tietenkään	phr; adv	to be sure; surely
514	pelkkä	adj; adv	mere; nothing more than
516	jälleen	adv; pfx	again; re-
519	vieläkin	adv; conj	even; still
524	jotenkin	adv	somehow
535	mihinkään	adv	anywhere
537	esiin	adv	out
543	tekeillä	adv; phr	afoot; in hand
545	varovasti	adv	carefully
551	keskellä	adv; prep; adj	in the middle; in the middle of; surrounded
552	lisäksi	adv; prep; phr	in addition; in addition; into the bargain
556	ainoastaan	adv; pron	only; all
558	ikuisesti	adv; phr	forever; till kingdom come
562	nykyään	adv	today
571	ilmeisesti	adv; phr	apparently; it seems that
579	tavallaan	adv	kind of
597	mieluummin	adv	rather
601	kesken	adv; prep; nn; pfx	between; between; midst; inter-
602	lähes	adv; prep	nearly; next to
609	poikki	adv; prep; adj	across; across; off, over
613	ollenkaan	adv	at all
621	huonosti	adv	poorly
622	aikaisemmin	adv	earlier
623	vähemmän	adv; adj; nn	less; fewer; fewer
626	valitettavasti	adv; phr	unfortunately; to one's cost
630	hienosti	adv	finely
631	pitkälle	adv	far
635	ylhäällä	adv; prep	up; up
655	ehdottomasti	adv	absolutely
656	välittömästi	adv	direct
659	takaa	adv	from behind

667	**jolloin**	*adv; conj; pron*	**when; when; that**
678	**yhtäkkiä**	*adv*	**suddenly**
683	**toisin**	*adv*	**otherwise**
685	**helposti**	*adv*	**easily**
688	**kaikkialla**	*phr; adv*	**everywhere; everywhere**
690	**alhaalla**	*adv; prep*	**down; beneath**
696	**mitenkään**	*adv*	**in any way**
698	**hitaasti**	*adv*	**slowly**
702	**perillä**	*adv*	**in**
707	**kuitenkaan**	*adv*	**however**
723	**pahasti**	*adv*	**badly**
732	**lainkaan**	*adv*	**at all**
734	**jonnekin**	*adv*	**somewhere**
735	**oikealle**	*adv*	**right**
744	**kokonaan**	*adv; phr*	**wholly; all ends up**
756	**myöhään**	*adv*	**late**
762	**siten**	*adv*	**so**
774	**selvästi**	*adv; phr*	**clearly; in so many words**
780	**vasemmalle**	*adv*	**left**
787	**aikaisin**	*adv*	**early**
792	**eniten**	*adv*	**most**
793	**jatkuvasti**	*adv*	**continually**
795	**kahdesti**	*adv*	**twice**
807	**kenties**	*adv*	**perhaps**
814	**äsken**	*adv*	**but now**
828	**lähelle**	*adv; prep; phr*	**close; near; close to home**
833	**tyhjä**	*adj; adv*	**blank; down**
841	**tarkalleen**	*adv; phr*	**exactly; to a hair**
858	**samanlainen**	*adj; adv; pron*	**similar; same; same**
866	**ympäriinsä**	*adv; prep*	**about; about**
879	**kauas**	*adv*	**far**
884	**verran**	*adv*	**about**
892	**vakavasti**	*adv*	**seriously**
902	**rikki**	*nn; adj; adv*	**sulfur; broken; to pieces**
904	**tarkkaan**	*adv*	**precisely**
917	**muualle**	*adv*	**elsewhere**
926	**turhaan**	*adv*	**in vain**
927	**tänne päin**	*adv*	**along here**
932	**mikäli**	*conj; adv*	**provided; in case**
936	**perille**	*adv*	**there**
942	**edestä**	*adv; prep*	**from the front; for**
943	**vihdoin**	*adv; phr*	**finally; at length**
947	**pelkästään**	*adv*	**only**
963	**tarkasti**	*adv; phr*	**closely; chapter and verse**
971	**ennemmin**	*adv*	**first**
975	**ruma**	*adj; adv*	**ugly; not much to look at**
987	**muualla**	*adv*	**elsewhere**
1030	**henkilökohtai sesti**	*adv*	**personally**
1039	**välttämättä**	*adv*	**necessarily**
1042	**viimein**	*adv*	**at last**
1053	**taaksepäin**	*adv*	**backwards**
1078	**just**	*adv*	**smack-bang**
1083	**yllä**	*prep; adv*	**above; on**
1087	**tasan**	*adv*	**equally**
1089	**myöskään**	*adv*	**either**
1099	**erityisesti**	*adv*	**particularly**
1108	**mahdollisesti**	*adv*	**possibly**
1112	**todennäköise sti**	*adv*	**likely**

1120	**lujaa**	*adv*	**hard**
1133	**alasti**	*adj; adv*	**naked; in the nude**
1163	**siksi**	*adv; phr*	**therefore; that's why**
1165	**rehellisesti**	*adv*	**fair**
1166	**kuoliaaksi**	*adv*	**to death**
1192	**ensiksi**	*adv*	**first**
1201	**etenkin**	*adv*	**especially**
1203	**toisinaan**	*adv*	**sometimes**
1219	**sittenkin**	*adv*	**after all**
1233	**esille**	*adv*	**up**
1260	**öisin**	*adv*	**nightly**
1261	**pahoin**	*adv*	**badly**
1263	**ympärillä**	*adv; prep*	**around; around**
1268	**täsmälleen**	*adv; phr*	**exactly; on the dot**
1281	**läheltä**	*adv*	**at close range**
1294	**täydellisesti**	*adv*	**perfectly**
1313	**pystyssä**	*adj; adv; phr*	**erect; upright; on end**
1322	**taatusti**	*adv*	**certainly**
1324	**kauemmin**	*adv*	**longer**
1325	**tällöin**	*adv*	**here**
1327	**toisaalta**	*adv*	**secondly**
1334	**vähintään**	*adv; adj*	**at the fewest; easy**
1341	**normaalisti**	*adv*	**normally**
1342	**virallisesti**	*adv*	**officially**
1352	**lopullisesti**	*adv; phr*	**finally; once and for all**
1357	**parhaiten**	*adv*	**best**
1361	**rennosti**	*adv*	**casually**
1374	**kiltisti**	*adv*	**nicely**
1381	**tarkemmin**	*adv*	**more specifically**
1423	**salaa**	*adv; phr*	**secretly; on the sly**
1425	**sisältä**	*adv*	**from within**
1446	**nimittäin**	*adv; phr*	**namely; that is to say**
1459	**päivittäin**	*adv*	**daily**
1463	**harvoin**	*adv*	**rarely**
1475	**pystyyn**	*adv*	**up**
1483	**päinvastoin**	*adv*	**vice versa**
1495	**loistavasti**	*adv*	**fine**
1498	**kauemmas**	*adv*	**further**
1505	**yksinkertaisesti**	*adv*	**simply**
1523	**vapaasti**	*adv*	**freely**
1530	**kaukaa**	*adv*	**from afar**
1543	**salassa**	*adv*	**in secrecy**
1553	**ilmi**	*adv*	**out**
1562	**riittävästi**	*adv*	**sufficiently**
1563	**mielellään**	*adv*	**willingly**
1584	**syvällä**	*adv*	**deep**
1597	**parhaillaan**	*adv*	**presently**
1632	**enimmäkseen**	*adv*	**mostly**
1634	**suunnilleen**	*adv; prep*	**approximately; about**
1649	**tiukasti**	*adv*	**strictly**
1666	**vaiti**	*adv*	**mum**
1681	**yhteensä**	*adv*	**in total**
1687	**kauniisti**	*adv*	**nicely**
1689	**nähden**	*prep; adv*	**in relation to; in presence**
1691	**avoin**	*adj; adv*	**open; up front**
1702	**äskettäin**	*adv*	**recently**
1723	**läsnä**	*adv*	**in**
1743	**turvallisesti**	*adv*	**safely**
1748	**ympärille**	*adv; prep*	**about; about**
1754	**plus**	*adv; prep; conj*	**plus; plus; and**
1764	**korkeintaan**	*adv*	**not more than**

1778	mukavasti	*adv*	nicely
1806	luonnollisesti	*adv*	naturally
1810	kaikkialle	*prep; adv*	round; round
1814	valtavasti	*adv*	vastly
1832	keskenään	*adv; prep*	among themselves; amongst themselves
1850	nykyisin	*adv*	today
1871	monesti	*adv*	often
1874	pikemminkin	*adv*	rather
1877	oudosti	*adv*	peculiarly
1891	täten	*adv*	thus
1895	julkisesti	*adv*	publicly
1903	loitolla	*adv*	far away
1908	kirjaimellisest i	*adv*	literally
1945	kyllin	*adj; adv*	enough; enough
1953	alaspäin	*adv*	down
1978	ulkoa	*adv; phr; prep*	outside; by heart; outside of
1990	tarjolla	*adv*	on offer
2011	edeltä	*adv*	before
2013	ylöspäin	*prep; adv*	up; up
2016	syvästi	*adv*	profoundly
2024	osaksi	*adv*	part
2035	tavallisesti	*adv*	usually
2039	ylhäältä	*adv*	from above
2044	kaiketi	*adv*	probably
2049	jälkeenpäin	*adv*	afterwards
2084	hiljattain	*adv*	newly
2091	kauempana	*adv; prep*	further; beyond
2126	suuresti	*adv*	greatly
2127	nähtävästi	*adv; phr*	apparently; it seems as if
2129	reilusti	*adv*	well
2145	totisesti	*adv*	verily
2151	ystävällisesti	*adv*	kindly
2187	lyhyesti	*adv*	in brief
2194	henkisesti	*adv*	mentally
2211	runsaasti	*adv*	in abundance
2230	yksinään	*adv; adj*	alone; unaccompanied
2243	pahemmin	*adv*	worse
2261	hyödyllinen	*adj; adv*	useful; of use
2271	varsinaisesti	*adv*	properly speaking
2278	kahtia	*adv*	in two
2318	hullusti	*adv*	amiss
2323	osittain	*adv*	partly
2324	täällä päin	*adv; phr*	along here; in this neck of the woods
2370	sopivasti	*adv*	suitably
2377	vapaaehtoises ti	*adv*	voluntarily
2388	innokas	*adj; adv*	eager; agog
2424	lähettyvillä	*adv*	near
2428	kauemmaksi	*adv*	farther
2429	lävitse	*adv; prep*	through; through
2431	vahvasti	*adv*	strongly
2437	sittenkään	*adv*	even then
2450	kasvotusten	*adv*	face to face
2470	kauempaa	*adv*	any longer
2477	kevyesti	*adv*	lightly
2483	vähiten	*adv*	least
2488	vaatimaton	*adj; adv*	modest; without pretense

4.3 Conjunctions

Rank	Finnish	PoS	English
2	ja	*conj; prep*	and; plus
6	että	*conj*	that
8	niin	*adj; adv; pron; conj*	so; so; such; and
9	mutta	*conj; nn; adv*	but; but; yet
13	jos	*conj; adv*	if; when
15	kun	*conj*	when
16	kuin	*conj; prep; adv*	than; than; as
33	tai	*conj; adv*	or; otherwise
42	vielä	*adv; conj; pron; adj*	yet; still; another; more
49	koska	*conj; adv*	because; when
68	vai	*conj*	or
86	kuten	*adv; conj; prep; sfx*	as; as; like, after the fashion of; -wise
94	vaan	*conj*	but
98	siis	*adv; conj; phr*	therefore; so; that is to say
104	eikä	*conj; adv*	and not; neither
120	vaikka	*conj; adv*	although; even if
143	minne	*adv; conj*	where; where
148	mihin	*adv; conj*	where; where
200	milloin	*adv; conj*	when; when
210	jotta	*conj; adv*	so; so that
230	kunnes	*conj; prep*	until; till
240	silti	*adv; conj*	still; still
272	kuitenkin	*adv; conj*	however; still
298	paitsi	*prep; conj*	except
323	eli	*conj; adv*	or; alias
376	sekä	*conj*	together with
519	vieläkin	*adv; conj*	even; still
667	jolloin	*adv; conj; pron*	when; when; that
668	kunpa	*conj*	if only
703	saakka	*conj; prep*	until; until
932	mikäli	*conj; adv*	provided; in case
1754	plus	*adv; prep; conj*	plus; plus; and

4.4 Nouns

Rank	Finnish	PoS	English
1	ei	*adv; nn*	not; negative
3	se	*pron; art; nn*	it; the; such a thing
9	mutta	*conj; nn; adv*	but; but; yet
20	minä	*pron; nn; phr*	I; self; it's me
21	hyvä	*adj; nn; adv*	good
24	hei	*nn*	hallo
27	kiitos	*nn*	thanks
39	häntä	*pron; nn*	him; tail
51	herra	*abbr; nn*	Mr.; sir
55	paljon	*adv; nn*	much; sight
58	te	*pron; nn*	you; you guys
60	juuri	*adv; nn; phr*	just; root; of all
63	yksi	*nn; pron; art*	one; one; a, an
69	koko	*nn; adj; pron*	size; whole; all
70	kaksi	*nn; num*	two; twain
75	mies	*nn*	man
76	halu	*nn*	desire
77	joku	*pron; art; adj; nn*	someone; a; some; thingy
80	aika	*nn; adv; adj*	time; pretty; quite a|some
82	isä	*nn*	father
84	kunto	*nn*	condition
89	voi	*nn*	butter
90	äiti	*nn*	mother
96	paha	*adj; nn*	evil; evil
100	itse	*nn; pron; adv; prep; phr*	self; itself; personally; by
112	koti	*nn*	home
116	vuosi	*nn*	year
123	luoja	*nn*	creator
124	poika	*nn*	son
130	sana	*nn*	word
134	usko	*nn*	faith
136	kulta	*nn*	gold
145	sir	*nn*	sir
147	asia	*nn*	thing
149	kerta	*nn*	time
150	tyttö	*nn*	girl
156	rouva	*abbr; nn*	Mrs.; lady
158	raha	*nn*	money
160	ihminen	*nn*	man
169	oikea	*adj; nn*	right; right-hander
171	nainen	*nn*	woman
172	päivä	*nn*	day
173	juttu	*nn*	thing
180	apu	*nn*	assistance
182	tohtori	*nn; abbr*	doctor; Dr.
187	pieni	*adj; nn*	small; short drink
189	paras	*adj; nn*	best; good

191	**neiti**	*nn; abbr*	**miss; Ms.**
		nn	
192	**kaveri**	*nn*	**guy**
194	**paikka**	*nn*	**place**
195	**hetki**	*nn*	**moment**
198	**pari**	*nn*	**couple**
207	**jumala**	*nn*	**god**
209	**tarpeeksi**	*adj; adv; nn*	**enough; enough; plenty**
215	**viisi**	*nn: num*	**five**
218	**osa**	*nn*	**part**
219	**kiltti**	*adj; nn*	**kind; kilt**
221	**tulo**	*nn*	**income**
222	**dollari**	*nn*	**dollar**
224	**tee**	*nn*	**tea**
225	**kohta**	*nn; adv*	**paragraph; soon**
226	**hitto**	*nn*	**deuce**
227	**meno**	*nn*	**going**
231	**nimi**	*nn*	**name**
235	**neljä**	*nn*	**four**
238	**kapteeni**	*nn*	**captain**
239	**täysin**	*adv; nn; adj; phr*	**completely; one hundred percent; roaring; all ends up**
242	**hullu**	*adj; nn; phr*	**crazy; fool; off one's nut**
243	**helvetti**	*nn*	**hell**
245	**vauhti**	*nn*	**rate**
246	**poliisi**	*nn; abbr*	**police; PC**
247	**ensimmäinen**	*adj; nn*	**first; first**
248	**sama**	*adj; adv; pron; art;*	**same; same; same|one|idem; a|an**
251	**kello**	*nn; adv*	**clock; o'clock**
256	**yö**	*nn*	**night**
257	**tuli**	*nn*	**fire**
261	**työ**	*nn*	**work**
265	**minuutti**	*nn*	**minute**
268	**kuula**	*nn*	**ball**
271	**tunne**	*nn*	**feeling**
274	**maailma**	*nn*	**world**
275	**sellainen**	*adj; prep; nn*	**such; like; such a thing**
278	**tapa**	*nn*	**way**
281	**huomen**	*nn*	**morning**
282	**mieli**	*nn*	**mind**
285	**koto**	*nn*	**home**
288	**auto**	*nn*	**car**
290	**ystävä**	*nn*	**friend**
292	**kuu**	*nn*	**moon**
294	**pakko**	*nn*	**force**
296	**onni**	*nn*	**luck**
303	**vuoksi**	*prep; nn*	**because of; flood**
304	**lapsi**	*nn*	**child**
306	**paskiainen**	*nn; abbr*	**son of a bitch; s.o.b.**
310	**viimeinen**	*adj; nn*	**last; last**
311	**jolla**	*adv; nn*	**whereby; dinghy**
313	**ilta**	*nn*	**evening**
314	**ovi**	*nn*	**door**
319	**hetkinen**	*nn; adv*	**minute; a little**
321	**tunti**	*nn*	**hour**
324	**laita**	*nn*	**wing**
325	**ongelma**	*nn*	**problem**
326	**pää**	*nn*	**head**

328	**hätä**	*nn*	**distress**
329	**jää**	*nn*	**ice**
330	**ase**	*nn*	**gun**
332	**lähde**	*nn*	**source**
333	**ala**	*nn*	**area**
337	**toivo**	*nn*	**hope**
339	**oma**	*adj; nn*	**own; own**
342	**väli**	*nn*	**interval**
343	**aamu**	*nn*	**morning**
349	**tyyppi**	*nn*	**type**
351	**muka**	*adv; nn*	**supposedly; pretext**
355	**kultanen**	*nn*	**my darling**
358	**ruoka**	*nn*	**food**
359	**nuori**	*adj; nn*	**young; youth**
362	**homma**	*nn*	**business**
363	**maa**	*nn*	**country**
365	**kysymys**	*nn*	**question**
366	**elämä**	*nn*	**life**
367	**kymmenen**	*nn; num*	**ten; ten**
368	**vaimo**	*nn*	**wife**
370	**syy**	*nn*	**reason**
377	**vesi**	*nn; phr*	**water; Adam's ale**
379	**elo**	*nn*	**life**
380	**puoli**	*adj; nn*	**half; half**
385	**lupa**	*nn*	**authorization**
386	**numero**	*nn; abbr*	**number; No.**
391	**etsin**	*nn*	**viewfinder**
392	**tapaus**	*nn*	**case**
393	**pomo**	*nn*	**boss**
398	**loppu**	*nn; adj*	**end; final**
399	**huoli**	*nn*	**worry**
402	**liike**	*nn*	**business**
403	**matka**	*nn*	**journey**
405	**veri**	*nn*	**blood**
407	**tehtävä**	*nn*	**task**
408	**hai**	*nn*	**shark**
409	**kenraali**	*nn*	**general**
411	**velka**	*nn*	**debt**
412	**rakas**	*nn; adj*	**love; dear**
417	**tuska**	*nn*	**pain**
418	**kausi**	*nn*	**season**
421	**idea**	*nn*	**idea**
425	**tekstitys**	*nn*	**subtitles**
426	**idiootti**	*nn*	**idiot**
429	**käsi**	*nn*	**hand**
430	**ikävä**	*adj; nn*	**tedious**
437	**talo**	*nn*	**house**
438	**kerroin**	*nn; abbr*	**factor; SPF**
439	**veli**	*nn*	**brother**
443	**rauha**	*nn*	**peace**
444	**presidentti**	*nn*	**president**
445	**miljoona**	*nn*	**million**
446	**muutama**	*nn*	**one or two**
447	**viikko**	*nn*	**week**
448	**turpa**	*nn*	**chub**
453	**kuukausi**	*nn*	**month**
455	**koira**	*nn*	**dog**
458	**näkemä**	*nn*	**sight distance**
464	**kuningas**	*nn*	**king**
465	**sairas**	*adj; nn; phr*	**sick; invalid; on one's back**
468	**mestari**	*nn*	**master**
469	**kahdeksan**	*nn*	**eight**
474	**kahvi**	*nn*	**coffee**
477	**totuus**	*nn; phr*	**truth; dinkum oil**
478	**täydellinen**	*adj; nn*	**perfect; plenary**
484	**ajatus**	*nn*	**idea**
486	**eversti**	*nn*	**colonel**

487	tekeminen	*nn*	making
490	yhteys	*nn*	contact
494	tahto	*nn*	will
496	tie	*nn*	road
499	tarina	*nn*	story
500	taju	*nn*	savvy
503	kaupunki	*nn*	city
508	musta	*adj; nn*	black; black
513	lääkäri	*nn*	doctor
522	johtaja	*nn*	manager
525	perhe	*nn*	family
528	ero	*nn*	differential
531	tähti	*nn*	star
532	peli	*nn*	game
533	jätti	*nn*	giant
538	panna	*v; nn*	put; ban
539	tarkoitus	*nn*	purpose
541	uni	*nn*	sleep
549	viesti	*nn*	message
553	lähetti	*nn*	messenger
554	suunnitelma	*nn*	plan
559	tieto	*nn*	information
560	mahdollisuus	*nn*	possibility
561	tytär	*nn*	daughter
563	kuolema	*nn*	death
565	alku	*nn*	beginning
568	tila	*nn*	status
572	oikeus	*nn*	right
574	sekunti	*nn*	second
576	kuva	*nn; abbr*	picture; fig.
577	kiire	*nn*	hurry
580	vika	*nn*	fault
581	pyy	*nn*	hazel hen
582	seksi	*nn*	sex
584	silmä	*nn*	eye
585	setä	*nn*	uncle
588	sota	*nn*	war
589	agentti	*nn*	agent
591	nälkä	*nn*	hunger
592	suunta	*nn*	direction
593	vankila	*nn*	prison
594	ihme	*nn*	wonder
595	vitsi	*nn*	joke
596	moni	*adj; nn*	many; many
601	kesken	*adv; prep; nn; pfx*	between; between; midst; inter-
603	yllätys	*nn*	surprise
604	järki	*nn*	reason
605	lasta	*nn*	spatula
606	kutsu	*nn*	call
607	kylmä	*adj; nn*	cold; cold
608	rakkaus	*nn*	love
611	huone	*nn*	room
619	ulkopuoli	*nn*	outside
620	professori	*nn*	professor
623	vähemmän	*adv; adj; nn*	less; fewer; fewer
627	luutnantti	*nn*	lieutenant
632	huora	*nn*	whore
633	vara	*nn*	allowance
636	veto	*nn*	bet
641	sairaala	*nn*	hospital
642	ääni	*nn*	sound
643	tuomari	*nn*	judge
644	saatana	*nn*	Satan
645	sulje	*nn*	bracket
647	pidin	*nn*	holder
648	juhla	*nn*	celebration
649	henki	*nn*	spirit
652	soitin	*nn*	player
654	maksa	*nn*	liver
657	etsivä	*nn*	detective

661	lähtö	*nn*	departure
662	ääliö	*nn*	jerk
669	valkoinen	*adj; nn*	white; white
670	koulu	*nn*	school
672	suu	*nn*	mouth
673	puhelin	*nn*	phone
675	sopimus	*nn*	agreement
676	suhde	*nn*	ratio
677	metri	*nn*	meter
679	todiste	*nn*	evidence
680	kunnia	*nn*	honor
681	laki	*nn*	law
684	avain	*nn*	key
687	henkilö	*nn*	person
691	vuode	*nn*	bed
692	kersantti	*nn*	sergeant
693	lahja	*nn*	gift
697	ruumis	*nn*	corpse
700	kyyti	*nn*	ride
704	kone	*nn*	machine
705	vaate	*nn*	garment
709	olo	*nn*	feeling
710	piru	*nn*	devil
714	musiikki	*nn*	music
716	sija	*nn*	place
717	vastaus	*nn*	answer
721	valo	*nn*	light
724	majuri	*nn*	major
725	prinsessa	*nn*	princess
726	hyöty	*nn*	benefit
727	kirja	*nn*	book
730	vauva	*nn*	baby
738	erä	*nn*	item
743	potku	*nn*	kick
745	komentaja	*nn*	commander
746	perä	*nn*	stern
747	keksi	*nn*	biscuit
749	joulu	*nn*	Christmas
750	punainen	*adj; nn*	red; red
751	tanssi	*nn*	dance
752	joki	*nn*	river
757	viha	*nn*	anger
759	tuleva	*adj; nn*	future; embryo
760	armeija	*nn*	army
761	kilometri	*nn*	kilometer
764	ilo	*nn*	pleasure
765	karku	*nn*	runaway
768	huomio	*nn*	attention
769	taivas	*nn*	sky
770	kate	*nn*	cover
771	päällikkö	*nn*	master
772	sotilas	*nn*	soldier
773	sydän	*nn*	heart
776	aika	*nn*	time
777	asu	*nn*	outfit
779	vastuu	*nn*	responsibility
781	pula	*nn*	shortage
782	sänky	*nn*	bed
784	kato	*nn*	failure of crops
791	pako	*nn*	getaway
798	ryhmä	*nn*	group
801	merkki	*nn*	make
803	palvelus	*nn*	service
810	kamala	*adj; nn*	horrible
813	murhaaja	*nn*	murderer
817	keino	*nn*	means
818	prosentti	*nn*	percentage
820	typerys	*nn*	fool
822	sankari	*nn*	hero
824	päiväys	*nn*	date
825	huume	*nn*	drug
826	esimerkki	*nn*	example
830	täysi	*adj; pron; nn*	full; every; plenary
831	merkitys	*nn*	importance
832	viini	*nn*	wine

836	**virhe**	*nn*	**error**
837	**usea**	*adj; nn; pron*	**many; many; several**
839	**harmi**	*nn; phr*	**annoyance; fly in the ointment**
842	**amerikkalainen**	*adj; nn*	**American; American**
843	**kohde**	*nn*	**target**
845	**kuningatar**	*nn*	**queen**
847	**komisario**	*nn*	**inspector**
848	**aurinko**	*nn*	**sun**
852	**englanti**	*nn*	**English**
853	**sisko**	*nn*	**sister**
855	**elokuva**	*nn*	**movie**
857	**onnettomuus**	*nn*	**accident**
859	**sata**	*nn*	**hundred**
860	**pallo**	*nn*	**ball**
861	**tappaja**	*nn*	**killer**
863	**prinssi**	*nn*	**prince**
864	**opettaja**	*nn*	**teacher**
867	**vaara**	*nn*	**risk**
869	**alue**	*nn*	**area**
871	**puhelu**	*nn*	**call**
877	**sääntö**	*nn*	**rule**
878	**sika**	*nn*	**swine**
880	**katu**	*nn*	**street**
881	**kamera**	*nn*	**camera**
883	**aavistus**	*nn*	**hunch**
886	**valmentaja**	*nn*	**coach**
890	**alus**	*nn*	**vessel**
895	**tapaaminen**	*nn*	**meeting**
896	**kimppu**	*nn*	**bundle**
897	**vieri**	*nn*	**side**
899	**tilaisuus**	*nn*	**opportunity**
900	**entinen**	*adj; nn; pfx*	**former; former; ex-**
901	**pommi**	*nn*	**bomb**
902	**rikki**	*nn; adj; adv*	**sulfur; broken; to pieces**
903	**hanki**	*nn*	**crust**
905	**hölmö**	*adj; nn*	**silly; goof**
906	**voima**	*nn*	**force**
908	**kilo**	*nn*	**kilo**
910	**kissa**	*nn*	**cat**
914	**sääli**	*nn*	**pity**
919	**vaihtoehto**	*nn*	**alternative**
920	**liha**	*nn*	**meat**
921	**olut**	*nn*	**beer**
929	**kenkä**	*nn*	**shoe**
931	**jalka**	*nn*	**foot**
934	**vanhempi**	*adj; nn*	**senior; senior**
938	**toimi**	*nn*	**action**
941	**näkö**	*nn*	**vision**
946	**hirviö**	*nn*	**monster**
949	**täti**	*nn*	**aunt**
950	**hallitus**	*nn*	**government**
952	**valehtelija**	*nn*	**liar**
953	**tavara**	*nn*	**goods**
954	**senaattori**	*nn*	**senator**
957	**päätös**	*nn*	**decision**
960	**sanoma**	*nn*	**message**
962	**murha**	*nn*	**murder**
966	**varsi**	*nn*	**arm**
967	**pelkuri**	*nn*	**coward**
968	**vaihe**	*nn*	**step**
974	**ikkuna**	*nn*	**window**
977	**joukkue**	*nn*	**team**
978	**valtio**	*nn*	**state**
979	**tarve**	*nn*	**need**
980	**voittaja**	*nn*	**winner**
981	**sentti**	*nn*	**cent**
982	**yläkerta**	*nn*	**upstairs**
984	**nero**	*nn*	**genius**
986	**humala**	*nn*	**hop**
988	**sara**	*nn*	**sedge**

991	**seura**	*nn*	**society**
992	**syyllinen**	*adj; nn*	**guilty; culprit**
993	**vihollinen**	*nn*	**enemy**
994	**kirje**	*nn*	**letter**
995	**tilanne**	*nn*	**situation**
998	**paperi**	*nn*	**paper**
1000	**määrä**	*nn*	**number**
1003	**show**	*nn*	**show**
1005	**juna**	*nn*	**train**
1008	**lähetin**	*nn*	**transmitter**
1010	**väki**	*nn*	**people**
1011	**suo**	*nn*	**swamp**
1014	**käsky**	*nn*	**command**
1018	**hius**	*nn*	**hair**
1020	**kyttä**	*nn*	**cop**
1023	**uhri**	*nn*	**victim**
1025	**oppi**	*nn*	**learning**
1026	**peruste**	*nn*	**justification**
1028	**pala**	*nn*	**piece**
1033	**vessa**	*nn*	**loo**
1034	**onnittelu**	*nn*	**congratulation**
1035	**malja**	*nn*	**cup**
1036	**kirjoitin**	*nn*	**printer**
1037	**salaisuus**	*nn*	**secret**
1043	**lordi**	*nn*	**lord**
1046	**yritys**	*nn*	**company**
1047	**vahinko**	*nn; phr*	**damage; it's a pity**
1048	**hinta**	*nn*	**price**
1049	**toiminta**	*nn*	**activities**
1050	**varas**	*nn*	**thief**
1052	**roska**	*nn*	**garbage**
1058	**pimeä**	*adj; nn*	**dark; dark**
1060	**pohjoinen**	*adj; nn*	**north; north**
1061	**pastori**	*nn*	**pastor**
1062	**muna**	*nn*	**egg**
1065	**piha**	*nn*	**yard**
1066	**vene**	*nn*	**boat**
1071	**kukka**	*nn*	**flower**
1072	**vartija**	*nn*	**guard**
1073	**pormestari**	*nn*	**mayor**
1074	**aste**	*nn*	**degree**
1075	**kohtalo**	*nn*	**destiny**
1076	**esitys**	*nn*	**presentation**
1079	**hevonen**	*nn*	**horse**
1080	**iltapäivä**	*nn; abbr*	**afternoon; PM**
1084	**puku**	*nn*	**suit**
1085	**korkeus**	*nn*	**height**
1086	**ilma**	*nn*	**air**
1092	**enkeli**	*nn*	**angel**
1093	**syntymäpäivä**	*nn*	**birthday**
1094	**tervehdys**	*nn*	**greeting**
1095	**riitti**	*nn*	**rite**
1097	**tuuli**	*nn*	**wind**
1101	**vaikeus**	*nn*	**difficulty**
1102	**taistelu**	*nn*	**fight**
1104	**isoisä**	*nn*	**grandfather**
1105	**pahus**	*nn*	**deuce**
1109	**ranta**	*nn*	**beach**
1110	**tulevaisuus**	*nn*	**future**
1111	**puhe**	*nn*	**speech**
1114	**näyttelijä**	*nn*	**actor**
1115	**vieras**	*nn; adj*	**guest; foreign**
1117	**tonni**	*nn*	**tonne**
1119	**lintu**	*nn*	**bird**
1122	**apina**	*nn*	**monkey**
1123	**yleisö**	*nn*	**audience**
1126	**sisar**	*nn*	**sister**
1132	**takuu**	*nn*	**warranty**
1134	**taksi**	*nn*	**taxi**
1135	**piilo**	*nn*	**hiding**
1136	**osoite**	*nn*	**address**
1137	**etelä**	*nn*	**south**
1139	**hotelli**	*nn*	**hotel**
1142	**eläin**	*nn*	**animal**

No.	Finnish	Part of speech	English
1144	**pappi**	*nn*	**priest**
1147	**suoja**	*nn*	**protection**
1148	**valinta**	*nn*	**selection**
1152	**rikos**	*nn*	**crime**
1153	**asunto**	*nn*	**housing**
1155	**kunnioitus**	*nn*	**respect**
1157	**neitsyt**	*nn*	**maiden**
1158	**baari**	*nn*	**bar**
159	**radio**	*nn*	**radio**
160	**maito**	*nn*	**milk**
161	**vaikutus**	*nn*	**effect**
162	**punta**	*nn*	**pound**
167	**joukko**	*nn*	**set**
169	**lauantai**	*nn; abbr*	**Saturday; Sat**
170	**voitto**	*nn*	**profit**
174	**ohjelma**	*nn*	**program**
175	**yhtiö**	*nn*	**company**
176	**isoäiti**	*nn*	**grandmother**
177	**perjantai**	*nn; abbr*	**Friday; Fri**
178	**ratkaisu**	*nn*	**solution**
180	**asiakas**	*nn*	**customer**
181	**luku**	*nn*	**number**
182	**kuusi**	*nn*	**six**
183	**laulu**	*nn*	**song**
185	**kivi**	*nn*	**stone**
186	**vanhus**	*nn*	**senior citizen**
187	**historia**	*nn*	**history**
188	**paita**	*nn*	**shirt**
190	**raja**	*nn*	**limit**
191	**vanki**	*nn*	**prisoner**
193	**hälytys**	*nn*	**alarm**
195	**kala**	*nn*	**fish**
198	**pöytä**	*nn*	**table**
199	**lihava**	*adj; nn*	**fat; boldface**
202	**metsä**	*nn*	**forest**
204	**rakennus**	*nn*	**building**
205	**laiva**	*nn*	**ship**
1207	**koodi**	*nn*	**code**
1208	**veitsi**	*nn*	**knife**
1209	**meri**	*nn; phr*	**sea; Davy Jones's locker**
1210	**lady**	*nn*	**lady**
1211	**tyttöystävä**	*nn*	**girlfriend**
1212	**jäsen**	*nn*	**member**
1216	**rock**	*nn*	**rock**
1217	**uutinen**	*nn*	**news**
1218	**selkä**	*nn*	**back**
1220	**askel**	*nn*	**step**
1222	**luokka**	*nn; prep*	**class; in the order of**
1223	**syöpä**	*nn*	**cancer**
1224	**lento**	*nn*	**flight**
1225	**maanantai**	*nn; abbr*	**Monday; Mon**
1226	**sivu**	*nn*	**page**
1227	**pelko**	*nn*	**fear**
1237	**osavaltio**	*nn*	**state**
1238	**lista**	*nn*	**list**
1239	**hoitaja**	*nn*	**nurse**
1240	**juutalainen**	*adj; nn*	**Jewish; Jew**
1244	**valta**	*nn*	**power**
1245	**operaatio**	*nn*	**operation**
1246	**ansio**	*nn*	**merit**
1247	**herätys**	*nn*	**wake-up**
1249	**saksa**	*adj; nn*	**German; German**
1251	**virta**	*nn*	**power**
1252	**pankki**	*nn*	**bank**
1253	**pullo**	*nn*	**bottle**
1254	**ansa**	*nn*	**trap**
1255	**myrsky**	*nn*	**storm**
1256	**yhteistyö**	*nn*	**cooperation**
1258	**omistaja**	*nn*	**owner**
1259	**yhteinen**	*adj; nn*	**common; umbrella**
1264	**luoti**	*nn*	**bullet**
1265	**portti**	*nn*	**port**

1267	jälki	*nn*	track
1269	kauppa	*nn*	trade
1270	suihku	*nn*	shower
1271	käyttö	*nn*	use
1272	armo	*nn*	grace
1273	paholainen	*nn*	devil
1274	petturi	*nn*	traitor
1275	serkku	*nn*	cousin
1276	kokous	*nn*	meeting
1277	kirkko	*nn*	church
1278	vuoro	*nn*	turn
1280	takki	*nn*	jacket
1282	isäntä	*nn*	host
1283	kansa	*nn*	people
1286	Ranska	*nn*	France
1288	käynti	*nn*	visit
1289	keskus	*nn*	center
1291	sekopää	*nn*	nutcase
1292	reitti	*nn*	route
1296	elokuva	*nn*	movie
1298	kartta	*nn*	map
1299	toimittaja	*nn*	supplier
1300	asema	*nn*	station
1301	kuvernööri	*nn*	governor
1302	ottelu	*nn*	match
1303	lippu	*nn*	ticket
1304	länsi	*nn*	west
1306	liittovaltio	*nn*	federation
1307	rikollinen	*adj; nn*	criminal; criminal
1309	kieli	*nn*	language
1312	itä	*nn*	east
1314	ambulanssi	*nn*	ambulance
1315	tupakka	*nn*	tobacco
1317	nolla	*nn*	zero
1318	temppu	*nn*	trick
1319	keikka	*nn*	gig
1321	varoitus	*nn*	warning
1326	potilas	*nn*	patient
1328	linna	*nn*	castle
1329	lattia	*nn*	floor
1330	kappale	*nn*	paragraph
1331	hyökkäys	*nn*	attack
1332	palkka	*nn*	pay
1333	eläke	*nn*	pension
1335	sunnuntai	*nn; abbr*	Sunday; Sun
1336	viski	*nn*	whiskey
1337	rotta	*nn*	rat
1338	sielu	*nn*	soul
1339	hattu	*nn*	hat
1340	sää	*nn*	weather
1346	kävely	*nn*	walking
1348	nauha	*nn*	tape
1349	poikaystävä	*nn*	boyfriend
1353	toimisto	*nn*	office
1356	osasto	*nn*	department
1358	riski	*nn*	risk
1360	suora	*adj; nn*	direct; plain
1362	sotku	*nn*	mess
1364	amiraali	*nn*	admiral
1367	vaadin	*nn*	female reindeer
1368	rohkeus	*nn*	courage
1369	keittiö	*nn*	kitchen
1371	tuki	*nn*	support
1373	muutos	*nn*	change
1376	majesteetti	*nn*	majesty
1377	puu	*nn*	wood
1378	lehti	*nn*	leaf
1380	unelma	*nn*	dream
1385	karhu	*nn*	bear
1386	ruoho	*nn*	grass
1389	tuho	*nn*	destruction
1390	tuuri	*nn*	luck
1391	tiikeri	*nn*	tiger
1393	arvo	*nn*	value
1396	lukko	*nn*	lock
1400	energia	*nn*	energy
1401	koe	*nn*	test

403	**isku**	*nn*	**impact**
404	**keisari**	*nn*	**emperor**
405	**itsemurha**	*nn*	**suicide**
406	**kenttä**	*nn*	**field**
408	**lentokenttä**	*nn*	**airport**
409	**huijari**	*nn*	**charlatan**
410	**saksalainen**	*adj; nn*	**German; German**
411	**hammas**	*nn*	**tooth**
413	**ikä**	*nn*	**age**
414	**miekka**	*nn*	**sword**
415	**kirjailija**	*nn*	**author**
416	**joulupukki**	*nn*	**Santa Claus**
421	**suku**	*nn*	**family**
422	**samppanja**	*nn*	**champagne**
424	**sokeri**	*nn*	**sugar**
430	**vapaus**	*nn*	**freedom**
431	**vahti**	*nn*	**watch**
433	**kerä**	*nn*	**ball**
435	**kokemus**	*nn*	**experience**
438	**yläpuoli**	*nn*	**upside**
441	**tarjous**	*nn*	**offer**
448	**paskapää**	*nn*	**bastard**
449	**lounas**	*nn*	**lunch**
450	**tuntematon**	*adj; nn*	**unknown; unknown**
451	**kerros**	*nn*	**layer**
452	**satu**	*nn*	**fairy tale**
453	**alakerta**	*nn*	**downstairs**
454	**linja**	*nn*	**line**
455	**ampuja**	*nn*	**shooter**
456	**pilvi**	*nn*	**cloud**
457	**raportti**	*nn*	**report**
460	**lähetys**	*nn*	**transmission**
461	**kortti**	*nn*	**card**
462	**synty**	*nn*	**birth**
464	**täysi**	*nn*	**plenary**
467	**bussi**	*nn*	**bus**
468	**piste**	*nn*	**point**
472	**tarjoilija**	*nn*	**waiter**

1474	**haju**	*nn*	**smell**
1477	**avioliitto**	*nn*	**marriage**
1478	**tietokone**	*nn*	**computer**
1480	**todistaja**	*nn*	**witness**
1482	**kylä**	*nn*	**village**
1486	**roisto**	*nn*	**villain**
1487	**moottori**	*nn*	**engine**
1488	**päivällinen**	*nn*	**dinner**
1489	**palvelu**	*nn*	**service**
1491	**käytäntö**	*nn*	**practice**
1492	**kokki**	*nn*	**cook**
1493	**loma**	*nn*	**holiday**
1494	**käärme**	*nn*	**snake**
1499	**huominen**	*nn*	**tomorrow**
1500	**laukku**	*nn*	**bag**
1501	**syyttäjä**	*nn*	**prosecutor**
1503	**kana**	*nn*	**chicken**
1507	**kipu**	*nn*	**pain**
1509	**lääke**	*nn*	**medicine**
1511	**matala**	*adj; nn*	**low; low**
1512	**käteinen**	*nn; adj*	**cash; the ready**
1514	**johto**	*nn*	**management**
1516	**teko**	*nn*	**act**
1517	**lähistö**	*nn*	**neighborhood**
1518	**illallinen**	*nn*	**supper**
1519	**näky**	*nn*	**sight**
1520	**lehmä**	*nn*	**cow**
1521	**aviomies**	*nn*	**husband**
1522	**toveri**	*nn*	**comrade**
1526	**keskustelu**	*nn*	**discourse**
1527	**tiimi**	*nn*	**team**
1528	**herrasmies**	*nn*	**gentleman**
1529	**ranskalainen**	*adj; nn*	**French; Frenchman**
1531	**kreivi**	*nn*	**count**
1533	**seinä**	*nn*	**wall**
1534	**lakimies**	*nn*	**lawyer**
1536	**viesti**	*nn*	**message**

1541	kasa	*nn*	pile
1545	siunaus	*nn*	blessing
1547	televisio	*abbr; nn*	TV; television
1548	hallinta	*nn*	possession
1550	ainoa	*adj; pron; nn*	only; one; one-off
1551	peto	*nn*	beast
1552	Venäjä	*nn*	Russia
1554	ehdotus	*nn*	proposal
1555	laite	*nn*	device
1556	uhka	*nn*	risk
1557	selitys	*nn*	explanation
1558	viina	*nn*	liquor
1560	virus	*nn*	virus
1561	vampyyri	*nn*	vampire
1564	maku	*nn*	taste
1566	kellari	*nn*	cellar
1568	aikuinen	*adj; nn*	adult; adult
1570	upseeri	*nn*	officer
1571	turva	*nn*	safety
1573	maali	*nn*	paint
1575	järjestelmä	*nn*	system
1578	laatikko	*nn*	box
1580	katse	*nn*	look
1581	venäläinen	*adj; nn*	Russian; Russian
1585	pääsy	*nn*	access
1586	katto	*nn*	roof
1591	susi	*nn*	wolf
1593	kuuro	*adj; nn*	deaf; shower
1598	istuin	*nn*	seat
1602	tekijä	*nn*	factor
1604	ajelu	*nn*	run
1605	leipä	*nn*	bread
1607	edusta	*nn*	front
1608	testi	*nn*	test
1610	rehtori	*nn*	headmaster

1612	väri	*nn*	color
1613	kurssi	*nn*	course
1619	kesä	*nn*	summer
1620	taiteilija	*nn*	artist
1622	puolustus	*nn*	defense
1627	legenda	*nn*	legend
1628	olento	*nn*	being
1629	otto	*nn; abbr*	intake; ATM
1633	saari	*nn*	island
1636	ammattilainen	*nn*	professional
1639	jäätelö	*nn*	ice cream
1640	ravintola	*nn*	restaurant
1642	kakku	*nn*	cake
1644	palanen	*nn*	piece
1645	into	*nn*	zeal
1647	muisto	*nn*	memory
1648	palkinto	*nn*	prize
1650	tulos	*nn*	result
1652	kummallinen	*adj; nn; phr*	strange; screwball; off the wall
1653	jalkapallo	*nn*	football
1654	salama	*nn*	flash
1656	kilpailu	*nn*	competition
1659	planeetta	*nn*	planet
1660	painajainen	*nn*	nightmare
1661	reikä	*nn*	hole
1662	erehdys	*nn*	error
1664	kaasu	*nn*	gas
1665	omaisuus	*nn*	property
1669	lukio	*nn*	high school
1670	pelaaja	*nn*	player
1671	yksikkö	*nn*	unit
1673	juoma	*nn*	beverage
1674	lentokone	*nn*	aircraft
1675	kohtaus	*nn*	scene
1677	lumi	*nn*	snow
1678	silta	*nn*	bridge

1680	nappi	*nn*	button
1682	ohje	*nn*	guide
1684	neuvo	*nn*	advice
1688	luonto	*nn*	nature
1690	pimeys	*nn*	darkness
1692	ilmoitus	*nn*	ad
1693	kosto	*nn*	revenge
694	hukka	*nn*	loss
696	lentäjä	*nn*	pilot
697	jengi	*nn*	gang
700	kurja	*adj; nn; phr*	wretched; beast; like nothing on earth
703	torstai	*nn; abbr*	Thursday; Thur
704	jälki	*nn*	track
705	sotamies	*nn*	soldier
707	tappaminen	*nn*	killing
709	häpeä	*nn*	shame
710	kortteli	*nn*	block
711	kulma	*nn*	angle
712	laskin	*nn*	calculator
714	tina	*nn*	tin
715	myrkky	*nn*	poison
717	kiinalainen	*nn; adj*	Chinaman; Chinese
719	lasi	*nn*	glass
720	suklaa	*nn*	chocolate
721	ryöstö	*nn*	robbery
726	vakooja	*nn*	spy
727	miehistö	*nn*	crew
728	laivasto	*nn*	navy
729	kuitti	*nn*	receipt
730	viaton	*adj; nn*	innocent; innocent
731	happi	*nn*	oxygen
732	ukko	*nn*	old man
733	tiistai	*nn; abbr*	Tuesday; Tues
734	tapahtuma	*nn*	event
736	nenä	*nn*	nose
1737	sade	*nn*	rain
1738	väki	*nn*	people
1739	jatko	*nn*	sequel
1740	bensa	*nn*	gas
1744	hiljaisuus	*nn*	silence
1745	muisti	*nn*	memory
1746	laukaus	*nn*	shot
1747	pelle	*nn*	clown
1749	yksityiskohta	*nn*	detail
1750	käytävä	*nn*	aisle
1753	hoito	*nn*	care
1755	taide	*nn*	art
1756	malli	*nn*	model
1757	väkivalta	*nn*	violence
1758	kundi	*nn*	fella
1759	projekti	*nn*	project
1761	hymy	*nn*	smile
1762	miljardi	*nn*	billion
1767	asukas	*nn*	resident
1768	kokonainen	*nn; adj*	whole; whole
1770	juusto	*nn*	cheese
1771	syyllisyys	*nn*	guilt
1775	aita	*nn*	fence
1777	oppilas	*nn*	pupil
1779	paketti	*nn*	package
1780	tuomio	*nn*	judgment
1781	taso	*nn*	level
1782	yliopisto	*nn; abbr*	university; Univ.
1784	aine	*nn*	substance
1787	iho	*nn*	skin
1790	pukki	*nn*	buck
1791	kokaiini	*nn*	cocaine
1793	katastrofi	*nn; phr*	disaster; act of god
1794	korva	*nn*	ear
1795	versio	*nn*	version
1799	porukka	*nn*	outfit

1801	tukka	*nn*	hair
1807	tauti	*nn*	disease
1808	kirous	*nn*	curse
1809	käännös	*nn*	translation
1811	tulipalo	*nn*	fire
1812	sormus	*nn*	ring
1813	köyhä	*adj; nn*	poor; pauper
1816	huippu	*nn*	top
1819	tyyli	*nn*	style
1820	hankaluus	*nn*	inconvenience
1821	työpaikka	*nn*	job
1823	alkoholi	*nn*	alcohol
1825	aihe	*nn*	subject
1827	rangaistus	*nn*	penalty
1828	huhu	*nn*	rumor
1833	aarre	*nn*	treasure
1834	vastalause	*nn*	objection
1835	sattuma	*nn*	chance
1836	haava	*nn*	wound
1839	sairaus	*nn*	disease
1840	ohjaaja	*nn*	supervisor
1841	kopio	*nn*	copy
1842	ykkönen	*nn*	one
1843	leikki	*nn*	play
1845	puhuminen	*nn*	talking
1846	valokuva	*nn*	photograph
1849	puisto	*nn*	park
1851	öljy	*nn*	oil
1854	hiiri	*nn*	mouse
1855	ylimääräinen	*adj; nn*	extra; extra
1856	kierros	*nn*	round
1858	summa	*nn*	sum
1859	turvallisuus	*nn*	safety
1861	paine	*nn*	pressure
1862	muukalainen	*nn; adj*	stranger; foreign
1863	ydin	*nn*	core
1864	englantilainen	*adj; nn*	English; Englishman
1865	asenne	*nn*	stance
1868	pakkomielle	*nn*	obsession
1869	orja	*nn; adj*	slave; addicted
1875	aasi	*nn*	donkey
1876	varmuus	*nn*	certainty
1881	väärinkäsitys	*nn*	misunderstanding
1882	Kiina	*nn*	China
1883	valhe	*nn*	lie
1884	tauko	*nn*	break
1885	synti	*nn*	sin
1889	tanssija	*nn*	dancer
1890	velho	*nn*	wizard
1892	märkä	*adj; nn*	wet; pus
1893	sydänkohtaus	*nn*	heart attack
1894	epäily	*nn*	doubt
1896	lausunto	*nn*	opinion
1898	harjoitus	*nn*	training
1900	koski	*nn*	rapids
1901	kuljettaja	*nn*	driver
1905	otus	*nn*	creature
1907	sisu	*nn*	go
1914	maili	*nn*	mile
1918	mielipuoli	*nn; adj*	lunatic; lunatic
1919	morsian	*nn*	bride
1923	rivi	*nn*	line
1924	korpraali	*nn*	corporal
1925	ajoitus	*nn*	timing
1929	tutkimus	*nn*	research
1933	sarja	*nn*	series
1934	sanonta	*nn*	saying
1935	opiskelija	*nn*	student
1937	helikopteri	*nn*	helicopter

No.	Word	Type	Meaning
938	lesbo	*adj; nn*	Lesbian; Lesbian
940	lehdistö	*nn*	press
941	syrjä	*nn*	edge
942	signaali	*nn*	signal
944	syyte	*nn*	prosecution
946	Kalifornia	*nn*	California
947	lyönti	*nn*	beat
948	video	*nn*	video
949	näytin	*nn*	indicator
954	kumppani	*nn*	partner
956	riita	*nn*	dispute
957	teoria	*nn*	theory
958	lämpötila	*nn*	temperature
959	vuori	*nn*	mountain
960	ilme	*nn*	expression
961	nopeus	*nn*	speed
964	liitto	*nn*	union
966	maine	*nn*	reputation
967	karkki	*nn*	candy
968	ammus	*nn*	projectile
969	ura	*nn*	career
970	fani	*nn*	fan
971	lasku	*nn*	fall
972	hauta	*nn*	tomb
973	köysi	*nn*	rope
976	nukke	*nn*	doll
985	ritari	*nn*	knight
987	ministeri	*nn*	minister
988	leijona	*nn*	lion
989	varjo	*nn*	shadow
992	asento	*nn*	position
994	siipi	*nn*	wing
995	klubi	*nn*	club
996	todellisuus	*nn*	reality
997	vuota	*nn*	hide
98	velvollisuus	*nn*	obligation
99	kyky	*nn*	ability
00	kansalainen	*nn*	national
01	tiedemies	*nn*	scientist
2002	palkkio	*nn*	reward
2003	poliisipäällikkö	*nn*	police commissioner
2004	pohja	*nn*	base
2005	aave	*nn*	ghost
2006	ikuisuus	*nn; phr*	eternity; donkey's years
2007	Mars	*nn*	Mars
2010	tuoli	*nn*	chair
2014	pilleri	*nn*	pill
2017	räjähdys	*nn*	explosion
2019	elin	*nn*	body
2020	pizza	*nn*	pizza
2022	lepo	*nn*	rest
2025	suora	*nn*	plain
2026	häiriö	*nn*	interference
2028	pääministeri	*nn; abbr*	prime minister; PM
2029	kynä	*nn*	pen
2030	savu	*nn*	smoke
2031	periaate	*nn*	principle
2032	Lontoo	*nn*	London
2033	robotti	*nn*	robot
2034	siirto	*nn*	move
2037	italialainen	*adj; nn*	Italian; Italian
2038	huijaus	*nn*	hoax
2041	paroni	*nn*	baron
2045	näytös	*nn*	show
2046	laulaja	*nn*	vocalist
2048	keskiyö	*nn*	midnight
2050	paras	*nn*	good
2051	firma	*nn*	firm
2052	ateria	*nn*	meal
2053	suurlähettiläs	*nn*	ambassador
2055	järvi	*nn*	lake
2056	palvelija	*nn*	servant
2060	kristitty	*adj; nn*	Christian; Christian

2061	heitto	*nn*	throw
2063	kaksonen	*nn*	twin
2064	hissi	*nn*	elevator
2068	pyörä	*nn*	wheel
2069	lohikäärme	*nn*	dragon
2072	suosikki	*nn*	favorite
2073	saalis	*nn*	catch
2074	taistelija	*nn*	fighter
2076	tarpeellinen	*adj; nn*	necessary; the necessary
2081	kärsivällisyys	*nn*	patience
2082	tuoksu	*nn*	scent
2083	vuorokausi	*nn*	day
2088	järjestys	*nn*	order
2092	yhteiskunta	*nn*	society
2093	naapuri	*nn*	neighbor
2094	timantti	*nn*	diamond
2095	isi	*nn*	daddy
2096	keskiviikko	*nn; abbr*	Wednesday; Wed
2097	kuppi	*nn*	cup
2099	päämaja	*nn*	headquarters
2102	kanava	*nn*	channel
2106	kuri	*nn*	discipline
2107	paluu	*nn*	return
2110	sijainti	*nn*	location
2111	edellinen	*adj; nn*	previous; last
2113	leiri	*nn*	camp
2114	eno	*nn*	uncle
2115	esine	*nn*	object
2116	keskusta	*nn*	center
2117	levy	*nn*	plate
2119	kilpikonna	*nn*	turtle
2121	vaihto	*nn*	exchange
2122	tosiasia	*nn*	fact
2132	ääri	*nn*	end
2133	pila	*nn*	joke
2134	keitto	*nn*	soup
2136	etu	*nn*	advantage
2137	pettymys	*nn*	frustration
2138	vihje	*nn*	hint
2139	etäisyys	*nn*	distance
2143	maapallo	*nn*	the globe
2144	polttoaine	*nn*	fuel
2146	metsästäjä	*nn*	hunter
2147	Espanja	*nn*	Spain
2150	sormi	*nn*	finger
2154	ehto	*nn*	condition
2156	suola	*nn*	salt
2157	materiaali	*nn*	material
2158	valamiehistö	*nn*	jury
2160	vuosisata	*nn*	century
2163	rinta	*nn*	breast
2164	allekirjoitus	*nn*	signature
2165	jano	*nn*	thirst
2167	kevät	*nn*	spring
2169	tartunta	*nn*	infection
2170	pahuus	*nn*	evil
2173	satama	*nn*	port
2175	menestys	*nn*	success
2176	aamiainen	*nn*	breakfast
2178	kaaos	*nn*	chaos
2179	hätätapaus	*nn*	emergency
2180	tarkastaja	*nn*	inspector
2183	pelto	*nn*	field
2184	neekeri	*nn*	Negro
2185	lupaus	*nn*	promise
2188	pakkaus	*nn*	packaging
2190	valtakunta	*nn*	kingdom
2191	vaunu	*nn*	carriage
2192	työntekijä	*nn*	worker
2193	maksu	*nn*	payment
2195	peili	*nn*	mirror
2197	pöty	*nn*	drivel
2198	vainoharhainen	*nn; adj*	paranoiac; paranoiac
2199	arvoitus	*nn*	mystery

2200	**haastattelu**	*nn*	**interview**
2202	**hölynpöly**	*nn*	**nonsense**
2203	**raitis**	*adj; nn; phr*	**fresh; nondrinker; on the wagon**
2204	**sähkö**	*nn*	**electricity**
2205	**intiaani**	*nn; adj*	**Native American; Indian**
2206	**lämpö**	*nn*	**heat**
2210	**osuus**	*nn*	**share**
2213	**kruunu**	*nn*	**crown**
216	**kooma**	*nn*	**coma**
220	**posti**	*nn*	**mail**
224	**naama**	*nn*	**face**
225	**rakastaja**	*nn*	**lover**
226	**hiekka**	*nn*	**sand**
228	**opetus**	*nn*	**teaching**
229	**tukikohta**	*nn*	**base**
231	**meteli**	*nn*	**uproar**
233	**kivääri**	*nn*	**rifle**
236	**psykiatri**	*nn*	**psychiatrist**
237	**kaksikymmentä**	*num; nn*	**; score**
238	**teatteri**	*nn*	**theater**
239	**muuri**	*nn*	**wall**
241	**yhdistelmä**	*nn*	**combination**
242	**pelleily**	*nn*	**nonsense**
245	**avaruus**	*nn*	**space**
246	**sukulainen**	*nn*	**relative**
247	**putki**	*nn*	**tube**
248	**liikemies**	*nn*	**businessman**
251	**munkki**	*nn*	**monk**
253	**haamu**	*nn*	**ghost**
254	**aula**	*nn*	**lounge**
256	**rengas**	*nn*	**ring**
258	**sihteeri**	*nn*	**secretary**
259	**leski**	*nn*	**widow**
262	**tankki**	*nn*	**tank**
264	**tunneli**	*nn*	**tunnel**
267	**vuokra**	*nn*	**rental**
2268	**laji**	*nn*	**species**
2269	**tutkija**	*nn*	**investigator**
2270	**hulluus**	*nn*	**madness**
2272	**pikkuveli**	*nn*	**kid brother**
2273	**britti**	*nn*	**Briton**
2274	**teho**	*nn*	**power**
2275	**vakuutus**	*nn*	**insurance**
2276	**tiede**	*nn*	**science**
2280	**papu**	*nn*	**bean**
2281	**koordinaatti**	*nn*	**coordinate**
2282	**laina**	*nn*	**loan**
2284	**ylennys**	*nn*	**promotion**
2285	**miinus**	*nn; prep*	**minus; minus**
2286	**symboli**	*nn*	**symbol**
2287	**syöttö**	*nn*	**pass**
2288	**määräys**	*nn*	**regulation**
2289	**allas**	*nn*	**tub**
2292	**olio**	*nn*	**creature**
2294	**matkustaja**	*nn*	**passenger**
2296	**pinta**	*nn*	**surface**
2297	**suure**	*nn*	**quantity**
2300	**harmaa**	*adj; nn*	**gray; gray**
2301	**verho**	*nn*	**curtain**
2303	**peitto**	*nn*	**cover**
2304	**torni**	*nn*	**tower**
2305	**tukko**	*nn*	**tuft**
2306	**tuottaja**	*nn*	**producer**
2307	**vala**	*nn*	**oath**
2310	**aukko**	*nn*	**opening**
2311	**porno**	*nn*	**porn**
2312	**heroiini**	*nn*	**heroin**
2315	**risti**	*nn*	**cross**
2319	**paavi**	*nn*	**pope**
2320	**pulssi**	*nn*	**pulse**
2321	**vasikka**	*nn*	**calf**
2322	**aikalisä**	*nn*	**time-out**
2325	**parta**	*nn*	**beard**

2326	**universumi**	*nn*	**universe**
2329	**seuraus**	*nn*	**consequence**
2330	**side**	*nn*	**binder**
2331	**kirjasto**	*nn*	**library**
2332	**alapuoli**	*nn*	**underside**
2334	**mehu**	*nn*	**juice**
2335	**kotka**	*nn*	**eagle**
2336	**talvi**	*nn*	**winter**
2337	**makuuhuone**	*nn*	**bedroom**
2338	**salaperäinen**	*adj; nn*	**mysterious; occult**
2339	**haaste**	*nn*	**challenge**
2340	**koukku**	*nn*	**hook**
2343	**rekka**	*nn*	**truck**
2344	**edustaja**	*nn; abbr*	**representative; MP**
2347	**panos**	*nn*	**input**
2348	**myyjä**	*nn*	**seller**
2349	**poliittinen**	*adj; nn*	**political; politico**
2351	**terroristi**	*nn*	**terrorist**
2352	**lasti**	*nn*	**cargo**
2355	**osuma**	*nn*	**hit**
2357	**japanilainen**	*adj; nn*	**Japanese; Japanese**
2358	**vedin**	*nn*	**pull**
2359	**juoni**	*nn*	**plot**
2360	**litra**	*nn*	**liter**
2362	**kauneus**	*nn*	**beauty**
2364	**nuorimies**	*nn*	**young man**
2365	**menneisyys**	*nn*	**past**
2368	**vaari**	*nn*	**grandpa**
2371	**häviäjä**	*nn*	**loser**
2372	**jono**	*nn*	**queue**
2373	**kettu**	*nn*	**fox**
2376	**tuhlaus**	*nn*	**waste**
2378	**lasillinen**	*nn*	**glass**
2383	**paino**	*nn*	**weight**
2384	**selli**	*nn*	**cell**
2385	**aalto**	*nn*	**wave**
2386	**ostos**	*nn*	**purchase**
2387	**hanska**	*nn*	**glove**
2389	**vuoto**	*nn*	**leakage**
2390	**tatuointi**	*nn*	**tattoo**
2392	**raamattu**	*nn*	**Holy Bible**
2393	**lauma**	*nn*	**herd**
2395	**piano**	*nn*	**piano**
2396	**loukku**	*nn*	**trap**
2397	**kääpiö**	*nn*	**dwarf**
2399	**varapresidentti**	*nn; abbr*	**vice president; VP**
2400	**kastike**	*nn*	**sauce**
2401	**lelu**	*nn*	**toy**
2402	**kahvila**	*nn*	**coffee shop**
2403	**lompakko**	*nn*	**wallet**
2405	**saapas**	*nn*	**boot**
2406	**herttua**	*nn*	**duke**
2407	**liipaisin**	*nn*	**trigger**
2408	**lamppu**	*nn*	**lamp**
2413	**maalaus**	*nn*	**painting**
2414	**jänis**	*nn*	**hare**
2415	**mysteeri**	*nn*	**mystery**
2417	**paukku**	*nn*	**scorcher**
2418	**profiili**	*nn*	**profile**
2419	**leikkaus**	*nn*	**cutting**
2420	**euro**	*nn*	**euro**
2421	**vartti**	*nn*	**quarter**
2426	**kollega**	*nn*	**colleague**
2427	**perinne**	*nn*	**tradition**
2430	**nuija**	*nn; adj*	**gavel; spastic**
2432	**kauna**	*nn*	**resentment**
2434	**osallinen**	*nn; adj*	**accessory; have a share in**
2435	**luu**	*nn*	**bone**
2436	**vastaaja**	*nn*	**defendant**
2438	**pikkupoika**	*nn*	**little boy**
2439	**tuntu**	*nn*	**feel**
2441	**pyyntö**	*nn*	**request**

442	**taikuri**	*nn*	**magician**
443	**huuli**	*nn*	**lip**
444	**ote**	*nn*	**extract**
445	**isoveli**	*nn*	**big brother**
446	**kaappi**	*nn*	**cabinet**
448	**filmi**	*nn*	**film**
452	**räjähde**	*nn*	**charge**
453	**tyttönen**	*nn*	**girl**
455	**koulutus**	*nn*	**training**
456	**vietnam**	*nn*	**Vietnamese**
457	**merta**	*nn*	**fish trap**
459	**perusta**	*nn*	**basis**
460	**synkkä**	*adj; nn*	**gloomy; synch**
461	**paska**	*nn; adj*	**shit; shitty**
462	**kuume**	*nn*	**fever**
464	**niska**	*nn*	**neck**
465	**tehdas**	*nn*	**factory**
467	**liika**	*nn; adj*	**excess; excessive**
471	**neuvosto**	*nn*	**council**
472	**CD**	*abbr; nn*	**CD; compact disk**
475	**tasku**	*nn*	**pocket**
476	**helpotus**	*nn*	**relief**
479	**Kanada**	*nn*	**Canada**
480	**perverssi**	*adj; nn*	**perverse; pervert**
484	**poistuma**	*nn*	**wastage**
489	**kuulo**	*nn*	**hearing**
490	**riisi**	*nn*	**rice**
492	**jännitys**	*nn*	**tension**
493	**pähkinä**	*nn*	**nut**
494	**kylpy**	*nn*	**bath**
496	**hahmo**	*nn*	**character**
497	**pääasia**	*nn*	**issue**
99	**härkä**	*nn*	**ox**
00	**karja**	*nn*	**cattle**
01	**ajokortti**	*nn*	**driving license**

4.5 Numerals

Rank	Finnish	PoS	English
63	**yksi**	*nn; pron; art; num*	**one; one; a, an**
70	**kaksi**	*nn; num*	**two; twain**
119	**kolme**	*num*	**three**
215	**viisi**	*nn: num*	**five**
235	**neljä**	*nn; num*	**four**
367	**kymmenen**	*nn; num*	**ten; ten**
436	**seitsemän**	*num*	**seven**
469	**kahdeksan**	*nn; num*	**eight**
616	**yhdeksän**	*adj; num*	**nine**
713	**kolmas**	*num*	**third**
859	**sata**	*nn; num*	**hundred**
1001	**tuhat**	*num*	**thousand**
1182	**kuusi**	*nn; num*	**six**
1397	**neljäs**	*num*	**fourth**
1786	**viides**	*num*	**fifth**
1906	**kaksitoista**	*num*	**twelve**
2070	**yksitoista**	*num*	**eleven**
2182	**kuudes**	*num; adj*	**sixth**
2237	**kaksikymmentä**	*num; nn*	**twenty; score**
2299	**viisitoista**	num	**fifteen**

4.6 Prepositions

Rank	Finnish	PoS	English
2	**ja**	*conj; prep*	**and; plus**
16	**kuin**	*conj; prep; adv*	**than; than; as**
31	**kanssa**	*prep*	**with**
50	**pois**	*adv; prep*	**off; out of**
66	**ennen**	*adv; prep; adj; pfx*	**before; before; earlier|anterior to; ante-**
85	**ulos**	*adv; prep*	**out; out of**
86	**kuten**	*adv; conj; prep; sfx*	**as; as; like, after the fashion of; -wise**
95	**noin**	*prep; adv; adj*	**about; some; so**
99	**päästä**	*v; prep*	**get; off**
100	**itse**	*nn; pron; adv; prep; phr*	**self; itself; personally; by**
108	**taas**	*adv; prep*	**again; round**
111	**mukaan**	*prep; adv*	**by; along**
114	**jälkeen**	*adv; prep*	**after; after**
128	**sisään**	*adv; prep*	**in; inside**
129	**ilman**	*adj; prep*	**free; except**
139	**vastaan**	*prep*	**against**
153	**ylös**	*adv; prep*	**up; up**
159	**-n**	*prep*	**of**
162	**takia**	*prep; adv*	**because of; as a result**
196	**ohi**	*adv; prep*	**past; past**
214	**yli**	*adj; adv; prep*	**over; over; over, across, beyond, past**
230	**kunnes**	*conj; prep*	**until; till**
232	**asti**	*prep*	**until**
233	**läpi**	*adv; prep*	**through; through**
241	**melkein**	*adv; adj; prep; phr*	**almost; near; next to; as near as damn it**
250	**mukana**	*prep; adv*	**with; in**
270	**varten**	*prep*	**for**
275	**sellainen**	*adj; prep; nn*	**such; like; such a thing**
298	**paitsi**	*prep; conj*	**except**
303	**vuoksi**	*prep; nn*	**because of; flood**
327	**lähellä**	*adv; prep; adj*	**near; handy**
331	**ulkona**	*adv; prep*	**outdoors; out of**
335	**takana**	*adv; prep*	**behind; behind**
352	**väärin**	*adv; phr; prep*	**wrong; up the pole; out**
374	**aikana**	*prep*	**during**
387	**ympäri**	*prep; adv; adj*	**around; round; over**
394	**puolesta**	*prep*	**on behalf of**
401	**alla**	*adv; prep*	**below; below**
415	**edessä**	*adv; prep*	**in front; in front of**
419	**sisälle**	*adv; prep*	**inside; within**
433	**luo**	*prep*	**round**
440	**alle**	*adv; prep; adj*	**under; under; short of**
449	**välillä**	*adv; prep; pfx*	**between; between; inter-**
451	**kohti**	*prep*	**towards**
498	**tällainen**	*prep; adj*	**like; of this sort**
511	**taakse**	*adv; prep*	**behind; behind**
521	**eteen**	*prep*	**in front of**
548	**vapaa**	*adj; prep; phr*	**free; at liberty**

551	**keskellä**	*adv; prep; adj*	**in the middle; in the middle of; surrounded**
552	**lisäksi**	*adv; prep; phr*	**in addition; in addition; into the bargain**
601	**kesken**	*adv; prep; nn; pfx*	**between; between; midst; inter-**
602	**lähes**	*adv; prep*	**nearly; next to**
609	**poikki**	*adv; prep; adj*	**across; across; off, over**
635	**ylhäällä**	*adv; prep*	**up; up**
639	**luokse**	*prep*	**with**
690	**alhaalla**	*adv; prep*	**down; beneath**
703	**saakka**	*conj; prep*	**until; until**
715	**pitkin**	*prep*	**along**
775	**arvoinen**	*adj; prep*	**worth; worth**
828	**lähelle**	*adv; prep; phr*	**close; near; close to home**
866	**ympäriinsä**	*adv; prep*	**about; about**
935	**vasten**	*prep*	**against**
942	**edestä**	*adv; prep*	**from the front; for**
1083	**yllä**	*prep; adv*	**above; on**
1222	**luokka**	*nn; prep*	**class; in the order of**
1229	**kera**	*prep*	**with**
1263	**ympärillä**	*adv; prep*	**around; around**
1279	**ali**	*prep*	**under**
1354	**myötä**	*prep*	**with**
1432	**halki**	*prep*	**through**
1490	**ohitse**	*prep*	**by**
1537	**myöten**	*prep*	**down to**
1634	**suunnilleen**	*adv; prep*	**approximately; about**
1657	**kuluessa**	*prep*	**within**
1683	**vastoin**	*prep*	**contrary to**
1689	**nähden**	*prep; adv*	**in relation to; in presence**
1748	**ympärille**	*adv; prep*	**about; about**
1754	**plus**	*adv; prep; conj*	**plus; plus; and**
1810	**kaikkialle**	*prep; adv*	**round; round**
1830	**mukaisesti**	*prep*	**in accordance with**
1832	**keskenään**	*adv; prep*	**among themselves; amongst themselves**
1978	**ulkoa**	*adv; phr; prep*	**outside; by heart; outside of**
2013	**ylöspäin**	*prep; adv*	**up; up**
2091	**kauempana**	*adv; prep*	**further; beyond**
2285	**miinus**	*nn; prep*	**minus; minus**
2425	**edelle**	*prep*	**before**
2429	**lävitse**	*adv; prep*	**through; through**
2482	**vaille**	*prep; adj*	**to; short of**

4.7 Pronouns

Rank	Finnish	PoS	English
3	se	*pron; art; nn*	it; the; such a thing
4	hän	*pron*	he
5	mikä	*pron; adj*	which; what
8	niin	*adj; adv; pron; conj*	so; so; such; and
12	tämä	*pron; adj*	this; present
17	he	*pron*	they
19	kaikki	*pron; adv; phr*	all; up; all and sundry, one's all
20	minä	*pron; nn; phr*	I; self; it's me
23	sinä	*pron*	you
26	mikään	*pron*	any
28	ne	*pron; art*	they; the
30	joka	*pron*	which
32	me	*pron*	we
35	jotain	*pron*	something
38	kuka	*pron*	who
39	häntä	*pron; nn*	him; tail
42	vielä	*adv; conj; pron; adj*	yet; still; another; more
58	te	*pron; nn*	you; you guys
63	yksi	*nn; pron; art*	one; one; a, an
69	koko	*nn; adj; pron*	size; whole; all
77	joku	*pron; art; adj; nn*	someone; a; some; thingy
91	kukaan	*pron*	anyone
00	itse	*nn; pron; adv; prep; phr*	self; itself; personally; by
09	nämä	*pron*	these
167	toinen	*adj; pron*	second; another
193	uusi	*adj; pron*	new
234	nuo	*pron; adj; adv*	those; yonder; yonder
248	sama	*adj; adv; pron; art; nn*	same; same; same|one|idem; a|an
258	jokin	*pron; adj*	one; some
279	yhtään	*adv; pron*	any; any
287	muu	*adj; pron*	other; other
369	jokainen	*pron; adj; art*	every; everyone; a, an
457	eräs	*pron; art; adj*	one; a; certain
459	tuo	*pron; adj; adv*	that; yonder; yonder
556	ainoastaan	*adv; pron*	only; all
667	jolloin	*adv; conj; pron*	when; when; that
829	kumpi	*pron*	which
830	täysi	*adj; pron; nn*	full; every; plenary
837	usea	*adj; nn; pron*	many; many; several
858	samanlainen	*adj; adv; pron*	similar; same; same
1057	aikamoinen	*pron; adj*	some; hearty
1236	molemmat	*adj; pron*	both; both
1440	tietty	*adj; pron*	certain; some
1550	ainoa	*adj; pron; nn*	only; one; one-off

4.8 Verbs

Rank	Finnish	PoS	English
7	olla	v	be
14	voida	v; av	be; can
34	tuoda	v	bring
36	pitää	v	keep
37	tietää	v	know
40	tulla	v	become
45	antaa	v	give
46	tehdä	v	make
47	haluta	v; av	want; will
48	täytyä	v	need
59	saada	v; av	get; can
65	mennä	v	go
78	todella	adv; av	really; do
81	katsoa	v	look
99	päästä	v; prep	get; off
102	odottaa	v; phr	expect; cool one's heels
103	sanoa	v	say
105	ottaa	v	take
106	kertoa	v	tell
110	näyttää	v	show
115	puhua	v	talk
118	nähdä	v	see
121	auttaa	v; phr	help; lend a hand
125	muuttaa	v	change
127	tapahtua	v	happen
131	tarvita	v	need
132	rakastaa	v	love
141	kuolla	v; phr	die; kick the bucket
146	tuottaa	v	produce
151	lopettaa	v	stop
154	käydä	v	visit
155	luulla	v	think
161	tappaa	v	kill
163	ajaa	v	drive
166	lähteä	v	go
177	kuunnella	v	listen
181	lisätä	v	add
183	tavata	v	meet
188	viedä	v	export
190	tuntua	v	seem
197	pyytää	v	request
201	kuulua	v	belong
205	ajatella	v	propose
211	ymmärtää	v	understand
212	muistaa	v	remember
213	alkaa	v	start
216	tarkoittaa	v	mean
217	pysyä	v	stay
228	riittää	v	suffice
229	yrittää	v; phr	try; have a bash at
237	soittaa	v	call
254	kuulla	v	hear
260	tuntea	v	feel
262	löytää	v; phr	find; run to earth
264	uskoa	v	believe
269	käyttää	v	use
273	jättää	v	leave
277	viitsiä	v	bother
283	kuulostaa	v	sound
284	unohtaa	v	forget
289	maksaa	v; phr	pay; put one's hand in one's pocket
293	rauhoittua	v	calm down
297	välittää	v	convey
302	aikoa	v	purpose
305	elää	v	live
316	vaivata	v	bother
320	avata	v	open
322	toki	av;	do; surely

		adv	
340	naida	v	to marry
344	jäädä	v	stay
346	sopia	v	fit
347	sisältää	v	contain
348	kysyä	v	ask
350	varoa	v	look out
353	hoitaa	v	manage
354	istua	v	sit
356	vastata	v	answer
357	luoda	v	create
360	hakea	v	seek
364	seurata	v	follow
372	taitaa	v	know
373	kestää	v	take
378	saattaa	av; v	may; put
381	toimia	v	act
382	voittaa	v	win
400	jatkaa	v	continue
420	syödä	v	eat
422	nousta	v	rise
431	luultavasti	adv; av	probably; will
435	palata	v	return
441	vaikuttaa	v	influence
442	laittaa	v	put
456	ostaa	v	buy
460	vihata	v	hate
462	haitata	v	hinder
463	kulua	v	elapse
466	sattua	v; phr	occur; get home
470	etsiä	v	search
471	pelastaa	v	save
475	jutella	v; phr	chat; shoot the breeze
479	selvätä	v	unscramble
480	painua	v	sink
483	nukkua	v	sleep
492	kohdata	v	face
493	aloittaa	v	start
495	selittää	v	explain
501	loistaa	v	shine
502	vannoa	v	swear
504	koskea	v	concern
506	juosta	v	run
509	arvata	v	guess
510	keittää	v	boil
515	leikkiä	v	play
517	asua	v	live
518	ampua	v	shoot
523	miettiä	v	think about
527	johtaa	v	lead
529	kirjoittaa	v	write
534	lähettää	v; phr	send; put on the air
536	herätä	v	wake up
538	panna	v; nn	put; ban
540	tarjota	v	offer
542	ottaa huomioon	v	regard
547	lukea	v	read
550	paikata	v	patch
555	liikkua	v	move
557	laskea	v	calculate
567	löytyä	v	be found
569	juoda	v	drink
570	onnistua	v	succeed
573	kiittää	v	thank
575	vetää	v	pull
583	pysähtyä	v	stop
586	päästää	v	let
587	huolehtia	v	worry
590	estää	v	prevent
599	luvata	v	promise
600	lyödä	v	hit
610	lentää	v	fly
612	matkata	v	voyage
614	todistaa	v	evidence
615	kutsua	v	call

617	**käskeä**	*v*	**command**
618	**pelata**	*v*	**play**
624	**selvittää**	*v*	**sort out**
625	**valita**	*v*	**choose**
637	**johtua**	*v*	**be due to**
638	**väsyä**	*v*	**tire**
646	**pelottaa**	*v*	**scare**
651	**päättää**	*v*	**decide**
653	**kuvitella**	*v*	**imagine**
658	**kääntyä**	*v*	**turn**
665	**kiinnostaa**	*v*	**interest**
666	**hypätä**	*v*	**jump**
671	**loppua**	*v*	**end**
674	**vaihtaa**	*v*	**change**
682	**pysäyttää**	*v*	**stop**
686	**muuttua**	*v*	**shift**
689	**menettää**	*v*	**lose**
694	**nostaa**	*v*	**raise**
695	**tahtoa**	*av; v*	**will; will**
699	**esittää**	*v*	**present**
701	**näkyä**	*v*	**show**
706	**oppia**	*v*	**learn**
708	**osata**	*v; av*	**know; can**
711	**heittää**	*v*	**throw**
718	**esitellä**	*v*	**introduce**
720	**tuhota**	*v; phr*	**destroy; play hell with**
722	**suoda**	*v*	**bestow**
728	**riippua**	*v*	**depend**
729	**lähetä**	*v*	**close in**
733	**opettaa**	*v*	**teach**
736	**tullata**	*v*	**declare**
737	**myydä**	*v*	**sell**
739	**tajuta**	*v*	**realize**
740	**vaatia**	*v*	**require**
741	**joutua**	*v*	**get**
742	**huomata**	*v*	**note**
748	**jaksaa**	*v*	**keep**
753	**hankkia**	*v; phr*	**acquire; lay one's hands on**
754	**toivoa**	*v*	**hope**
755	**sujua**	*v*	**pan out**
763	**polttaa**	*v*	**burn**
767	**liittyä**	*v*	**be joined**
778	**kävellä**	*v*	**walk**
785	**kannattaa**	*v*	**support**
786	**kuvata**	*v*	**describe**
788	**pistää**	*v*	**inject**
790	**kokeilla**	*v; phr*	**try out; have a bash**
794	**kasvaa**	*v*	**grow**
796	**satuttaa**	*v*	**hurt**
797	**valittaa**	*v*	**lament**
799	**aiheuttaa**	*v*	**cause**
800	**suojella**	*v*	**protect**
804	**taistella**	*v*	**fight**
805	**tutustua**	*v*	**meet**
806	**kadota**	*v*	**disappear**
808	**saapua**	*v*	**arrive**
809	**kaivata**	*v*	**need**
811	**laulaa**	*v*	**sing**
812	**pudota**	*v; phr*	**drop; take a tumble**
815	**huolia**	*v*	**care about**
819	**korjata**	*v*	**fix**
821	**pystyä**	*v*	**can**
823	**haista**	*v*	**smell**
827	**kelvata**	*v*	**do**
834	**järjestää**	*v*	**arrange**
838	**viettää**	*v*	**spend**
844	**muistuttaa**	*v*	**resemble**
846	**selvitä**	*v; phr*	**clarify; keep one's head above water**
850	**henkiä**	*v*	**breath**
851	**arvostaa**	*v*	**appreciate**
854	**paeta**	*v; phr*	**escape; make one's getaway**

856	nauraa	*v*	laugh
862	puuttua	*v*	intervene
865	kyllästyä	*v*	get tired
872	järjestyä	*v*	form
873	naida	*v*	fuck
875	merkitä	*v*	subscribe
876	tutkia	*v*	explore
885	painaa	*v*	press
887	häipyä	*v; phr*	scat; make oneself scarce
888	ehtiä	*v*	reach
891	poistua	*v*	exit
893	kantaa	*v*	carry
898	osua	*v; phr*	hit; get home
911	omia	*v*	appropriate
912	pärjätä	*v; phr*	get along; keep one's head above water
913	lainata	*v*	borrow
915	väittää	*v*	claim
918	keskustella	*v*	debate
924	jakaa	*v*	share
925	syyttää	*v*	blame
928	omistaa	*v*	own
930	jatkua	*v*	continue
933	valehdella	*v*	lie
937	suostua	*v*	agree
940	sataa	*v; phr*	rain; it rains
944	sulkea	*v*	close
948	keksiä	*v*	invent
951	varastaa	*v*	steal
956	yksinkertaistaa	*v*	simplify
958	varmistaa	*v*	ensure
961	osoittaa	*v*	show
965	siirtää	*v*	transfer
970	kulkea	*v*	pass
973	tarkistaa	*v*	check
976	soida	*v*	ring
985	pidättää	*v*	reserve
989	työskennellä	*v*	work
1002	syntyä	*v; phr*	be born
1004	pilata	*v; phr*	ruin; play hell with
1007	loukkaantua	*v*	be hurt
1009	lakata	*v*	stop
1012	erottaa	*v*	distinguish
1016	kirjata	*v*	record
1019	rentoutua	*v; phr*	relax; let one's hair down
1021	luovuttaa	*v; phr*	alienate; cry uncle
1027	katsella	*v*	view
1029	nimetä	*v*	name
1031	inhota	*v*	hate
1041	kääntää	*v*	turn
1045	myöntää	*v*	grant
1051	juhlia	*v; phr*	celebrate; rave it up
1054	rakentaa	*v*	build
1059	parantaa	*v*	improve
1063	huutaa	*v*	shout
1067	päättyä	*v*	end
1068	täyttää	*v*	fill
1069	hengittää	*v*	breathe
1070	levätä	*v; phr*	rest; rest on one's oars
1082	itkeä	*v*	cry
1090	toistaa	*v*	repeat
1091	hermostua	*v*	get nervous
1096	hyväksyä	*v; phr*	accept; face up to
1098	rukoilla	*v*	pray
1100	hallita	*v*	control
1103	keskittyä	*v*	centralize
1113	herättää	*v*	wake
1118	nauttia	*v*	have

1121	pelätä	*v*	be afraid
1125	olettaa	*v*	assume
1128	siirtyä	*v*	move
1129	vallata	*v*	conquer
1130	kiirehtiä	*v*	rush
1131	räjähtää	*v; phr*	explode; blow one's top
1140	häiritä	*v*	disturb
1141	ilmoittaa	*v*	inform
1143	lähestyä	*v*	approach
1149	valmistautua	*v; phr*	prepare; brace oneself for
1150	maistua	*v*	taste
1151	kokea	*v*	experience
1154	paljastaa	*v; phr*	reveal; take the lid off
1156	kirota	*v*	curse
1164	pahoitella	*v*	regret
1172	tottua	*v*	shake down
1173	napata	*v*	grab
1179	vuotaa	*v*	leak
1189	tanssia	*v; phr*	dance; shake a leg
1194	ehdottaa	*v*	propose
1196	palauttaa	*v*	return
1197	pettää	*v*	deceive
1200	yhdistää	*v*	compound
1214	maata	*v*	lie
1215	vapauttaa	*v*	release
1221	työntää	*v*	push
1228	viedä	*v*	export
1230	pakottaa	*v*	force
1231	mustata	*v*	blacken
1242	jännittää	*v*	tense
1243	tarttua	*v*	stick
1248	iskeä	*v*	strike
1250	erota	*v*	differ
1257	poistaa	*v*	remove
1262	huijata	*v*	cheat
1266	leikata	*v*	cut
1284	ilmaista	*v*	express
1285	kieltää	*v*	prohibit
1287	määrätä	*v; phr*	determine; call the shots
1290	ilmestyä	*v*	appear
1297	vastustaa	*v*	resist
1305	epäillä	*v*	doubt
1308	varata	*v*	book
1310	yllättyä	*v*	startle
1316	astua	*v*	step
1320	päivätä	*v*	date
1345	pettyä	*v*	be deceived
1350	sallia	*v*	allow
1359	uskaltaa	*v*	dare
1363	maistaa	*v*	taste
1365	räjäyttää	*v*	blow up
1366	ansaita	*v*	earn
1379	tunnistaa	*v*	recognize
1382	murhata	*v*	murder
1383	säästää	*v*	save
1388	käynnistää	*v*	kick off
1392	verrata	*v*	compare
1394	matkustaa	*v*	travel
1395	varoittaa	*v*	warn
1398	edeltää	*v*	precede
1399	pelleillä	*phr; v*	play the fool; fuck around
1402	perääntyä	*v*	retreat
1407	välttää	*v*	avoid
1412	uida	*v*	swim
1417	koittaa	*v*	dawn
1418	kostaa	*v*	revenge
1420	kaatua	*v*	fall
1427	ohjata	*v*	control
1429	järkyttyä	*v*	be shocked
1434	käsittää	*v*	comprise
1436	hävitä	*v*	lose
1437	suudella	*v*	kiss
1439	kaupata	*v*	sell
1442	riisua	*v*	undress

1444	**kasvattaa**	*v*	**breed**
1445	**vahingoittaa**	*v*	**damage**
1447	**seisoa**	*v*	**stand**
1458	**loukata**	*v*	**violate**
1466	**vakuuttaa**	*v*	**convince**
1469	**vahvistaa**	*v; phr*	**confirm; put the seal to**
471	**pyöriä**	*v*	**rotate**
473	**kiertää**	*v*	**rotate**
476	**ylittää**	*v*	**exceed**
479	**suunnitella**	*v*	**design**
485	**ryhtyä**	*v*	**start**
496	**karata**	*v*	**elope**
497	**kaivaa**	*v*	**dig**
504	**jahdata**	*v*	**chase**
506	**seota**	*phr; v*	**go bananas; go haywire**
508	**piitata**	*v*	**care**
515	**hyökätä**	*v*	**attack**
524	**kunnioittaa**	*v*	**respect**
525	**hukata**	*v*	**waste**
532	**harjoitella**	*v*	**practice**
535	**sietää**	*v*	**tolerate**
538	**tarkistaa**	*v*	**check**
540	**palkata**	*v*	**hire**
542	**viehättää**	*v*	**allure**
544	**käyttäytyä**	*v*	**behave**
549	**osata**	*v*	**know**
572	**hakata**	*v*	**hack**
574	**tunnustaa**	*v*	**confess**
576	**saavuttaa**	*v*	**reach**
577	**omata**	*v*	**possess**
579	**syöttää**	*v*	**input**
583	**ratkaista**	*v*	**solve**
590	**käsitellä**	*v*	**deal with**
592	**kärsiä**	*v*	**suffer**
594	**koskettaa**	*v*	**touch**
596	**suositella**	*v*	**recommend**
99	**mainita**	*v*	**mention**
1600	**ihastua**	*v*	**be delighted**
1601	**hymyillä**	*v*	**smile**
1603	**suunnata**	*v*	**head**
1606	**sekoittaa**	*v*	**confuse**
1609	**totella**	*v*	**obey**
1611	**murtua**	*v*	**break**
1615	**harkita**	*v*	**consider**
1616	**tuoksua**	*v*	**smell**
1617	**sääliä**	*v*	**pity**
1618	**suosia**	*v*	**favor**
1621	**puolustaa**	*v*	**defend**
1623	**ratsastaa**	*v*	**ride**
1625	**siunata**	*v*	**bless**
1626	**luopua**	*v*	**abandon**
1630	**jäljittää**	*v*	**trace**
1631	**pukeutua**	*v*	**dress**
1635	**haastaa**	*v*	**challenge**
1637	**ryöstää**	*v*	**rob**
1638	**tavoittaa**	*v; phr*	**reach; run to earth**
1641	**repiä**	*v*	**tear**
1643	**pestä**	*v*	**wash**
1646	**siivota**	*v*	**clean up**
1651	**toimittaa**	*v*	**deliver**
1655	**keskeyttää**	*v; phr*	**interrupt; fall by the wayside**
1658	**purra**	*v*	**bite**
1672	**imeä**	*v*	**soak up**
1679	**korvata**	*v*	**replace**
1685	**yllättää**	*v*	**surprise**
1695	**arvostella**	*v*	**criticize**
1698	**vilkaista**	*v*	**glance**
1699	**uhata**	*v*	**threaten**
1706	**väsyttää**	*v*	**tire**
1713	**sammuttaa**	*v*	**shut off**
1716	**tuhlata**	*v*	**waste**
1718	**tuomita**	*v*	**condemn**
1722	**tienata**	*v*	**pull down**
1724	**peittää**	*v*	**cover**

1725	osallistua	v	participate
1741	harrastaa	v	cultivate
1742	helpottaa	v	facilitate
1751	purkaa	v	land
1752	hylätä	v; phr	reject; put on the shelf
1760	haavoittua	v	be wounded
1766	säilyttää	v	retain
1769	palvella	v	serve
1772	ärsyttää	v	irritate
1773	levitä	v	spread
1788	ruveta	v	start
1792	tilata	v	order
1796	toteuttaa	v	implement
1798	ojentaa	v	stretch out
1802	törmätä	v	walk into
1803	lukita	v	lock
1804	toivottaa	v	wish
1805	suorittaa	v	run
1818	puhdistaa	v	clean
1822	kerätä	v	collect
1826	murtaa	v	break
1837	pelotella	v	frighten
1838	veikata	v	bet
1847	heittää	v	throw
1852	taata	v	guarantee
1853	varoittaa	v	warn
1866	kieltäytyä	v	refuse
1870	tähdätä	v	target
1873	ladata	v	load
1878	särkeä	v	smash
1879	teeskennellä	v; phr	pretend; put on an act
1886	seistä	v	stand
1887	haistaa	v	smell
1888	monimutkaistaa	v	complicate
1899	irrota	v	loosen
1902	kouluttaa	v	train
1909	rikkoa	v	break
1911	vaarantaa	v	jeopardize
1912	hajota	v	decompose
1913	allekirjoittaa	v	sign
1915	neuvotella	v	negotiate
1916	masentua	v	be cast down
1917	haudata	v	bury
1920	noudattaa	v	follow
1921	hävetä	v	blush
1926	hidastaa	v	slow down
1928	opetella	v	learn
1930	viitata	v	signal
1931	kohdella	v	treat
1932	juuria	v	extirpate
1936	edetä	v	proceed
1939	hätäillä	v	worry
1950	laskeutua	v	settle
1951	olla	v	be
1955	opiskella	v	study
1962	arvella	v	believe
1963	pakata	v	pack
1965	suuttua	v; phr	get angry; get one's monkey up
1974	perustaa	v	establish
1977	eksyä	v	stray
1979	paistaa	v	shine
1980	pudottaa	v	drop
1981	amerikkalaistaa	v	Americanize
1982	sekaantua	v	cut in
1983	kaataa	v	pour
1984	tuijottaa	v	gaze
1991	tervehtiä	v	greet
2008	peruuttaa	v	revoke
2012	perua	v	retract
2023	piilottaa	v	hide
2027	täsmätä	v	balance
2036	valmistaa	v	prepare
2040	huolestua	v	become

			anxious
042	piiloutua	v	hide
047	asettaa	v	set
054	synnyttää	v	bear
058	sytyttää	v	ignite
066	riivata	v	obsess
067	kiusata	v	bully
071	julistaa	v	declare
075	tarkastaa	v	check
087	äänestää	v	vote
090	esiintyä	*v; phr*	occur; be on the air
100	hermostuttaa	v	ruffle
101	ihailla	v	admire
103	kysellä	v	ask
104	päätellä	v	deduce
108	kuvailla	v	portray
118	näytellä	*v; phr*	play; put on an act
120	sijaita	v	be located
124	perata	v	gut
125	katkaista	v	break
130	hyvästellä	v	take one's leave
131	ohittaa	v	bypass
35	päätyä	v	end up
42	kiivetä	v	climb
48	kiinnittää	v	attach
49	roikkua	v	hang
53	syttyä	v	ignite
55	myöhästyä	*v; phr*	be late; miss the boat
59	selviytyä	v	cope
62	kuljettaa	v	carry
66	rakastella	v	make love
68	käynnistyä	v	start
71	katua	v	regret
72	viipyä	v	linger
74	antautua	v	surrender

2177	reagoida	v	respond to
2186	kehittää	v	develop
2189	sitoa	v	tie
2207	pidellä	v	hold
2209	huolestuttaa	v	concern
2214	aseistaa	v	arm
2215	paheta	v	grow worse
2217	puuhata	v	be busy
2218	pahastua	v	resent
2219	hyvittää	v	compensate
2221	johdattaa	v	lead
2222	surra	v	mourn
2227	huvittaa	v	amuse
2234	pidätellä	v	hold back
2235	maalata	v	paint
2244	ryhdistäytyä	*v; phr*	shape up; pull one's socks up
2249	kiehtoa	v	enthrall
2250	vartioida	v	guard
2252	liikuttaa	v	move
2255	levittää	*v; phr*	spread; bandy about
2260	ikävöidä	v	long
2263	suututtaa	v	antagonize
2265	pyörittää	v	rotate
2279	hämmentyä	v	get confused
2290	salata	v	conceal
2291	vakuuttua	v	convince oneself
2293	noutaa	v	retrieve
2302	aueta	v	open
2309	parantua	v	heal
2314	epäonnistua	*v; phr*	fail; go by the board
2327	vähentää	v	reduce
2328	tarkkailla	v	watch
2341	pyyhkiä	v	wipe
2345	päteä	v	apply
2346	pukea	v	dress

2350	**rauhoittaa**	*v*	**reassure**
2353	**puhaltaa**	*v*	**blow**
2363	**erehtyä**	*v*	**err**
2366	**katketa**	*v*	**break**
2374	**piirtää**	*v*	**draw**
2375	**vuokrata**	*v*	**rent**
2380	**hävittää**	*v*	**dispose of**
2382	**ruokkia**	*v*	**feed**
2391	**kerrostaa**	*v*	**deposit**
2394	**muistella**	*v*	**remember**
2398	**miellyttää**	*v*	**please**
2404	**lohduttaa**	*v*	**comfort**
2411	**sotkea**	*v; phr*	**mess; play the devil with**
2412	**riidellä**	*v; phr*	**quarrel; bandy words**
2416	**kehittyä**	*v*	**progress**
2440	**irrottaa**	*v*	**remove**
2447	**innostua**	*v*	**become inspired**
2451	**sulaa**	*v*	**melt**
2454	**julkaista**	*v*	**publish**
2458	**kuivata**	*v*	**dry**
2463	**asettua**	*v*	**settle**
2473	**nukahtaa**	*v*	**fall asleep**
2478	**kiristää**	*v*	**stretch**
2481	**piristää**	*v; phr*	**spice; give a lift**
2486	**arvioida**	*v*	**estimate**
2491	**pilkata**	*v*	**mock**
2498	**edistyä**	*v*	**progress**

5 Finnish English Dictionary Alphabetical Order

Rank	Finnish	PoS	English
	A		
662	ääliö	nn	jerk
2385	aalto	nn	wave
907	Aamen!	i	Amen!
2176	aamiainen	nn	breakfast
343	aamu	nn	morning
2087	äänestää	v	vote
642	ääni	nn	sound
2132	ääri	nn	end
2196	äärimmäine n	adj	extreme
1833	aarre	nn	treasure
1875	aasi	nn	donkey
2005	aave	nn	ghost
883	aavistus	nn	hunch
589	agentti	nn	agent
1735	ahaa	phr	I see
317	Ai!	i	Oh!
424	aiemmin	adv	previously
2283	aiempi	adj	prior
1825	aihe	nn	subject
799	aiheuttaa	v	cause
80	aika	nn; adv; adj	time; pretty; quite a|some
776	aika	nn	time
1663	aikainen	adj	early
622	aikaisemmin	adv	earlier
787	aikaisin	adv	early
2322	aikalisä	nn	time-out
1057	aikamoinen	pron; adj	some; hearty
374	aikana	prep	during
302	aikoa	v	purpose
1568	aikuinen	adj; nn	adult; adult
64	aina	adv	always
1784	aine	nn	substance
1550	ainoa	adj; pron; nn	only; one; one-off
556	ainoastaan	adv; pron	only; all
894	ainut	adj	only
1776	ainutlaatuin en	adj	unique
1775	aita	nn	fence
90	äiti	nn	mother
1077	aito	adj	genuine
72	aivan	adv	right
163	ajaa	v	drive
205	ajatella	v	propose
484	ajatus	nn	idea
1604	ajelu	nn	run
1925	ajoitus	nn	timing
2501	ajokortti	nn	driving license
481	äkkiä	adv	short
333	ala	nn	area
1453	alakerta	nn	downstair s
2332	alapuoli	nn	underside
152	alas	adv	down
1953	alaspäin	adv	down
1133	alasti	adj; adv	naked; in the nude
690	alhaalla	adv; prep	down; beneath
1279	ali	prep	under
213	alkaa	v	start
1823	alkoholi	nn	alcohol
565	alku	nn	beginning
2086	alkuperäine n	adj	original

401	**alla**	*adv; prep*	below; below
2289	**allas**	*nn*	tub
440	**alle**	*adv; prep; adj*	under; under; short of
1913	**allekirjoittaa**	*v*	sign
2164	**allekirjoitus**	*nn*	signature
2080	**allerginen**	*adj*	allergic
493	**aloittaa**	*v*	start
869	**alue**	*nn*	area
890	**alus**	*nn*	vessel
1024	**älykäs**	*adj*	intelligent
1314	**ambulanssi**	*nn*	ambulance
842	**amerikkalainen**	*adj; nn*	American; American
1981	**amerikkalaistaa**	*v*	Americanize
1364	**amiraali**	*nn*	admiral
1636	**ammattilainen**	*nn*	professional
1968	**ammus**	*nn*	projectile
518	**ampua**	*v*	shoot
1455	**ampuja**	*nn*	shooter
2109	**ankara**	*adj*	harsh
1254	**ansa**	*nn*	trap
1366	**ansaita**	*v*	earn
1246	**ansio**	*nn*	merit
45	**antaa**	*v*	give
2174	**antautua**	*v*	surrender
1122	**apina**	*nn*	monkey
180	**apu**	*nn*	assistance
760	**armeija**	*nn*	army
1272	**armo**	*nn*	grace
2333	**armollinen**	*adj*	gracious
1772	**ärsyttää**	*v*	irritate
509	**arvata**	*v*	guess
1962	**arvella**	*v*	believe
2486	**arvioida**	*v*	estimate
1393	**arvo**	*nn*	value

775	**arvoinen**	*adj; prep*	worth; worth
2317	**arvoisa**	*adj*	honorable
2199	**arvoitus**	*nn*	mystery
1546	**arvokas**	*adj*	valuable
851	**arvostaa**	*v*	appreciate
1695	**arvostella**	*v*	criticize
330	**ase**	*nn*	gun
2214	**aseistaa**	*v*	arm
1300	**asema**	*nn*	station
1865	**asenne**	*nn*	stance
1992	**asento**	*nn*	position
2047	**asettaa**	*v*	set
2463	**asettua**	*v*	settle
147	**asia**	*nn*	thing
1180	**asiakas**	*nn*	customer
1220	**askel**	*nn*	step
814	**äsken**	*adv*	but now
1702	**äskettäin**	*adv*	recently
1074	**aste**	*nn*	degree
232	**asti**	*prep*	until
1316	**astua**	*v*	step
777	**asu**	*nn*	outfit
517	**asua**	*v*	live
1767	**asukas**	*nn*	resident
1153	**asunto**	*nn*	housing
2052	**ateria**	*nn*	meal
2302	**aueta**	*v*	open
390	**auki**	*adj*	open
2310	**aukko**	*nn*	opening
2254	**aula**	*nn*	lounge
848	**aurinko**	*nn*	sun
288	**auto**	*nn*	car
121	**auttaa**	*v; phr*	help; lend a hand
684	**avain**	*nn*	key
2245	**avaruus**	*nn*	space
320	**avata**	*v*	open
1477	**avioliitto**	*nn*	marriage

1521	**aviomies**	*nn*	**husband**
1691	**avoin**	*adj; adv*	**open; up front**
2313	**avoinna**	*adj*	**open**

B

1158	**baari**	*nn*	**bar**
1740	**bensa**	*nn*	**gas**
1569	**Bravo!**	*i*	**Bravo!**
2273	**britti**	*nn*	**Briton**
1467	**bussi**	*nn*	**bus**

C

2472	**CD**	*abbr; nn*	**CD; compact disk**

D

222	**dollari**	*nn*	**dollar**

E

2425	**edelle**	*prep*	**before**
507	**edelleen**	*adv*	**still**
2111	**edellinen**	*adj; nn*	**previous; last**
2011	**edeltä**	*adv*	**before**
1398	**edeltää**	*v*	**precede**
88	**edes**	*adv*	**at least**
415	**edessä**	*adv; prep*	**in front; in front of**
942	**edestä**	*adv; prep*	**from the front; for**
1936	**edetä**	*v*	**proceed**
2498	**edistyä**	*v*	**progress**
1607	**edusta**	*nn*	**front**
2344	**edustaja**	*nn; abbr*	**represent ative; MP**
1194	**ehdottaa**	*v*	**propose**
655	**ehdottomas ti**	*adv*	**absolutely**
1554	**ehdotus**	*nn*	**proposal**
52	**ehkä**	*adv*	**perhaps**
888	**ehtiä**	*v*	**reach**
2154	**ehto**	*nn*	**condition**
1	**ei**	*adv; nn*	**not; negative**
104	**eikä**	*conj; adv*	**and not; neither**
309	**eilen**	*adv*	**yesterday**
2140	**eilinen**	*adj*	**yesterday' s**
1977	**eksyä**	*v*	**stray**
305	**elää**	*v*	**live**
1142	**eläin**	*nn*	**animal**
1333	**eläke**	*nn*	**pension**
366	**elämä**	*nn*	**life**
323	**eli**	*conj; adv*	**or; alias**
2019	**elin**	*nn*	**body**
379	**elo**	*nn*	**life**
855	**elokuva**	*nn*	**movie**
1296	**elokuva**	*nn*	**movie**
67	**enää**	*adv; adj*	**any more; more**
140	**enemmän**	*adj; adv*	**more; more**
497	**enempää**	*adv*	**any more**
1116	**enempi**	*adj*	**further**
1400	**energia**	*nn*	**energy**
852	**englanti**	*nn*	**English**
1864	**englantilain en**	*adj; nn*	**English; Englishma n**
1632	**enimmäksee n**	*adv*	**mostly**
792	**eniten**	*adv*	**most**
1092	**enkeli**	*nn*	**angel**
971	**ennemmin**	*adv*	**first**

66	ennen	*adv; prep; adj; pfx*	before; before; earlier|anterior to; ante-
2114	eno	*nn*	uncle
1192	ensiksi	*adv*	first
247	ensimmäinen	*adj; nn*	first; first
185	ensin	*adv*	initially
900	entinen	*adj; nn; pfx*	former; former; ex-
1305	epäillä	*v*	doubt
1894	epäily	*nn*	doubt
2314	epäonnistua	*v; phr*	fail; go by the board
1817	epäreilu	*adj*	unfair
1848	epätavallinen	*adj*	unusual
1783	epätoivoinen	*adj*	desperate
738	erä	*nn*	item
2161	eräänlainen	*adj*	a kind of
457	eräs	*pron; art; adj*	one; a; certain
1662	erehdys	*nn*	error
2363	erehtyä	*v*	err
345	eri	*adj*	different
1235	erikoinen	*adj*	special
835	erilainen	*adj*	different
1206	erinomainen	*adj*	excellent
300	erittäin	*adv*	very
1351	erityinen	*adj*	special
1099	erityisesti	*adv*	particularly
528	ero	*nn*	differential
1250	erota	*v*	differ
1012	erottaa	*v*	distinguish
537	esiin	*adv*	out
2090	esiintyä	*v; phr*	occur; be on the air
1233	esille	*adv*	up
826	esimerkki	*nn*	example
2115	esine	*nn*	object
718	esitellä	*v*	introduce
699	esittää	*v*	present
1076	esitys	*nn*	presentation
2147	Espanja	*nn*	Spain
590	estää	*v*	prevent
2139	etäisyys	*nn*	distance
521	eteen	*prep*	in front of
406	eteenpäin	*adv*	ahead
1137	etelä	*nn*	south
1201	etenkin	*adv*	especially
470	etsiä	*v*	search
391	etsin	*nn*	viewfinder
657	etsivä	*nn*	detective
6	että	*conj*	that
2136	etu	*nn*	advantage
2420	euro	*nn*	euro
486	eversti	*nn*	colonel

F

1970	fani	*nn*	fan
1986	fantastinen	*adj*	fantastic
783	fiksu	*adj*	smart
2448	filmi	*nn*	film
2051	firma	*nn*	firm

G

1922	graham-	*adj*	whole-wheat

H

2253	**haamu**	*nn*	**ghost**
1635	**haastaa**	*v*	**challenge**
2200	**haastattelu**	*nn*	**interview**
2339	**haaste**	*nn*	**challenge**
1836	**haava**	*nn*	**wound**
1760	**haavoittua**	*v*	**be wounded**
2496	**hahmo**	*nn*	**character**
408	**hai**	*nn*	**shark**
887	**häipyä**	*v; phr*	**scat; make oneself scarce**
2026	**häiriö**	*nn*	**interferen ce**
1140	**häiritä**	*v*	**disturb**
823	**haista**	*v*	**smell**
1887	**haistaa**	*v*	**smell**
462	**haitata**	*v*	**hinder**
1912	**hajota**	*v*	**decompos e**
1474	**haju**	*nn*	**smell**
1572	**hakata**	*v*	**hack**
360	**hakea**	*v*	**seek**
1432	**halki**	*prep*	**through**
1548	**hallinta**	*nn*	**possessio n**
1100	**hallita**	*v*	**control**
950	**hallitus**	*nn*	**governme nt**
1824	**hallussa**	*phr*	**under one's belt**
2098	**halpa**	*adj; phr*	**cheap; easy on the pocket**
76	**halu**	*nn*	**desire**
2152	**haluava**	*adj*	**desirous**
47	**haluta**	*v; av*	**want; will**
1193	**hälytys**	*nn*	**alarm**
1411	**hammas**	*nn*	**tooth**
2279	**hämmentyä**	*v*	**get confused**
4	**hän**	*pron*	**he**
1347	**hankala**	*adj*	**tricky**
1820	**hankaluus**	*nn*	**inconveni ence**
903	**hanki**	*nn*	**crust**
753	**hankkia**	*v; phr*	**acquire; lay one's hands on**
2387	**hanska**	*nn*	**glove**
39	**häntä**	*pron; nn*	**him; tail**
1709	**häpeä**	*nn*	**shame**
1731	**happi**	*nn*	**oxygen**
1532	**harjoitella**	*v*	**practice**
1898	**harjoitus**	*nn*	**training**
2499	**härkä**	*nn*	**ox**
1615	**harkita**	*v*	**consider**
2300	**harmaa**	*adj; nn*	**gray; gray**
839	**harmi**	*nn; phr*	**annoyanc e; fly in the ointment**
2308	**harras**	*adj*	**devout**
1741	**harrastaa**	*v*	**cultivate**
2077	**harvinainen**	*adj*	**rare**
1463	**harvoin**	*adv*	**rarely**
955	**hassu**	*adj*	**funny**
328	**hätä**	*nn*	**distress**
1939	**hätäillä**	*v*	**worry**
2179	**hätätapaus**	*nn*	**emergenc y**
1339	**hattu**	*nn*	**hat**
1917	**haudata**	*v*	**bury**
157	**hauska**	*adj*	**fun**
1972	**hauta**	*nn*	**tomb**
1921	**hävetä**	*v*	**blush**
2371	**häviäjä**	*nn*	**loser**
1436	**hävitä**	*v*	**lose**
2380	**hävittää**	*v*	**dispose of**
17	**he**	*pron*	**they**

24	**hei**	*nn*	**hallo**
997	**heikko**	*adj*	**weak**
711	**heittää**	*v*	**throw**
1847	**heittää**	*v*	**throw**
2061	**heitto**	*nn*	**throw**
1937	**helikopteri**	*nn*	**helicopter**
2369	**Helkkari!**	*i*	**Blimey!**
685	**helposti**	*adv*	**easily**
1742	**helpottaa**	*v*	**facilitate**
2476	**helpotus**	*nn*	**relief**
434	**helppo**	*adj*	**easy**
243	**helvetti**	*nn*	**hell**
1069	**hengittää**	*v*	**breathe**
649	**henki**	*nn*	**spirit**
850	**henkiä**	*v*	**breath**
687	**henkilö**	*nn*	**person**
1293	**henkilökohtainen**	*adj*	**personal**
1030	**henkilökohtaisesti**	*adv*	**personally**
2194	**henkisesti**	*adv*	**mentally**
536	**herätä**	*v*	**wake up**
1113	**herättää**	*v*	**wake**
1247	**herätys**	*nn*	**wake-up**
1502	**herkkä**	*adj*	**sensitive**
1624	**herkullinen**	*adj*	**delicious**
1091	**hermostua**	*v*	**get nervous**
2100	**hermostuttaa**	*v*	**ruffle**
2312	**heroiini**	*nn*	**heroin**
51	**herra**	*abbr; nn*	**Mr.; sir**
1528	**herrasmies**	*nn*	**gentleman**
2495	**herttainen**	*adj*	**endearing**
2406	**herttua**	*nn*	**duke**
126	**heti**	*adv*	**immediately**
195	**hetki**	*nn*	**moment**
319	**hetkinen**	*nn; adv*	**minute; a little**
1079	**hevonen**	*nn*	**horse**
1146	**hidas**	*adj*	**slow**
1926	**hidastaa**	*v*	**slow down**
2226	**hiekka**	*nn*	**sand**
178	**hieman**	*adv*	**slightly**
138	**hieno**	*adj*	**fine**
630	**hienosti**	*adv*	**finely**
1854	**hiiri**	*nn*	**mouse**
206	**hiljaa**	*adv; adj; phr*	**quietly; under one's breath**
1465	**hiljainen**	*adj*	**quiet**
1744	**hiljaisuus**	*nn*	**silence**
2084	**hiljattain**	*adv*	**newly**
1048	**hinta**	*nn*	**price**
1426	**hirveä**	*adj*	**terrible**
946	**hirviö**	*nn*	**monster**
2064	**hissi**	*nn*	**elevator**
1187	**historia**	*nn*	**history**
698	**hitaasti**	*adv*	**slowly**
226	**hitto**	*nn*	**deuce**
1018	**hius**	*nn*	**hair**
353	**hoitaa**	*v*	**manage**
1239	**hoitaja**	*nn*	**nurse**
1753	**hoito**	*nn*	**care**
905	**hölmö**	*adj; nn*	**silly; goof**
2202	**hölynpöly**	*nn*	**nonsense**
362	**homma**	*nn*	**business**
1139	**hotelli**	*nn*	**hotel**
564	**Hra**	*abbr*	**Mr.**
1828	**huhu**	*nn*	**rumor**
1409	**huijari**	*nn*	**charlatan**
1262	**huijata**	*v*	**cheat**
2038	**huijaus**	*nn*	**hoax**
1816	**huippu**	*nn*	**top**
1525	**hukata**	*v*	**waste**
1694	**hukka**	*nn*	**loss**

242	**hullu**	*adj; nn; phr*	**crazy; fool; off one's nut**
2318	**hullusti**	*adv*	**amiss**
2270	**hulluus**	*nn*	**madness**
986	**humala**	*nn*	**hop**
587	**huolehtia**	*v*	**worry**
2040	**huolestua**	*v*	**become anxious**
2209	**huolestuttaa**	*v*	**concern**
399	**huoli**	*nn*	**worry**
815	**huolia**	*v*	**care about**
742	**huomata**	*v*	**note**
281	**huomen**	*nn*	**morning**
170	**huomenna**	*adv*	**tomorrow**
1499	**huominen**	*nn*	**tomorrow**
768	**huomio**	*nn*	**attention**
611	**huone**	*nn*	**room**
361	**huono**	*adj*	**bad**
621	**huonosti**	*adv*	**poorly**
632	**huora**	*nn*	**whore**
2232	**hurja**	*adj*	**ferocious**
1797	**hurmaava**	*adj*	**charming**
2078	**Hurraa!**	*i*	**Hurrah!**
2443	**huuli**	*nn*	**lip**
825	**huume**	*nn*	**drug**
1063	**huutaa**	*v*	**shout**
2227	**huvittaa**	*v*	**amuse**
1752	**hylätä**	*v; phr*	**reject; put on the shelf**
1761	**hymy**	*nn*	**smile**
1601	**hymyillä**	*v*	**smile**
2261	**hyödyllinen**	*adj; adv*	**useful; of use**
1844	**hyödytön**	*adj*	**useless**
1515	**hyökätä**	*v*	**attack**
2057	**hyökkäävä**	*adj*	**aggressive**
1331	**hyökkäys**	*nn*	**attack**
726	**hyöty**	*nn*	**benefit**
666	**hypätä**	*v*	**jump**
21	**hyvä**	*adj; nn; adv*	**good**
1096	**hyväksyä**	*v; phr*	**accept; face up to**
2130	**hyvästellä**	*v*	**take one's leave**
546	**Hyvästi!**	*i*	**Goodbye!**
41	**hyvin**	*adv*	**very**
2219	**hyvittää**	*v*	**compensate**

I

421	**idea**	*nn*	**idea**
426	**idiootti**	*nn*	**idiot**
2101	**ihailla**	*v*	**admire**
92	**ihan**	*adv*	**quite**
530	**ihana**	*adj*	**wonderful**
1600	**ihastua**	*v*	**be delighted**
594	**ihme**	*nn*	**wonder**
1171	**ihmeellinen**	*adj*	**wonderful**
160	**ihminen**	*nn*	**man**
1787	**iho**	*nn*	**skin**
1413	**ikä**	*nn*	**age**
1676	**ikäinen**	*adj*	**aged**
430	**ikävä**	*adj; nn*	**tedious**
2260	**ikävöidä**	*v*	**long**
135	**ikinä**	*adv*	**ever**
974	**ikkuna**	*nn*	**window**
2342	**ikuinen**	*adj*	**eternal**
558	**ikuisesti**	*adv; phr*	**forever; till kingdom come**
2006	**ikuisuus**	*nn; phr*	**eternity; donkey's years**
2474	**ilkeä**	*adj*	**malicious**

1518	**illallinen**	*nn*	**supper**
1086	**ilma**	*nn*	**air**
1184	**ilmainen**	*adj*	**free**
1284	**ilmaista**	*v*	**express**
129	**ilman**	*adj; prep*	**free; except**
1960	**ilme**	*nn*	**expression**
571	**ilmeisesti**	*adv; phr*	**apparently; it seems that**
1290	**ilmestyä**	*v*	**appear**
1553	**ilmi**	*adv*	**out**
1141	**ilmoittaa**	*v*	**inform**
1692	**ilmoitus**	*nn*	**ad**
764	**ilo**	*nn*	**pleasure**
313	**ilta**	*nn*	**evening**
1080	**iltapäivä**	*nn; abbr*	**afternoon; PM**
1672	**imeä**	*v*	**soak up**
1031	**inhota**	*v*	**hate**
2388	**innokas**	*adj; adv*	**eager; agog**
2447	**innostua**	*v*	**become inspired**
2205	**intiaani**	*nn; adj*	**Native American; Indian**
1645	**into**	*nn*	**zeal**
2277	**ironinen**	*adj*	**ironic**
1899	**irrota**	*v*	**loosen**
2440	**irrottaa**	*v*	**remove**
203	**irti**	*adv*	**loose**
82	**isä**	*nn*	**father**
1282	**isäntä**	*nn*	**host**
2095	**isi**	*nn*	**daddy**
1248	**iskeä**	*v*	**strike**
1403	**isku**	*nn*	**impact**
220	**iso**	*adj*	**big**
1176	**isoäiti**	*nn*	**grandmother**
1104	**isoisä**	*nn*	**grandfather**
2445	**isoveli**	*nn*	**big brother**
354	**istua**	*v*	**sit**
1598	**istuin**	*nn*	**seat**
1312	**itä**	*nn*	**east**
2037	**italialainen**	*adj; nn*	**Italian; Italian**
1082	**itkeä**	*v*	**cry**
100	**itse**	*nn; pron; adv; prep; phr*	**self; itself; personally; by**
1686	**itsekäs**	*adj*	**selfish**
1405	**itsemurha**	*nn*	**suicide**
2018	**itsepäinen**	*adj*	**obstinate**

J

2	**ja**	*conj; prep*	**and; plus**
329	**jää**	*nn*	**ice**
344	**jäädä**	*v*	**stay**
1639	**jäätelö**	*nn*	**ice cream**
1504	**jahdata**	*v*	**chase**
924	**jakaa**	*v*	**share**
748	**jaksaa**	*v*	**keep**
432	**jäljellä**	*adj; adv*	**left; over**
1630	**jäljittää**	*v*	**trace**
931	**jalka**	*nn*	**foot**
1653	**jalkapallo**	*nn*	**football**
114	**jälkeen**	*adv; prep*	**after; after**
2049	**jälkeenpäin**	*adv*	**afterwards**
1267	**jälki**	*nn*	**track**
1704	**jälki**	*nn*	**track**
516	**jälleen**	*adv; pfx*	**again; re-**
2466	**jalo**	*adj*	**noble**

2414	**jänis**	*nn*	**hare**
1242	**jännittää**	*v*	**tense**
2492	**jännitys**	*nn*	**tension**
2165	**jano**	*nn*	**thirst**
1975	**japani-**	*adj*	**Japanese**
2357	**japanilainen**	*adj; nn*	**Japanese; Japanese**
834	**järjestää**	*v*	**arrange**
1575	**järjestelmä**	*nn*	**system**
872	**järjestyä**	*v*	**form**
2088	**järjestys**	*nn*	**order**
1589	**järjetön**	*adj*	**foolish**
1667	**järkevä**	*adj*	**reasonabl e**
604	**järki**	*nn*	**reason**
1429	**järkyttyä**	*v*	**be shocked**
2055	**järvi**	*nn*	**lake**
1212	**jäsen**	*nn*	**member**
400	**jatkaa**	*v*	**continue**
1739	**jatko**	*nn*	**sequel**
930	**jatkua**	*v*	**continue**
793	**jatkuvasti**	*adv*	**continuall y**
273	**jättää**	*v*	**leave**
533	**jätti**	*nn*	**giant**
1697	**jengi**	*nn*	**gang**
44	**jo**	*adv*	**already**
2221	**johdattaa**	*v*	**lead**
527	**johtaa**	*v*	**lead**
522	**johtaja**	*nn*	**manager**
1514	**johto**	*nn*	**managem ent**
637	**johtua**	*v*	**be due to**
30	**joka**	*pron*	**which**
369	**jokainen**	*pron; adj; art*	**every; everyone; a, an**
752	**joki**	*nn*	**river**
258	**jokin**	*pron; adj*	**one; some**
77	**joku**	*pron; art; adj; nn*	**someone; a; some; thingy**
311	**jolla**	*adv; nn*	**whereby; dinghy**
667	**jolloin**	*adv; conj; pron*	**when; when; that**
1055	**jonkinlainen**	*adj*	**certain**
734	**jonnekin**	*adv*	**somewhe re**
2372	**jono**	*nn*	**queue**
276	**jopa**	*adv*	**even**
13	**jos**	*conj; adv*	**if; when**
176	**joskus**	*adv*	**sometime s**
414	**jossain**	*adv*	**somewhe re**
35	**jotain**	*pron*	**somethin g**
74	**joten**	*adv*	**so**
524	**jotenkin**	*adv*	**somehow**
210	**jotta**	*conj; adv*	**so; so that**
1167	**joukko**	*nn*	**set**
977	**joukkue**	*nn*	**team**
749	**joulu**	*nn*	**Christmas**
1416	**joulupukki**	*nn*	**Santa Claus**
741	**joutua**	*v*	**get**
648	**juhla**	*nn*	**celebratio n**
1051	**juhlia**	*v; phr*	**celebrate; rave it up**
2071	**julistaa**	*v*	**declare**
2454	**julkaista**	*v*	**publish**
1895	**julkisesti**	*adv*	**publicly**
1701	**julma**	*adj*	**cruel**
207	**jumala**	*nn*	**god**
1005	**juna**	*nn*	**train**

569	**juoda**	*v*	**drink**
1673	**juoma**	*nn*	**beverage**
2359	**juoni**	*nn*	**plot**
506	**juosta**	*v*	**run**
1078	**just**	*adv*	**smack-bang**
475	**jutella**	*v; phr*	**chat; shoot the breeze**
173	**juttu**	*nn*	**thing**
60	**juuri**	*adv; nn; phr*	**just; root; of all**
1932	**juuria**	*v*	**extirpate**
1770	**juusto**	*nn*	**cheese**
1240	**juutalainen**	*adj; nn*	**Jewish; Jew**

K

1809	**käännös**	*nn*	**translation**
1041	**kääntää**	*v*	**turn**
658	**kääntyä**	*v*	**turn**
2178	**kaaos**	*nn*	**chaos**
2397	**kääpiö**	*nn*	**dwarf**
2446	**kaappi**	*nn*	**cabinet**
1494	**käärme**	*nn*	**snake**
1664	**kaasu**	*nn*	**gas**
1983	**kaataa**	*v*	**pour**
1420	**kaatua**	*v*	**fall**
1789	**kadoksissa**	*adj*	**missing**
806	**kadota**	*v*	**disappear**
469	**kahdeksan**	*nn; num*	**eight**
795	**kahdesti**	*adv*	**twice**
2278	**kahtia**	*adv*	**in two**
474	**kahvi**	*nn*	**coffee**
2402	**kahvila**	*nn*	**coffee shop**
87	**kai**	*adv*	**probably**
2044	**kaiketi**	*adv*	**probably**
19	**kaikki**	*pron; adv; phr*	**all; up; all and sundry, one's all**
688	**kaikkialla**	*phr; adv*	**everywhere; everywhere**
1810	**kaikkialle**	*prep; adv*	**round; round**
1497	**kaivaa**	*v*	**dig**
809	**kaivata**	*v*	**need**
1642	**kakku**	*nn*	**cake**
70	**kaksi**	*nn; num*	**two; twain**
2237	**kaksikymmentä**	*num; nn*	**twenty; score**
1906	**kaksitoista**	*num*	**twelve**
2063	**kaksonen**	*nn*	**twin**
1195	**kala**	*nn*	**fish**
1946	**Kalifornia**	*nn*	**California**
1387	**kallis**	*adj*	**expensive**
2123	**kaltainen**	*adj; art*	**like; a**
810	**kamala**	*adj; nn*	**horrible**
881	**kamera**	*nn*	**camera**
1503	**kana**	*nn*	**chicken**
2479	**Kanada**	*nn*	**Canada**
2102	**kanava**	*nn*	**channel**
785	**kannattaa**	*v*	**support**
1283	**kansa**	*nn*	**people**
2000	**kansalainen**	*nn*	**national**
31	**kanssa**	*prep*	**with**
893	**kantaa**	*v*	**carry**
1330	**kappale**	*nn*	**paragraph**
238	**kapteeni**	*nn*	**captain**
1496	**karata**	*v*	**elope**
1385	**karhu**	*nn*	**bear**
2500	**karja**	*nn*	**cattle**
1967	**karkki**	*nn*	**candy**
765	**karku**	*nn*	**runaway**
1592	**kärsiä**	*v*	**suffer**

1927	**kärsivällinen**	*adj*	**patient**
2081	**kärsivällisyys**	*nn*	**patience**
1298	**kartta**	*nn*	**map**
766	**Kas!**	*i*	**Look!**
1541	**kasa**	*nn*	**pile**
429	**käsi**	*nn*	**hand**
1590	**käsitellä**	*v*	**deal with**
1434	**käsittää**	*v*	**comprise**
617	**käskeä**	*v*	**command**
1014	**käsky**	*nn*	**command**
2400	**kastike**	*nn*	**sauce**
794	**kasvaa**	*v*	**grow**
1444	**kasvattaa**	*v*	**breed**
2361	**kasvatti-**	*adj*	**foster**
2450	**kasvotusten**	*adv*	**face to face**
1793	**katastrofi**	*nn; phr*	**disaster; act of god**
770	**kate**	*nn*	**cover**
1582	**kateellinen**	*adj*	**envious**
1512	**käteinen**	*nn; adj*	**cash; the ready**
2125	**katkaista**	*v*	**break**
2366	**katketa**	*v*	**break**
784	**kato**	*nn*	**failure of crops**
1580	**katse**	*nn*	**look**
1027	**katsella**	*v*	**view**
81	**katsoa**	*v*	**look**
660	**katsos**	*phr*	**you see**
1586	**katto**	*nn*	**roof**
880	**katu**	*nn*	**street**
2171	**katua**	*v*	**regret**
164	**kauan**	*adv*	**long**
879	**kauas**	*adv*	**far**
2428	**kauemmaksi**	*adv*	**farther**
1498	**kauemmas**	*adv*	**further**
1324	**kauemmin**	*adv*	**longer**
2470	**kauempaa**	*adv*	**any longer**
2091	**kauempana**	*adv; prep*	**further; beyond**
909	**kauhea**	*adj; phr*	**terrible; like nothing on earth**
1530	**kaukaa**	*adv*	**from afar**
404	**kaukana**	*adv*	**far**
2432	**kauna**	*nn*	**resentment**
2362	**kauneus**	*nn*	**beauty**
1687	**kauniisti**	*adv*	**nicely**
223	**kaunis**	*adj*	**beautiful**
1439	**kaupata**	*v*	**sell**
1269	**kauppa**	*nn*	**trade**
503	**kaupunki**	*nn*	**city**
418	**kausi**	*nn*	**season**
778	**kävellä**	*v*	**walk**
1346	**kävely**	*nn*	**walking**
192	**kaveri**	*nn*	**guy**
154	**käydä**	*v*	**visit**
1388	**käynnistää**	*v*	**kick off**
2168	**käynnistyä**	*v*	**start**
1288	**käynti**	*nn*	**visit**
1491	**käytäntö**	*nn*	**practice**
1750	**käytävä**	*nn*	**aisle**
269	**käyttää**	*v*	**use**
1544	**käyttäytyä**	*v*	**behave**
1271	**käyttö**	*nn*	**use**
2186	**kehittää**	*v*	**develop**
2416	**kehittyä**	*v*	**progress**
1319	**keikka**	*nn*	**gig**
817	**keino**	*nn*	**means**
1404	**keisari**	*nn*	**emperor**
510	**keittää**	*v*	**boil**
1369	**keittiö**	*nn*	**kitchen**
2134	**keitto**	*nn*	**soup**
747	**keksi**	*nn*	**biscuit**
948	**keksiä**	*v*	**invent**
1566	**kellari**	*nn*	**cellar**

251	**kello**	*nn; adv*	**clock; o'clock**
1763	**keltainen**	*adj*	**yellow**
827	**kelvata**	*v*	**do**
929	**kenkä**	*nn*	**shoe**
409	**kenraali**	*nn*	**general**
807	**kenties**	*adv*	**perhaps**
1406	**kenttä**	*nn*	**field**
1229	**kera**	*prep*	**with**
1433	**kerä**	*nn*	**ball**
1822	**kerätä**	*v*	**collect**
438	**kerroin**	*nn; abbr*	**factor; SPF**
1451	**kerros**	*nn*	**layer**
2391	**kerrostaa**	*v*	**deposit**
692	**kersantti**	*nn*	**sergeant**
149	**kerta**	*nn*	**time**
106	**kertoa**	*v*	**tell**
1619	**kesä**	*nn*	**summer**
551	**keskellä**	*adv; prep; adj*	**in the middle; in the middle of; surrounded**
601	**kesken**	*adv; prep; nn; pfx*	**between; between; midst; inter-**
1832	**keskenään**	*adv; prep*	**among themselves; amongst themselves**
1655	**keskeyttää**	*v; phr*	**interrupt; fall by the wayside**
1103	**keskittyä**	*v*	**centralize**
2096	**keskiviikko**	*nn; abbr*	**Wednesday; Wed**
2048	**keskiyö**	*nn*	**midnight**
1289	**keskus**	*nn*	**center**
2116	**keskusta**	*nn*	**center**
918	**keskustella**	*v*	**debate**
1526	**keskustelu**	*nn*	**discourse**
373	**kestää**	*v*	**take**
2373	**kettu**	*nn*	**fox**
2167	**kevät**	*nn*	**spring**
2477	**kevyesti**	*adv*	**lightly**
2249	**kiehtoa**	*v*	**enthrall**
1309	**kieli**	*nn*	**language**
1285	**kieltää**	*v*	**prohibit**
1866	**kieltäytyä**	*v*	**refuse**
1856	**kierros**	*nn*	**round**
1473	**kiertää**	*v*	**rotate**
1882	**Kiina**	*nn*	**China**
1717	**kiinalainen**	*nn; adj*	**Chinaman; Chinese**
93	**kiinni**	*adj; adv*	**closed; to**
2148	**kiinnittää**	*v*	**attach**
665	**kiinnostaa**	*v*	**interest**
577	**kiire**	*nn*	**hurry**
1130	**kiirehtiä**	*v*	**rush**
868	**kiireinen**	*adj*	**hurried**
922	**kiitollinen**	*adj*	**grateful**
27	**kiitos**	*nn*	**thanks**
573	**kiittää**	*v*	**thank**
2142	**kiivetä**	*v*	**climb**
908	**kilo**	*nn*	**kilo**
761	**kilometri**	*nn*	**kilometer**
1656	**kilpailu**	*nn*	**competition**
2119	**kilpikonna**	*nn*	**turtle**
1374	**kiltisti**	*adv*	**nicely**
219	**kiltti**	*adj; nn*	**kind; kilt**
896	**kimppu**	*nn*	**bundle**
1588	**kipeä**	*adj*	**sore**
1507	**kipu**	*nn*	**pain**
2478	**kiristää**	*v*	**stretch**
727	**kirja**	*nn*	**book**
1415	**kirjailija**	*nn*	**author**

1908	**kirjaimellisesti**	*adv*	**literally**
2331	**kirjasto**	*nn*	**library**
1016	**kirjata**	*v*	**record**
994	**kirje**	*nn*	**letter**
1036	**kirjoitin**	*nn*	**printer**
529	**kirjoittaa**	*v*	**write**
1277	**kirkko**	*nn*	**church**
1156	**kirota**	*v*	**curse**
1808	**kirous**	*nn*	**curse**
910	**kissa**	*nn*	**cat**
2449	**kiusallinen**	*adj*	**embarrassing**
2067	**kiusata**	*v*	**bully**
307	**kiva**	*adj*	**nice**
2233	**kivääri**	*nn*	**rifle**
1185	**kivi**	*nn*	**stone**
1995	**klubi**	*nn*	**club**
1401	**koe**	*nn*	**test**
492	**kohdata**	*v*	**face**
843	**kohde**	*nn*	**target**
1931	**kohdella**	*v*	**treat**
225	**kohta**	*nn; adv*	**paragraph; soon**
1075	**kohtalo**	*nn*	**destiny**
1675	**kohtaus**	*nn*	**scene**
2105	**kohtelias**	*adj*	**polite**
451	**kohti**	*prep*	**towards**
455	**koira**	*nn*	**dog**
1417	**koittaa**	*v*	**dawn**
1791	**kokaiini**	*nn*	**cocaine**
1151	**kokea**	*v*	**experience**
790	**kokeilla**	*v; phr*	**try out; have a bash**
1435	**kokemus**	*nn*	**experience**
1492	**kokki**	*nn*	**cook**
69	**koko**	*nn; adj; pron*	**size; whole; all**
1880	**kokoinen**	*sfx*	**#NAME?**
744	**kokonaan**	*adv; phr*	**wholly; all ends up**
1768	**kokonainen**	*nn; adj*	**whole; whole**
1276	**kokous**	*nn*	**meeting**
2426	**kollega**	*nn*	**colleague**
713	**kolmas**	*num*	**third**
119	**kolme**	*num*	**three**
816	**komea**	*adj*	**handsome**
745	**komentaja**	*nn*	**commander**
847	**komisario**	*nn*	**inspector**
704	**kone**	*nn*	**machine**
1207	**koodi**	*nn*	**code**
2216	**kooma**	*nn*	**coma**
2281	**koordinaatti**	*nn*	**coordinate**
1841	**kopio**	*nn*	**copy**
819	**korjata**	*v*	**fix**
1295	**korkea**	*adj*	**high**
1764	**korkeintaan**	*adv*	**not more than**
1085	**korkeus**	*nn*	**height**
1924	**korpraali**	*nn*	**corporal**
1710	**kortteli**	*nn*	**block**
1461	**kortti**	*nn*	**card**
1794	**korva**	*nn*	**ear**
1679	**korvata**	*v*	**replace**
49	**koska**	*conj; adv*	**because; when**
62	**koskaan**	*adv*	**ever**
504	**koskea**	*v*	**concern**
1594	**koskettaa**	*v*	**touch**
1900	**koski**	*nn*	**rapids**
1418	**kostaa**	*v*	**revenge**
1693	**kosto**	*nn*	**revenge**
112	**koti**	*nn*	**home**
2335	**kotka**	*nn*	**eagle**
285	**koto**	*nn*	**home**

923	**kotoisin**	*adj*	**indigenou s**
2340	**koukku**	*nn*	**hook**
670	**koulu**	*nn*	**school**
1902	**kouluttaa**	*v*	**train**
2455	**koulutus**	*nn*	**training**
301	**kova**	*adj*	**hard**
491	**kovasti**	*adv; phr*	**hard; like anything**
1813	**köyhä**	*adj; nn*	**poor; pauper**
1973	**köysi**	*nn*	**rope**
1531	**kreivi**	*nn*	**count**
2060	**kristitty**	*adj; nn*	**Christian; Christian**
2213	**kruunu**	*nn*	**crown**
16	**kuin**	*conj; prep; adv*	**than; than; as**
56	**kuinka**	*adv*	**how**
707	**kuitenkaan**	*adv*	**however**
272	**kuitenkin**	*adv; conj*	**however; still**
1729	**kuitti**	*nn*	**receipt**
2043	**kuiva**	*adj*	**dry**
2458	**kuivata**	*v*	**dry**
38	**kuka**	*pron*	**who**
91	**kukaan**	*pron*	**anyone**
1071	**kukka**	*nn*	**flower**
2162	**kuljettaa**	*v*	**carry**
1901	**kuljettaja**	*nn*	**driver**
970	**kulkea**	*v*	**pass**
1711	**kulma**	*nn*	**angle**
136	**kulta**	*nn*	**gold**
1355	**kultainen**	*adj*	**golden**
355	**kultanen**	*nn*	**my darling**
463	**kulua**	*v*	**elapse**
1657	**kuluessa**	*prep*	**within**
1774	**kumma**	*adj*	**odd**
1652	**kummalline n**	*adj; nn; phr*	**strange; screwball; off the wall**
829	**kumpi**	*pron*	**which**
1954	**kumppani**	*nn*	**partner**
15	**kun**	*conj*	**when**
1758	**kundi**	*nn*	**fella**
464	**kuningas**	*nn*	**king**
845	**kuningatar**	*nn*	**queen**
2240	**kuninkaallin en**	*adj*	**royal**
230	**kunnes**	*conj; prep*	**until; till**
680	**kunnia**	*nn*	**honor**
1524	**kunnioittaa**	*v*	**respect**
1155	**kunnioitus**	*nn*	**respect**
668	**kunpa**	*conj*	**if only**
84	**kunto**	*nn*	**condition**
563	**kuolema**	*nn*	**death**
1166	**kuoliaaksi**	*adv*	**to death**
141	**kuolla**	*v; phr*	**die; kick the bucket**
2097	**kuppi**	*nn*	**cup**
2106	**kuri**	*nn*	**discipline**
1700	**kurja**	*adj; nn; phr*	**wretched; beast; like nothing on earth**
1613	**kurssi**	*nn*	**course**
86	**kuten**	*adv; conj; prep; sfx*	**as; as; like, after the fashion of; -wise**
606	**kutsu**	*nn*	**call**
615	**kutsua**	*v*	**call**
292	**kuu**	*nn*	**moon**
2182	**kuudes**	*num; adj*	**sixth**
453	**kuukausi**	*nn*	**month**

268	**kuula**	*nn*	**ball**
485	**kuulemma**	*adv*	**reportedly**
254	**kuulla**	*v*	**hear**
2489	**kuulo**	*nn*	**hearing**
283	**kuulostaa**	*v*	**sound**
201	**kuulua**	*v*	**belong**
996	**kuuluisa**	*adj*	**renowned**
628	**kuuma**	*adj*	**hot**
2462	**kuume**	*nn*	**fever**
177	**kuunnella**	*v*	**listen**
1593	**kuuro**	*adj; nn*	**deaf; shower**
1182	**kuusi**	*nn; num*	**six**
576	**kuva**	*nn; abbr*	**picture; fig.**
2108	**kuvailla**	*v*	**portray**
786	**kuvata**	*v*	**describe**
1301	**kuvernööri**	*nn*	**governor**
653	**kuvitella**	*v*	**imagine**
1999	**kyky**	*nn*	**ability**
1482	**kylä**	*nn*	**village**
22	**kyllä**	*part; adv*	**yes; indeed**
865	**kyllästyä**	*v*	**get tired**
1945	**kyllin**	*adj; adv*	**enough; enough**
607	**kylmä**	*adj; nn*	**cold; cold**
2494	**kylpy**	*nn*	**bath**
367	**kymmenen**	*nn; num*	**ten; ten**
2029	**kynä**	*nn*	**pen**
2103	**kysellä**	*v*	**ask**
348	**kysyä**	*v*	**ask**
365	**kysymys**	*nn*	**question**
1020	**kyttä**	*nn*	**cop**
700	**kyyti**	*nn*	**ride**

L

513	**lääkäri**	*nn*	**doctor**
1509	**lääke**	*nn*	**medicine**
1578	**laatikko**	*nn*	**box**
1873	**ladata**	*v*	**load**
1210	**lady**	*nn*	**lady**
332	**lähde**	*nn*	**source**
1513	**läheinen**	*adj*	**close**
327	**lähellä**	*adv; prep; adj*	**near; handy**
828	**lähelle**	*adv; prep; phr*	**close; near; close to home**
1281	**läheltä**	*adv*	**at close range**
602	**lähes**	*adv; prep*	**nearly; next to**
1143	**lähestyä**	*v*	**approach**
729	**lähetä**	*v*	**close in**
1008	**lähetin**	*nn*	**transmitter**
534	**lähettää**	*v; phr*	**send; put on the air**
553	**lähetti**	*nn*	**messenger**
2424	**lähettyvillä**	*adv*	**near**
1460	**lähetys**	*nn*	**transmission**
1829	**lähin**	*adj*	**next**
1517	**lähistö**	*nn*	**neighborhood**
693	**lahja**	*nn*	**gift**
1428	**lahjakas**	*adj*	**talented**
166	**lähteä**	*v*	**go**
661	**lähtö**	*nn*	**departure**
2085	**laiha**	*adj*	**lean**
1952	**laillinen**	*adj*	**legal**
2282	**laina**	*nn*	**loan**
913	**lainata**	*v*	**borrow**
732	**lainkaan**	*adv*	**at all**
2485	**laiska**	*adj*	**lazy**
324	**laita**	*nn*	**wing**
1555	**laite**	*nn*	**device**

1323	**laiton**	*adj*	**illegal**
442	**laittaa**	*v*	**put**
1205	**laiva**	*nn*	**ship**
1728	**laivasto**	*nn*	**navy**
2268	**laji**	*nn*	**species**
1009	**lakata**	*v*	**stop**
681	**laki**	*nn*	**law**
1534	**lakimies**	*nn*	**lawyer**
1384	**lämmin**	*adj*	**warm**
2206	**lämpö**	*nn*	**heat**
1958	**lämpötila**	*nn*	**temperat ure**
2408	**lamppu**	*nn*	**lamp**
1304	**länsi**	*nn*	**west**
233	**läpi**	*adv; prep*	**through; through**
304	**lapsi**	*nn*	**child**
1719	**lasi**	*nn*	**glass**
2378	**lasillinen**	*nn*	**glass**
557	**laskea**	*v*	**calculate**
1950	**laskeutua**	*v*	**settle**
1712	**laskin**	*nn*	**calculator**
1971	**lasku**	*nn*	**fall**
1723	**läsnä**	*adv*	**in**
605	**lasta**	*nn*	**spatula**
2352	**lasti**	*nn*	**cargo**
1329	**lattia**	*nn*	**floor**
1169	**lauantai**	*nn; abbr*	**Saturday; Sat**
1746	**laukaus**	*nn*	**shot**
1500	**laukku**	*nn*	**bag**
811	**laulaa**	*v*	**sing**
2046	**laulaja**	*nn*	**vocalist**
1183	**laulu**	*nn*	**song**
2393	**lauma**	*nn*	**herd**
1896	**lausunto**	*nn*	**opinion**
2429	**lävitse**	*adv; prep*	**through; through**
1627	**legenda**	*nn*	**legend**
1940	**lehdistö**	*nn*	**press**
1520	**lehmä**	*nn*	**cow**
1378	**lehti**	*nn*	**leaf**
1988	**leijona**	*nn*	**lion**
1266	**leikata**	*v*	**cut**
2419	**leikkaus**	*nn*	**cutting**
1843	**leikki**	*nn*	**play**
515	**leikkiä**	*v*	**play**
1605	**leipä**	*nn*	**bread**
2113	**leiri**	*nn*	**camp**
2401	**lelu**	*nn*	**toy**
610	**lentää**	*v*	**fly**
1696	**lentäjä**	*nn*	**pilot**
1224	**lento**	*nn*	**flight**
1408	**lentokenttä**	*nn*	**airport**
1674	**lentokone**	*nn*	**aircraft**
2022	**lepo**	*nn*	**rest**
1938	**lesbo**	*adj; nn*	**Lesbian; Lesbian**
2259	**leski**	*nn*	**widow**
1070	**levätä**	*v; phr*	**rest; rest on one's oars**
1773	**levitä**	*v*	**spread**
2255	**levittää**	*v; phr*	**spread; bandy about**
2117	**levy**	*nn*	**plate**
920	**liha**	*nn*	**meat**
1199	**lihava**	*adj; nn*	**fat; boldface**
107	**liian**	*adv; pfx*	**too; over-**
2467	**liika**	*nn; adj*	**excess; excessive**
280	**liikaa**	*pfx; adv; adj*	**over-; much; steep**
402	**liike**	*nn*	**business**
2248	**liikemies**	*nn*	**business man**
555	**liikkua**	*v*	**move**
2252	**liikuttaa**	*v*	**move**
2407	**liipaisin**	*nn*	**trigger**

1964	**liitto**	*nn*	**union**
1306	**liittovaltio**	*nn*	**federation**
767	**liittyä**	*v*	**be joined**
1168	**likainen**	*adj*	**dirty**
1454	**linja**	*nn*	**line**
1328	**linna**	*nn*	**castle**
1119	**lintu**	*nn*	**bird**
1303	**lippu**	*nn*	**ticket**
552	**lisäksi**	*adv; prep; phr*	**in addition; in addition; into the bargain**
181	**lisätä**	*v*	**add**
1238	**lista**	*nn*	**list**
2360	**litra**	*nn*	**liter**
2404	**lohduttaa**	*v*	**comfort**
2069	**lohikäärme**	*nn*	**dragon**
501	**loistaa**	*v*	**shine**
2257	**loistava**	*adj*	**glorious**
1495	**loistavasti**	*adv*	**fine**
1903	**loitolla**	*adv*	**far away**
1493	**loma**	*nn*	**holiday**
2403	**lompakko**	*nn*	**wallet**
2032	**Lontoo**	*nn*	**London**
151	**lopettaa**	*v*	**stop**
398	**loppu**	*nn; adj*	**end; final**
671	**loppua**	*v*	**end**
1352	**lopullisesti**	*adv; phr*	**finally; once and for all**
1043	**lordi**	*nn*	**lord**
1458	**loukata**	*v*	**violate**
1007	**loukkaantua**	*v*	**be hurt**
2396	**loukku**	*nn*	**trap**
1449	**lounas**	*nn*	**lunch**
336	**löysä**	*adj*	**loose**
262	**löytää**	*v; phr*	**find; run to earth**
567	**löytyä**	*v*	**be found**
2379	**luja**	*adj*	**strong**
1120	**lujaa**	*adv*	**hard**
547	**lukea**	*v*	**read**
1669	**lukio**	*nn*	**high school**
1803	**lukita**	*v*	**lock**
1396	**lukko**	*nn*	**lock**
1181	**luku**	*nn*	**number**
1677	**lumi**	*nn*	**snow**
433	**luo**	*prep*	**round**
357	**luoda**	*v*	**create**
123	**luoja**	*nn*	**creator**
1222	**luokka**	*nn; prep*	**class; in the order of**
639	**luokse**	*prep*	**with**
2021	**luonnollinen**	*adj*	**natural**
1806	**luonnollisesti**	*adv*	**naturally**
1688	**luonto**	*nn*	**nature**
1626	**luopua**	*v*	**abandon**
1264	**luoti**	*nn*	**bullet**
1021	**luovuttaa**	*v; phr*	**alienate; cry uncle**
385	**lupa**	*nn*	**authorization**
2185	**lupaus**	*nn*	**promise**
2435	**luu**	*nn*	**bone**
155	**luulla**	*v*	**think**
431	**luultavasti**	*adv; av*	**probably; will**
627	**luutnantti**	*nn*	**lieutenant**
599	**luvata**	*v*	**promise**
2187	**lyhyesti**	*adv*	**in brief**
1040	**lyhyt**	*adj*	**short**
600	**lyödä**	*v*	**hit**
1947	**lyönti**	*nn*	**beat**

M

363	**maa**	*nn*	**country**
274	**maailma**	*nn*	**world**
2235	**maalata**	*v*	**paint**
2413	**maalaus**	*nn*	**painting**
1573	**maali**	*nn*	**paint**
1225	**maanantai**	*nn; abbr*	**Monday; Mon**
2143	**maapallo**	*nn*	**the globe**
1000	**määrä**	*nn*	**number**
1287	**määrätä**	*v; phr*	**determine; call the shots**
2288	**määräys**	*nn*	**regulation**
1214	**maata**	*v*	**lie**
397	**mahdollinen**	*adj*	**possible**
1108	**mahdollisesti**	*adv*	**possibly**
560	**mahdollisuus**	*nn*	**possibility**
566	**mahdoton**	*adj*	**impossible**
1565	**mahtava**	*adj; phr*	**spectacular; out of this world**
1914	**maili**	*nn*	**mile**
1966	**maine**	*nn*	**reputation**
1860	**mainio**	*adj*	**splendid**
1599	**mainita**	*v*	**mention**
1363	**maistaa**	*v*	**taste**
1150	**maistua**	*v*	**taste**
1160	**maito**	*nn*	**milk**
1376	**majesteetti**	*nn*	**majesty**
724	**majuri**	*nn*	**major**
654	**maksa**	*nn*	**liver**
289	**maksaa**	*v; phr*	**pay; put one's hand in one's pocket**
2193	**maksu**	*nn*	**payment**
1564	**maku**	*nn*	**taste**

2337	**makuuhuone**	*nn*	**bedroom**
1035	**malja**	*nn*	**cup**
1756	**malli**	*nn*	**model**
1892	**märkä**	*adj; nn*	**wet; pus**
2007	**Mars**	*nn*	**Mars**
1916	**masentua**	*v*	**be cast down**
1511	**matala**	*adj; nn*	**low; low**
2157	**materiaali**	*nn*	**material**
403	**matka**	*nn*	**journey**
612	**matkata**	*v*	**voyage**
1394	**matkustaa**	*v*	**travel**
2294	**matkustaja**	*nn*	**passenger**
32	**me**	*pron*	**we**
1668	**mega-**	*pfx*	**mega-**
2334	**mehu**	*nn*	**juice**
241	**melkein**	*adv; adj; prep; phr*	**almost; near; next to; as near as damn it**
489	**melko**	*adv; adj*	**quite; enough**
874	**melkoinen**	*adj*	**considerable**
2175	**menestys**	*nn*	**success**
689	**menettää**	*v*	**lose**
65	**mennä**	*v*	**go**
2365	**menneisyys**	*nn*	**past**
227	**meno**	*nn*	**going**
1209	**meri**	*nn; phr*	**sea; Davy Jones's locker**
875	**merkitä**	*v*	**subscribe**
831	**merkitys**	*nn*	**importance**
801	**merkki**	*nn*	**make**
2457	**merta**	*nn*	**fish trap**
468	**mestari**	*nn*	**master**
2231	**meteli**	*nn*	**uproar**
677	**metri**	*nn*	**meter**

1202	**metsä**	*nn*	**forest**
2146	**metsästäjä**	*nn*	**hunter**
1727	**miehistö**	*nn*	**crew**
1414	**miekka**	*nn*	**sword**
1563	**mielellään**	*adv*	**willingly**
939	**mielenkiinto inen**	*adj*	**interestin g**
2212	**mieletön**	*adj*	**mad**
282	**mieli**	*nn*	**mind**
1918	**mielipuoli**	*nn; adj*	**lunatic; lunatic**
2398	**miellyttää**	*v*	**please**
597	**mieluummin**	*adv*	**rather**
75	**mies**	*nn*	**man**
523	**miettiä**	*v*	**think about**
148	**mihin**	*adv; conj*	**where; where**
535	**mihinkään**	*adv*	**anywhere**
2285	**miinus**	*nn; prep*	**minus; minus**
5	**mikä**	*pron; adj*	**which; what**
26	**mikään**	*pron*	**any**
932	**mikäli**	*conj; adv*	**provided; in case**
1762	**miljardi**	*nn*	**billion**
445	**miljoona**	*nn*	**million**
200	**milloin**	*adv; conj*	**when; when**
20	**minä**	*pron; nn; phr*	**I; self; it's me**
1987	**ministeri**	*nn*	**minister**
143	**minne**	*adv; conj*	**where; where**
265	**minuutti**	*nn*	**minute**
29	**miten**	*adv*	**how**
696	**mitenkään**	*adv*	**in any way**
840	**Moi!**	*i*	**Hi!**
2009	**moinen**	*adj*	**such**
1236	**molemmat**	*adj; pron*	**both; both**
1871	**monesti**	*adv*	**often**
596	**moni**	*adj; nn*	**many; many**
2487	**monimutkai nen**	*adj*	**complicat ed**
1888	**monimutkai staa**	*v*	**complicat e**
308	**monta**	*adj*	**various**
1487	**moottori**	*nn*	**engine**
1919	**morsian**	*nn*	**bride**
212	**muistaa**	*v*	**remembe r**
2394	**muistella**	*v*	**remembe r**
1745	**muisti**	*nn*	**memory**
1647	**muisto**	*nn*	**memory**
844	**muistuttaa**	*v*	**resemble**
351	**muka**	*adv; nn*	**supposedl y; pretext**
111	**mukaan**	*prep; adv*	**by; along**
1830	**mukaisesti**	*prep*	**in accordanc e with**
250	**mukana**	*prep; adv*	**with; in**
253	**mukava**	*adj*	**comforta ble**
1778	**mukavasti**	*adv*	**nicely**
1062	**muna**	*nn*	**egg**
2251	**munkki**	*nn*	**monk**
962	**murha**	*nn*	**murder**
813	**murhaaja**	*nn*	**murderer**
1382	**murhata**	*v*	**murder**
1826	**murtaa**	*v*	**break**
1611	**murtua**	*v*	**break**
714	**musiikki**	*nn*	**music**
508	**musta**	*adj; nn*	**black; black**
1231	**mustata**	*v*	**blacken**

9	mutta	*conj; nn; adv*	but; but; yet
287	muu	*adj; pron*	other; other
987	muualla	*adv*	elsewhere
917	muualle	*adv*	elsewhere
1862	muukalainen	*nn; adj*	stranger; foreign
2239	muuri	*nn*	wall
446	muutama	*nn*	one or two
244	muuten	*adv*	otherwise
1373	muutos	*nn*	change
125	muuttaa	*v*	change
686	muuttua	*v*	shift
410	myöhä	*adj*	late
756	myöhään	*adv*	late
578	myöhäinen	*adj*	late
2155	myöhästyä	*v; phr*	be late; miss the boat
174	myöhemmin	*adv*	later
1045	myöntää	*v*	grant
97	myös	*adv*	also
1089	myöskään	*adv*	either
1354	myötä	*prep*	with
1537	myöten	*prep*	down to
1715	myrkky	*nn*	poison
1255	myrsky	*nn*	storm
2415	mysteeri	*nn*	mystery
737	myydä	*v*	sell
2348	myyjä	*nn*	seller

N

159	-n	*prep*	of
2224	naama	*nn*	face
2093	naapuri	*nn*	neighbor
118	nähdä	*v*	see
1689	nähden	*prep; adv*	in relation to; in presence
2127	nähtävästi	*adv; phr*	apparently; it seems as if
340	naida	*v*	to marry
873	naida	*v*	fuck
472	naimisissa	*adj*	married
71	näin	*adv; adj*	thus; so
171	nainen	*nn*	woman
458	näkemä	*nn*	sight distance
941	näkö	*nn*	vision
1088	näköinen	*sfx; adj*	#NAME?
1519	näky	*nn*	sight
701	näkyä	*v*	show
1872	näkymätön	*adj*	invisible
591	nälkä	*nn*	hunger
1038	nälkäinen	*adj*	hungry
109	nämä	*pron*	these
1173	napata	*v*	grab
1680	nappi	*nn*	button
1348	nauha	*nn*	tape
856	nauraa	*v*	laugh
1118	nauttia	*v*	have
2118	näytellä	*v; phr*	play; put on an act
1949	näytin	*nn*	indicator
2045	näytös	*nn*	show
110	näyttää	*v*	show
1114	näyttelijä	*nn*	actor
28	ne	*pron; art*	they; the
2184	neekeri	*nn*	Negro
191	neiti	*nn; abbr*	miss; Ms.
1157	neitsyt	*nn*	maiden
235	neljä	*nn; num*	four
1397	neljäs	*num*	fourth
1736	nenä	*nn*	nose
984	nero	*nn*	genius

1910	**nerokas**	*adj*	**brilliant**
1684	**neuvo**	*nn*	**advice**
2471	**neuvosto**	*nn*	**council**
1915	**neuvotella**	*v*	**negotiate**
8	**niin**	*adj; adv; pron; conj*	**so; so; such; and**
1029	**nimetä**	*v*	**name**
231	**nimi**	*nn*	**name**
2141	**niminen**	*adj*	**of name**
1446	**nimittäin**	*adv; phr*	**namely; that is to say**
2464	**niska**	*nn*	**neck**
61	**No!**	*i*	**Well!**
95	**noin**	*prep; adv; adj*	**about; some; so**
2423	**nokkela**	*adj; phr*	**clever; with a nimble mind**
1317	**nolla**	*nn*	**zero**
1443	**nolo**	*adj*	**embarras sed**
640	**nopea**	*adj*	**fast**
204	**nopeasti**	*adv*	**quickly**
1961	**nopeus**	*nn*	**speed**
1056	**normaali**	*adj*	**normal**
1341	**normaalisti**	*adv*	**normally**
694	**nostaa**	*v*	**raise**
1920	**noudattaa**	*v*	**follow**
422	**nousta**	*v*	**rise**
2293	**noutaa**	*v*	**retrieve**
2433	**Nro**	*abbr*	**No.**
2430	**nuija**	*nn; adj*	**gavel; spastic**
2473	**nukahtaa**	*v*	**fall asleep**
1976	**nukke**	*nn*	**doll**
483	**nukkua**	*v*	**sleep**
386	**numero**	*nn; abbr*	**number; No.**
234	**nuo**	*pron; adj; adv*	**those; yonder; yonder**
359	**nuori**	*adj; nn*	**young; youth**
2364	**nuorimies**	*nn*	**young man**
562	**nykyään**	*adv*	**today**
1850	**nykyisin**	*adv*	**today**
11	**nyt**	*adv*	**now**

O

102	**odottaa**	*v; phr*	**expect; cool one's heels**
731	**Oh!**	*i*	**Ooh!**
196	**ohi**	*adv; prep*	**past; past**
1490	**ohitse**	*prep*	**by**
2131	**ohittaa**	*v*	**bypass**
1840	**ohjaaja**	*nn*	**superviso r**
1427	**ohjata**	*v*	**control**
1682	**ohje**	*nn*	**guide**
1174	**ohjelma**	*nn*	**program**
169	**oikea**	*adj; nn*	**right; right-hander**
735	**oikealle**	*adv*	**right**
252	**oikeasti**	*adv*	**for real**
73	**oikein**	*adv*	**properly**
572	**oikeus**	*nn*	**right**
1260	**öisin**	*adv*	**nightly**
1798	**ojentaa**	*v*	**stretch out**
318	**ok**	*adv*	**alright**
144	**okei**	*adv*	**okay**
1628	**olento**	*nn*	**being**
1125	**olettaa**	*v*	**assume**
2292	**olio**	*nn*	**creature**
1851	**öljy**	*nn*	**oil**

7	**olla**	*v*	**be**
1951	**olla**	*v*	**be**
613	**ollenkaan**	*adv*	**at all**
709	**olo**	*nn*	**feeling**
921	**olut**	*nn*	**beer**
339	**oma**	*adj; nn*	**own; own**
1665	**omaisuus**	*nn*	**property**
1577	**omata**	*v*	**possess**
911	**omia**	*v*	**appropriate**
928	**omistaa**	*v*	**own**
1258	**omistaja**	*nn*	**owner**
1765	**omituinen**	*adj*	**quirky**
990	**on**	*phr*	**there is**
325	**ongelma**	*nn*	**problem**
712	**onnekas**	*adj*	**lucky**
467	**onnellinen**	*adj*	**happy**
1481	**onneton**	*adj*	**unhappy**
857	**onnettomuus**	*nn*	**accident**
296	**onni**	*nn*	**luck**
570	**onnistua**	*v*	**succeed**
1034	**onnittelu**	*nn*	**congratulation**
1245	**operaatio**	*nn*	**operation**
1928	**opetella**	*v*	**learn**
733	**opettaa**	*v*	**teach**
864	**opettaja**	*nn*	**teacher**
2228	**opetus**	*nn*	**teaching**
1935	**opiskelija**	*nn*	**student**
1955	**opiskella**	*v*	**study**
1025	**oppi**	*nn*	**learning**
706	**oppia**	*v*	**learn**
1777	**oppilas**	*nn*	**pupil**
1869	**orja**	*nn; adj*	**slave; addicted**
218	**osa**	*nn*	**part**
2024	**osaksi**	*adv*	**part**
2434	**osallinen**	*nn; adj*	**accessory; have a share in**
1725	**osallistua**	*v*	**participate**
1356	**osasto**	*nn*	**department**
708	**osata**	*v; av*	**know; can**
1549	**osata**	*v*	**know**
1237	**osavaltio**	*nn*	**state**
2323	**osittain**	*adv*	**partly**
1136	**osoite**	*nn*	**address**
961	**osoittaa**	*v*	**show**
456	**ostaa**	*v*	**buy**
2386	**ostos**	*nn*	**purchase**
898	**osua**	*v; phr*	**hit; get home**
2355	**osuma**	*nn*	**hit**
2210	**osuus**	*nn*	**share**
2444	**ote**	*nn*	**extract**
105	**ottaa**	*v*	**take**
542	**ottaa huomioon**	*v*	**regard**
1302	**ottelu**	*nn*	**match**
1629	**otto**	*nn; abbr*	**intake; ATM**
1905	**otus**	*nn*	**creature**
1877	**oudosti**	*adv*	**peculiarly**
413	**outo**	*adj*	**strange**
2181	**ovela**	*adj*	**cunning**
314	**ovi**	*nn*	**door**

P

326	**pää**	*nn*	**head**
2497	**pääasia**	*nn*	**issue**
771	**päällikkö**	*nn*	**master**
2099	**päämaja**	*nn*	**headquarters**
2028	**pääministeri**	*nn; abbr*	**prime minister; PM**
99	**päästä**	*v; prep*	**get; off**
586	**päästää**	*v*	**let**

1585	pääsy	*nn*	access
2104	päätellä	*v*	deduce
957	päätös	*nn*	decision
651	päättää	*v*	decide
1067	päättyä	*v*	end
2135	päätyä	*v*	end up
2319	paavi	*nn*	pope
854	paeta	*v; phr*	escape; make one's getaway
96	paha	*adj; nn*	evil; evil
723	pahasti	*adv*	badly
2218	pahastua	*v*	resent
2243	pahemmin	*adv*	worse
1107	pahempi	*adj*	worse
2215	paheta	*v*	grow worse
2493	pähkinä	*nn*	nut
1261	pahoin	*adv*	badly
1164	pahoitella	*v*	regret
1273	paholainen	*nn*	devil
1105	pahus	*nn*	deuce
2170	pahuus	*nn*	evil
1708	paikallinen	*adj*	local
550	paikata	*v*	patch
194	paikka	*nn*	place
885	painaa	*v*	press
1660	painajainen	*nn*	nightmare
2059	painava	*adj*	heavy
1861	paine	*nn*	pressure
2383	paino	*nn*	weight
480	painua	*v*	sink
1483	päinvastoin	*adv*	vice versa
1979	paistaa	*v*	shine
1188	paita	*nn*	shirt
298	paitsi	*prep; conj*	except
172	päivä	*nn*	day
1488	päivällinen	*nn*	dinner
1320	päivätä	*v*	date
824	päiväys	*nn*	date
1459	päivittäin	*adv*	daily
1963	pakata	*v*	pack
1779	paketti	*nn*	package
2188	pakkaus	*nn*	packaging
294	pakko	*nn*	force
1868	pakkomielle	*nn*	obsession
791	pako	*nn*	getaway
1230	pakottaa	*v*	force
2201	paksu	*adj*	thick
1028	pala	*nn*	piece
1644	palanen	*nn*	piece
435	palata	*v*	return
1196	palauttaa	*v*	return
1154	paljastaa	*v; phr*	reveal; take the lid off
395	paljo	*adj*	a great amount of
55	paljon	*adv; nn*	much; sight
1540	palkata	*v*	hire
1648	palkinto	*nn*	prize
1332	palkka	*nn*	pay
2002	palkkio	*nn*	reward
860	pallo	*nn*	ball
2107	paluu	*nn*	return
2056	palvelija	*nn*	servant
1769	palvella	*v*	serve
1489	palvelu	*nn*	service
803	palvelus	*nn*	service
1370	Pam!	*i*	Bang!
1252	pankki	*nn*	bank
538	panna	*v; nn*	put; ban
2347	panos	*nn*	input
998	paperi	*nn*	paper
1144	pappi	*nn*	priest
2280	papu	*nn*	bean
1059	parantaa	*v*	improve

2309	parantua	*v*	heal
189	paras	*adj; nn*	best; good
2050	paras	*nn*	good
341	paremmin	*adv*	better
186	parempi	*adj*	better
1597	parhaillaan	*adv*	presently
1357	parhaiten	*adv*	best
198	pari	*nn*	couple
912	pärjätä	*v; phr*	get along; keep one's head above water
1311	parka	*adj*	poor
2041	paroni	*nn*	baron
2325	parta	*nn*	beard
2461	paska	*nn; adj*	shit; shitty
1448	paskapää	*nn*	bastard
306	paskiainen	*nn; abbr*	son of a bitch; s.o.b.
1061	pastori	*nn*	pastor
2345	päteä	*v*	apply
2417	paukku	*nn*	scorcher
1993	pehmeä	*adj*	soft
2195	peili	*nn*	mirror
1724	peittää	*v*	cover
2303	peitto	*nn*	cover
1670	pelaaja	*nn*	player
471	pelastaa	*v*	save
618	pelata	*v*	play
1121	pelätä	*v*	be afraid
532	peli	*nn*	game
947	pelkästään	*adv*	only
514	pelkkä	*adj; adv*	mere; nothing more than
1227	pelko	*nn*	fear
967	pelkuri	*nn*	coward
1747	pelle	*nn*	clown
1399	pelleillä	*phr; v*	play the fool; fuck around
2242	pelleily	*nn*	nonsense
1837	pelotella	*v*	frighten
646	pelottaa	*v*	scare
2183	pelto	*nn*	field
746	perä	*nn*	stern
1402	perääntyä	*v*	retreat
2124	perata	*v*	gut
525	perhe	*nn*	family
2031	periaate	*nn*	principle
702	perillä	*adv*	in
936	perille	*adv*	there
2427	perinne	*nn*	tradition
1177	perjantai	*nn; abbr*	Friday; Fri
2012	perua	*v*	retract
2459	perusta	*nn*	basis
1974	perustaa	*v*	establish
1026	peruste	*nn*	justificati on
2008	peruuttaa	*v*	revoke
2480	perverssi	*adj; nn*	perverse; pervert
1643	pestä	*v*	wash
1551	peto	*nn*	beast
1197	pettää	*v*	deceive
1274	petturi	*nn*	traitor
1345	pettyä	*v*	be deceived
2137	pettymys	*nn*	frustratio n
137	pian	*adv*	soon
2395	piano	*nn*	piano
2234	pidätellä	*v*	hold back
985	pidättää	*v*	reserve
2207	pidellä	*v*	hold
647	pidin	*nn*	holder
187	pieni	*adj; nn*	small;

			short drink
1065	piha	*nn*	yard
1135	piilo	*nn*	hiding
2023	piilottaa	*v*	hide
2042	piiloutua	*v*	hide
2374	piirtää	*v*	draw
1508	piitata	*v*	care
1874	pikemminkin	*adv*	rather
236	pikku	*adj*	little
2438	pikkupoika	*nn*	little boy
2272	pikkuveli	*nn*	kid brother
2133	pila	*nn*	joke
1004	pilata	*v; phr*	ruin; play hell with
2491	pilkata	*v*	mock
2014	pilleri	*nn*	pill
1456	pilvi	*nn*	cloud
1058	pimeä	*adj; nn*	dark; dark
1690	pimeys	*nn*	darkness
2296	pinta	*nn*	surface
2481	piristää	*v; phr*	spice; give a lift
710	piru	*nn*	devil
788	pistää	*v*	inject
1468	piste	*nn*	point
36	pitää	*v*	keep
384	pitkä	*adj*	long
461	pitkään	*adv; phr*	long; at length
631	pitkälle	*adv*	far
715	pitkin	*prep*	along
2020	pizza	*nn*	pizza
1659	planeetta	*nn*	planet
1754	plus	*adv; prep; conj*	plus; plus; and
2004	pohja	*nn*	base
1060	pohjoinen	*adj; nn*	north; north
124	poika	*nn*	son
1349	poikaystävä	*nn*	boyfriend
609	poikki	*adv; prep; adj*	across; across; off, over
50	pois	*adv; prep*	off; out of
249	poissa	*adv; adj*	away; absent
1257	poistaa	*v*	remove
891	poistua	*v*	exit
2484	poistuma	*nn*	wastage
246	poliisi	*nn; abbr*	police; PC
2003	poliisipäällikkö	*nn*	police commissioner
2349	poliittinen	*adj; nn*	political; politico
763	polttaa	*v*	burn
2144	polttoaine	*nn*	fuel
901	pommi	*nn*	bomb
393	pomo	*nn*	boss
1073	pormestari	*nn*	mayor
2311	porno	*nn*	porn
1265	portti	*nn*	port
1799	porukka	*nn*	outfit
2220	posti	*nn*	mail
1326	potilas	*nn*	patient
743	potku	*nn*	kick
2197	pöty	*nn*	drivel
1198	pöytä	*nn*	table
444	presidentti	*nn*	president
725	prinsessa	*nn*	princess
863	prinssi	*nn*	prince
620	professori	*nn*	professor
2418	profiili	*nn*	profile
1759	projekti	*nn*	project
818	prosentti	*nn*	percentage
2236	psykiatri	*nn*	psychiatri

			st
812	**pudota**	*v; phr*	**drop; take a tumble**
1980	**pudottaa**	*v*	**drop**
2353	**puhaltaa**	*v*	**blow**
1006	**puhdas**	*adj*	**clean**
1818	**puhdistaa**	*v*	**clean**
1111	**puhe**	*nn*	**speech**
673	**puhelin**	*nn*	**phone**
871	**puhelu**	*nn*	**call**
115	**puhua**	*v*	**talk**
1845	**puhuminen**	*nn*	**talking**
1849	**puisto**	*nn*	**park**
2346	**pukea**	*v*	**dress**
1631	**pukeutua**	*v*	**dress**
1790	**pukki**	*nn*	**buck**
1084	**puku**	*nn*	**suit**
781	**pula**	*nn*	**shortage**
1253	**pullo**	*nn*	**bottle**
2320	**pulssi**	*nn*	**pulse**
750	**punainen**	*adj; nn*	**red; red**
1162	**punta**	*nn*	**pound**
394	**puolesta**	*prep*	**on behalf of**
380	**puoli**	*adj; nn*	**half; half**
1621	**puolustaa**	*v*	**defend**
1622	**puolustus**	*nn*	**defense**
1751	**purkaa**	*v*	**land**
1658	**purra**	*v*	**bite**
2247	**putki**	*nn*	**tube**
1377	**puu**	*nn*	**wood**
2217	**puuhata**	*v*	**be busy**
862	**puuttua**	*v*	**intervene**
802	**pyhä**	*adj*	**holy**
2068	**pyörä**	*nn*	**wheel**
1471	**pyöriä**	*v*	**rotate**
2265	**pyörittää**	*v*	**rotate**
583	**pysähtyä**	*v*	**stop**
682	**pysäyttää**	*v*	**stop**
263	**pysty**	*adj*	**upright**
821	**pystyä**	*v*	**can**
1313	**pystyssä**	*adj; adv; phr*	**erect; upright; on end**
1475	**pystyyn**	*adv*	**up**
217	**pysyä**	*v*	**stay**
581	**pyy**	*nn*	**hazel hen**
2341	**pyyhkiä**	*v*	**wipe**
2441	**pyyntö**	*nn*	**request**
197	**pyytää**	*v*	**request**

R

2392	**raamattu**	*nn*	**Holy Bible**
1159	**radio**	*nn*	**radio**
158	**raha**	*nn*	**money**
2203	**raitis**	*adj; nn; phr*	**fresh; nondrinker; on the wagon**
1190	**raja**	*nn*	**limit**
2452	**räjähde**	*nn*	**charge**
2017	**räjähdys**	*nn*	**explosion**
1131	**räjähtää**	*v; phr*	**explode; blow one's top**
1365	**räjäyttää**	*v*	**blow up**
412	**rakas**	*nn; adj*	**love; dear**
132	**rakastaa**	*v*	**love**
2225	**rakastaja**	*nn*	**lover**
2166	**rakastella**	*v*	**make love**
1204	**rakennus**	*nn*	**building**
1054	**rakentaa**	*v*	**build**
608	**rakkaus**	*nn*	**love**
1827	**rangaistus**	*nn*	**penalty**
959	**rankka**	*adj*	**heavy**
1286	**Ranska**	*nn*	**France**
1529	**ranskalainen**	*adj; nn*	**French; Frenchman**
1109	**ranta**	*nn*	**beach**

1457	**raportti**	*nn*	**report**
758	**raskas**	*adj*	**heavy**
1583	**ratkaista**	*v*	**solve**
1178	**ratkaisu**	*nn*	**solution**
1623	**ratsastaa**	*v*	**ride**
443	**rauha**	*nn*	**peace**
1510	**rauhallinen**	*adj*	**quiet**
473	**rauhallisesti**	*adv*	**quietly**
2350	**rauhoittaa**	*v*	**reassure**
293	**rauhoittua**	*v*	**calm down**
1640	**ravintola**	*nn*	**restauran t**
2177	**reagoida**	*v*	**respond to**
849	**rehellinen**	*adj; phr*	**honest; above board**
1165	**rehellisesti**	*adv*	**fair**
1610	**rehtori**	*nn*	**headmast er**
1661	**reikä**	*nn*	**hole**
916	**reilu**	*adj*	**fair**
2129	**reilusti**	*adv*	**well**
1292	**reitti**	*nn*	**route**
2343	**rekka**	*nn*	**truck**
2256	**rengas**	*nn*	**ring**
1361	**rennosti**	*adv*	**casually**
1019	**rentoutua**	*v; phr*	**relax; let one's hair down**
1641	**repiä**	*v*	**tear**
2412	**riidellä**	*v; phr*	**quarrel; bandy words**
728	**riippua**	*v*	**depend**
2490	**riisi**	*nn*	**rice**
1442	**riisua**	*v*	**undress**
1956	**riita**	*nn*	**dispute**
228	**riittää**	*v*	**suffice**
1562	**riittävästi**	*adv*	**sufficientl y**
1095	**riitti**	*nn*	**rite**
2066	**riivata**	*v*	**obsess**
882	**rikas**	*adj*	**rich**
902	**rikki**	*nn; adj; adv*	**sulfur; broken; to pieces**
1909	**rikkoa**	*v*	**break**
1307	**rikollinen**	*adj; nn*	**criminal; criminal**
1152	**rikos**	*nn*	**crime**
2163	**rinta**	*nn*	**breast**
1358	**riski**	*nn*	**risk**
2315	**risti**	*nn*	**cross**
1985	**ritari**	*nn*	**knight**
1923	**rivi**	*nn*	**line**
2033	**robotti**	*nn*	**robot**
1216	**rock**	*nn*	**rock**
1127	**rohkea**	*adj; phr*	**brave; close to the bone**
1368	**rohkeus**	*nn*	**courage**
2149	**roikkua**	*v*	**hang**
1486	**roisto**	*nn*	**villain**
1800	**romanttinen**	*adj*	**romantic**
1052	**roska**	*nn*	**garbage**
1337	**rotta**	*nn*	**rat**
156	**rouva**	*abbr; nn*	**Mrs.; lady**
1098	**rukoilla**	*v*	**pray**
975	**ruma**	*adj; adv*	**ugly; not much to look at**
2211	**runsaasti**	*adv*	**in abundanc e**
1386	**ruoho**	*nn*	**grass**
358	**ruoka**	*nn*	**food**
2382	**ruokkia**	*v*	**feed**
2266	**ruskea**	*adj*	**brown**
697	**ruumis**	*nn*	**corpse**
1788	**ruveta**	*v*	**start**
1343	**Rva**	*abbr*	**Mrs.**

2244	ryhdistäytyä	*v; phr*	shape up; pull one's socks up
798	ryhmä	*nn*	group
1485	ryhtyä	*v*	start
1637	ryöstää	*v*	rob
1721	ryöstö	*nn*	robbery

S

1340	sää	*nn*	weather
59	saada	*v; av*	get; can
703	saakka	*conj; prep*	until; until
914	sääli	*nn*	pity
1617	sääliä	*v*	pity
2073	saalis	*nn*	catch
877	sääntö	*nn*	rule
2405	saapas	*nn*	boot
808	saapua	*v*	arrive
1633	saari	*nn*	island
1383	säästää	*v*	save
644	saatana	*nn*	Satan
378	saattaa	*av; v*	may; put
1576	saavuttaa	*v*	reach
1737	sade	*nn*	rain
2204	sähkö	*nn*	electricity
1766	säilyttää	*v*	retain
641	sairaala	*nn*	hospital
465	sairas	*adj; nn; phr*	sick; invalid; on one's back
1839	sairaus	*nn*	disease
1249	saksa	*adj; nn*	German; German
1410	saksalainen	*adj; nn*	German; German
1423	salaa	*adv; phr*	secretly; on the sly
972	salainen	*adj*	secret
1037	salaisuus	*nn*	secret
1654	salama	*nn*	flash
2338	salaperäinen	*adj; nn*	mysterious; occult
1543	salassa	*adv*	in secrecy
2290	salata	*v*	conceal
1350	sallia	*v*	allow
248	sama	*adj; adv; pron; art; nn*	same; same; same|one|idem; a|an
858	samanlainen	*adj; adv; pron*	similar; same; same
1713	sammuttaa	*v*	shut off
388	samoin	*adv*	likewise
1422	samppanja	*nn*	champagne
130	sana	*nn*	word
822	sankari	*nn*	hero
782	sänky	*nn*	bed
103	sanoa	*v*	say
960	sanoma	*nn*	message
1934	sanonta	*nn*	saying
988	sara	*nn*	sedge
1933	sarja	*nn*	series
1878	särkeä	*v*	smash
859	sata	*nn; num*	hundred
940	sataa	*v; phr*	rain; it rains
2173	satama	*nn*	port
466	sattua	*v; phr*	occur; get home
1835	sattuma	*nn*	chance
1452	satu	*nn*	fairy tale
796	satuttaa	*v*	hurt
2030	savu	*nn*	smoke
3	se	*pron; art; nn*	it; the; such a thing
1533	seinä	*nn*	wall

428	**Seis!**	*i*	**Stop!**
1447	**seisoa**	*v*	**stand**
1886	**seistä**	*v*	**stand**
436	**seitsemän**	*num*	**seven**
376	**sekä**	*conj*	**together with**
1982	**sekaantua**	*v*	**cut in**
526	**sekainen**	*adj*	**disorderly**
1606	**sekoittaa**	*v*	**confuse**
1291	**sekopää**	*nn*	**nutcase**
582	**seksi**	*nn*	**sex**
1032	**seksikäs**	*adj*	**sexy**
574	**sekunti**	*nn*	**second**
495	**selittää**	*v*	**explain**
1557	**selitys**	*nn*	**explanation**
1218	**selkä**	*nn*	**back**
275	**sellainen**	*adj; prep; nn*	**such; like; such a thing**
2384	**selli**	*nn*	**cell**
57	**selvä**	*adj*	**clear**
774	**selvästi**	*adv; phr*	**clearly; in so many words**
479	**selvätä**	*v*	**unscramble**
846	**selvitä**	*v; phr*	**clarify; keep one's head above water**
624	**selvittää**	*v*	**sort out**
2159	**selviytyä**	*v*	**cope**
954	**senaattori**	*nn*	**senator**
423	**sentään**	*adv*	**yet**
981	**sentti**	*nn*	**cent**
1506	**seota**	*phr; v*	**go bananas; go haywire**
1275	**serkku**	*nn*	**cousin**
585	**setä**	*nn*	**uncle**
991	**seura**	*nn*	**society**
416	**seuraava**	*adj*	**next**
364	**seurata**	*v*	**follow**
2329	**seuraus**	*nn*	**consequence**
1003	**show**	*nn*	**show**
2330	**side**	*nn*	**binder**
53	**siellä**	*adv*	**there**
259	**sieltä**	*adv*	**from there**
1338	**sielu**	*nn*	**soul**
1535	**sietää**	*v*	**tolerate**
1857	**sievä**	*adj*	**pretty**
1942	**signaali**	*nn*	**signal**
2258	**sihteeri**	*nn*	**secretary**
1994	**siipi**	*nn*	**wing**
965	**siirtää**	*v*	**transfer**
2034	**siirto**	*nn*	**move**
1128	**siirtyä**	*v*	**move**
98	**siis**	*adv; conj; phr*	**therefore; so; that is to say**
634	**siisti**	*adj*	**neat**
1646	**siivota**	*v*	**clean up**
716	**sija**	*nn*	**place**
2110	**sijainti**	*nn*	**location**
2120	**sijaita**	*v*	**be located**
878	**sika**	*nn*	**swine**
1163	**siksi**	*adv; phr*	**therefore; that's why**
2469	**silkka**	*adj*	**sheer**
179	**silloin**	*adv*	**then**
584	**silmä**	*nn*	**eye**
1678	**silta**	*nn*	**bridge**
240	**silti**	*adv; conj*	**still; still**
23	**sinä**	*pron*	**you**

964	sininen	*adj*	blue
117	sinne	*adv*	there
145	sir	*nn*	sir
128	sisään	*adv; prep*	in; inside
2128	sisäinen	*adj; pfx*	internal; intra-
419	sisälle	*adv; prep*	inside; within
1425	sisältä	*adv*	from within
347	sisältää	*v*	contain
1126	sisar	*nn*	sister
853	sisko	*nn*	sister
1907	sisu	*nn*	go
762	siten	*adv*	so
2189	sitoa	*v*	tie
25	sitten	*adv*	then
2437	sittenkään	*adv*	even then
1219	sittenkin	*adv*	after all
1625	siunata	*v*	bless
1545	siunaus	*nn*	blessing
1226	sivu	*nn*	page
976	soida	*v*	ring
652	soitin	*nn*	player
237	soittaa	*v*	call
1017	sokea	*adj*	blind
1424	sokeri	*nn*	sugar
346	sopia	*v*	fit
2410	sopimaton	*adj*	inappropriate
675	sopimus	*nn*	agreement
1138	sopiva	*adj*	suitable
2370	sopivasti	*adv*	suitably
2150	sormi	*nn*	finger
1812	sormus	*nn*	ring
588	sota	*nn*	war
1705	sotamies	*nn*	soldier
772	sotilas	*nn*	soldier
2411	sotkea	*v; phr*	mess; play the devil with
1362	sotku	*nn*	mess
676	suhde	*nn*	ratio
1270	suihku	*nn*	shower
755	sujua	*v*	pan out
1720	suklaa	*nn*	chocolate
1421	suku	*nn*	family
2246	sukulainen	*nn*	relative
2451	sulaa	*v*	melt
645	sulje	*nn*	bracket
944	sulkea	*v*	close
1064	suloinen	*adj*	sweet
1858	summa	*nn*	sum
1335	sunnuntai	*nn; abbr*	Sunday; Sun
1011	suo	*nn*	swamp
722	suoda	*v*	bestow
1147	suoja	*nn*	protection
800	suojella	*v*	protect
2156	suola	*nn*	salt
1360	suora	*adj; nn*	direct; plain
2025	suora	*nn*	plain
267	suoraan	*adv; phr*	directly; in so many words
1805	suorittaa	*v*	run
1618	suosia	*v*	favor
2072	suosikki	*nn*	favorite
1596	suositella	*v*	recommend
937	suostua	*v*	agree
889	surkea	*adj*	puny
2222	surra	*v*	mourn
1044	surullinen	*adj*	sad
1591	susi	*nn*	wolf
672	suu	*nn*	mouth
1437	suudella	*v*	kiss

1603	suunnata	*v*	head
1634	suunnilleen	*adv; prep*	approximately; about
1479	suunnitella	*v*	design
554	suunnitelma	*nn*	plan
592	suunta	*nn*	direction
2297	suure	*nn*	quantity
2089	suurenmoinen	*adj*	magnificent
2126	suuresti	*adv*	greatly
295	suuri	*adj*	large
2053	suurlähettiläs	*nn*	ambassador
1965	suuttua	*v; phr*	get angry; get one's monkey up
2263	suututtaa	*v*	antagonize
773	sydän	*nn*	heart
1893	sydänkohtaus	*nn*	heart attack
2286	symboli	*nn*	symbol
2460	synkkä	*adj; nn*	gloomy; synch
2054	synnyttää	*v*	bear
1885	synti	*nn*	sin
1462	synty	*nn*	birth
1002	syntyä	*v; phr*	be born
1093	syntymäpäivä	*nn*	birthday
420	syödä	*v*	eat
1223	syöpä	*nn*	cancer
1579	syöttää	*v*	input
2287	syöttö	*nn*	pass
1941	syrjä	*nn*	edge
2153	syttyä	*v*	ignite
2058	sytyttää	*v*	ignite
1375	syvä	*adj*	deep
1584	syvällä	*adv*	deep
2016	syvästi	*adv*	profoundly
370	syy	*nn*	reason
992	syyllinen	*adj; nn*	guilty; culprit
1771	syyllisyys	*nn*	guilt
1944	syyte	*nn*	prosecution
1106	syytön	*adj*	blameless
925	syyttää	*v*	blame
1501	syyttäjä	*nn*	prosecutor

T

511	taakse	*adv; prep*	behind; behind
1053	taaksepäin	*adv*	backwards
18	täällä	*adv*	here
2324	täällä päin	*adv; phr*	along here; in this neck of the woods
113	täältä	*adv*	from here
108	taas	*adv; prep*	again; round
1852	taata	*v*	guarantee
1322	taatusti	*adv*	certainly
1870	tähdätä	*v*	target
531	tähti	*nn*	star
494	tahto	*nn*	will
695	tahtoa	*av; v*	will; will
33	tai	*conj; adv*	or; otherwise
1755	taide	*nn*	art
2442	taikuri	*nn*	magician
2074	taistelija	*nn*	fighter
804	taistella	*v*	fight
1102	taistelu	*nn*	fight
372	taitaa	*v*	know

1372	**taitava**	*adj*	**skilful**
1620	**taiteilija**	*nn*	**artist**
769	**taivas**	*nn*	**sky**
500	**taju**	*nn*	**savvy**
739	**tajuta**	*v*	**realize**
2015	**taka-**	*adj*	**rear**
659	**takaa**	*adv*	**from behind**
54	**takaisin**	*adv; pfx*	**back; re-**
335	**takana**	*adv; prep*	**behind; behind**
162	**takia**	*prep; adv*	**because of; as a result**
1280	**takki**	*nn*	**jacket**
1134	**taksi**	*nn*	**taxi**
1132	**takuu**	*nn*	**warranty**
498	**tällainen**	*prep; adj*	**like; of this sort**
1325	**tällöin**	*adv*	**here**
437	**talo**	*nn*	**house**
2336	**talvi**	*nn*	**winter**
12	**tämä**	*pron; adj*	**this; present**
101	**tänään**	*adv*	**today**
2262	**tankki**	*nn*	**tank**
43	**tänne**	*adv*	**here**
927	**tänne päin**	*adv*	**along here**
751	**tanssi**	*nn*	**dance**
1189	**tanssia**	*v; phr*	**dance; shake a leg**
1889	**tanssija**	*nn*	**dancer**
278	**tapa**	*nn*	**way**
895	**tapaaminen**	*nn*	**meeting**
127	**tapahtua**	*v*	**happen**
1734	**tapahtuma**	*nn*	**event**
392	**tapaus**	*nn*	**case**
161	**tappaa**	*v*	**kill**
861	**tappaja**	*nn*	**killer**
1707	**tappaminen**	*nn*	**killing**
499	**tarina**	*nn*	**story**
1472	**tarjoilija**	*nn*	**waiter**
1990	**tarjolla**	*adv*	**on offer**
540	**tarjota**	*v*	**offer**
1441	**tarjous**	*nn*	**offer**
841	**tarkalleen**	*adv; phr*	**exactly; to a hair**
2075	**tarkastaa**	*v*	**check**
2180	**tarkastaja**	*nn*	**inspector**
963	**tarkasti**	*adv; phr*	**closely; chapter and verse**
375	**tärkeä**	*adj*	**important**
1381	**tarkemmin**	*adv*	**more specificall y**
973	**tarkistaa**	*v*	**check**
1538	**tarkistaa**	*v*	**check**
1559	**tarkka**	*adj*	**exact**
904	**tarkkaan**	*adv*	**precisely**
2328	**tarkkailla**	*v*	**watch**
216	**tarkoittaa**	*v*	**mean**
539	**tarkoitus**	*nn*	**purpose**
209	**tarpeeksi**	*adj; adv; nn*	**enough; enough; plenty**
2076	**tarpeellinen**	*adj; nn*	**necessary ; the necessary**
1243	**tarttua**	*v*	**stick**
2169	**tartunta**	*nn*	**infection**
979	**tarve**	*nn*	**need**
131	**tarvita**	*v*	**need**
1087	**tasan**	*adv*	**equally**
2475	**tasku**	*nn*	**pocket**
1268	**täsmälleen**	*adv; phr*	**exactly; on the dot**
2027	**täsmätä**	*v*	**balance**
1781	**taso**	*nn*	**level**
1891	**täten**	*adv*	**thus**

949	**täti**	*nn*	**aunt**
2390	**tatuointi**	*nn*	**tattoo**
1884	**tauko**	*nn*	**break**
1807	**tauti**	*nn*	**disease**
579	**tavallaan**	*adv*	**kind of**
870	**tavallinen**	*adj*	**usual**
2035	**tavallisesti**	*adv*	**usually**
953	**tavara**	*nn*	**goods**
183	**tavata**	*v*	**meet**
1638	**tavoittaa**	*v; phr*	**reach; run to earth**
478	**täydellinen**	*adj; nn*	**perfect; plenary**
1294	**täydellisesti**	*adv*	**perfectly**
371	**täynnä**	*adj*	**full**
830	**täysi**	*adj; pron; nn*	**full; every; plenary**
1464	**täysi**	*nn*	**plenary**
239	**täysin**	*adv; nn; adj; phr*	**completel y; one hundred percent; roaring; all ends up**
1068	**täyttää**	*v*	**fill**
48	**täytyä**	*v*	**need**
58	**te**	*pron; nn*	**you; you guys**
2238	**teatteri**	*nn*	**theater**
224	**tee**	*nn*	**tea**
1879	**teeskennellä**	*v; phr*	**pretend; put on an act**
46	**tehdä**	*v*	**make**
2465	**tehdas**	*nn*	**factory**
2274	**teho**	*nn*	**power**
2422	**tehokas**	*adj*	**effective**
407	**tehtävä**	*nn*	**task**
543	**tekeillä**	*adv; phr*	**afoot; in hand**
487	**tekeminen**	*nn*	**making**
1602	**tekijä**	*nn*	**factor**
1516	**teko**	*nn*	**act**
425	**tekstitys**	*nn*	**subtitles**
1547	**televisio**	*abbr; nn*	**TV; television**
1318	**temppu**	*nn*	**trick**
1957	**teoria**	*nn*	**theory**
2079	**terävä**	*adj*	**sharp**
2351	**terroristi**	*nn*	**terrorist**
286	**terve**	*adj*	**healthy**
1094	**tervehdys**	*nn*	**greeting**
1991	**tervehtiä**	*v*	**greet**
291	**Tervetuloa!**	*i*	**Welcome!**
1608	**testi**	*nn*	**test**
496	**tie**	*nn*	**road**
2276	**tiede**	*nn*	**science**
2001	**tiedemies**	*nn*	**scientist**
1722	**tienata**	*v*	**pull down**
37	**tietää**	*v*	**know**
520	**tietävä**	*adj*	**knowing**
512	**tietenkään**	*phr; adv*	**to be sure; surely**
315	**tietenkin**	*adv; phr*	**surely; to be sure**
559	**tieto**	*nn*	**informati on**
1539	**tietoinen**	*adj*	**aware**
1478	**tietokone**	*nn*	**computer**
1440	**tietty**	*adj; pron*	**certain; some**
299	**tietysti**	*adv*	**naturally**
1391	**tiikeri**	*nn*	**tiger**
1527	**tiimi**	*nn*	**team**
1733	**tiistai**	*nn; abbr*	**Tuesday; Tues**
568	**tila**	*nn*	**status**
899	**tilaisuus**	*nn*	**opportuni ty**
995	**tilanne**	*nn*	**situation**

1792	tilata	*v*	order
2094	timantti	*nn*	diamond
1714	tina	*nn*	tin
1649	tiukasti	*adv*	strictly
1419	tiukka	*adj*	tight
78	todella	*adv; av*	really; do
663	todellinen	*adj*	real
1996	todellisuus	*nn*	reality
1112	todennäköisesti	*adv*	likely
614	todistaa	*v*	evidence
1480	todistaja	*nn*	witness
679	todiste	*nn*	evidence
182	tohtori	*nn; abbr*	doctor; Dr.
938	toimi	*nn*	action
381	toimia	*v*	act
1049	toiminta	*nn*	activities
1353	toimisto	*nn*	office
1651	toimittaa	*v*	deliver
1299	toimittaja	*nn*	supplier
167	toinen	*adj; pron*	second; another
1327	toisaalta	*adv*	secondly
683	toisin	*adv*	otherwise
1203	toisinaan	*adv*	sometimes
1090	toistaa	*v*	repeat
337	toivo	*nn*	hope
754	toivoa	*v*	hope
2295	toivoton	*adj*	hopeless
1804	toivottaa	*v*	wish
255	toivottavasti	*adv; phr*	hopefully; I hope so
322	toki	*av; adv*	do; surely
1117	tonni	*nn*	tonne
2468	törkeä	*adj*	outrageous
1802	törmätä	*v*	walk into
2304	torni	*nn*	tower
1703	torstai	*nn; abbr*	Thursday; Thur
83	tosi	*adj; adv*	true; real
2122	tosiasia	*nn*	fact
1609	totella	*v*	obey
1796	toteuttaa	*v*	implement
2145	totisesti	*adv*	verily
999	Totta kai!	*i*	Certainly!
1172	tottua	*v*	shake down
477	totuus	*nn; phr*	truth; dinkum oil
1522	toveri	*nn*	comrade
2409	töykeä	*adj*	rude
1001	tuhat	*num*	thousand
1716	tuhlata	*v*	waste
2376	tuhlaus	*nn*	waste
1389	tuho	*nn*	destruction
2367	tuhoava	*adj*	destructive
720	tuhota	*v; phr*	destroy; play hell with
1984	tuijottaa	*v*	gaze
1371	tuki	*nn*	support
2229	tukikohta	*nn*	base
1801	tukka	*nn*	hair
2305	tukko	*nn*	tuft
759	tuleva	*adj; nn*	future; embryo
1110	tulevaisuus	*nn*	future
257	tuli	*nn*	fire
1867	tulinen	*adj*	fiery
1811	tulipalo	*nn*	fire
40	tulla	*v*	become
736	tullata	*v*	declare
221	tulo	*nn*	income
1650	tulos	*nn*	result
2208	tumma	*adj*	dark

271	**tunne**	*nn*	**feeling**
2264	**tunneli**	*nn*	**tunnel**
1379	**tunnistaa**	*v*	**recognize**
1574	**tunnustaa**	*v*	**confess**
260	**tuntea**	*v*	**feel**
1450	**tuntematon**	*adj; nn*	**unknown; unknown**
1344	**tunteva**	*adj*	**sentient**
321	**tunti**	*nn*	**hour**
2439	**tuntu**	*nn*	**feel**
190	**tuntua**	*v*	**seem**
459	**tuo**	*pron; adj; adv*	**that; yonder; yonder**
34	**tuoda**	*v*	**bring**
2082	**tuoksu**	*nn*	**scent**
1616	**tuoksua**	*v*	**smell**
2010	**tuoli**	*nn*	**chair**
122	**tuolla**	*adv; adj*	**there; yonder**
719	**tuollainen**	*adj*	**that kind of**
643	**tuomari**	*nn*	**judge**
1780	**tuomio**	*nn*	**judgment**
1718	**tuomita**	*v*	**condemn**
383	**tuonne**	*adv*	**there**
1943	**tuore**	*adj*	**fresh**
334	**tuossa**	*adv*	**there**
146	**tuottaa**	*v*	**produce**
2306	**tuottaja**	*nn*	**producer**
1315	**tupakka**	*nn*	**tobacco**
1015	**turha**	*adj*	**useless**
926	**turhaan**	*adv*	**in vain**
448	**turpa**	*nn*	**chub**
1571	**turva**	*nn*	**safety**
1587	**turvallinen**	*adj*	**safe**
1743	**turvallisesti**	*adv*	**safely**
1859	**turvallisuus**	*nn*	**safety**
417	**tuska**	*nn*	**pain**
876	**tutkia**	*v*	**explore**
2269	**tutkija**	*nn*	**investigator**
1929	**tutkimus**	*nn*	**research**
1234	**tuttu**	*adj*	**known**
805	**tutustua**	*v*	**meet**
1097	**tuuli**	*nn*	**wind**
1390	**tuuri**	*nn*	**luck**
629	**TV**	*abbr*	**TV**
833	**tyhjä**	*adj; adv*	**blank; down**
454	**tyhmä**	*adj*	**stupid**
1124	**tylsä**	*adj*	**boring**
261	**työ**	*nn*	**work**
1221	**työntää**	*v*	**push**
2192	**työntekijä**	*nn*	**worker**
1821	**työpaikka**	*nn*	**job**
989	**työskennellä**	*v*	**work**
2381	**työtön**	*adj*	**unemployed**
598	**typerä**	*adj*	**silly**
820	**typerys**	*nn*	**fool**
561	**tytär**	*nn*	**daughter**
150	**tyttö**	*nn*	**girl**
2453	**tyttönen**	*nn*	**girl**
1211	**tyttöystävä**	*nn*	**girlfriend**
1819	**tyyli**	*nn*	**style**
2316	**tyylikäs**	*adj*	**elegant**
2112	**tyypillinen**	*adj*	**typical**
349	**tyyppi**	*nn*	**type**
789	**tyytyväinen**	*adj*	**pleased**

U

1699	**uhata**	*v*	**threaten**
1556	**uhka**	*nn*	**risk**
1023	**uhri**	*nn*	**victim**
1412	**uida**	*v*	**swim**
1897	**ujo**	*adj*	**shy**
1732	**ukko**	*nn*	**old man**
1978	**ulkoa**	*adv; phr; prep*	**outside; by heart; outside of**

331	**ulkona**	*adv; prep*	**outdoors; out of**
619	**ulkopuoli**	*nn*	**outside**
85	**ulos**	*adv; prep*	**out; out of**
1380	**unelma**	*nn*	**dream**
541	**uni**	*nn*	**sleep**
2326	**universumi**	*nn*	**universe**
284	**unohtaa**	*v*	**forget**
544	**upea**	*adj*	**magnificent**
1570	**upseeri**	*nn*	**officer**
1969	**ura**	*nn*	**career**
1595	**urhea**	*adj*	**brave**
837	**usea**	*adj; nn; pron*	**many; many; several**
452	**usein**	*adv*	**often**
1359	**uskaltaa**	*v*	**dare**
134	**usko**	*nn*	**faith**
264	**uskoa**	*v*	**believe**
1484	**uskollinen**	*adj*	**loyal**
396	**uskomaton**	*adv; adj*	**beyond belief; incredible**
1470	**utelias**	*adj*	**curious**
338	**uudelleen**	*adv*	**again**
312	**uudestaan**	*pfx*	**re-**
193	**uusi**	*adj; pron*	**new**
1217	**uutinen**	*nn*	**news**

V

1367	**vaadin**	*nn*	**female reindeer**
2354	**vaalea**	*adj*	**light**
94	**vaan**	*conj*	**but**
867	**vaara**	*nn*	**risk**
450	**väärä**	*adj*	**wrong**
664	**vaarallinen**	*adj*	**dangerous**
1911	**vaarantaa**	*v*	**jeopardize**
2368	**vaari**	*nn*	**grandpa**
352	**väärin**	*adv; phr; prep*	**wrong; up the pole; out**
1881	**väärinkäsitys**	*nn*	**misunderstanding**
705	**vaate**	*nn*	**garment**
740	**vaatia**	*v*	**require**
2488	**vaatimaton**	*adj; adv*	**modest; without pretense**
1831	**vähä**	*adj*	**little**
79	**vähän**	*adv*	**little**
623	**vähemmän**	*adv; adj; nn*	**less; fewer; fewer**
2327	**vähentää**	*v*	**reduce**
1445	**vahingoittaa**	*v*	**damage**
1047	**vahinko**	*nn; phr*	**damage; it's a pity**
1334	**vähintään**	*adv; adj*	**at the fewest; easy**
2483	**vähiten**	*adv*	**least**
1431	**vahti**	*nn*	**watch**
650	**vahva**	*adj*	**strong**
2431	**vahvasti**	*adv*	**strongly**
1469	**vahvistaa**	*v; phr*	**confirm; put the seal to**
68	**vai**	*conj*	**or**
968	**vaihe**	*nn*	**step**
674	**vaihtaa**	*v*	**change**
2121	**vaihto**	*nn*	**exchange**
919	**vaihtoehto**	*nn*	**alternative**
389	**vaikea**	*adj*	**difficult**
1101	**vaikeus**	*nn*	**difficulty**

120	**vaikka**	*conj; adv*	**although; even if**
441	**vaikuttaa**	*v*	**influence**
1161	**vaikutus**	*nn*	**effect**
2482	**vaille**	*prep; adj*	**to; short of**
368	**vaimo**	*nn*	**wife**
10	**vain**	*adv*	**only**
2198	**vainoharhai nen**	*nn; adj*	**paranoiac ; paranoiac**
1666	**vaiti**	*adv*	**mum**
915	**väittää**	*v*	**claim**
316	**vaivata**	*v*	**bother**
1081	**vakava**	*adj*	**serious**
892	**vakavasti**	*adv*	**seriously**
1010	**väki**	*nn*	**people**
1738	**väki**	*nn*	**people**
1757	**väkivalta**	*nn*	**violence**
2356	**väkivaltaine n**	*adj*	**violent**
1726	**vakooja**	*nn*	**spy**
1466	**vakuuttaa**	*v*	**convince**
2291	**vakuuttua**	*v*	**convince oneself**
2275	**vakuutus**	*nn*	**insurance**
2307	**vala**	*nn*	**oath**
2158	**valamiehist ö**	*nn*	**jury**
1785	**vale-**	*adj; pfx*	**fake; pseudo-**
933	**valehdella**	*v*	**lie**
952	**valehtelija**	*nn*	**liar**
1883	**valhe**	*nn*	**lie**
342	**väli**	*nn*	**interval**
449	**välillä**	*adv; prep; pfx*	**between; between; inter-**
1815	**välinen**	*pfx*	**inter-**
1148	**valinta**	*nn*	**selection**
625	**valita**	*v*	**choose**
626	**valitettavast i**	*adv; phr*	**unfortuna tely; to one's cost**
797	**valittaa**	*v*	**lament**
297	**välittää**	*v*	**convey**
656	**välittömästi**	*adv*	**direct**
669	**valkoinen**	*adj; nn*	**white; white**
1129	**vallata**	*v*	**conquer**
886	**valmentaja**	*nn*	**coach**
175	**valmis**	*adj; phr*	**ready; over and done with**
2036	**valmistaa**	*v*	**prepare**
1149	**valmistautu a**	*v; phr*	**prepare; brace oneself for**
721	**valo**	*nn*	**light**
1846	**valokuva**	*nn*	**photogra ph**
1244	**valta**	*nn*	**power**
2190	**valtakunta**	*nn*	**kingdom**
945	**valtava**	*adj*	**huge**
1814	**valtavasti**	*adv*	**vastly**
978	**valtio**	*nn*	**state**
1407	**välttää**	*v*	**avoid**
2223	**välttämätön**	*adj*	**necessary**
1039	**välttämättä**	*adv*	**necessaril y**
1561	**vampyyri**	*nn*	**vampire**
199	**vanha**	*adj*	**old**
934	**vanhempi**	*adj; nn*	**senior; senior**
1186	**vanhus**	*nn*	**senior citizen**
1191	**vanki**	*nn*	**prisoner**
593	**vankila**	*nn*	**prison**
502	**vannoa**	*v*	**swear**
548	**vapaa**	*adj; prep; phr*	**free; at liberty**

2377	**vapaaehtoisesti**	*adv*	**voluntarily**
1523	**vapaasti**	*adv*	**freely**
1430	**vapaus**	*nn*	**freedom**
1215	**vapauttaa**	*v*	**release**
633	**vara**	*nn*	**allowance**
2399	**varapresidentti**	*nn; abbr*	**vice president; VP**
1050	**varas**	*nn*	**thief**
951	**varastaa**	*v*	**steal**
1308	**varata**	*v*	**book**
1612	**väri**	*nn*	**color**
1989	**varjo**	*nn*	**shadow**
142	**varma**	*adj; phr*	**sure; sure card**
133	**varmasti**	*adv*	**certainly**
958	**varmistaa**	*v*	**ensure**
1876	**varmuus**	*nn*	**certainty**
350	**varoa**	*v*	**look out**
1395	**varoittaa**	*v*	**warn**
1853	**varoittaa**	*v*	**warn**
1321	**varoitus**	*nn*	**warning**
482	**varovainen**	*adj*	**careful**
545	**varovasti**	*adv*	**carefully**
966	**varsi**	*nn*	**arm**
1241	**varsinainen**	*adj*	**actual**
2271	**varsinaisesti**	*adv*	**properly speaking**
270	**varten**	*prep*	**for**
1072	**vartija**	*nn*	**guard**
2250	**vartioida**	*v*	**guard**
2421	**vartti**	*nn*	**quarter**
780	**vasemmalle**	*adv*	**left**
983	**vasen**	*adj*	**left**
2321	**vasikka**	*nn*	**calf**
266	**vasta**	*adv*	**only**
2436	**vastaaja**	*nn*	**defendant**
139	**vastaan**	*prep*	**against**
1567	**vastaava**	*adj*	**equivalent**
1834	**vastalause**	*nn*	**objection**
356	**vastata**	*v*	**answer**
717	**vastaus**	*nn*	**answer**
935	**vasten**	*prep*	**against**
1683	**vastoin**	*prep*	**contrary to**
1297	**vastustaa**	*v*	**resist**
779	**vastuu**	*nn*	**responsibility**
638	**väsyä**	*v*	**tire**
1706	**väsyttää**	*v*	**tire**
245	**vauhti**	*nn*	**rate**
2191	**vaunu**	*nn*	**carriage**
730	**vauva**	*nn*	**baby**
2358	**vedin**	*nn*	**pull**
1838	**veikata**	*v*	**bet**
1208	**veitsi**	*nn*	**knife**
1890	**velho**	*nn*	**wizard**
439	**veli**	*nn*	**brother**
411	**velka**	*nn*	**debt**
1998	**velvollisuus**	*nn*	**obligation**
1552	**Venäjä**	*nn*	**Russia**
1581	**venäläinen**	*adj; nn*	**Russian; Russian**
1066	**vene**	*nn*	**boat**
2301	**verho**	*nn*	**curtain**
405	**veri**	*nn*	**blood**
884	**verran**	*adv*	**about**
1392	**verrata**	*v*	**compare**
1795	**versio**	*nn*	**version**
377	**vesi**	*nn; phr*	**water; Adam's ale**
1033	**vessa**	*nn*	**loo**
575	**vetää**	*v*	**pull**
636	**veto**	*nn*	**bet**
1730	**viaton**	*adj; nn*	**innocent; innocent**
1948	**video**	*nn*	**video**
188	**viedä**	*v*	**export**
1228	**viedä**	*v*	**export**

1542	**viehättää**	*v*	**allure**
42	**vielä**	*adv; conj; pron; adj*	**yet; still; another; more**
519	**vieläkin**	*adv; conj*	**even; still**
1115	**vieras**	*nn; adj*	**guest; foreign**
897	**vieri**	*nn*	**side**
549	**viesti**	*nn*	**message**
1536	**viesti**	*nn*	**message**
2456	**vietnam**	*nn*	**Vietname se**
838	**viettää**	*v*	**spend**
757	**viha**	*nn*	**anger**
476	**vihainen**	*adj; phr*	**mad; up in the air**
460	**vihata**	*v*	**hate**
943	**vihdoin**	*adv; phr*	**finally; at length**
2138	**vihje**	*nn*	**hint**
993	**vihollinen**	*nn*	**enemy**
1145	**vihreä**	*adj*	**green**
1786	**viides**	*num*	**fifth**
447	**viikko**	*nn*	**week**
208	**viime**	*adj*	**last**
1042	**viimein**	*adv*	**at last**
310	**viimeinen**	*adj; nn*	**last; last**
488	**viimeksi**	*adv*	**last**
1558	**viina**	*nn*	**liquor**
832	**viini**	*nn*	**wine**
2172	**viipyä**	*v*	**linger**
1022	**viisas**	*adj*	**wise**
215	**viisi**	*nn: num*	**five**
2299	**viisitoista**	num	**fifteen**
1930	**viitata**	*v*	**signal**
277	**viitsiä**	*v*	**bother**
580	**vika**	*nn*	**fault**
1698	**vilkaista**	*v*	**glance**
1614	**villi**	*adj*	**wild**
1904	**virallinen**	*adj*	**official**
1342	**virallisesti**	*adv*	**officially**
836	**virhe**	*nn*	**error**
1251	**virta**	*nn*	**power**
1560	**virus**	*nn*	**virus**
1336	**viski**	*nn*	**whiskey**
595	**vitsi**	*nn*	**joke**
89	**voi**	*nn*	**butter**
14	**voida**	*v; av*	**be; can**
906	**voima**	*nn*	**force**
1213	**voimakas**	*adj*	**strong**
382	**voittaa**	*v*	**win**
980	**voittaja**	*nn*	**winner**
1170	**voitto**	*nn*	**profit**
691	**vuode**	*nn*	**bed**
2267	**vuokra**	*nn*	**rental**
2375	**vuokrata**	*v*	**rent**
303	**vuoksi**	*prep; nn*	**because of; flood**
1959	**vuori**	*nn*	**mountain**
1278	**vuoro**	*nn*	**turn**
2083	**vuorokausi**	*nn*	**day**
116	**vuosi**	*nn*	**year**
2160	**vuosisata**	*nn*	**century**
1997	**vuota**	*nn*	**hide**
1179	**vuotaa**	*v*	**leak**
2389	**vuoto**	*nn*	**leakage**

Y

1863	**ydin**	*nn*	**core**
202	**yhä**	*adv*	**still**
616	**yhdeksän**	*adj; num*	**nine**
168	**yhdessä**	*adv; adj*	**together; rolled into one**
1200	**yhdistää**	*v*	**compoun d**
2241	**yhdistelmä**	*nn*	**combinati on**

165	**yhtä**	*adv*	**equally**
279	**yhtään**	*adv; pron*	**any; any**
678	**yhtäkkiä**	*adv*	**suddenly**
1681	**yhteensä**	*adv*	**in total**
1259	**yhteinen**	*adj; nn*	**common; umbrella**
2092	**yhteiskunta**	*nn*	**society**
1256	**yhteistyö**	*nn*	**cooperation**
490	**yhteys**	*nn*	**contact**
1175	**yhtiö**	*nn*	**company**
1842	**ykkönen**	*nn*	**one**
63	**yksi**	*nn; pron; art; num*	**one; one; a, an**
1671	**yksikkö**	*nn*	**unit**
184	**yksin**	*adj; adv; phr*	**alone; solo; on one's own**
2230	**yksinään**	*adv; adj*	**alone; unaccompanied**
969	**yksinäinen**	*adj*	**lonely**
1232	**yksinkertainen**	*adj*	**simple**
1505	**yksinkertaisesti**	*adv*	**simply**
956	**yksinkertaistaa**	*v*	**simplify**
2070	**yksitoista**	*num*	**eleven**
2065	**yksityinen**	*adj*	**private**
1749	**yksityiskohta**	*nn*	**detail**
982	**yläkerta**	*nn*	**upstairs**
1438	**yläpuoli**	*nn*	**upside**
427	**yleensä**	*adv*	**usually**
2062	**yleinen**	*adj*	**general**
1123	**yleisö**	*nn*	**audience**
2284	**ylennys**	*nn*	**promotion**
635	**ylhäällä**	*adv; prep*	**up; up**
2039	**ylhäältä**	*adv*	**from above**
214	**yli**	*adj; adv; prep*	**over; over; over, across, beyond, past**
1855	**ylimääräinen**	*adj; nn*	**extra; extra**
1782	**yliopisto**	*nn; abbr*	**university; Univ.**
1476	**ylittää**	*v*	**exceed**
1083	**yllä**	*prep; adv*	**above; on**
1685	**yllättää**	*v*	**surprise**
1310	**yllättyä**	*v*	**startle**
603	**yllätys**	*nn*	**surprise**
153	**ylös**	*adv; prep*	**up; up**
2013	**ylöspäin**	*prep; adv*	**up; up**
505	**ylpeä**	*adj*	**proud**
211	**ymmärtää**	*v*	**understand**
2298	**ymmärtävä**	*adj*	**knowing**
387	**ympäri**	*prep; adv; adj*	**around; round; over**
866	**ympäriinsä**	*adv; prep*	**about; about**
1263	**ympärillä**	*adv; prep*	**around; around**
1748	**ympärille**	*adv; prep*	**about; about**
256	**yö**	*nn*	**night**
229	**yrittää**	*v; phr*	**try; have a bash at**
1046	**yritys**	*nn*	**company**
290	**ystävä**	*nn*	**friend**

1013	**ystävällinen**	*adj*	**friendly**
2151	**ystävällisesti**	*adv*	**kindly**

6 Resources

For more tools, tips & tricks visit our site www.mostusedwords.com.

Bilingual books

In the beginning of the book I already spoke about the importance of reading when you're trying to acquire a new language.
We're creating a selection of multi-language texts, and our selection is ever expanding.
Current bilingual texts available are English, Italian, Spanish, Dutch and French.
For more information, check www.mostusedwords.com/parallel-texts

Language learning methods

You'll find reviews of other 3rd party language learning applications, software, audio courses and apps on our website. There are so many available, and some are (much) better than others. We help you sort the good from the bad, and help you find a language learning method that is **good, efficient and right for you**.
Check out our reviews at www.mostusedwords.com/reviews

Contact:
If you have any questions, you can contact me through e-mail info@mostusedwords.com

Made in the USA
Coppell, TX
16 December 2020